TRAITÉ
DE LA
TAILLE DES ARBRES FRUITIERS

PAR

J.-A. HARDY

Officier de la Légion d'honneur,
Jardinier en chef honoraire des Jardins du Luxembourg,
Membre des Sociétés centrale d'agriculture de France et centrale d'horticulture,
Membre honoraire de la Société d'horticulture de l'Aube,
Correspondant des Sociétés du Nord, de la Gironde,
de Londres, etc., etc.

HUITIÈME ÉDITION

PUBLIÉE PAR

A.-F. HARDY

Officier de la Légion d'honneur, Officier de l'Instruction publique,
Directeur de l'école nationale d'horticulture de Versailles,
Membre de la Société nationale d'agriculture,
Premier Vice-Président de la Société centrale d'horticulture de France,
Membre du Conseil d'administration de la Société d'encouragement pour l'industrie nationale
Secrétaire général de la Société d'horticulture de Seine-et-Oise, etc.

Avec 140 figures dessinées d'après nature et intercalées dans le texte

PARIS
LIBRAIRIE AGRICOLE DE LA MAISON RUSTIQUE
26, RUE JACOB, 26

1884

TRAITÉ

DE LA

TAILLE DES ARBRES FRUITIERS

TYPOGRAPHIE FIRMIN-DIDOT. — MESNIL (EURE).

AVANT-PROPOS.

PRÉFACE DE LA PREMIÈRE ÉDITION.

Il n'était pas dans mes idées de publier un livre, et je ne m'y serais jamais décidé sans la bienveillante insistance d'un grand nombre des auditeurs qui m'ont fait l'honneur de suivre mon cours. Ils ont désiré le résumé de mes leçons ; le leur refuser plus longtemps eût été de ma part de l'ingratitude.

Le livre que je soumets aujourd'hui au jugement des horticulteurs n'est donc, sauf quelques additions, que l'exposé des faits qui ont été le sujet de nos conférences publiques. Ces leçons, toutes pratiques, dans lesquelles j'ai essayé autant qu'il était en mon pouvoir de concourir au progrès de mon art, ont été commencées en 1836, à la Pépinière du Luxembourg, sous l'honorable patronage de M. le duc Decazes, alors grand référendaire de la Chambre des pairs. Elles ont été, pour ainsi dire, la continuation du cours professé par mon oncle, M. Hervy, ancien directeur de la Pépinière, et qui, un des premiers, a donné des leçons sur le terrain, la serpette à la main. J'ai voulu suivre en cela son exemple, persuadé qu'une science toute d'application ne peut bien s'enseigner qu'au moyen d'une démonstration raisonnée des faits.

Je n'ai pas cherché à innover ; je donne les préceptes

que je considère comme les plus vrais et les plus avantageux, tout en apportant la où je l'ai cru nécessaire quelques améliorations qui m'ont été suggérées par mes observations personnelles. Je me suis efforcé d'être concis ; j'ai resserré le texte le plus possible, en y ajoutant des figures, dans la pensée que cette méthode était préférable, pour indiquer les diverses opérations, à une plus longue description, toujours fatigante quand elle ne devient pas nuisible.

Cet ouvrage s'adresse principalement aux personnes qui n'ont aucune notion de l'art de la taille des arbres fruitiers ; aussi mon but a-t-il été de le rendre tout à fait élémentaire. Je n'ose espérer qu'il réponde entièrement à mon désir, mais je serai heureux si je puis être, par cette publication, de quelque utilité aux amateurs d'arboriculture, et surtout aux jeunes jardiniers, qui, je le reconnais avec satisfaction, cherchent plus que jamais à s'instruire et à honorer ainsi l'art auquel ils se consacrent.

Qu'il me soit permis, en terminant, de remercier ici le grand nombre d'auditeurs qui, depuis dix-huit années, ont suivi mes leçons. Je ne cesserai d'être reconnaissant de l'indulgence qu'ils ont toujours bien voulu me témoigner, et qui m'était si nécessaire. Puissé-je, en me rendant à leurs vœux, obtenir du public le même appui et la même sympathie !

Paris, 1er février 1853.

PRÉFACE DE LA CINQUIÈME ÉDITION.

La cinquième édition de ce Traité est pour moi une occasion naturelle de remercier le public de la faveur qu'il a toujours accordée à mon livre. Cependant qu'on veuille bien me permettre d'offrir ici plus particulièrement l'expression de mes sentiments de vive gratitude aux nombreux auditeurs qui ont suivi mes leçons depuis 1836 jusqu'en 1859, c'est-à-dire pendant vingt-quatre années. C'est à leur pressante et bienveillante sollicitation que sont dues la publication de ce Traité et les améliorations dont il a été successivement l'objet. Son succès a dépassé de beaucoup mes espérances. Ainsi, outre les quatre éditions que j'ai publiées à Paris, et qui ont été rapidement épuisées, mon Traité a encore été traduit en langue allemande, et, de plus, il a été traduit et publié en langue hollandaise.

Il est un autre fait dont je dois encore remercier publiquement les personnes qui me font l'honneur de se dire mes élèves. A la veille de quitter la direction des jardins du Luxembourg que j'ai conservée à partir de 1816 jusqu'en 1859, les élèves du cours de 1858 ont voulu, à la fin de mes leçons de cette même année, me donner un haut témoignage de leur satisfaction et de leur estime : ils m'ont offert une médaille frappée à mon effigie et portant la relation de mes travaux. Cette rare distinction en a été la plus précieuse et la plus insigne récompense. Elle restera comme un souvenir impérissable de légitime conscience d'avoir rendu quelques services à l'horticulture. Et si je raconte ces faits, ce n'est pas, qu'on le croie bien, par un motif de vanité personnelle, mais pour constater une fois de plus combien l'arboriculture fruitière, cet art si utile, si fécond, est généralement appréciée, et combien aussi tendent à se répandre, tant en France qu'à l'étranger, les vrais principes sur lesquels repose cette importante branche de l'horticulture.

Pour moi, m'imposant dans ma retraite une tâche à laquelle je ne faillirai pas, je suivrai les progrès dont l'arboriculture est susceptible. Un jardin où j'ai réuni des collections d'arbres fruitiers et de vignes me permettra de publier dans mon Traité le résultat de mes observations, heureux de contribuer encore au développement d'une science à laquelle j'ai consacré ma vie. Puissent ainsi mes persévérants et constants efforts prouver au public ma reconnaissance envers lui et m'assurer la continuation de sa bienveillante sympathie!

Paris, 30 avril 1861.

AVANT-PROPOS.

PRÉFACE DE LA SIXIÈME ÉDITION.

La sixième édition de ce Traité a été, comme les précédentes, l'objet d'importantes additions. Aujourd'hui les propriétaires de jardins plantent peu en vue de l'avenir; ils veulent des arbres qui rapportent promptement. Ont-ils tout à fait tort? Nous ne le croyons pas. Il suffit, pour qu'ils soient complètement dans le vrai, que leurs jardins soient aménagés de telle sorte que de nouvelles plantations remplacent les anciennes au fur et à mesure que celles-ci doivent disparaître. C'est cette manière d'envisager la culture des arbres fruitiers qui a fait presque abandonner les grandes formes, adopter les plantations rapprochées, garnissant rapidement les murs, les contre-espaliers et même le terrain, et alors propager ce qu'on est convenu d'appeler les petites formes. Mais ces dernières peuvent-elles utilement être exagérées quant à leurs dimensions réduites? Non. Il est une mesure qu'il importe de savoir garder, et c'est ce que je me suis appliqué à faire ressortir en proposant dans cette édition plusieurs de ces petites formes admises dans les jardins, et dont j'ai constaté dans ma pratique la valeur réelle.

Nous avons donc ajouté plusieurs nouvelles figures en les accompagnant des descriptions nécessaires pour les suivre et les obtenir, complétant en cela certains articles de la cinquième édition.

Ainsi tenu au courant des progrès incessants de l'arboriculture fruitière, mon Traité, je l'espère, continuera à mériter la faveur que le public a toujours bien voulu lui accorder.

Paris, 29 mars 1865.

PRÉFACE DE LA SEPTIÈME ÉDITION.

L'auteur de ce livre m'a confié le soin d'en publier la septième édition et a voulu qu'elle fût mise à mon nom. Je me suis conformé, en cela, à sa volonté, heureux que mon père m'ait encore dans cette circonstance plus étroitement associé à ses travaux, dont il m'avait fait depuis longtemps le collaborateur.

Je ne puis mieux le remercier de ce nouveau témoignage de confiance qu'en m'efforçant de rendre ce Traité toujours digne de l'attention et de la faveur du public.

Cette édition contient donc quelques changements notables et des additions que je considère comme importantes au point de vue de l'enseignement de l'arboriculture fruitière. En même temps, au lieu de compliquer par des détails souvent peu utiles l'explication de certains procédés de culture, j'ai cherché au contraire à simplifier ceux-ci afin d'en rendre l'application plus facile.

En agissant de la sorte, j'ai eu pour but de mettre à même un plus grand nombre de personnes de s'occuper avec succès de la taille des arbres fruitiers. Je pense y parvenir et contribuer ainsi davantage aux progrès, déjà remarquables, d'un art dont les produits sont une si grande source de richesse pour notre pays.

Potager de Versailles, 2 janvier 1875.

PRÉFACE DE LA HUITIÈME ÉDITION.

Les sept précédentes éditions de ce traité ont été faites en collaboration avec le principal auteur, qui en a toujours surveillé la publication. Aujourd'hui, je reste seul, mon vénéré père n'est plus.

Héritier de ses principes et de sa doctrine, je m'efforcerai de maintenir ce livre au niveau des progrès de l'arboriculture et de lui conserver le rang où l'a placé la faveur du public. L'esprit dans lequel il a été primitivement conçu est le même que celui qui a présidé à la publication de la huitième édition que je présente aujourd'hui aux amateurs d'arbres et aux jardiniers.

Plusieurs éditions ont été traduites en hollandais et en allemand; la septième édition l'a également été en langue italienne. C'est une nouvelle preuve de l'intérêt qui s'attache aux questions touchant la production des fruits. Notre pays, grâce au savoir de nos arboriculteurs, conservera la supériorité qu'il a encore. Je m'estimerai heureux d'y contribuer, pour ma part, en ne cessant d'améliorer ce Traité par les changements que nécessite l'avancement de cette science si attrayante et en même temps si utile de l'arboriculture.

Potager de Versailles, avril 1884.

TRAITÉ

DE LA

TAILLE DES ARBRES FRUITIERS

PREMIÈRE PARTIE

INTRODUCTION A LA TAILLE DES ARBRES FRUITIERS

CHAPITRE PREMIER.

NOTIONS SUR LE DÉVELOPPEMENT DES ARBRES.

§ Ier. — Formation d'un arbre.

1. Un *arbre* est le produit d'une graine. La *graine* est la partie du fruit qui renferme les éléments de la reproduction d'un nouveau végétal semblable à celui dont elle provient.

Elle est constituée de deux parties : 1° l'*amande*; 2° les *enveloppes* qui la recouvrent.

L'amande contient l'*embryon*, qui est formé : 1° de la *radicule*, ou rudiment des racines; 2° de la *gemmule*, ou rudiment de la tige ; 3° d'un ou de plusieurs *cotylédons*, ou feuilles séminales.

2. Une graine d'une maturité et d'une constitution parfaites, pour germer et donner naissance à un nouveau végétal, doit être mise, sous l'influence d'une certaine température, au contact de l'air et de l'humidité.

Si on la confie à une terre modérément humide, elle se gonfle en absorbant de l'eau, rompt ses enveloppes, et livre passage à la *radicule*, qui tend à s'enfoncer en terre pour former des *racines*, et à la *gemmule*, qui s'élève hors de terre pour constituer la *tige*.

3. *Racine.* — Dans les arbres fruitiers qui nous occupent, la *racine* est la partie qui se dirige vers le centre de la terre. Elle sert à fixer les végétaux au sol et à y puiser les éléments propres à leur nutrition.

La plupart du temps elle est en proportion, quant à son développement, avec la hauteur et l'ampleur des végétaux qui la produisent, en augmentant dans la mesure de l'accroissement de ces derniers.

On distingue dans la racine trois parties : 1° le *corps*, ou *pivot*; 2° les *radicelles*, ou *chevelu*; 3° le *collet*.

Le *pivot* est le corps principal de la racine, c'est lui qui apparaît le premier lorsque celle-ci commence à se former. Souvent, dans certaines essences, il disparaît quelque temps après son développement, et il est remplacé par des ramifications ou racines secondaires.

Le *chevelu* se présente sous la forme de petits filets assez grêles prenant naissance sur les ramifications; il est la partie importante de la racine. C'est à l'extrémité de ces radicelles, de ce chevelu, par l'intermédiaire des *spongioles*, ou par la surface latérale voisine de celles-ci, que se fait l'absorption des fluides qui doivent nourrir le végétal.

Les spongioles ne sont pas des organes particuliers; ce sont les extrémités radiculaires elles-mêmes à l'état de formation. Le tissu cellulaire qui les compose est encore mou, spongieux, non revêtu d'épiderme; mais protégé par une sorte de pellicule nommée *pilorhize* qui dure peu de temps. Cette portion de la racine possède une force l'absorption considérable qui augmente en même temps que l'énergie vitale de la plante.

Le *collet* est le point d'où part la racine et d'où s'élève la tige.

C'est un plan idéal qu'il n'est pas possible de déterminer anatomiquement, il n'est même pas toujours facile à fixer à la vue d'une manière précise. Toutefois, en arboriculture, on est convenu de le distinguer extérieurement juste au-dessus du point où les premières racines prennent naissance sur le corps de l'arbre.

4. Quant à leur direction, les racines sont *privotantes*, lorsqu'elles tendent à s'enfoncer en terre verticalement; *obliques*, lorsqu'elles s'écartent de la verticale; *traçantes*, lorsqu'elles rampent près de la surface du sol.

Nous l'avons déjà dit, les racines ont pour fonctions de fixer le végétal au sol et d'y puiser, par leurs spongioles, une partie de la nourriture nécessaire à son développement; aussi doit-on apporter dans la culture de l'arbre fruitier le plus grand soin à les conserver et à les faire croître. Il est convenable de préparer suffisamment le terrain, car c'est surtout dans un sol meuble qu'elles se développent facilement, qu'elles acquièrent promptement de la force, et que le chevelu devient abondant. Lors des façons à donner au sol, telles que labours, binages, fumures, etc., on devra considérer si l'on opère sur des arbres à racines pivotantes ou à racines traçantes, afin de ne point endommager ces dernières.

5. Quoiqu'on ne puisse pas dire d'une manière générale, que la dimension des racines soit en proportion exacte avec celle des tiges, il n'en est pas moins vrai que très souvent les volumes sont en rapport : ainsi plus un arbre aura de racines, plus il aura de branches; et réciproquement. Cependant, bien des circonstances, soit météorologiques, soit culturales, tendent à faire varier cette règle.

Certaines parties des végétaux peuvent produire des *racines adventives*. Nous en parlerons en traitant de la multiplication des espèces fruitières.

6. Les racines paraissent excréter certaines matières, encore mal définies, plus ou moins incapables de servir à la nutrition des arbres, et qui même semblent leur nuire, surtout à ceux de la même espèce. Cette excrétion radiculaire existe-t-elle réellement? C'est une question que la physiologie n'a pas encore résolue de manière à lever tous les doutes. Toutefois, il est constant qu'un arbre ne peut prospérer là où était précédemment un individu semblable à lui : c'est sur cette sorte de

répulsion que se fonde en partie la pratique de changer la terre quand on veut planter à nouveau, dans le même emplacement, un arbre de même nature. Cependant il est peut-être plus juste d'admettre que c'est par suite de l'épuisement du sol qu'il convient, ou d'alterner les essences, ou de changer les terres. (Voy. 13.)

7. *Tige.* — La *tige* est la partie opposée à la racine ; elle s'élève dans l'air. Elle est naturellement verticale dans les arbres qui nous occupent, mais les applications de la taille l'obligent souvent à être oblique ou horizontale.

Généralement, la tige se ramifie. Les ramifications prennent le nom de *branches ;* elles varient de volume suivant l'âge de l'arbre et leur éloignement de la tige : ces branches portent les *rameaux*, qui en forment les extrémités.

La tige se compose : 1° de l'*écorce*, 2° du *bois*, 3° du *canal médullaire*.

L'*écorce* comprend de l'extérieur à l'intérieur : 1° l'*épiderme*, qui recouvre toutes les parties du végétal, mais qui n'est pas toujours permanent ; 2° l'*enveloppe herbacée*, qui présente une couleur verdâtre et dans laquelle sont contenus les sucs propres ; 3° les *couches corticales*, et le *liber*, qui, formé de plusieurs couches intimement unies, se trouve en contact avec l'aubier.

Bois. — On distingue dans le bois, l'*aubier* et le *bois proprement dit*.

L'*aubier* est la partie la plus extérieure et la plus jeune du bois ; il est formé par des couches concentriques d'une teinte ordinairement plus claire que le bois proprement dit, ou cœur, et est d'un tissu moins solide.

A mesure que l'arbre vieillit, l'aubier devient bois en commençant par les couches intérieures, et augmente de densité.

Canal médullaire. — Il occupe le centre de la tige et contient la moelle, qui est surtout abondante dans les parties jeunes. De la moelle partent des rayons dits médullaires, qui vont jusqu'à l'extérieur de l'aubier.

8. *Feuilles et bourgeons.* — Les *feuilles* naissent au pourtour de la tige et de ses ramifications; le plus ordinairement elles sont vertes, elles ne perdent cette couleur que lorsque la vie cesse chez elles ou qu'une maladie les frappe. Leur base se termine le plus fréquemment par une queue nommée *pétiole*. Elles se forment dès la première année de la végétation; un tissu fibro-vasculaire constitue la charpente représentée par les nervures; les intervalles que celles-ci laissent entre elles sont remplis par du parenchyme; le tout est recouvert d'un épiderme, et porte le nom de *limbe.*

Souvent la base du pétiole est accompagnée de petits appendices foliacés, un de chaque côté, auxquels on a donné le nom de *stipules.* Leurs dimensions et leurs formes varient beaucoup. Les stipules semblent soudées ou à la tige et aux rameaux, ou au pétiole dans une plus ou moins grande étendue. Suivant les espèces, elles sont persistantes ou caduques.

Il est certaines greffes, comme nous le verrons plus tard, où il convient d'enlever les stipules.

Sur les deux faces de la feuille, mais surtout sur l'inférieure, se trouvent de nombreuses petites ouvertures nommées *stomates*, par lesquelles l'intérieur est en rapport avec l'atmosphère.

Les feuilles, par leurs stomates, absorbent les fluides contenus dans l'air qui peuvent servir à la nutrition du végétal, et rejettent ceux devenus inutiles. Outre cette absorption et cette exhalation, elles remplissent encore des fonctions de respiration en modifiant les liquides absorbés. Elles sont donc éminemment utiles à la vie du végétal.

Le *bourgeon* paraît à l'aisselle de la feuille et à l'extrémité des rameaux sous forme d'un petit corps ovoïde; c'est une petite branche non encore développée, recouverte d'écailles qui la protègent contre les rigueurs de l'hiver et les divers agents atmosphériques.

Il se développe en rameau et en branche lorsque la saison ranime la végétation. La jeune pousse conserve le nom de bourgeon tant qu'elle est à l'état herbacé.

Il y a des bourgeons qui ne contiennent que des feuilles, d'autres que des fleurs; d'autres renferment réunis ces deux organes. En arboriculture, les premiers sont nommés *yeux*, les deuxièmes et troisièmes, *boutons*. Dans la plupart des arbres qui nous occupent, ils sont apparents dès la fin de l'été.

9. *De la fleur.* — Indépendamment des organes dont nous venons de parler, et qui servent au développement de la plante, il en est d'autres qui servent à sa reproduction, et dont nous allons dire très brièvement

quelques mots, ne faisant que signaler leurs parties les plus essentielles.

Les organes destinés à reproduire le végétal sont la *fleur* et le *fruit*.

Examinée de l'extérieur à l'intérieur, la fleur se compose : 1° d'une première enveloppe ordinairement verte, nommée *calice;* 2° d'une deuxième enveloppe, presque toujours colorée, appelée *corolle;* 3° de petits filets, en plus ou moins grand nombre, terminés chacun par un petit corps renflé contenant la poussière fécondante ou *pollen :* ce sont les *étamines* ou organes mâles; 4° enfin, au centre d'un ou de plusieurs organes soudés ensemble, c'est le *pistil* ou organe femelle : il renferme les jeunes graines ou *ovules*, et, par la fécondation, il devient le fruit.

La fleur est mâle si elle n'a que des étamines; femelle, si elle n'a qu'un pistil; hermaphrodite, si ces deux organes sont réunis. Cette dernière condition est la plus ordinaire et la plus favorable à la fécondation. Les fleurs mâles et les fleurs femelles peuvent être sur le même arbre, comme dans le noyer, le noisetier, etc. : l'arbre alors est dit *monoïque*. Si elles se trouvent sur des arbres séparés, comme dans le dattier, le pistachier, etc., l'arbre est *dioïque*.

Pour qu'une fleur donne un fruit et des graines fertiles, il faut que le pollen des étamines ait fécondé le pistil. Si donc, pendant la floraison, un obstacle, comme une pluie froide et prolongée, par exemple, s'oppose à cette influence du pollen sur le pistil, la fécondation n'a pas lieu, la fleur *coule*, et le fruit ne se développe pas.

10. *Du fruit.* — Après la fécondation, la partie inférieure du pistil, c'est-à-dire l'*ovaire*, grossit et forme le fruit, qui contient la *graine*. On dit alors que le fruit est *noué*.

On distingue dans le fruit : 1° l'*épicarpe*, membrane extérieure mince; 2° le *mésocarpe*, très développé dans les fruits charnus : il en constitue la partie mangeable; 3° l'*endocarpe*, qui enveloppe immédiatement les graines; il varie beaucoup de forme et de consistance.

La graine fait partie du fruit; c'est un corps particulier renfermant l'embryon qui doit reproduire le végétal. Dans certains arbres fruitiers, c'est elle que l'on mange; on lui applique alors par extension le nom de fruit.

§ II. — Mode de nutrition.

11. L'arbre se trouve, par sa partie supérieure, en rapport avec l'air, par sa partie inférieure avec le sol. Les feuilles, par leurs stomates, ainsi que les parties herbacées jeunes, puisent les gaz et l'humidité répandus dans l'atmosphère; les racines, par leurs spongioles, l'eau contenue dans la terre, et qui tient en dissolution certaines substances utiles à la végétation. Le liquide prend le nom de *sève;* il fournit les principes nutritifs du végétal.

La sève a deux courants bien marqués : l'un ascendant, l'autre descendant. La sève ascendante monte par les couches ligneuses, et surtout par les plus jeunes, avec une très grande rapidité. Cette force d'ascension dépend de causes multiples; principalement des circonstances atmosphériques; la chaleur et la lumière la favorisent; l'action qu'exercent les feuilles, par exhalation et la transpiration, le phénomène d'attraction connu des physiologistes sous le nom d'*endosmose*, ainsi que la capillarité jouent un rôle important. La sève tend toujours à s'élever de préférence dans les parties les plus verticales. Nous verrons par la suite combien on doit faire attention à cette propriété dans diverses applications de la taille et de la conduite des branches de charpente; outre cette marche ascendante, elle en a aussi une latérale : elle parcourt donc le tissu végétal dans tous les sens, sans chemin absolument déterminé; les obstacles qu'elle rencontre la font dévier. C'est au printemps qu'elle commence à entrer en mouvement et que son ascension a lieu avec le plus de force. La sécheresse et la vie moins active des feuilles la ralentissent peu à peu et la font cesser d'une manière apparente vers la fin de l'été. Cependant, au mois d'août, elle reprend son cours avec une nouvelle recrudescence chez certaines espèces d'arbres, entre autres le poirier, lorsqu'il commence à végéter de bonne heure ou qu'à un été sec succède un temps doux et pluvieux. Cette reprise, nommée *sève d'août*, est quelquefois assez forte pour développer les bourgeons. Dans tous les cas, c'est à ce moment que s'achève la formation des organes de l'arbre : on dit alors que le *bois s'aoûte*.

La sève ascendante ou brute n'est pas apte à nourrir le végétal ; elle ne saurait suffire aux parties en voie d'accroissement. Mais une fois arrivée dans les branches, la sève se répand dans les feuilles ; là, mise en contact avec l'air qui pénètre dans l'intérieur de ces dernières par leurs stomates, et sous l'influence de l'acte de respiration qu'accomplissent ces organes, sous celle de la chaleur et particulièrement de la lumière, elle subit une modification profonde : elle laisse échapper une partie de son eau, s'épaissit, prend des propriétés nouvelles, et redescend des feuilles vers les racines en circulant à travers les couches du liber par des conduits spéciaux. Cette sève descendante ainsi élaborée constitue le *cambium*, suc qui sert essentiellement à la nutrition et à l'accroissement de l'arbre. Chaque année, le cambium forme une couche d'aubier et une couche de liber ; celle-ci, extrêmement mince, est moins apparente que la première. La sève descendante ne descend pas toujours, du moins en totalité ; elle suit souvent une marche différente. Ainsi elle se porte vers les parties du végétal en voie d'accroissement comme l'extrémité de la tige et des rameaux, tout en fournissant la couche génératrice du nouveau bois et de la nouvelle écorce et la matière de l'allongement des racines. — De ces différents phénomènes résultent l'accroissement des plantes et le développement successif de tous les organes.

Nous n'avons voulu donner ici qu'un très faible aperçu de la manière dont les arbres vivent ; nous reviendrons sur ce sujet chaque fois que l'occasion s'en présentera. Mais il sera indispensable de recourir aux traités de botanique, si l'on tient à connaître à fond ce qu'est la vie végétale.

CHAPITRE II.

DE LA PLANTATION.

12. *Arrachage.* — La réussite des arbres fruitiers dépend en grande partie des soins que l'on apporte à leur plantation. Le changement que leur fait éprouver le déplacement de la pépinière nécessite de l'attention dans la manière de les planter, afin d'assurer leur reprise, d'activer la formation du chevelu, et de leur faire prendre, les années suivantes, un accroissement aussi rapide que la qualité du terrain le permettra.

Le première condition à observer est un bon arrachage ou plutôt une bonne déplantation : on ne saurait apporter trop de précautions pour éviter la meurtrissure ou l'éclatement des racines, accidents si fréquents. Il est certain que plus celles-ci seront ménagées, plus le chevelu sera abondant et la reprise mieux assurée.

Les racines resteront à l'air le moins longtemps possible, et devront surtout être protégées contre la gelée; si après un long trajet elles étaient desséchées, il serait utile de les laisser tremper dans l'eau pendant plusieurs heures et de les planter immédiatement. Il ne faudrait pas exagérer le séjour dans l'eau des racines, car au lieu de les raviver on pourrait quelquefois, par suite d'une trop grande absorption, les rendre sujettes à moisir et amener alors leur pourriture. Lorsque la plantation ne pourra avoir lieu tout de suite, il faudra mettre les arbres en jauge, abrités du froid et des grands vents. La mise en jauge consiste, comme on sait, à les placer dans une tranchée peu profonde, les uns à côté des autres, en prenant la précaution de ne pas entremêler leurs racines; on les couvre de terre sans la tasser, mais en assez grande quantité pour qu'ils puissent tenir debout; on les prend ensuite au fur et à mesure des besoins de la plantation. En recevant des arbres par un temps de trop forte gelée, il ne serait pas prudent de les déballer, on les abritera du froid, et l'on attendra que celui-ci soit notablement diminué.

13. *Choix et préparation du terrain*. — Si l'on a à sa disposition le choix du terrain, on s'établira de préférence sur un sol fertile et de moyenne consistance, ni trop sec ni trop humide. En général, les arbres à fruits à pepins sont plus difficiles sur la qualité du sol que les arbres à fruits à noyau. Ils veulent une terre plus profonde et plus riche : parmi les derniers, le pêcher fait peut-être exception à cette règle, quoiqu'il puisse encore venir dans les terres légères et peu profondes. Il est utile de sonder le terrain de place en place afin d'en connaître la composition ainsi que l'épaisseur de la couche végétale et l'état du sous-sol. Cette épaisseur sera suffisante pour la prospérité des arbres, si elle a de $0^m,60$ à $0^m,70$, pourvu que le sous-sol soit perméable; dans le cas contraire, elle devra avoir de

$0^m,80$ à 1 mètre. Ce que nous recommandons en ce moment est ce qu'il faut rechercher, mais n'est pas absolument indispensable. Quelle que soit la nature du sol, il faut le préparer à recevoir les arbres, ce qui consiste à le défoncer et à le fumer, quelquefois même à y apporter des amendements, dans le but de le rendre plus propice à la végétation.

Le défoncement, que nous ne décrirons pas entièrement ici, peut être partiel ou total; ce dernier vaut mieux, il mélange davantage les différentes couches du sol, qui change souvent de nature à divers degrés de profondeur. Il s'emploie quand on veut planter en plein carré, ou dans toute la longueur d'une plate-bande. Le défoncement partiel consiste à faire des trous dont la grandeur varie.

Cette opération devra se faire de six semaines à deux mois au moins avant la plantation, si le terrain est libre, afin de soumettre la terre ramenée à la superficie aux influences atmosphériques, qui la rendront plus végétale.

Le tassement se sera en partie effectué, ce qui permettra de régaler la surface du terrain et d'avoir des arbres dont les racines seront enterrées à une profondeur régulière.

On est dans l'habitude, quand on défonce un terrain, de jeter au fond de la tranchée ouverte la terre prise à la superficie sur une épaisseur de $0^m,30$ à $0^m,40$ et de ramener par-dessus celle qui formait le sous-sol. C'est une pratique vicieuse. Dans la plupart des cas, la terre du sous-sol est presque toujours infertile, ou du moins son degré de fertilité est très faible ; elle est loin d'avoir la même qualité que la terre ordinairement labourée. Elle a besoin, pour acquérir les propriétés voulues de fertilité, d'être soumise assez longtemps à l'influence des agents atmosphériques et d'être cultivée fréquemment. On peut toutefois accélérer le moment où elle deviendra bonne par l'addition d'une certaine quantité d'engrais à demi-consommé ; mais elle ne le sera pas encore suffisamment à l'époque où l'on plantera, à moins de s'y prendre bien d'avance. Aussi les racines des jeunes arbres mises dans une telle terre s'y développent peu, et souvent l'arbre languit sans autre cause, pendant les premières années de sa plantation. Ce résultat se fait surtout apercevoir lorsqu'on replante un terrain depuis de longues années couvert d'arbres, quoiqu'on en change l'essence. On le voit encore se produire dans les terrains neufs, mais à un moindre degré. Nous conseillerons donc, une fois la tranchée ouverte, de mélanger ensemble aussi bien que possible le sol et le sous-sol jusqu'à la profondeur fixée pour la défonce, en se servant de la bêche et de la houe à crochets, de manière à rendre la masse de terre remuée sensiblement homogène, au lieu de la conserver par couches distinctes et de qualités différentes. La prospérité de l'arbre est plus certaine. Nous entendons, en ce moment, par sous-sol, l'épaisseur de terre végétale non ordinairement cultivée et sur laquelle repose la couche labourable. Le mélange que nous recommandons ne se fera que si ce sous-sol est susceptible de devenir promptement fertile par la culture; autrement il vaudrait mieux le laisser de côté, et améliorer le sol par le moyen des engrais, ou, si l'on ne craint pas la dépense, augmenter son épaisseur par l'apport de bonnes terres. Quand on a affaire à des terrains neufs, c'est-à-dire ne portant pas d'arbres ou n'en ayant pas porté depuis longtemps, au lieu d'opérer le mélange des terres, qui, bien que préférable, ne laisse pas que d'être coûteux, on peut se contenter de défoncer en remuant les terres sans en changer les couches de place, en employant le défoncement à trois jauges. La couche végétale fertile reste à la superficie. Si ces travaux peuvent être faits plusieurs mois à l'avance et le terrain mis en culture et fumé, ce n'en sera que mieux pour le succès des plantations.

La profondeur à laquelle il convient de défoncer varie suivant la nature du sol et celle de l'arbre; nous donnerons ici des chiffres moyens qu'il sera toujours possible de suivre. Si le sol est léger, comme dans un tel sol les racines pourront s'établir profondément d'elles-mêmes, il suffira de l'approfondir de $0^m,60$ à $0^m,70$; si au contraire, il est fort et compacte, on creusera de $0^m,80$ à 1 mètre. Si l'eau séjournait sous le sol, il serait utile de mettre au fond de la tranchée un lit de $0^m,20$ de plâtras ou des pierres, pour la laisser s'écouler de la partie supérieure et empêcher les racines de rester au contact d'une humidité trop prolongée qui leur serait nuisible. Dans le cas où ce serait nécessaire, on placerait par-dessus ces pierres quelques tuiles qui feront obstacle au pivotement des racines et les obligeront à s'étendre horizontalement. On aura ainsi moins à craindre les mauvais effets de l'humidité. Malgré ces précautions, il arrive souvent que l'eau du fond du sol remonte, par l'effet de la capillarité, dans une trop grande proportion, et provoque surtout, si elle est stagnante, la pourriture du chevelu. Aussi le mieux serait de faire une tranchée assez profonde dans l'allée en avant de la plate-bande, et d'y apporter une certaine épaisseur de pierres ou d'y poser un drain. Les eaux s'y rendront, abandonneront la plate-bande ou le trou, et le sol ainsi asséché conviendra parfaitement aux arbres.

On conçoit que des pierres ou des plâtras suffiront pour égoutter suffisamment le sol, si l'on plante seulement une plate-bande; mais, si l'on plantait un carré en entier, il deviendrait nécessaire de drainer. Le drainage, comme on le sait, consiste à assainir le sol au moyen de rigoles couvertes nommées *drains*. Ces drains se composent de tuyaux de terre placés bout à bout, et par les joints desquels l'eau s'infiltre et s'écoule. On les distance suivant la profondeur à laquelle on les met : ainsi, pour une profondeur de $0^m,80$ à 1 mètre, indispensable aux arbres fruitiers, on peut les espacer de 8 à 10 mètres. Dans les drainages faits en plein champ, les joints des drains ne sont ordinairement recouverts que par la terre qui comble la tranchée; mais lorsqu'il s'agit de plantations d'arbres, il est utile de les recouvrir d'un manchon ou d'un demi-manchon, afin d'éviter, autant

DE LA PLANTATION.

que possible, que les racines ne s'introduisent dans les drains et ne donnent lieu à la formation de queues-de-renard, qui les obstrueraient promptement. La grande difficulté du drainage est l'écoulement des eaux recueillies par les drains; aussi, avant de commencer une telle opération, convient-il de s'assurer de l'endroit où celles-ci seront rejetées, pour donner ensuite la direction et la pente convenables aux drains collecteurs et évacuateurs. Nous n'avons pas la prétention de décrire ici les travaux que nécessite le drainage d'une propriété; nous n'avons voulu qu'indiquer ce mode d'assainissement comme étant l'un des plus faciles et des moins dispendieux. Les résultats sont certains lorsque l'opération est bien faite.

Quand on fera des trous dans les terrains médiocres, ils ne devront pas avoir moins de 2 mètres de largeur sur tous sens, et de $0^m,80$ à 1 mètre de profondeur, si toutefois le sous-sol le permet par sa perméabilité. Lorsque ce dernier est de nature tout à fait infertile, on amène des terres de bonne qualité pour remplir les trous, ce qui rend alors la plantation plus dispendieuse et malgré cela, quelquefois peu durable. Si cette dépense ne peut être faite, il importe de ne pas entamer le sous-sol, et de ne pas dépasser la couche végétale dans laquelle les racines s'étendront horizontalement; tandis que prises dans le sous-sol elles s'arrêtent bientôt, et l'arbre après avoir végété pendant quelques années, ne tarde pas à dépérir. Dans les terrains de bonne nature, une largeur de $1^m,50$ sur chaque côté et une profondeur de $0^m,80$

suffiront pour la prospérité des arbres : il y a, du reste, avantage à étendre ces limites, si l'on n'est pas arrêté par la dépense. Une précaution essentielle à prendre est de faire mettre à part la terre qui était à la surface, afin de la réserver aux racines, comme étant de qualité supérieure à celle extraite du fond; celle-ci restera à son tour exposée à l'air et y acquerra de meilleures qualités. On pioche le fond et les côtés de chaque trou, qui, sans cela, formerait une sorte d'encaissement préjudiciable à l'avenir de l'arbre.

Si l'on était dans l'intention de planter entièrement un espalier, je conseillerais de défoncer la plate-bande dans toute sa longueur, sur une largeur de 2 mètres au moins et sur une profondeur de $0^m,70$ à $0^m,80$.

Dans le cas où le défoncement du terrain a été complet, il n'est plus nécessaire pour planter de faire des trous de la dimension de ceux que nous venons d'indiquer; on en ouvrira d'assez grands seulement pour que les racines puissent y être placées à l'aise.

Le défoncement se fera préférablement pendant l'été, lorsque les terres sont saines et se travaillent facilement. On apporte à la surface de la partie à défoncer les engrais, consistant en fumier bien décomposé et approprié à la nature du sol ou en terreau gras, et au besoin les amendements jugés utiles. Puis on ouvre une tranchée dont on enlève les terres de manière que l'ouvrier puisse y descendre et s'y mouvoir aisément. Celui-ci abat devant lui la terre et la mélange avec l'engrais, puis il la jette derrière lui en la prenant à la pelle ou à la bêche, en faisant toujours une tranchée de même dimension que la première. La terre extraite de cette tranchée sert à fermer la dernière. On laisse le sol se tasser pendant plusieurs semaines, et si on le croit nécessaire on recommence l'opération en sens inverse. Ce double défoncement est coûteux, mais assure le succès de la plantation; nous n'hésitons pas à le conseiller.

Il importe de rappeler ici que lorsqu'on est obligé de remplacer un arbre mort de vieillesse ou d'accident, alors qu'il n'était plus tout à fait jeune, par un autre de même espèce, il est nécessaire de changer la totalité de la terre extraite du trou où l'on veut replanter, afin d'assurer sa réussite. On prend la terre dans un carré voisin, en choisissant la meilleure. Sans cette précaution, soit que l'arbre ait épuisé les substances qui étaient propres à sa nature, soit que, par l'effet de ses excrétions, il nuise à son semblable, toujours est-il que celui-ci ne pourrait pas prospérer. Si l'arbre à planter était d'une autre nature que celui qu'il remplace, il serait inutile de changer la totalité de la terre, un peu de nouvelle sur les racines suffirait, à la condition de fumer la terre conservée.

14. *Époque de plantation et habillage des arbres.* — Bien qu'on puisse, à la rigueur, planter à toutes les époques de l'année, la plus favorable est l'automne, surtout si les plantations sont faites de bonne heure. On peut commencer dès que la végétation a cessé, ce qui a lieu pour nos climats vers la seconde quinzaine d'octobre. Les arbres mis en place à cette époque, et pen-

dant la première quinzaine de novembre, émettent immédiatement du nouveau chevelu, et poussent avec plus de vigueur que ceux plantés après l'hiver. La plantation au printemps n'est préférable que pour les terrains très argileux, froids et humides, et ceux sujets à être submergés pendant l'hiver.

Avant de planter un arbre, il faut procéder à son habillage. Cette opération se fait aux branches et aux racines. Pour les racines, elle consiste dans le retranchement de toutes celles qui ont été éclatées ou meurtries lors de l'arrachage ou pendant le transport; on doit y apporter le plus grand soin, car il arrive souvent que des racines meurtries, au lieu de se cicatriser, se chancrent, l'arbre devient languissant et finit par périr. On rafraîchit avec la serpette l'extrémité du chevelu desséché et des racines, afin qu'elles puissent en produire de nouveau qui concourt puissamment à la reprise. La coupe se fait en dessous, de manière que la plaie repose directement sur la terre, dont le contact favorise la cicatrisation.

Quant aux branches, on ne supprimera que celles cassées, et ce n'est qu'un peu avant l'ascension de la sève qu'on les mettra, pour la longueur, en rapport avec les racines, ou qu'on les taillera. Pour les arbres à haute tige, on ne conservera que les branches nécessaires à la bonne conformation de l'arbre, et les racines seront ménagées autant que possible.

Dans les plantations tardives, il y a souvent avantage à ne pas tailler la première année de plantation, on règle seulement les branches entre elles suivant la longueur exigée par leur position. Quant aux branches fruitières, si l'arbre en porte, il faudra toujours les tailler comme elles doivent l'être, que la plantation soit faite de bonne heure à l'automne ou tardivement au printemps.

15. *Choix des arbres.* — On devra choisir des arbres sains, bien portants, et ne présentant aucun signe de faiblesse. Plus ils seront jeunes, plus leur transplantation sera facile et leur reprise assurée. Je suis loin de partager l'avis généralement admis qu'un arbre sortant d'une pépinière où le terrain de première qualité lui aura fait prendre un grand accroissement résistera moins bien, transporté dans un terrain de qualité inférieure que s'il avait été élevé dans une pépinière où le sol serait à peu près de même nature. Tout au contraire, l'expérience nous a prouvé qu'un tel arbre luttait beaucoup plus avantageusement contre la mauvaise qualité de la nouvelle terre qu'un autre plus faible, sortant d'une pépinière dont le terrain serait de qualité moyenne. Les arbres bien venants ont des racines beaucoup plus absorbantes, des canaux séveux plus dilatés, un système ligneux mieux constitué que ceux qui sont faibles, quoique bien portants; ils peuvent mieux résister. Aussi conseillons-nous de ne prendre les sujets que dans une pépinière où la fertilité du sol les aura rendus robustes.

16. *Plantation.* — L'arbre une fois habillé, il s'agit de le planter. Une des premières précautions à prendre

est de le mettre à la profondeur voulue, qui varie suivant la nature du sol et celle du sujet sur lequel l'espèce est greffée. Dans un sol léger et brûlant il sera avantageux d'enterrer un peu plus profondément que dans un sol humide et froid, où il y aura nécessité de tenir les racines le plus près possible de la surface, afin d'éviter leur pourriture et d'activer leur végétation. Toutefois on laissera la greffe hors de terre, elle ne doit pas être enterrée : il y a toujours avantage à ce que l'air puisse arriver aux racines, conséquemment à ne pas trop les couvrir. L'arbre n'en est que plus fertile et les fruits meilleurs. Si les effets du froid, et principalement ceux de la sécheresse, étaient à craindre, il serait très utile, la première et la deuxième année de plantation, de couvrir le sol d'une légère couche de fumier à demi-consommé, en guise de paillis. Les racines, dans une terre ainsi abritée, trouveront des circonstances favorables à leur premier développement.

En plantant, on doit prendre en considération l'effet du tassement du sol fraîchement remué; on l'évalue de $0^m,08$ à $0^m,12$ pour 1 mètre, suivant sa nature forte ou légère. Pour savoir si l'arbre est placé à la hauteur convenable, on peut se servir d'une grande règle que l'on met en travers du trou; on présente les racines dans le trou et l'on pose la tige le long de la règle, en tenant la greffe à $0^m,07$ ou $0^m,08$ au-dessus. On retire l'arbre, puis on remplit le trou de la manière suivante : On jette de la terre en quantité telle que l'arbre se trouve à la hauteur voulue. Si l'on a des gazons décomposés, on en mettra au fond, on les divisera bien avec la bêche pour ne pas occasionner un trop fort tassement. Un homme tient l'arbre dans la position indiquée, en ayant soin de l'aligner avec ses voisins, s'il y a nécessité; un autre fait entrer la terre, qui sera substantielle, entre les racines. Elles doivent toutes passer par les mains du planteur, qui leur fera prendre leur direction naturelle sans les contraindre ni les forcer à mesure qu'il les couvrira de terre. S'il y a un pivot, et qu'on ne puisse le conserver vertical, on l'incline horizontalement sur l'un des côtés. On se donnera bien garde de secouer, comme on le fait si fréquemment, dans le but, prétend-on, de faire descendre la terre entre les racines : cette habitude de secouer l'arbre en le soulevant légèrement a le grave inconvénient de déranger ces dernières, de les amonceler lorsqu'elles devraient être écartées, et souvent même d'en rompre quelques-unes.

Il ne faut pas marcher au pied d'un arbre lorsqu'il vient d'être planté, cette pratique est vicieuse, en ce sens qu'en plombant le terrain, on s'expose à casser les racines, ou tout au moins à les meurtrir. Il faut seulement appuyer légèrement avec le pied pour le maintenir contre le vent; les pluies suffisent pour tasser les terres. Dans une plantation très tardive, il sera avantageux de mouiller les racines pour que la terre s'y attache immédiatement, et de verser doucement un ou plusieurs arrosoirs d'eau autour du pied pour aider au tassement. Cette pratique au moment où l'arbre vient d'être planté, peut être généralisée, sans avoir égard à l'époque, excepté pendant l'hiver ; elle hâte le tassement du sol.

Il sera aussi utile, quand la plantation aura lieu tard ou lorsqu'on transplantera des arbres déjà forts, d'enduire la tige et les branches d'onguent de Saint-Fiacre, qui les préservera du hâle et de la sécheresse, et assurera ainsi davantage la reprise.

L'application de cet onguent aux racines est également très avantageuse pour tout arbre, n'importe son âge. S'il est jeune, on trempe simplement les racines dans un baquet rempli de cette matière, que l'on fait un peu liquide ; il y aurait inconvénient pour les jeunes radicelles à l'avoir trop épaisse ; s'il est âgé, on doit l'étendre avec la main.

Lorsqu'on est dans la fâcheuse nécessité de transplanter un arbre alors qu'il est couvert de feuilles, il est indispensable de supprimer ces dernières en conservant leur pétiole, destiné à protéger les yeux et les boutons. On coupe aussi l'extrémité trop herbacée des bourgeons, afin d'éviter l'évaporation de la sève, et par suite le dessèchement des rameaux et des branches. Des arrosements sur la tige et les branches, ainsi qu'aux racines, facilitent la reprise toujours chanceuse de l'arbre.

Quand on plante en espalier, on opère de la même façon ; seulement on a soin de tenir la tige éloignée du mur de $0^m,12$ à $0^m,15$ (afin de permettre par la suite son grossissement), et de la placer obliquement vers lui pour qu'elle s'y applique plus facilement. On distribue à droite et à gauche les racines pour les empêcher de rencontrer les fondations, et l'on a soin de ne fixer le petit arbre au treillage que quand le tassement du sol est effectué.

Il est préférable de planter par un beau temps plutôt que par la pluie; la terre saine vaut mieux que la terre trop humide, qui se plombe, devient compacte, et nuit au développement du jeune chevelu.

Au printemps, lorsque les plantatious seront terminées, à moins que le sol ne soit par trop humide, on leur mettra un léger paillis qui maintiendra la fraîcheur; quelques binages et quelques arrosements pendant l'été, si c'est nécessaire, complèteront les soins qu'elles réclament.

La distance à observer entre les diverses espèces d'arbres est une chose importante, et de laquelle souvent dépendent les bons résultats d'une plantation. Avant de traiter cette question, nous poserons en principe qu'il est toujours plus avantageux de ne planter sur un espace donné que la même nature d'arbres, à cause de leurs besoins différents, au lieu d'en mettre plusieurs, comme cela se pratique encore aujourd'hui dans la plupart des jardins. Ce que nous disons là s'applique surtout aux espaliers.

On est presque toujours dans l'habitude de planter trop près. On ne voit l'arbre que jeune, sans se rendre compte de l'étendue et de l'accroissement qu'il est susceptible de prendre par la suite, et qui lui sont nécessaires pour obtenir une fructification abondante et régulière.

Toutefois, ce n'est pas sans une sorte de raison que l'on commence à planter aujourd'hui plus rapproché qu'autrefois, principalement les arbres en espalier. Il s'agit d'aller vite, on est peu disposé à attendre. On veut garnir promptement les murs et les utiliser ainsi davantage, quitte à voir les plantations durer moins longtemps. Pour les petits jardins, cette manière d'agir est bonne; elle permet de retirer un profit plus considérable en un temps donné. De plus, si un arbre vient à périr, l'espalier est moins dégarni et la lacune plus vite comblée. On a encore l'avantage de pouvoir réunir sur un espace limité un assez grand nombre d'espèces ou de variétés de fruits, ce qui en varie et prolonge la jouissance. Toutefois, dans les grands jardins, on devra allier les deux modes de plantations rapprochée et éloignée, afin d'avoir, avec cette dernière, des arbres de longue durée formant une réserve sur laquelle on aura la ressource de récolter quand la première commencera à s'épuiser, et donnant une grande valeur à la propriété.

La distance à observer entre les arbres dépend : 1° de leur nature; 2° de celle du terrain; 3° de la forme sous laquelle on les élève; 4° de la hauteur du mur.

Examinons successivement ces diverses circonstances, en commençant par les espaliers. Pour un mur de 2^m,80 de hauteur sous chaperon, qui est la plus générale :

Les pêchers, dans un bon terrain, dirigés suivant la forme carrée (fig. 68 et 81), seront éloignés de 8 mètres les uns des autres; sous la forme palmette à branches horizontales (fig. 82 et 84), de 6 à 8 mètres; à cinq branches verticales (fig. 86), à $2^m,50$; à trois branches verticales, à $1^m,50$; à deux branches en U (fig. 88), à 1 mètre; en cordons verticaux ou obliques (fig. 89), de 1 mètre à $0^m,80$. Dans un terrain médiocre, la forme carrée, 6 mètres; la palmette horizontale, 5 mètres. Les autres formes aux distances que nous venons d'indiquer.

Les poiriers en palmette horizontale (fig. 39 et 42), dans un bon terrain, auront 5 mètres d'écartement; dans un terrain inférieur, 4 mètres; à huit branches verticales (fig. 46), 2 mètres; à cinq branches (fig. 45) à $1^m,25$; à quatre branches en U, à 1 mètre; à trois branches, à $0^m,75$; enfin à deux branches, à $0^m,50$.

L'abricotier, le cerisier, le prunier en palmette, dans un bon terrain, seront distancés à 6 mètres; dans un sol médiocre, à 4 mètres; en palmette verticale, même distance que les poiriers.

La vigne, suivant la méthode de Thomery, sera plantée de $0^m,50$ à $0^m,60$ entre chaque pied, suivant la hauteur du mur. A l'article VIGNE, nous en reparlerons. En palmette ordinaire (fig. 100), de $0^m,75$ à $0^m,80$; pour palmettes alternées (fig. 101), à $0^m,40$, n'importent la nature du terrain et la hauteur du mur. Dans les terrains où la vigne ne végète pas très fort, il y aura intérêt à rapprocher les pieds de celle cultivée en cordons. Ceux-ci sont moins longs, chaque bras ayant moins à parcourir. On multiplie ainsi les extrémités de cordons, sur lesquelles vient le plus beau raisin, en diminuant le nombre des coursonnes qui en donnent de moins beau. Les racines s'étendent en devant du mur suffisamment pour nourrir la treille.

La pyramide du poirier (fig. 4) se distancera dans un bon terrain, greffée sur franc (1) ou sur cognassier, de 3 à 4 mètres en tous sens et en alternant, et à 2^m,50 dans un mauvais sol, en la plaçant à 1 mètre au moins du bord des allées. Si celles-ci étaient limitées par des cordons de pommiers, 1^m,50 serait nécessaire.

Pour le pommier sur franc, à 2^m,50; mais ce dernier se cultive peu sous cette forme : on le plante préférablement greffé sur paradis (fig. 5), alors il se met à 1 mètre ou 1^m,20 en tous sens; sur doucin, pour contre-espalier, à 4 mètres. Si on le place en contre-espalier, greffé sur franc, on lui donnera un développement de 4 à 5 mètres. Enfin, élevé en cordons sur paradis (fig. 47), on le distancera de 1 et 2 mètres, suivant le parcours des cordons et le nombre d'étages.

Nous n'avons indiqué des distances que pour les formes le plus généralement adoptées dans les jardins

---

(1) Il est très avantageux, dans la plupart des terrains de transplanter le poirier franc au lieu de le greffer en place. La transplantation facilite la ramification des racines et l'abondance du chevelu ; tandis que non soumis à cette opération, les racines pivotent profondément, font peu de chevelu, et atteignent vite le mauvais sol. Alors l'arbre devient languissant, peu productif, et finit par dépérir entièrement.

de moyenne étendue, où rarement on plante à haute tige ; il n'y a que dans les grands jardins et les vergers que cette pratique est admise. Il deviendrait trop coûteux de défoncer la totalité du terrain ; on fait des trous dans les plus grandes dimensions que nous avons données. La distance à laquelle on les mettra sera d'environ 8 à 15 mètres, suivant la nature de l'arbre et celle du terrain : il est avantageux de laisser l'air et la lumière circuler très librement entre tous les arbres, et il est souvent nécessaire de ménager les cultures voisines, surtout si l'on plante dans un potager dont le sol est occupé par des légumes pendant à peu près toute l'année. Les vergers sont ordinairement peu cultivés, le meilleur moyen d'utiliser le sol est de le mettre en herbage ; les premières années, cependant, on peut cultiver de gros légumes, comme les pommes de terre, les haricots, etc.

La plantation en bordure ne se fait sur une assez grande échelle que dans les champs, le long des chemins et des avenues ; on distance à 10 ou 12 mètres pour la commodité des travaux de culture et de la circulation. Les soins à donner à ces arbres consistent à élaguer les branches qui forment confusion, à enlever le bois mort et à biner le pied pendant leur jeunesse.

17. *Des murs.* — La construction des murs étant subordonnée à diverses causes locales, comme la rareté de certains matériaux, nous nous arrêterons peu sur ce sujet ; nous dirons seulement quelques mots sur leur disposition.

Une hauteur de $2^m,50$ à 3 mètres est celle qu'on leur donne le plus ordinairement; elle convient parfaitement pour toutes sortes d'espaliers. Si l'on a le plâtre à bon marché, il sera avantageux d'en enduire le mur, afin de pouvoir palisser à la loque, méthode que nous ferons connaître plus loin.

Les meilleurs murs sont ceux de clôture ou de refend; les murs de terrasse ne sont pas très bons, ils sont trop humides l'hiver et trop chauds pendant l'été; cependant, moyennant quelques soins, on peut les utiliser avec profit. Ainsi les treillages posés contre ces murs en seront écartés de $0^m,10$ par des crochets ou des pieux; on évite par là aux arbres l'humidité pendant l'hiver et la trop grande chaleur en été. En laissant un petit intervalle entre le mur et le treillage, l'air circule mieux et maintient les arbres dans un milieu favorable. Le choix de l'exposition pour la disposition générale d'un jardin n'étant pas toujours possible, je ne parlerai que de celle offerte par les murs. Si l'on a la facilité de les disposer à son gré, on les établira du nord au midi, de manière que les faces regardent, l'une le levant, l'autre le couchant. Ces deux expositions sont plus favorables que le nord, et souvent même que le midi, à la culture des arbres fruitiers. Mais comme, avant tout, il faut utiliser celles que l'on a, on mettra : au nord, au nord-est et nord-ouest, les poiriers et les cerisiers (et encore des espèces choisies dans ce but); au midi, au sud-ouest, ainsi qu'au levant et au sud-est, le pêcher, la vigne, l'abricotier; enfin, au couchant, le pêcher, le poirier et la vigne. Du reste, ces données n'ont rien d'absolu, si ce n'est pour ce qui concerne l'exposition du nord. Quant aux espèces de pêchers dont le fruit est d'une nature tardive, il conviendra de les mettre au midi, afin d'assurer leur maturité.

18. *Des treillages.* — Lorsque le palissage à la loque n'est pas possible, il faut nécessairement construire des treillages. Ceux de bois sont employés le plus généralement, quoiqu'on puisse y suppléer par de simples fils de fer, là où leur établissement reviendrait trop cher. Mais ceux-ci ne conviennent pas pour les arbres à fruit à noyau. Ils risqueraient d'écorcher les branches et de provoquer la production de la gomme. Un treillage se fait, soit de chêne, soit de châtaignier, soit de sapin refendu à la scie mécanique, et se compose de montants qui sont perpendiculaires à la direction du mur, et de traverses parallèles au sol, sur lesquelles reposent les montants. Je ne m'occuperai ici que de ce qui se rapporte à la distance à observer entre les traverses et les montants, chose essentielle au point de vue du palissage.

Suivant la nature des arbres, cette distance variera. Pour le poirier, un écartement de $0^m,20$ à $0^m,25$, et préférablement ce dernier, en tous sens, pourra être adopté. Pour le pêcher, chez lequel la petite branche a besoin d'être soigneusement attachée, un écartement de $0^m,10$, entre les montants ne sera pas trop faible. Le cerisier exige la même largeur que le poirier : comme pour ce dernier, on n'attache que la branche de charpente; la branche à fruits, tenue toujours courte, ne se palisse pas; les bourgeons à bois sont pincés. La vigne veut aussi être attachée; on donnera aux traverses et aux montants un écartement de 0^m,25, afin de pouvoir fixer et les cordons et les sarments. Les treillages de fil de fer lui conviennent parfaitement (1).

19. *Des abris.* — Ils sont indispensables à la culture des espaliers. Sous notre climat, où la température est si variable, il importe de pouvoir protéger les arbres contre l'action des gelées tardives et contre les intermit-

---

(1) Si l'on adopte le treillage de fil de fer, il suffira de tendre horizontalement des fils n° 17, qui varieront entre eux de distance suivant l'essence d'arbres. Pour le poirier et l'abricotier, on les mettra à 0^m,25. Pour la vigne on observera le même écartement : le premier fil, à partir du bas du mur, servira à maintenir les cordons, et le second les sarments; ainsi de suite. Quant au pêcher, dont la petite branche a besoin d'être palissée soigneusement, les fils placés horizontalement à 0^m,20 serviront à porter des lattes de bois rapprochées entre elles à 0^m,10 verticalement. Il sera même bon d'en mettre une de chaque côté des branches charpentières à 0^m,05, afin d'éviter les brides.

Les fils de fer, dans ce système, sont maintenus au moyen de pitons et de crochets à scellement ou de crochets à pointe (si le mur peut se laisser pénétrer par ces derniers), que l'on pose tous les 3 mètres sur la ligne, en les alternant avec ceux des lignes voisines. On les tend à l'aide du roidisseur *Collignon d'Ancy*, qui leur conserve toujours la tension désirable. Les treillages ainsi faits, tout en remplissant parfaitement le but qu'on se propose, sont d'un établissement plus simple et plus économique qu'un treillage de bois, et sont d'un entretien pour ainsi dire nul, si les fils de fer et les roidisseurs sont, comme c'est préférable, galvanisés. Toutefois nous devons dire que si l'on tenait au coup d'œil, les treillages de bois, garnissant mieux le mur, seraient sous ce rapport, plus convenables. Ils sont également préférables pour les contre-espaliers, auxquels ils donnent plus de solidité, bien que cette dernière forme puisse être établie plus économiquement avec des fils de fer supportés par des pieux, et offrir encore une résistance suffisante. Le fil de fer n° 16 peut être employé comme le n° 17; il est moins gros, plus facile à tendre et suffisamment solide.

tences de pluie et de soleil, surtout au moment de leur floraison, afin de rendre les récoltes moins incertaines. A cet effet, une bonne précaution à prendre est de garnir le mur à son sommet d'un chaperon formant une forte saillie destinée à rejeter les eaux au delà du pied de l'arbre et à le protéger en partie contre le refroidissement subit pendant la nuit. Cette saillie sera d'autant plus forte que le mur sera plus élevé : pour la hauteur que nous avons mentionnée précédemment, elle devra être environ de $0^m,18$ à $0^m,20$ pour le levant et le midi, et de $0^m,20$ à $0^m,24$ pour les autres expositions; si l'on palisse à la loque, on diminuera la saillie des chaperons de $0^m,05$ à $0^m,06$. On donnera peu de pente au chaperon, afin de pouvoir glisser les auvents dessous.

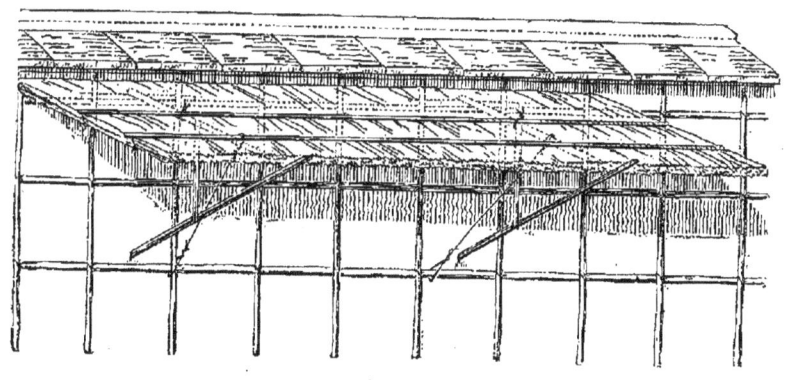

Fig. 1.

En outre de ces chaperons, il est bien de se servir d'auvents pour atteindre plus complètement le même but (fig. 1). On scelle au haut du mur, $0^m,10$ au-dessous de la saillie du chaperon, des supports de fer (fig. 2) ou de bois, distancés de 1 mètre les uns des autres et ayant au plus 0^m,03 de pente; on place dessus,

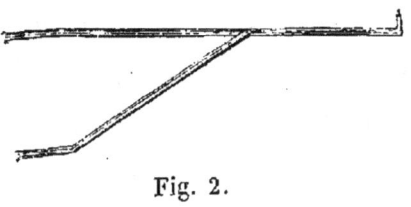

Fig. 2.

soit des auvents de paille de 0^m,40 à 0^m,50 de large et de 2 mètres de long, soit des planches légères de sapin renforcées par des traverses clouées, au moment où les arbres vont entrer en fleur, et on les laisse jusqu'à ce que le fruit soit bien noué. Les auvents de paille ne doivent pas dépasser la longueur que nous indiquons, ils sont alors d'un maniement facile et d'une solidité plus durable. Quant aux planches, comme elles sont beaucoup plus résistantes, la longueur est assez indifférente. Si le printemps était changeant, il serait avantageux de les laisser jusqu'à ce que le mauvais temps ne fût plus à craindre, c'est-à-dire vers la fin de mai : les fruits ne se tachent pas et deviennent plus beaux. Pour les fruits sujets à se tacher, comme il arrive au saint-germain, au bon-chrétien d'hiver et au doyenné d'hiver dans bien des localités, il convient de laisser les abris plus longtemps; on ne les enlève qu'un mois ou deux avant la récolte. Lorsque le mur est garni d'un treillage, on peut, à la rigueur, se dispenser de supports scellés; on les remplace par une sorte de potence (fig. 3) que l'on accroche dans le treillage, on place l'auvent dessus, et on l'y fixe solidement avec des liens d'osier ou de fil de fer. A défaut de treillage, on maintiendrait la potence à l'aide de deux forts clous à crochet, comme l'indique la figure 3. Un troisième clou, en bas, près du pied de la potence, enfoncé la tête renversée, est destiné à rece-

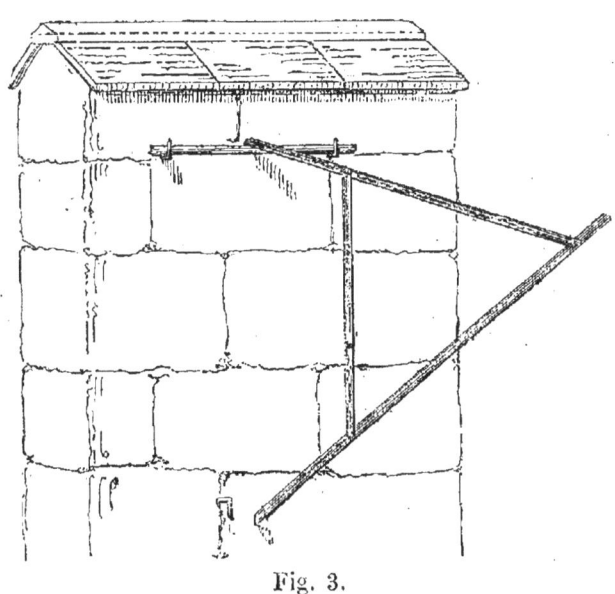

Fig. 3.

voir l'une des extrémités de la bride d'osier (voy. fig. 1); l'autre s'attache à la traverse de l'auvent, pour rendre le tout immobile. Ces brides sont inutiles lorsqu'on se sert de supports scellés dans le mur, il suffit alors d'attacher l'auvent sur eux.

Il ne faut presque pas donner de pente aux auvents, autrement ils ombrageraient trop les arbres, et on ne les enfonce que de $0^m,10$ seulement sous le chaperon pour qu'ils aient plus de saillie en avant du mur.

La manière d'établir ces auvents est simple. On prend

de la paille de seigle peignée, mise préalablement à tremper pendant vingt-quatre heures environ dans un bain de sulfate de cuivre. Lorsqu'elle est séchée, on la pose entre deux cadres de lattes de châtaignier que l'on cloue ensemble.

L'eau sulfatée se prépare en faisant dissoudre 2 kilogrammes de sulfate de cuivre aussi pur que possible, dans 100 litres d'eau. On peut augmenter la masse du liquide en suivant les proportions indiquées.

Ce sulfatage a pour effet de préserver la paille d'une pourriture trop prompte, et par conséquent de conserver l'auvent pendant longtemps en bon état d'entretien.

Pour établir les potences on peut encore employer du fer à T de $0^m,020$ d'épaisseur. Cette nature de fer permet de supprimer la jambe de force et l'on évite ainsi un scellement. On perce deux trous dans la potence pour y passer des fils de fer qui servent à attacher les auvents.

Si les gelées sont à redouter, on emploie, conjointement avec les auvents, des paillassons ou de grosses toiles comme abri pendant la nuit; on les éloigne du mur par des fils de fer ou de petites perches placées en avant, pour qu'ils ne froissent pas les fleurs, et on les relève pendant le jour, lorsque la température est radoucie. Ces soins, qui sembleront peut-être minutieux, donneront cependant au cultivateur qui n'hésitera pas à les prendre, la satisfaction d'assurer complètement ses récoltes, qu'une seule nuit souvent lui enlève.

Un autre genre d'abri, qui a aussi son utilité, consiste à mettre sur les espaliers de vigne et de cerisiers des toiles claires, lorsque la maturité approche ; on évite ainsi les dégâts de la part des oiseaux, et l'on peut conserver pendant longtemps le raisin mûr sans être obligé de le cueillir avant les gelées.

Nous recommandons beaucoup les abris. Outre qu'avec eux les récoltes sont plus certaines, ils conviennent aussi comme préservatifs contre plusieurs maladies, entre autres contre la cloque, et sont un moyen de tempérer la vigueur des branches supérieures en les privant en partie de l'influence directe de la lumière : ce qui, comme nous le verrons plus tard, peut servir à maintenir l'équilibre entre les diverses parties de l'arbre.

DEUXIÈME PARTIE.

DE LA TAILLE DES ARBRES FRUITIERS.

CHAPITRE PREMIER.

NOTIONS PRÉLIMINAIRES.

§ Ier. — De l'opération de la taille.

20. La taille, dans l'acception générale de ce mot, a pour but :

1° De donner et de conserver aux arbres une forme régulière en répartissant le plus également possible la sève entre toutes leurs parties.

2° De faire fructifier ceux qui y sont naturellement peu disposés.

3° De les maintenir en bon état de production.

4° D'en obtenir des fruits plus gros, de meilleure qualité, et plus hâtifs.

5° Et souvent de prolonger leur existence.

Il est utile de donner aux arbres fruitiers cultivés dans les jardins, des formes régulières qui puissent permettre de les diriger sans grandes difficultés. L'espace souvent restreint consacré à leur culture oblige de les soumettre à la taille, afin qu'ils n'occupent pas beaucoup de place, tout en donnant d'abondants produits.

Quelques espèces ne peuvent être cultivées, dans la plus grande partie de la France, d'une manière avantageuse, qu'en espalier; il convient, en les appliquant au long d'un mur, de leur faire suivre certaines lignes pour que celui-ci soit complètement utilisé.

Il est des arbres qui, livrés à eux-mêmes, se mettent difficilement à fruit; la taille a des moyens, dont nous parlerons bientôt, pour activer leur fructification.

Leur rapport est aussi plus assuré et plus constant : en ne leur laissant chaque année qu'une certaine quantité de fruits, on évite leur épuisement; les abris qu'on leur donne préviennent les accidents fâcheux.

Les fruits laissés sur l'arbre en quantité proportionnée à sa vigueur, et recevant chacun leur part convenable de l'influence du soleil et de l'air, acquièrent plus de volume et de qualité. Leur maturité se trouve hâtée par l'effet des espaliers, qui concentrent autour d'eux la chaleur nécessaire.

21. La taille est donc utile, mais à condition qu'elle se fera d'après les vrais principes de la physiologie végétale. Mal appliquée, elle compromet la production et même la vie des arbres; bien faite, elle les entretient dans un bon état de santé et de rapport; elle prolonge même leur durée en portant remède à leur épuisement ou aux maladies qui pourraient survenir.

Nous distinguons deux tailles : la *taille d'hiver* et la *taille d'été*.

22. L'*époque* où se pratique la taille d'hiver varie suivant les contrées et les différentes espèces d'arbres. On peut dire, d'une manière générale, qu'elle commence dès que la sève est entièrement ralentie, et qu'elle finit lorsque celle-ci reprend son cours ordinaire et fait développer les bourgeons, ce qui a lieu des premiers jours de novembre à la fin de mars. Pour les pays dont la latitude se rapproche de celle de Paris, le moment le plus favorable est février et mars, après que les grands froids sont passés, les plaies se trouvent exposées moins longtemps à l'air, n'ont pas à subir l'effet de l'hiver, se recouvrent mieux et plus vite. Dans les pays méridionaux, où l'hiver se fait peu sentir, on peut commencer à tailler en novembre.

Toutefois, sous le climat de Paris, on peut aussi tailler tout l'hiver, excepté pendant les grands froids et lorsque les arbres sont couverts de givre; car le bois, devenu plus cassant, s'éclate facilement sous la serpette, ce qui rend la guérison des plaies plus difficile. Il faudra avoir soin, en ce cas, d'éloigner la coupe de l'œil plus qu'on ne l'aurait fait si l'on avait attendu au printemps. Le bois se desséchant, l'œil pourrait lui-même être endommagé.

Ce que nous venons de dire s'applique aux arbres à fruits à pepins, au poirier surtout; car le pommier, étant un des arbres les plus tardifs à entrer en végétation, est ordinairement réservé pour la fin. Quant aux arbres à fruits à noyau, notamment le pêcher, il faut attendre que les boutons commencent à être apparents, afin de bien les distinguer pour tailler les branches à fruits. Les plaies sur ces arbres sujets à la gomme sont plus facilement recouvertes au printemps que pendant l'hiver.

Autant que possible, toute la taille, et celle de la vigne surtout, sera faite avant l'ascension de la sève, afin d'éviter d'en perdre et d'affaiblir l'arbre.

L'époque de la taille d'été est depuis le moment où la végétation commence à être bien active jusqu'à celui où elle se ralentit sensiblement, c'est-à-dire des premiers jours de mai à la fin d'août. Nous en parlerons plus au long en traitant des diverses opérations d'été. Il y a donc à s'occuper des arbres fruitiers soumis à la taille pendant une grande partie de l'année.

23. Les *instruments* dont on se sert pour cette opération sont : 1° la *serpette*, 2° le *sécateur*, 3° la *scie à main*, dite *égohine*.

La *serpette* varie beaucoup de forme : nous n'entrerons ici dans aucun détail à ce sujet; nous dirons seulement qu'elle doit être toujours bien affilée et bien propre, pour qu'elle puisse passer aisément dans le bois sans l'éclater. C'est le meilleur instrument pour tailler.

Après elle vient le *sécateur*, qui est d'invention moderne. Il se compose d'une lame et d'un crochet. Cet instrument a l'inconvénient d'exercer sur le bois une pression qui souvent rend la cicatrisation de la coupe difficile; mais s'il est bien fait, et surtout si l'on sait s'en servir, cet inconvénient devient bien moindre. On a jusqu'ici rejeté le sécateur comme impropre à la taille des arbres fruitiers, nous avons longtemps partagé cet avis : cela tenait principalement à sa mauvaise confection; mais aujourd'hui qu'il a été très perfectionné, nous admettons qu'on puisse s'en servir. Il faut avoir soin de tenir le crochet en dessus et la lame en dessous; la coupe est alors beaucoup plus nette et la pression est presque insensible. Avec ces précautions, le sécateur peut être employé, non seulement à la taille de la vigne et du pêcher, ce qui est admis depuis longtemps, mais encore à celle de tous les arbres fruitiers. Il présente l'avantage d'une réelle économie de temps et est d'un maniement plus facile que la serpette. Cependant son emploi ne doit pas dispenser de l'usage de cette dernière, qui seule peut atteindre certaines branches près des ramifications. On la préférera aussi pour tailler les branches de prolongement; elle présente plus de sécurité que le sécateur, par la raison que les coupes sont toujours plus nettes.

La *scie égohine* est indispensable quand il s'agit de branches trop fortes pour être enlevées par la serpette et le sécateur. La lame doit être forte et flexible, les dents bien évidées, afin de débiter promptement; enfin l'extrémité sera en pointe allongée pour pouvoir se glisser entre deux branches très rapprochées.

§ II. — De la forme à donner aux arbres.

24. Les diverses formes auxquelles nous soumettons les arbres ne sont pas indifférentes; elles dépendent en

partie de la nature de l'espèce et de celle du climat. Nous entendons ici par forme, la disposition générale de l'arbre ; nous laissons de côté, pour le moment, les modifications plus ou moins importantes apportées dans les détails, nous y reviendrons plus tard en traitant de la taille de chaque espèce.

Nous ne parlerons que des formes les plus usitées et reconnues jusqu'ici comme les meilleures. Ce sont : 1° la *pyramide* ou *cône*, 2° le *plein-vent* ou *haute tige*, 3° le *vase*, 4° le *buisson* ou *cépée*, 5° l'*espalier* et le *contre-espalier*, 6° la *treille*. Celle-ci peut évidemment être considérée comme faisant partie de l'espalier, mais son mode de formation est tellement différent de celui des autres arbres, que je crois devoir la placer à part.

25. *De la pyramide ou cône* (fig. 4). — La plupart des arbres ordinairement cultivés dans les jardins peuvent être traités suivant cette forme ; cependant le poirier est celui auquel elle s'applique le plus particulièrement : c'est elle qui permet d'en entretenir sur un espace donné le plus grand nombre possible.

Elle consiste en une tige verticale garnie de la base au sommet de branches latérales dont la longueur diminue à mesure qu'elles se rapprochent de la partie supérieure. Ces branches forment avec la tige un angle plus ou moins ouvert, et s'élèvent obliquement de manière à former un cône dont le plus grand diamètre devra avoir environ le tiers de la longueur totale. C'est une des meilleures formes : elle laisse la lumière et l'air pénétrer librement dans toutes les parties de l'arbre, tient

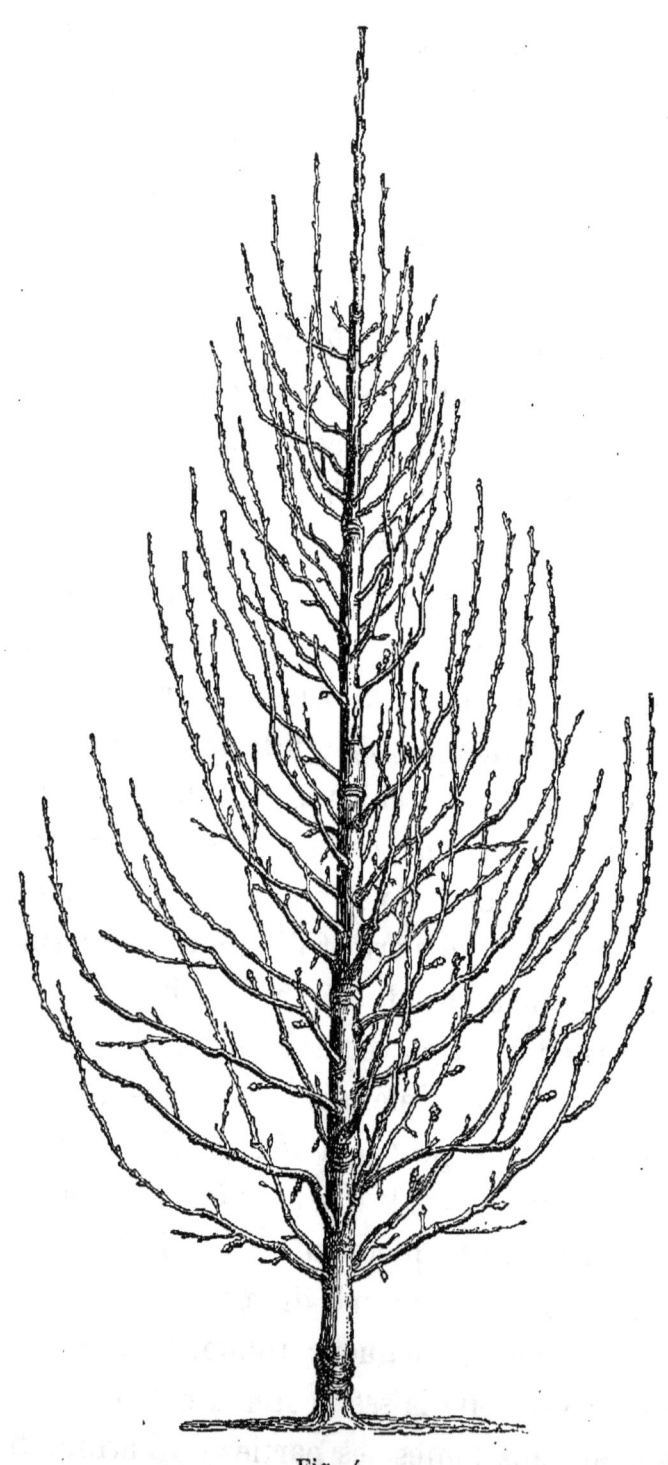

Fig. 4.

peu de place sur les plates-bandes; elle est productive.

26. Le *plein-vent* ou *haute tige* est applicable à toutes les essences; cependant, sous le climat de Paris, le pêcher est peu cultivé de cette manière. Les arbres traités ainsi ne prennent leurs branches que sur un tronc élevé de 2 mètres environ. C'est la forme la plus convenable pour la plantation des vergers et des bordures le long des chemins.

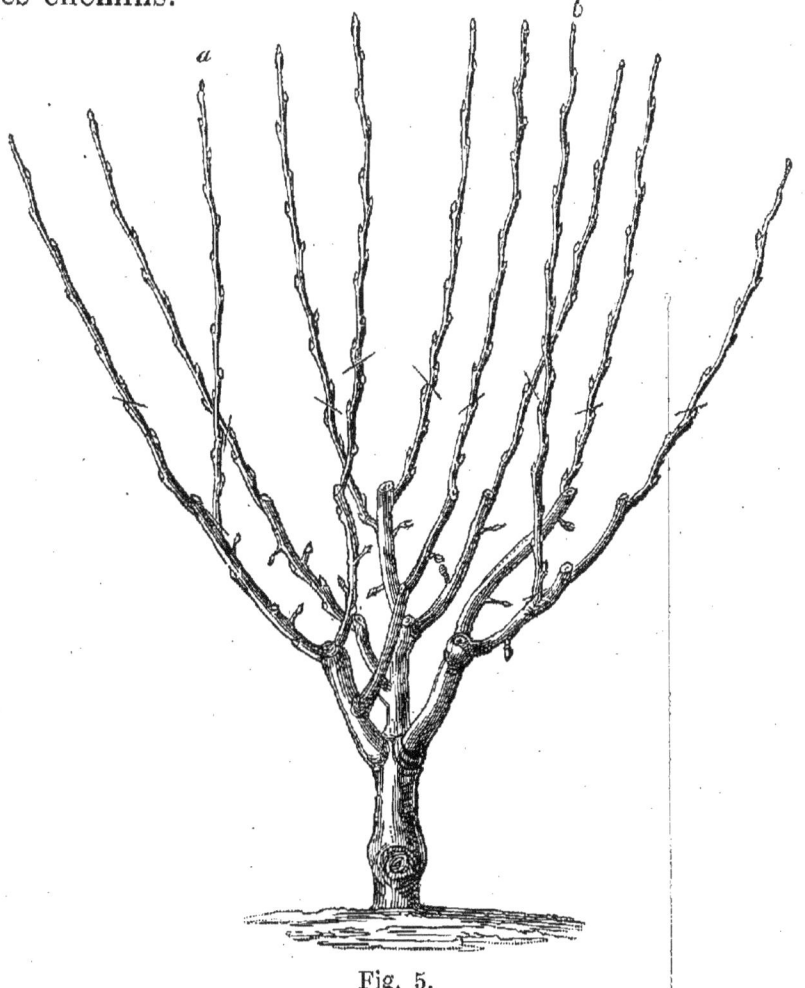

Fig. 5.

27. Le *vase* (fig. 5) peut s'appliquer à tous les arbres,

excepté au pêcher; mais il est plus spécialement réservé pour le pommier greffé sur paradis. Sur une tige ténue très courte (de 0^m,15 à 0^m,20 au plus) partent deux ou trois ramifications qui sont dirigées, ainsi que leurs rameaux, circulairement. Le pommier nain, cultivé de cette sorte, donne de très beaux fruits, ainsi que le groseillier à grappes.

28. *Le buisson ou cépée.* — Dans cette forme la tige principale manque ou est excessivement courte; les branches, alors, partent près du collet de la racine et prennent toutes les directions. Certains arbrisseaux, tels que le figuier, le framboisier, le groseillier épineux, etc., s'en accommodent mieux que de toute autre. Sous notre climat, où l'on a l'habitude de tenir couché en terre le figuier pendant la durée de l'hiver, la forme en buisson est pour lui de rigueur.

29. L'*espalier* convient à tous les arbres, mais plus particulièrement à ceux dont la maturité des fruits ne serait pas assurée en plein jardin. Cette forme consiste à planter un arbre au pied d'un mur et à l'y dresser suivant la direction qu'on veut lui faire prendre. Le *contre-espalier* s'établit le long de treillages ou de supports quelconques, mais n'est point appliqué le long d'un mur. Il peut être employé pour tous les arbres, excepté le pêcher.

L'espalier et le contre-espalier varient beaucoup de formes; nous indiquerons celles que l'on doit préférer, lorsque nous traiterons de chaque nature d'arbre.

30. La *treille* est un genre d'espalier spécial à la

NOTIONS PRÉLIMINAIRES.

vigne; nous l'étudierons plus tard d'une manière particulière.

§ III. — Examen d'un arbre soumis à la forme en pyramide ou cône.

PRODUCTION DU BOIS.

31. *Tige.* — On donne ce nom à la partie de la pyramide qui occupe le centre; elle part du collet, s'élève perpendiculairement, et est terminée par un rameau nommé *flèche*.

La tige donne naissance aux *branches latérales* et sert à charrier la sève destinée à les nourrir. Sa hauteur doit être en rapport avec la vigueur de l'arbre, de manière qu'il y ait entre elle et les branches latérales la proportion que nous avons indiquée (**25**).

32. Les *branches latérales* doivent être convenablement espacées et, autant que possible, alternées. Elles seront plus rapprochées sur la tige à la base, la pyramide étant plus large à sa partie inférieure, et seront plus éloignées à mesure que l'on s'élèvera vers le sommet. La sève sera par ce moyen aussi mieux répartie. Il faut éviter d'en faire développer plusieurs sur le même point : elles affaibliraient la portion de la tige qui se trouve au-dessus en détournant une trop grande quantité de sève; ce n'est qu'avec peine qu'on parviendrait à rétablir l'équilibre. Elles sont souvent coudées dans leur longueur par les tailles successives qu'elles ont subies, ou encore par la mauvaise direction d'un rameau. On cherche à amoindrir leurs coudes au moyen de petits tuteurs. Ils ont l'inconvénient d'entraver le parcours de la sève et de détruire par là l'harmonie qu'on s'efforce de maintenir dans tout l'ensemble de l'arbre.

La distance la plus convenable à observer entre elles est de 0^m,20 à 0^m,35 suivant leur position. Elles doivent être simples; cependant il arrive des cas où il faut les ramifier, afin de remplir un vide qui existerait à la circonférence de la pyramide.

C'est sur les branches que se trouvent le plus ordinairement les productions fruitières.

33. Les *rameaux* terminent les branches latérales, ils sont le résultat des bourgeons de l'année précédente, et sont chargés de former et de continuer les branches. Lorsque l'arbre pousse régulièrement, c'est sur eux qu'on pratique la taille.

Les *faux rameaux*, ou *rameaux anticipés*, sont le produit d'yeux qui se sont développés l'année même de leur formation; ils prennent donc toujours naissance sur les rameaux. Ils peuvent être provoqués par un pincement ou se développer naturellement.

Les rameaux et les faux rameaux se trouvent garnis d'yeux à leur circonférence et à leur extrémité.

34. *De l'œil.* — Ce n'est autre chose que le bourgeon à l'état rudimentaire, c'est l'élément de toute production. Il se trouve sur tous les arbres et sur toutes leurs parties à différents états; selon les espèces, il peut exister longtemps sans se développer, ou il se développe promptement.

Le bourgeon est destiné à donner le bois ou le fruit, suivant les circonstances, et même les deux à la fois.

L'œil affecte deux formes : il est conique lorsqu'il termine le rameau, il prend alors le nom de *terminal;* aplati, quand il se trouve à la circonférence, il se nomme alors *latéral :* les yeux latéraux sont d'autant plus plats qu'ils se trouvent plus éloignés du sommet du rameau. A la base de chaque œil et de chaque rameau, il existe deux *yeux supplémentaires,* ou *sous-yeux,* ou *yeux stipulaires,* très petits, placés un de chaque côté, ne se développant ordinairement que lorsqu'un accident est arrivé à l'œil principal ou que celui-ci est mal conformé; les bourgeons qui en proviennent sont moins vigoureux que ceux produits par ce dernier.

Les yeux occupent quatre positions qu'il est utile de distinguer : devant et derrière, suivant qu'ils font face ou non à l'observateur; dessus et dessous, selon leur position sur la branche. Chacune a ses avantages et ses inconvénients que nous connaîtrons lors de la taille.

Lorsque le rameau est taillé, l'œil qui est devenu terminal prend le nom d'*œil de taille.*

35. *Yeux latents.* — Ces yeux, peu apparents, ne se trouvent que sur le vieux bois; ils restent inactifs quelquefois pendant plusieurs années et ne se développent que par suite d'une taille faite au-dessus d'eux : une déviation de la sève ou l'affaiblissement de l'extrémité d'une branche peut encore provoquer leur émission.

36. Les *yeux adventifs* se trouvent aussi sur le vieux bois, près des nodosités et des coudes; ils ne sont jamais

apparents et se développent souvent spontanément, ou par suite d'une taille courte.

Ces deux sortes d'yeux sont d'une grande ressource pour la réussite de certaines opérations.

L'espace compris entre deux yeux, sur un rameau ou sur une branche, se nomme *entre-nœud* ou *mérithalle*.

37. *Du gourmand.* — C'est un rameau qui a pris un accroissement en disproportion avec ceux qui l'avoisinent. On le reconnaît à son volume : les yeux près de la base sont très petits et éloignés les uns des autres; ceux de la partie supérieure, au contraire, sont gros et souvent développés en faux rameaux. Le gourmand naît sur la tige sur le dessus des branches près des coudes, là où la circulation de la sève est ralentie, et présente un assez fort empatement dès sa naissance. Par suite de cette position, il tend à prendre de la force au préjudice des autres branches et à détruire l'équilibre de l'arbre. On prévient les désordres que les gourmands peuvent occasionner par le pincement, qu'il est quelquefois nécessaire de répéter, afin de maîtriser leur vigueur. On ne doit pas en rencontrer sur les arbres bien soignés; néanmoins il est parfois important d'en faire naître pour les utiliser et refaire la charpente d'un arbre en partie épuisé. Lorsque nous parlerons de la restauration des vieux arbres, nous reviendrons sur ce sujet. Il est plus commun sur le pêcher que sur les autres arbres.

38. La *brindille* (fig. 6) est un petit rameau grêle,

allongé, flexible, ayant de 0^m,10 à 0^m,15 et 0^m,20 de longueur, dont les yeux sont petits. On la trouve sur toutes les parties des branches; elle a peu de disposition à pousser fortement et est une des premières ressources pour la fructification : on la conservera donc sur les arbres jeunes et vigoureux jusqu'à ce que les productions fruitières soient abondantes. On la met facilement à fruit en l'arquant et éborgnant l'œil terminal. Si celui-ci a pris le caractère de bouton à fruit, on le conserve et l'on n'arque pas. Sur les arbres fertiles il n'est pas nécessaire de la laisser, à moins qu'elle ne soit dans un vide; alors on la taille de manière à en former une branche à fruits.

39. *Du dard* (fig. 7). — Le dard est un petit rameau ayant depuis 0^m,01 jusqu'à 0^m,05 et 0^m,08 de longueur, placé à angle droit sur le dessus des branches le plus ordinairement, terminé par un œil conique, mais qui finit par s'arrondir pour prendre le caractère de bouton à fruit. Rarement il acquiert un grand accroissement; aussi on ne le taille pas. Il lui faut souvent plusieurs années pour donner du fruit. Sa première année, ce n'est

Fig. 6.

qu'un œil un peu allongé, qui, au lieu de se développer en bourgeon, reste stationnaire, accompagné de trois feuilles. La deuxième année, l'œil, déjà plus volumineux et plus rond qu'un œil à bois ordinaire, s'allonge un peu et se ride circulairement, et est accompagné de quatre ou cinq feuilles. Les années suivantes, le petit dard continue à grandir un peu et l'œil se transforme en bouton au milieu d'une rosette de cinq ou six feuilles. C'est un des organes principaux pour la fructification; on ne le supprime donc pas, à moins qu'il n'y en ait plusieurs sur le même point : il est d'ailleurs peu abondant sur les jeunes arbres. Il arrive parfois que, sur des arbres féconds, le petit dard se mette à fruit l'année même où il se développe.

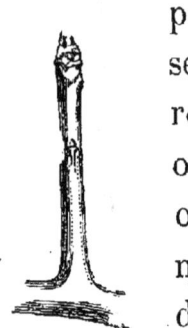
Fig. 7.

PRODUCTION DU FRUIT.

40. *Du bouton.* — Le bouton renferme la fleur et est destiné à donner le fruit; il est dans la même espèce d'arbre plus gros, plus arrondi que l'œil, et entre en végétation avant lui.

Dans les arbres à fruits à pepins, les boutons se trouvent sur le vieux bois, du moins à l'état normal; ce n'est que lorsque l'espèce est très fertile que le jeune bois en porte. L'époque à laquelle on commence à les apercevoir est le mois d'août.

41. La *lambourde* (fig. 8 et 9) est le dard terminé par un bouton. Sur des arbres très fertiles, il peut arriver qu'un petit rameau paraisse avec un bouton à son sommet la même année. Cette lambourde a l'écorce lisse,

tandis que l'autre, au contraire, l'a ridée. Il faut toujours s'efforcer d'avoir de jeunes lambourdes de trois à quatre ans; le fruit est plus assuré et plus beau. A la taille nous indiquerons comment on les obtient. Les vieilles lambourdes fleurissent, mais fructifient mal.

42. La *bourse* (fig. 10) est le point où étaient attachés les fruits ou les fleurs. On la distingue aux caractères

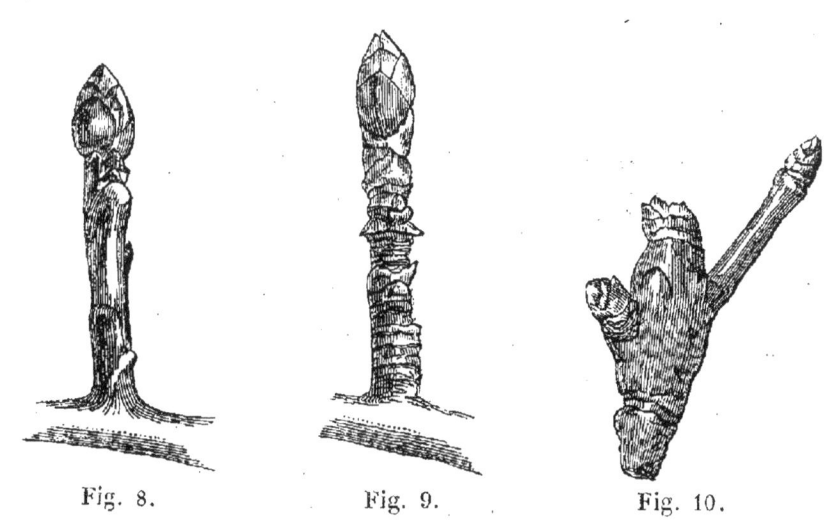

Fig. 8.   Fig. 9.   Fig. 10.

suivants : un petit corps charnu, tendre, tronqué à sa partie supérieure, et ayant plusieurs yeux à sa circonférence disposés à se transformer en boutons. Elle se rencontre surtout sur les branches à fruits. C'est un organe essentiellement fertile, qui tend constamment à donner du fruit, quoiqu'on puisse cependant lui faire donner du bois au besoin.

43. La *branche à fruits* (fig. 11), dans le poirier, est ordinairement âgée de plusieurs années; elle doit être tenue aussi courte que possible, néanmoins il est quel-

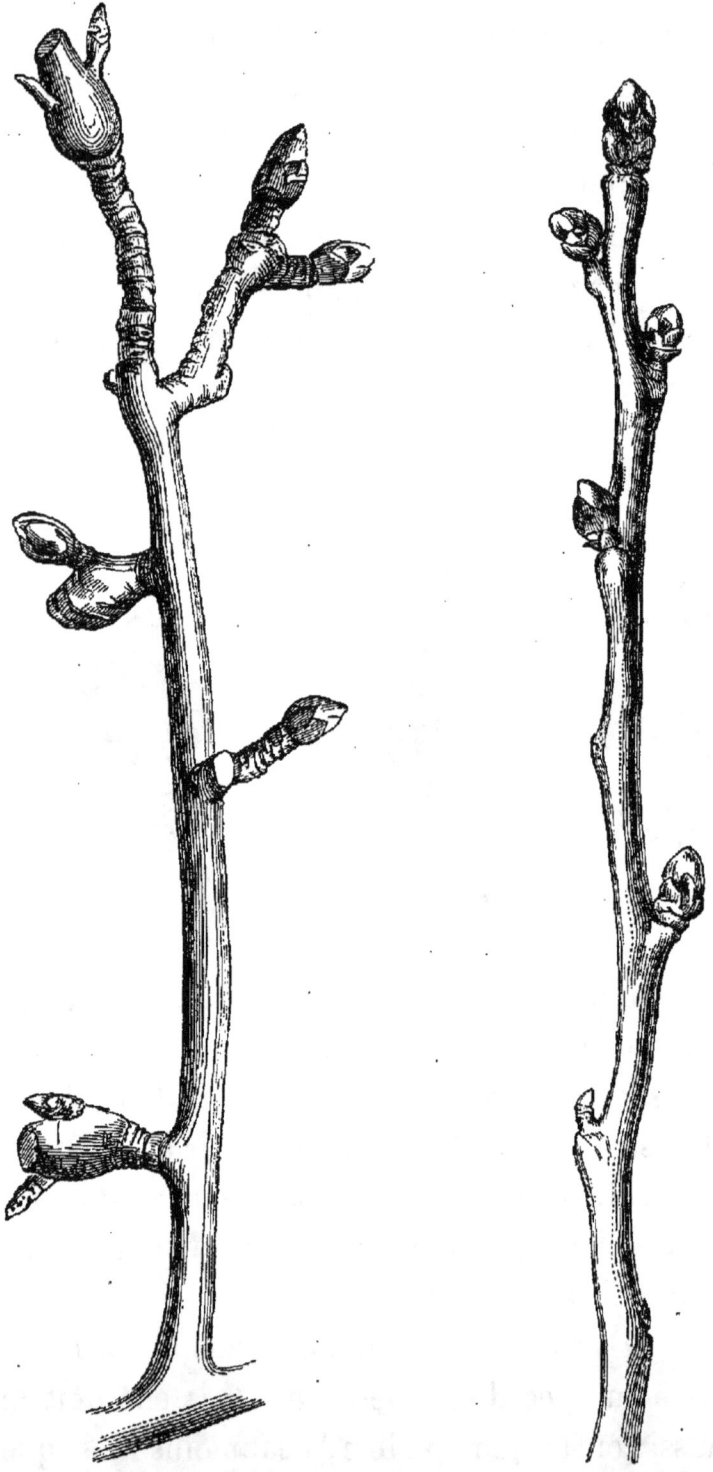

Fig. 11.   Fig. 12.

ques espèces chez lesquelles sa longueur varie de $0^m,05$ à $0^m,10$ et à $0^m,20$ environ. Son caractère principal est d'être garnie de lambourdes, de bourses, de boutons à fruit avec de petits dards, et quelquefois de petites brindilles. Une branche de cette nature, une fois qu'elle a donné du fruit, en donne toujours, sauf les accidents de saison. Elle doit être ménagée et ne pas produire trop abondamment, autrement elle s'épuiserait promptement.

44. Enfin le *rameau à fruits* (fig. 12), que nous signalons ici, quoique rarement il parvienne à produire, en ce sens qu'on est obligé à la taille de le supprimer, ne se rencontre que sur des arbres extrêmement fertiles, ou languissants par suite de transplantation, d'accident ou d'épuisement du sol, à l'extrémité des branches latérales suffisamment pourvues de productions fruitières. Il n'y a donc pas d'inconvénient à en faire la suppression.

CHAPITRE II.

DES OPÉRATIONS COMPLÉMENTAIRES DE LA TAILLE.

§ Ier. — Opérations d'hiver.

45. *Coupe* (fig. 13). — Elle consiste à enlever en entier ou en partie les rameaux ou les branches sur lesquels on exécute la taille. La manière d'opérer n'est pas indifférente. Il faut toujours couper à 3 ou 4 millimètres au-dessus de l'œil, suivant la force du rameau, pour les espèces à bois dur, et à 8 ou 10 millimètres pour les espèces à bois tendre. L'aire de la coupe doit être opposée à l'œil, pour permettre à l'eau ou à la sève de s'écouler sans lui porter préjudice, et être faite en biseau arrondi, afin de présenter la moindre surface possible.

Fig. 13.

On tient le rameau d'une main en mettant son pouce au-dessous de l'œil sur lequel on veut tailler, comme point d'appui, et de l'autre on fait glisser obliquement la serpette, afin de couper net. On doit toujours être maître de son mouvement pour ne point se blesser, ni endommager les branches voisines. La partie qui reste entre l'œil et l'aire de la coupe se nomme *onglet*. Dans les espèces à bois tendre, comme la vigne, l'onglet se dessèche; à la taille suivante, on l'enlève pour la propreté de l'arbre. Cet onglet est long, parce que sur cette nature de bois l'air et l'humidité ont une grande action qui tend à le dessécher, il en meurt toujours une certaine portion; s'il était trop court, la mort pourrait gagner l'œil lui-même. Dans les espèces à bois dur, on taille plus rapproché, avons-nous dit; cependant il faudra éviter avec soin d'approcher la coupe trop près de l'œil, car on l'affaiblirait, et il ne donnerait plus qu'une pousse très faible : c'est ce qu'on nomme *éventer*.

Quelquefois on évente l'œil à dessein, pour éviter son trop fort développement; nous indiquerons plus loin les cas très rares dans lesquels on pourra recourir avec avantage à ce moyen.

Il ne faut pas confondre d'ailleurs cette manière d'opérer avec celle que l'on pratique parfois dans le but de faire disparaître les coudes que la taille formerait, et qui consiste à couper le rameau en biseau très allongé, car dans ce cas on conserve encore un onglet suffisant pour ne pas nuire à l'œil.

Quand on supprime une branche avec la scie, il faut toujours parer la plaie avec la serpette; la cicatrisation se fait mieux, la coupe faite avec la scie n'étant jamais bien nette.

46. *Rapprochement.* — Rapprocher, c'est tailler sur le bois des années antérieures; on tient la taille plus proche du centre de l'arbre. Cette opération se fait sur toute espèce d'arbre; elle a pour but de leur rendre de

la vigueur, en concentrant la sève au bénéfice d'une étendue de branche plus restreinte. La taille s'établit soit sur des nodosités, soit près des coudes, pour exciter le développement des yeux latents et adventifs, qui serviront à prolonger la charpente. Nous conseillons le rapprochement pour les arbres que l'on a voulu former trop vite, et que l'on a chargés à fruit trop tôt; nous avons par ce moyen rétabli en peu d'années des poiriers en espaliers qui ne donnaient plus que des récoltes insignifiantes et de mauvaise qualité. Il se fait sur des arbres languissants ou défectueux, mais non encore trop affaiblis.

47. *Ravalement.* — C'est une opération plus énergique que le rapprochement. On supprime toutes les branches latérales d'une pyramide ou d'une palmette jusque sur leur empatement, afin d'obtenir de nouveaux bourgeons capables de refaire une nouvelle charpente. Il s'applique aux arbres assez bien portants, mais mal faits; la tige doit être exempte de maladies. Par ce procédé, on arrive à les refaire très promptement. Ce sont les yeux adventifs qui fournissent les nouveaux bourgeons; si, pour faciliter leur sortie on a soin d'enlever les vieilles écorces lorsqu'il y a nécessité, en raclant l'arbre, la réussite est plus certaine. Lors du développement des bourgeons, on choisit ceux qui sont convenablement placés pour établir une nouvelle charpente et l'on supprime les autres.

48. *Recépage.* — Dans le recépage on coupe tout l'arbre près du collet, afin de reconstituer entièrement une nouvelle charpente. Ce moyen peut être employé pour toutes les essences fruitières (mais réussit moins sûrement pour le pêcher, à moins qu'il n'ait déjà de jeunes pousses parties avec vigueur au-dessus du tronc), soit sur les vieux arbres encore assez vigoureux pour émettre de bons bourgeons, soit sur les jeunes dont la conformation défectueuse le réclame.

Dans le cas où les plaies sont fortes, ce qui arrive lors de ces trois dernières opérations, il est bon de les recouvrir de cire à greffer ou d'onguent de Saint-Fiacre.

49. *Entailles* (fig. 14). — L'entaille ou cran consiste à enlever une portion de tige ou de branche jusqu'à l'aubier, en entamant un peu de ce dernier, dans le but d'interrompre momentanément le cours de la sève Elle. se fait au-dessus et au-dessous d'une branche, d'un œil ou de toute autre production.

On la pratique au-dessous pour empêcher une branche de prendre un trop grand accroissement : dans ce cas, elle se fait sur l'empatement même, d'autant plus profonde que la branche est plus forte; au-dessus, au contraire, pour faire développer un bourgeon ou une branche trop faible, on évite d'offenser l'œi ou la branche. L'entaille inférieure empêche la sève

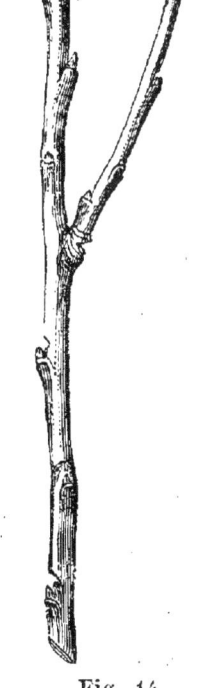

Fig. 14.

de passer en grande quantité dans la branche et l'affaiblit; la supérieure fait dévier ce liquide dans la branche ou le bourgeon et les force à prendre plus de développement.

Il arrive quelquefois que le bourgeon ne pousse que faiblement; alors on renouvelle l'opération l'année suivante. Si rien ne se développait la deuxième année, il serait inutile de recommencer. Souvent, pour la rendre plus efficace, au lieu de faire l'entaille horizontalement, on la fait obliquement, en forme de chevron, de manière à entourer l'œil sur une plus grande étendue et y faire affluer la sève plus abondamment.

Quand on veut l'appliquer aux arbres à fruits à noyau, chez lesquels elle donne aussi de bons résultats, comme ils sont sujets à la gomme, on aura soin d'enduire la plaie avec de la cire à greffer ou de l'onguent de Saint-Fiacre. Toutefois, sur le pêcher, elle doit être faite avec la plus grande circonspection.

50. *Incisions.* — Elles se pratiquent sur l'écorce et sont de plusieurs sortes; leurs effets sont différents suivant la forme qu'on leur donne.

L'incision transversale est un diminutif de l'entaille, mais ne se fait qu'au-dessus des yeux, à 3 ou 4 millimètres environ; elle interrompt les canaux de la sève sans enlever de bois; son efficacité est moindre, cependant elle suffit dans bien des cas pour assurer le développement d'un œil. On la pratique principalement sur les branches ou les rameaux d'un diamètre trop faible pour supporter l'entaille; on la préférera à cette dernière pour le pêcher.

51. *L'incision longitudinale* se pratique sur les par-

ties où l'écorce endurcie comprime les canaux de la sève, et empêche celle-ci de faire prendre aux branches tout l'accroissement dont elles sont susceptibles. On se sert de la pointe de la serpette avec laquelle on incise légèrement l'écorce pour la dilater, en pénétrant jusqu'à l'aubier, mais sans toucher ce dernier. Il ne faut pas trop les multiplier, et on laissera entre elles un intervalle de 3 à 4 centimètres à peu près, en évitant de les faire sur le côté exposé au midi, à moins de nécessité absolue. Si l'on craint que, par suite de la force de la sève, l'incision ne se prolonge trop, on la fait oblique au lieu de longitudinale. Ce moyen est excellent pour faire prendre aux parties incisées plus de grosseur, et son application est souvent très utile au printemps; il peut avoir lieu également pendant tout le cours de la végétation.

L'incision se pratique de même et dans le même but sur les racines, découvertes à cet effet et recouvertes ensuite.

On l'emploie sur le pêcher lorsqu'il est en végétation pour éviter la gomme et pour guérir l'arbre de cette maladie; dans ce cas, elles sont plus ménagées et moins profondes. Elles se pratiquent surtout sur les coudes et aux points d'insertion des branches et des rameaux de prolongement, en forçant un peu dans l'empatement.

52. L'*incision annulaire* consiste à enlever, à l'aide d'un instrument spécial dit cisaille annulaire, ou simplement avec la serpette, un morceau d'écorce circu-

laire, dont la largeur varie selon le diamètre de la branche sur laquelle on opère, mais que nous ne conseillons dans aucun cas de porter à plus d'un centimètre, afin que la plaie puisse se refermer dans l'année. Elle a pour objet de faire mettre à fruit la partie qui lui est supérieure, et de faire développer du bois à la partie inférieure; elle hâte aussi la maturité des fruits, mais nuit un peu à leur qualité. On ne doit la pratiquer sur le même arbre que partiellement, et encore s'il est très vigoureux, car elle ne tarde pas à l'affaiblir, surtout quand elle est multipliée. Un arbre faible et déjà fertile n'y résisterait pas. Ce sont les arbres à fruits à pepins, et principalement la vigne, qui sont soumis à cette opération; sur celle-ci elle a lieu au moment de la floraison, pour empêcher la coulure, et sur les autres lorsque la sève entre en mouvement. L'incision sera faite immédiatement au-dessous de la grappe, à $0^m,02$ ou $0^m,03$, pour assurer le succès. Les grains grossissent plus qu'à l'état ordinaire; la maturité sur certaines espèces est assez sensiblement avancée. Au-dessus de la grappe, elle ne donne que de mauvais résultats, à peine si le raisin mûrit. Toutefois ce procédé sera employé avec une extrême circonspection, si l'on ne veut bientôt voir la vigne s'affaiblir. Il ne faut pas attendre trop tard, afin que la plaie ait le temps de se cicatriser avant la fin de la végétation; autrement les branches opérées risqueraient de périr, le cambium ne nourrissant plus ou trop peu leur base.

53. *Éborgnage.* — C'est la suppression, au moment

de la taille, des yeux jugés complètement inutiles, et qu'il faudrait enlever plus tard, lors de l'ébourgeonnement : on utilise ainsi une partie de la sève qui eût été perdue si l'on avait laissé ces bourgeons s'accroître. On l'emploiera avec beaucoup de ménagement. Le cas le plus ordinaire est lorsqu'une branche à fruit du pêcher a été taillée long, et que le fruit se trouve éloigné de la base : on fait tomber alors tous les yeux placés entre les deux les plus près du talon et les boutons à fruit.

Sur le même arbre, si l'on jugeait que des yeux dussent devenir gourmands, on les couperait en ménageant les sous-yeux qui les remplaceront avec avantage ; mais peut-être vaut-il mieux attendre à l'ébourgeonnement.

54. *Arcure*. — Elle consiste à courber en forme d'arc ou de demi-cercle des rameaux ou même des branches, l'extrémité inclinée vers le sol, et à les maintenir dans cette position au moyen d'un lien, dans le but de les faire mettre à fruit. La sève, dont le mouvement se trouve ralenti par suite de la courbure qu'elle a à parcourir, ne fait plus développer que des dards et des brindilles, et il se forme des boutons. C'est un puissant moyen, mais nous ne recommandons son emploi à l'égard des rameaux terminaux des branches que dans les cas extrêmes, c'est-à-dire sur les arbres tellement vigoureux, qu'une taille allongée et un pincement suivi n'ont pu les faire fructifier.

Nous ne pratiquons l'arcure que partiellement sur les rameaux latéraux pris sur les branches les plus fortes, et sur les brindilles, en prenant le soin de supprimer l'œil terminal.

Quelques cultivateurs soumettent leurs arbres tout entiers à cette forme, pour leur faire donner promptement du fruit, ils y arrivent, mais nous nous gardons de les imiter, car des arbres ainsi traités s'épuisent vite et vivent peu de temps. Les fruits deviennent petits, la sève ne les alimentant plus suffisamment, inconvénient qui n'a pas lieu lorsque l'arcure n'est que partielle.

Quand l'arbre sera totalement à fruit, les rameaux et brindilles arqués devront disparaître; les dards et les lambourdes suffisent pour assurer la production.

55. *Du palissage.* — Il a pour objet de fixer l'arbre au mur, soit directement, soit par un treillage, ou sur ce dernier seulement, comme dans le contre-espalier.

Il y a deux sortes de palissage : 1° le *palissage en sec*, ou *dressage;* 2° le *palissage en vert*.

Le premier se fait après la taille et sert à maintenir l'arbre suivant la forme que l'on veut lui donner. Quand on palisse directement sur le mur, on se sert de petits morceaux de drap dans lesquels on place la branche sans trop la serrer, et dont on fixe les extrémités au mur avec un clou : c'est ce qu'on nomme *palisser à la loque*. Au point de vue du dressement des arbres, cette méthode est la plus avantageuse, en ce qu'elle permet de placer la branche juste à l'endroit désigné; mais elle est peu répandue, étant plus difficile et moins expéditive que le palissage sur treillage. Elle exige aussi des murs recouverts d'un assez fort enduit de plâtre, 0^m,03 environ. Si l'on attache sur un treillage, on se sert de liens d'osier de grosseurs différentes; suivant la force des branches.

Pour être bien palissées, les branches à fruits du pêcher doivent former, avec la branche de charpente, un angle aigu, et avoir leur extrémité, autant que possible, sur la même ligne, de manière à présenter une arête. Celles qui naissent sur le dessus des branches charpentières seront palissées plus inclinées que celles du dessous : on modère ainsi leur vigueur, toujours plus grande que celle des dernières, et l'on assure davantage la sortie de l'œil placé à la base du rameau à fruits qui est destiné au remplacement. Quant aux branches de charpente, on les attache en évitant de leur faire faire des coudes trop prononcés; dressées bien droites, la sève ne rencontre pas de point d'arrêt et circule librement dans toute leur étendue. C'est par le dressage qu'on donne à l'arbre la forme qu'il doit avoir définitivement, et l'on arrive à ce résultat graduellement, en amenant chaque année les branches jusqu'à la position qu'elles doivent occuper pour toujours.

On dresse d'abord la charpente de l'arbre, en commençant à attacher les branches par en bas, et l'on continue en avançant vers le haut. Ensuite l'on passe aux petites branches à fruit qu'on palisse en commençant au contraire par celles du haut, afin de se faire de la place pour les suivantes; mais ces petites branches sont elles-mêmes attachées à leur base avant de l'être à leur sommet. Si l'on se sert de loques, celles-ci doivent être alternées autant que possible, et clouées en appuyant sur les coudes pour tenir les branches très droites.

56. *Du palissage en vert.* — Celui-ci se fait pendant toute la durée de la végétation. Il a pour but de soutenir, à l'aide de liens de jonc, si c'est un treillage, les bourgeons, et de les diriger de manière qu'ils ne se gênent point entre eux, pour éviter l'étiolement des feuilles inférieures, et, par suite, l'avortement des yeux. Le moment de ce palissage varie suivant la force des bourgeons : ceux qui tendront à croître avec trop de vigueur seront palissés plus tôt et plus serrés que ceux qui sont faibles ; ceux-ci seront, au contraire, laissés en liberté ou attachés lâches, de manière qu'ils puissent pousser à l'aise. Avant de les attacher, il faut attendre qu'ils aient acquis assez de consistance pour être mis facilement dans la position qui leur est destinée sans crainte de les casser. On évitera aussi de les faire croiser les uns sur les autres ainsi que de les tordre ; on les tiendra en ligne droite sans prendre de feuilles dans le lien et en laissant l'extrémité libre, surtout s'ils sont faibles : ils seront donc rangés symétriquement sans mettre à découvert les fruits, qui, exposés trop tôt à l'action directe du soleil, seraient ralentis dans leur accroissement.

Le palissage en vert se fait plus tôt sur les bourgeons du dessus des branches charpentières que sur ceux du dessous, à moins qu'il n'y en ait parmi ces derniers de trop forts. Dans ce cas on palisse aussi ceux-ci de bonne heure. Mais il est plus utile souvent de les dépalisser tous au début de la végétation et de les laisser ainsi pendant plusieurs jours.

On veillera attentivement à ce que les liens ne soient pas serrés au point de former plus tard, sur les bourgeons, des étranglements et des bourrelets, lorsque ceux-ci viendront à grossir. On en conservera quelques-uns qu'on attachera sur les branches de charpente pour les préserver du soleil, surtout sur le pêcher. Enfin, on aura soin de retirer en avant les bourgeons qui auraient tendance à passer derrière le treillage, avant qu'ils aient pris trop de développement. Quant aux bourgeons de prolongement des branches de charpente, on les maintiendra bien droits et dans le sens déjà suivi par ces dernières, à moins que la forme ou l'équilibre n'exigent qu'ils soient abaissés ou relevés.

Le palissage en sec et le palissage en vert sont de puissants moyens pour maintenir ou ramener l'équilibre dans les arbres. La sève, comme nous l'avons déjà dit plusieurs fois, s'élève de préférence dans les parties verticales, l'air et la lumière aident beaucoup à cette tendance; lors donc qu'on voudra conserver l'équilibre d'un arbre, on rapprochera de la ligne verticale les branches faibles, qu'elles soient charpentières ou fruitières, en les éloignant un peu du mur, si c'est nécessaire, par le moyen d'un arc-boutant ou d'un tampon de paille, et l'on inclinera, par contre, les branches fortes en les palissant de bonne heure. Il est souvent indispensable, quand on palisse sur un treillage dont les mailles offrent trop d'écartement, de se servir de petites alaises qui, réduisant leur dimension, facilitent le palissage et permettent de placer les bourgeons dans la position voulue.

Le treillage à montants rapprochés évite ce soin et a l'avantage de permettre de tenir les rameaux plus près de la charpente en les obliquant. Celle-ci, ainsi que les fruits à la base de ceux-là, sont mieux garantis par les feuilles des bourgeons.

57. *De l'ébourgeonnement.* — Il est utile à la formation de tous les arbres, et est de toute nécessité pour ceux qui sont en espalier, surtout pour le pêcher et la vigne.

Il se développe toujours plus de bourgeons qu'il n'est nécessaire pour l'existence de l'arbre et pour sa bonne conformation. Le pincement ne fait que les arrêter dans leur croissance, tandis qu'il est souvent utile de les enlever tout à fait afin de rendre le palissage praticable. Par l'ébourgeonnement, on enlève donc tous les bourgeons inutiles, qui feraient confusion et absorberaient une partie de la sève, qui alors se trouve réservée pour ceux qui doivent rester.

Cette opération complémentaire de la taille exige un certain soin, elle doit se faire graduellement et non simultanément : ce dernier mode d'opérer aurait le grave inconvénient d'occasionner un ralentissement dans la végétation ; il faut bien connaître quelles sont les pousses que l'on protègera, en les palissant et les pinçant au besoin. On la commence lors de la première végétation, principalement par les vieux arbres et par ceux qui sont faibles et languissants. Il y a cependant lieu de craindre sur le pêcher, qu'en ébourgeonnant de trop bonne heure, les bourgeons destinés à produire le fruit l'année suivante ne viennent à prendre trop de force et que celui-ci soit rare; on attendra un peu, surtout chez les jeunes arbres, afin de laisser au bourgeon de remplacement une sorte d'infériorité relative. Sur le même arbre (le pêcher), lorsque des yeux triples ou doubles se développeront sur le dessus des branches de charpente, on ne gardera que la plus faible pousse. Si c'est en dessous, on conservera, au contraire, la plus forte. Lorsqu'il naîtra deux ou trois bourgeons à l'extrémité d'une branche de prolongement, on enlèvera les plus faibles et on laissera le plus fort, car il faut ici une bonne végétation pour obtenir une belle charpente. Nous ferons observer qu'en général sur les pêchers vigoureux, il convient de ne pas se presser de palisser, d'ébourgeonner et de tailler en vert, afin que le bourgeon de remplacement n'ait pas trop de force, pour avoir du fruit.

Dans tous les cas, on n'attendra pas que le bourgeon ait au delà de 5 à 6 centimètres pour le supprimer, afin de laisser la place à ceux qui doivent être palissés. Ils seront enlevés bien nettement avec la serpette pour que la plaie se cicatrise facilement. Exécuté trop tôt, l'ébourgeonnement aurait l'inconvénient de faire naître de faux bourgeons qui deviennent souvent un embarras sur les arbres à fruits à noyau au moment de la taille; fait trop tardivement, il trouble la végétation en ôtant des issues à la sève; celle-ci est obligée de se rejeter dans d'autres parties qui souvent prennent trop de force. Cependant il est quelquefois nécessaire de n'ébourgeonner que tard et même point du tout, mais seulement de pincer : c'est lorsqu'on veut fortifier une branche faible, en lui laissant une grande quantité de bourgeons; on obtient par eux un appel de sève qui détermine son renforcement.

Les pousses mal placées, comme celles de devant et de derrière sur les branches de charpente d'un arbre en espalier, seront enlevées, à moins qu'elles ne soient utiles pour remplir un vide, et même alors vaut-il mieux greffer, comme nous le dirons plus tard.

58. *Du pincement* (fig. 15, 16, 17). — C'est une des

Fig. 15.

opérations les plus importantes de la conduite des arbres fruitiers. Elle consiste à supprimer avec les doigts ou avec un instrument tranchant la partie supérieure d'un

OPÉRATIONS COMPLÉMENTAIRES DE LA TAILLE. 73

bourgeon pour l'arrêter dans son développement. Elle se fait à tous les moments de la végétation : sur le poirier on pince, à 8 ou 10 centimètres, les jeunes pousses situées immédiatement au-dessous des terminales, et à trois, quatre, cinq ou six feuilles, lorsqu'elles ont acquis environ 0^m,15 à 0^m,20, celles placées sur les branches à fruits ou dans leur voisinage. Dans tous les cas, ces bourgeons auront déjà un peu de consistance à leur

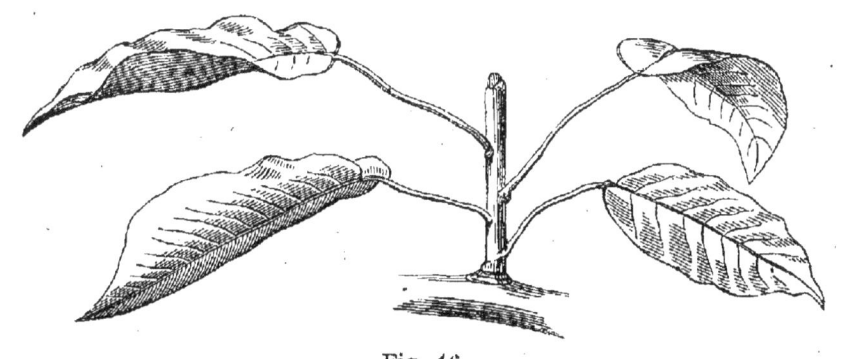

Fig. 16.

base, mais seront encore à l'état herbacé à leur extrémité, afin de pouvoir être facilement coupés avec les ongles. Si l'on pinçait trop tôt, la sève abandonnerait la partie pincée, qui resterait inerte et ne produirait plus rien; si l'on pinçait trop tard, les yeux bien formés se développeraient presque immédiatement, il faudrait recommencer, et les résultats ne seraient pas aussi avantageux. Ceci s'applique aux bourgeons naissant sur la branche charpentière. Quant à ceux qui se développent sur les coursonnes du poirier, il convient de les pincer tout à fait herbacés.

Il se produit alors sur ces coursonnes des dards et des

lambourdes, organes de fructification. La partie pincée par l'empatement de la coursonne reçoit toujours assez de sève pour se maintenir en bon état et former par la suite des boutons à fruits. Lorsque l'œil de pincement part, on l'arrête à une feuille. Suivant les espèces, on laisse à la partie pincée, comme nous l'avons dit, de trois, quatre à six feuilles, afin de s'assurer de la vitalité des yeux qui sont à leur aisselle (fig. 17).

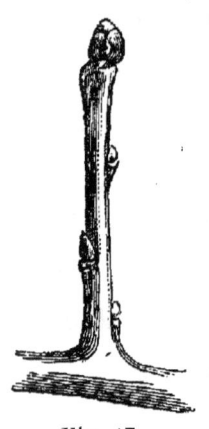

Fig. 17.

Le pincement a pour effet de faire passer la sève dans les bourgeons utiles, de les développer à bois et de mettre à fruit les parties pincées. Il est d'ailleurs subordonné à la vigueur des arbres et à leur fructification. On le pratique aussi pour faire bifurquer, l'année même de leur développement, certains bourgeons, comme nous le verrons par la suite.

Il est fait avec sévérité sur les jeunes arbres non entièrement formés mais vigoureux ; s'ils étaient faibles, il devrait être long et modéré : avec lui on obtient promptement une parfaite régularité dans la forme qu'on leur donne. Il est aussi, comme nous venons de le dire, un puissant moyen de les mettre à fruit : ainsi, sur une partie pincée, les yeux se gonflent et deviennent souvent boutons dans la même année (principalement sur le pommier paradis) ; quelquefois cependant l'œil de l'extrémité pousse, il faut alors le pincer de nouveau, à une ou deux feuilles au plus.

Sur le pêcher, le pincement demande à être plus suivi que sur les arbres à fruits à pepins, surtout dans le but de favoriser le bourgeon de remplacement. Chez cette essence, la végétation étant plus soutenue, il faut quelquefois, pour éviter les gourmands, pincer les bourgeons du dessus des branches de charpente à deux ou trois feuilles et quelquefois sur l'empatement, mais alors de bonne heure pour qu'ils puissent repartir. Ils continuent de pousser : s'ils prennent trop de développement, on recommencera cette opération chaque fois qu'il sera nécessaire ou on taillera en vert; s'ils poussent modérément, comme c'est le plus ordinaire, on les pincera, lorsqu'ils auront de 0^m,30 à 0^m,40 de longueur, à leur extrémité seulement, afin que les yeux restent inactifs à leur base; on obtiendra ainsi une meilleure branche à fruits pour l'année suivante. Les plus faibles seront laissés intacts. Si cependant ils étaient maigres et très allongés, il serait bon de les pincer long sans les palisser, le fruit reste alors plus près de la base. Quant à ceux du dessous, on les pince rarement, à moins qu'ils ne soient trop vigoureux, comme il arrive quelquefois chez les jeunes arbres ou sur les jeunes branches.

Lorsque les arbres à fruits à pepins sont chargés de lambourdes et de branches fruitières, le premier pincement doit se faire de bonne heure et rigoureusement, mais ceux qui suivront seront exécutés avec ménagement, et on laissera les bourgeons assez longs en supprimant leur extrémité herbacée. Autrement on risquerait, en interceptant trop d'issues à la sève, de la conduire dans les boutons qui se forment, et qui alors se développeraient à bois au détriment du fruit pour l'année suivante. Ces bourgeons servent en même temps à garantir, par leurs feuilles, ces fruits en voie de grossissement de l'ardeur trop vive du soleil. Si deux bourgeons se présentent au même endroit sur la branche charpentière ou sur les branches destinées à donner du fruit, on en pince un, le plus éloigné, l'autre reste entier pendant quelque temps : on ne le pince que plus tard en retranchant seulement son extrémité herbacée (fig. 15, p. 72). Si l'on avait pincé les deux bourgeons à la fois, la sève se serait portée dans les yeux des parties pincées, les aurait fait pousser à bois, et l'on aurait été forcé de les pincer plusieurs fois sans obtenir les résultats que l'on cherche, c'est-à-dire la transformation de ces yeux en boutons. En laissant donc une partie sans la pincer, si ce n'est tard, pour qu'elle ne prenne pas trop de force, la sève s'y porte préférablement au bourgeon pincé; celui-ci alors végète peu; ses yeux, au lieu de se développer à bois, se transforment à fruit. Ce procédé est le meilleur à appliquer aux bourgeons que l'on contraint à fournir du fruit. Si trois bourgeons se trouvaient sur le même point, on en retrancherait un tout à fait, le moins bien placé, les deux autres seraient traités de la manière que nous venons d'indiquer. Plusieurs tirants de sève au même endroit rendraient la coursonne trop forte, lui feraient absorber trop de sève au détriment des dards et coursons voisins qui finiraient par dépérir au lieu de fructifier. Et cette coursonne elle-même, à cause de son trop d'empatement, se mettrait difficilement à fruit, ayant trop de vigueur. Comme sur une branche de charpente il peut se trouver beaucoup de bourgeons, dans ce cas, on ne pincera ceux qui ont été réservés que successivement, pour ne pas faire subir à la sève de trop fortes secousses. Enfin, tous ces bourgeons pourront être soumis à la taille d'août, si l'on pense que la partie pincée la première ne soit pas dans de bonnes conditions pour fructifier. C'est surtout dans les années humides, où la végétation se prolonge longtemps, que le pincement devra être fait avec ménagement et discernement, afin de ne pas obliger la sève à se porter dans les boutons préparés à fruit.

Cette opération se fera avec soin dans le voisinage des bourgeons de prolongement, afin que ceux-ci puissent toujours être forts et absorber une grande quantité de nourriture. Les branches faibles seront pincées un peu tard pour leur laisser attirer la sève à leur profit. Ce procédé aide puissamment à maintenir la symétrie de l'arbre. Avec lui on évite aussi les gourmands, et l'on arrête la vigueur des branches qui seraient disposées à devenir trop fortes au préjudice de certaines autres, comme il arrive pour les branches supérieures dans le pêcher.

Les faux bourgeons de ce même arbre seront pincés, excepté ceux qui seraient nécessaires pour la branche de charpente, comme nous le verrons par la suite, ou pour absorber une partie de la sève, dans le cas où l'on craindrait que tous les yeux ne se développassent. On les pincera sur la quatrième ou cinquième feuille, s'ils sont en dessus, afin de maintenir autant que possible l'équilibre; s'ils sont en dessous, ils seront palissés dans leur entier, ou pincés au moins vers 0^m,40.

59. *De la taille en vert.* — Elle se pratique sur tous les arbres, mais principalement sur le pêcher; c'est un correctif de la taille d'hiver. Elle supprime tout ce qui est devenu inutile à partir du moment où la végétation a commencé. On l'emploie dans les cas suivants : 1° Lorsque sur le pêcher on a taillé long une branche à fruits, et que le fruit n'a pas noué, on rapproche sur le deuxième bourgeon de la base. On conçoit l'inutilité de laisser une branche qu'on avait gardée dans le but d'avoir du fruit, lorsqu'elle en est dépourvue; elle absorberait la sève au préjudice du bourgeon de remplacement. Le palissage en devient plus facile.

2° Quand une branche ou un rameau, de quelque nature qu'ils soient, prennent trop de force, il est souvent utile de les rabattre sur un œil ou un bourgeon, et l'on destine ce dernier à les prolonger.

3° Pour rabattre un bourgeon pincé qui aurait émis plusieurs faux bourgeons après le pincement, c'est sur le plus inférieur que l'opération se fait.

On applique aussi quelquefois le rapprochement en vert sur les arbres à fruits à pepins, dans le but de renouveler leurs branches à fruits, ou trop longues ou trop épuisées, lorsqu'à la base de celles-ci naît un bon bourgeon.

60. *Taille d'août.* — Elle se fait sur les arbres à fruits

à pépins, quand la sève se ralentit en juillet et août, et consiste à supprimer à trois ou quatre feuilles la plus grande partie des bourgeons qui ont été conservés lors du pincement, dans le but d'absorber la sève et d'éviter l'inconvénient du développement des boutons à fruit; elle dispose les yeux qui restent sur la partie taillée à donner de petits dards l'année suivante. Quand l'œil sur lequel on taille est trop gros et menace de donner un fort bourgeon, on l'évente. Si l'on remettait cette opération au printemps prochain, les résultats seraient douteux, tandis qu'à l'époque que nous indiquons, la sève déjà ralentie assure leur sortie, non pour une forte pousse, mais pour une production faible, par conséquent disposée à donner du fruit. Cette taille préparatoire de la branche à fruits veut être faite avec discernement; on ne la pratique que successivement et après quelques jours d'intervalle sur une partie des bourgeons, pour ne pas troubler la végétation en en supprimant une trop grande quantité à la fois; il faut toujours prendre soin d'éviter de provoquer le développement des boutons à fruit. C'est d'ailleurs autant de fait pour la taille d'hiver, car on doit laisser intacts ces rameaux ainsi taillés. Elle remplace aussi en partie le cassement, qui a souvent l'inconvénient de former des branches à fruits trop fortes, et sur lequel il faut revenir à la taille. Ce dernier peut aussi arrêter le développement des fruits, s'il est fait d'une manière rigoureuse, en enlevant trop de rameaux à la fois. A la même époque, on peut rapprocher les branches dont le fruit n'a pas noué.

61. *Taille sur rides*. — Cette taille s'applique avec succès sur de petites branches âgées de plusieurs années, et qui se trouvent ridées à leur circonférence. Sur le poirier on rapproche en mai et juin sur les rides, où existent de petits yeux, qui, par suite du rapprochement

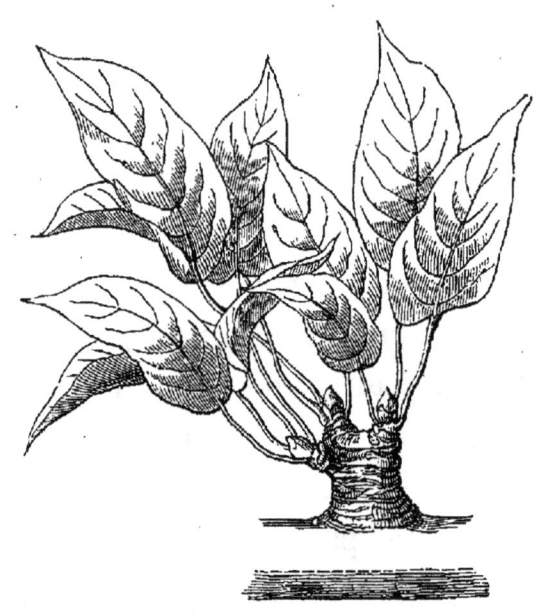

Fig. 18.

fait sur eux, se transforment en boutons (fig. 18 et 19). On a soin de faire la coupe horizontale afin de ménager ces yeux. Sur le pommier, l'opération peut se faire jusqu'en août.

62. *Du cassement*. — C'est plus spécialement sur les arbres à fruits à pepins qu'on le pratique. Il consiste dans la rupture complète du rameau lorsqu'il est à l'état ligneux. On le fait à deux époques. La première, à la taille; on rompt la brindille ou le rameau à 5 ou 6 cen-

OPÉRATIONS COMPLÉMENTAIRES DE LA TAILLE.   81

timètres au moyen de la serpette, sans le couper. La deuxième époque est la fin de l'été, aux mois d'août et de septembre, lorsque le pincement n'a pu être effectué ou qu'il a été pratiqué très long; les yeux qui restent à la base des rameaux cassés ont encore le temps de grossir

Fig. 19.

t de se préparer à fruit. Mais si le pincement a été uivi, cette dernière opération devient inutile; aussi ommence-t-on à l'abandonner. La taille d'août, que je onseille, la remplace avec avantage. Quand on fait le assement, il vaut mieux rompre que tailler; la plaie st plus difficile à guérir, elle fatigue le rameau, et, iminuant sa vigueur, le rend plus propre à fructifier.

63. *De l'effeuillage.* — Il se pratique principalement sur la vigne et sur le pêcher; il a pour but de faire colorer les fruits, d'aider à leur maturation et de leur donner de la qualité : ceux-ci doivent être arrivés presque à leur grosseur, autrement, frappés par un soleil trop fort, ils pourraient jaunir et tomber, ou tout au moins être arrêtés dans leur grossissement. On choisira, s'il est possible, un temps couvert ou pluvieux, en agissant graduellement, afin de ne pas découvrir les fruits tout d'un coup; on laissera donc une ou deux feuilles pour les abriter, qu'on enlèvera quelques jours après. Les pêches tardives devront être effeuillées plus tôt que les autres, relativement à l'époque de leur maturité. On dégage le mur des feuilles qui le cachent pour que la chaleur l'échauffe et enveloppe le fruit. Il se colore mieux tant par l'effet de la chaleur que par celui de la lumière.

Les feuilles ne seront pas arrachées, mais coupées, et l'on conservera le pétiole, afin de laisser l'œil de l'aisselle protégé. Elles sont, comme nous l'avons dit, des organes indispensables à la végétation; on les ménagera donc autant que possible.

64. *Éclaircie des fruits.* — Éclaircir les fruits, c'est enlever ceux qui sont de trop, qui nuiraient à la beauté des autres et à la santé de l'arbre. On peut le faire sur tous les arbres, mais c'est surtout utile à la vigne et au pêcher; sans ce moyen on ne peut obtenir de beaux fruits sur ces deux espèces, dans les années abondantes, bien entendu.

La quantité de fruits à éclaircir se règle selon la nature de l'arbre et selon que l'année est plus ou moins favorable à la production. Sur le pêcher, on supprime en mai et juin, en deux fois, les fruits qui sont de trop; et l'on doit éviter qu'ils ne se touchent lorsqu'ils seront arrivés à leur grosseur : un ou deux au plus par coursonne suffiront; un, même, sera assez pour les coursonnes inférieures sur les branches de charpente. Pour la vigne il ne faut pas hésiter à supprimer un tiers dans les espèces ordinaires, et souvent moitié des grains d'une grappe dans les espèces dont les gains sont serrés à l'époque où ils sont gros comme un petit pois environ : ceux qui resteront prendront plus de volume et plus de qualité; et en fin de compte, la grappe pèsera tout autant que si l'on avait laissé tous les grains et sera plus belle.

Quant aux autres espèces de fruits, leur position sur les branches qui les portent indiquera suffisamment quels sont ceux qu'il faut laisser et ceux qui doivent être supprimés.

CHAPITRE III.

DE LA TAILLE DES ARBRES EN PYRAMIDE OU CONE.

§ Ier. — Du poirier.

65. *Taille de la première année.* — La figure 20 représente un arbre qui est le résultat du développement d'un écusson placé l'année précédente sur un sauvageon. Le sujet que nous examinons est donc un scion d'un an. Dans un bon terrain, le bourgeon doit, la première année de sa pousse, atteindre, terme moyen, une hauteur de 1^m,30 ; cela, du reste, tout en dépendant beaucoup des terrains, varie aussi suivant les espèces.

Assez ordinairement les yeux situés à la base de ce scion sont moins bien constitués que ceux de la partie moyenne et de la partie supérieure ; c'est sur cette observation que doit être basée la longueur de la taille. Plus les yeux seront apparents et bien nourris vers la base, plus on pourra éloigner la coupe de l'insertion de la greffe *a* ; dans le cas contraire, il faudra la rapprocher afin de faciliter le développement des yeux inférieurs, en concentrant la sève dans cette partie.

TAILLE DES ARBRES EN PYRAMIDE OU CONE.

Toutefois la taille n'excédera pas pour sa longueur la moitié du rameau. Nous conseillerons même, dans l'incertitude, de se tenir un peu au-dessous pour bien assurer la sortie des bourgeons inférieurs qui doivent former les premières branches latérales, et commencer à constituer la charpente de la pyramide.

Nous l'avons déjà dit, la sève tend à s'élever dans les branches les plus verticales et les plus rapprochées du sommet de la tige; il importe de s'opposer à cette tendance lors de la formation des branches latérales inférieures, pour que celles-ci puissent prendre le plus de force possible. On choisira pour établir la taille un œil bien constitué, b, se trouvant du même côté que la coupe d faite au sujet sur l'insertion de la greffe, afin de conserver à la tige une direction verticale; autrement il pourrait en résulter par la suite de graves accidents dans l'économie de l'arbre. Ainsi, si au lieu de prendre l'œil b, on avait pris l'œil c pour y asseoir

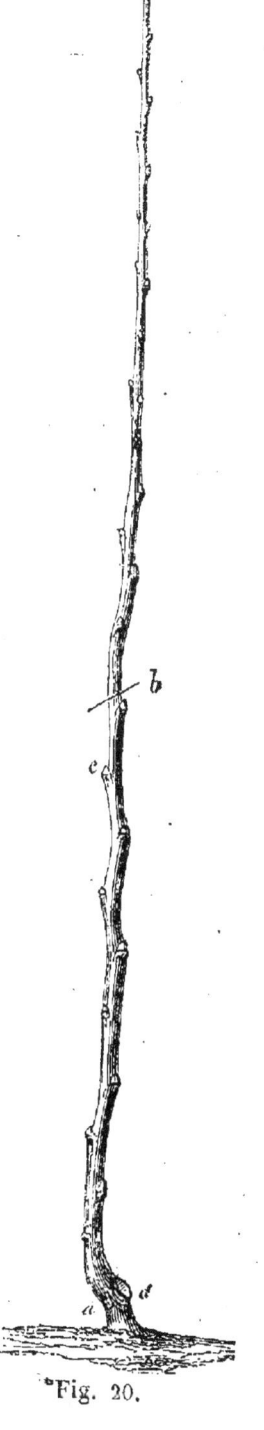

Fig. 20.

la coupe, le bourgeon qui se développerait prendrait une direction tendante à faire dévier la tige de la ligne verticale et à lui faire former des coudes prononcés qui, nuisant au libre parcours de la sève, rendraient difficile le maintien de l'équilibre dans la pyramide.

Dans l'exemple que nous présentons, les yeux de la base sont tous parfaitement constitués, il sera nécessaire de faire une légère incision transversale au-dessus des trois ou quatre premiers yeux; s'ils étaient moins apparents, l'incision devrait être plus forte.

Les branches latérales, suite du développement de ces yeux, seront établies sur toute la longueur de la tige et dans tous les sens, à environ 0^m,20 à 0^m,30 les unes des autres, alternant entre elles autant que possible, pour éviter la confusion et laisser pénétrer l'air et la lumière dans l'intérieur de la pyramide. Hâtons-nous cependant de dire qu'on ne devra pas être rigoureux pour cette distance, car avant tout il faut prendre les branches où elles se trouvent : elle pourra donc varier de quelques centimètres. Quant aux premières branches du bas, elles seront tenues à 0^m,25 environ au-dessus de terre, afin de permettre facilement les façons à donner au sol.

Il faudra éviter aussi, autant que possible, de faire prendre naissance sur la tige à plusieurs branches latérales vers le même point; elles absorberaient une trop grande quantité de sève, et n'en laisseraient passer qu'une trop faible dans les parties au-dessus d'elles.

Si les deux ou trois bourgeons placés immédiatement au-dessous du bourgeon terminal, c'est-à-dire de celui destiné à continuer la tige, acquéraient trop de force et menaçaient de nuire à ce dernier, il faudrait les pincer, lorsqu'ils auraient déjà une certaine consistance, à la longueur de 6 à 7 centimètres. En supposant même qu'ils ne fussent pas trop vigoureux, quoique se développant bien, on les arrêterait, mais plus tard, en supprimant seulement leur extrémité herbacée. Cependant, avant de les pincer, il faut s'assurer si le bourgeon terminal de la tige est bien constitué et capable de prolonger la pyramide; autrement on choisirait un de ces bourgeons placés inférieurement à lui, le plus convenable pour le remplacer et continuer la tige, qu'alors on protègera.

Ce procédé peut aussi s'appliquer aux branches latérales des arbres plus avancés en âge. Quant aux autres bourgeons, on les laissera dans leur entier.

L'arbre dont nous venons de parler n'offre pas de faux rameaux ou rameaux anticipés, mais il s'en trouve souvent des scions du même âge (un an); cela dépend des espèces.

La figure 21 nous en montre un que nous allons tailler. Quand de semblables productions existent sur la tige, il faut les utiliser, pourvu qu'elles soient bien placées pour donner les premières branches latérales et surtout déjà fortes; autrement il serait difficile de former avec elles de beaux arbres. Ainsi, souvent les faux rameaux sont grêles, présentant peu d'empatement, ayant les yeux mal constitués, si ce n'est le terminal, et nécessitent alors de grands soins dans leur conduite, afin d'établir fortement les branches latérales. Si donc ils étaient mal placés ou mal conformés, il faudrait les retrancher jusque sur la couronne; on aurait alors un arbre complètement ravalé, dont les nouveaux bourgeons seraient vigoureux.

Le rameau n° 1 sera taillé sur le quatrième œil.

Les rameaux n°s 2 et 3 seront taillés sur le troisième œil qui se trouve en dessous ou devant. Cette position est avantageuse pour continuer la branche latérale, en ce sens qu'elle n'occasionne que de légers coudes, et qu'elle est plus facile à diriger dans une position oblique.

Le rameau n° 4 ne sera pas taillé, il est trop faible comparativement aux autres; laissé intact, il va prendre un grand accroissement, l'œil terminal ayant la faculté d'absorber plus de sève que les yeux latéraux.

Le rameau n° 5, taillé aussi au-dessus du troisième œil, présente un cas particulier qu'il faudra éviter quand on pourra : l'œil, comme on le voit, est placé en dessus. C'est de toutes les positions la moins bonne : le bourgeon tend à s'élever verticalement, et se tient parallèlement à la tige au lieu de s'en écarter obliquement; il forme ainsi confusion dans l'intérieur de la pyramide. Il sera nécessaire, pour éviter cet inconvénient, de ramener pendant la végétation ce bourgeon dans une direction oblique au moyen d'une bride d'osier.

Le rameau n° 6 sera taillé au point indiqué; il n'offre rien de remarquable.

Le rameau n° 7, dont le premier œil est éloigné de la base (comme cela arrive fréquemment dans les faux

TAILLE DES ARBRES EN PYRAMIDE OU CONE.

rameaux), est taillé sur le deuxième œil qui se trouve sur le côté; cette position est convenable, elle permet au bourgeon de croître dans le sens que doit suivre la branche latérale.

Les rameaux n°s 8, 9 et 10, étant environ de même force seront aussi taillés sur le deuxième œil, ainsi que nous l'indiquons; et aussi le rameau n° 11, quoique un peu faible.

Les rameaux n°s 12 et 13, qui sont très petits, ne conserveront qu'un œil.

Enfin le rameau n° 14 sera retranché jusque sur son empatement ou talon.

Nous rappellerons ici qu'il se trouve sur l'empatement des yeux stipulaires qui se développeront; à l'époque de l'ébourgeonnement on en supprimera un, en réservant le mieux placé relativement aux autres.

Comme on le voit, nous avons taillé les branches en

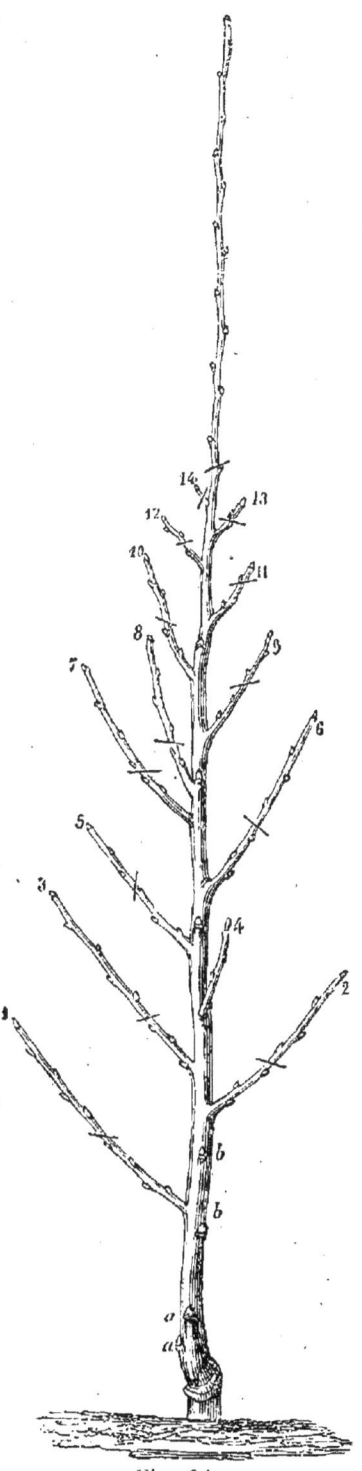

Fig. 21.

les tenant d'autant plus courtes que nous approchions du sommet de l'arbre, de manière à donner à l'ensemble la forme d'un cône, et à concentrer la sève dans les branches latérales inférieures, qui seraient trop faibles sans cette précaution.

On taillera la flèche sur un œil qui soit en bonne condition pour continuer la perpendicularité de la tige : immédiatement au-dessous de l'œil de taille, il y en a un placé derrière qui, très probablement, poussera avec vigueur ; on le pincera, à la longueur et à l'époque que nous avons indiquées lors de la taille du premier arbre, pour maintenir toujours prédominant le bourgeon terminal.

Il en sera de même de tous les bourgeons inutiles et mal placés sur les branches latérales, et particulièrement de ceux qui naissent en dessus : ils formeraient confusion et absorberaient de la sève au détriment des terminaux.

Près de l'insertion de la greffe de ce jeune arbre, il existe deux yeux (*a, a*) dont on devra supprimer les bourgeons : s'ils se développaient, ils seraient trop rapprochés de terre ; pour ceux placés au-dessus (*b, b*), on provoquera leur émission par une incision transversale.

Lorsqu'un jeune scion de l'année pousse sans donner de faux bourgeons, comme cela a lieu dans beaucoup d'espèces, on peut le pincer lorsqu'il a environ 40 centimètres de long. Cette opération a pour but d'exciter le développement des yeux de la partie inférieure, qui forment alors les premières branches latérales. Quant à l'œil sur lequel on a pincé, sa position de terminal assure sa sortie, il continue la tige. Ce procédé, peu usité encore dans les pépinières, me paraît avantageux pour la formation des jeunes arbres. Si toutefois le bourgeon était trop faible, il ne faudrait pas essayer de le faire ramifier; ce procédé n'est donc applicable qu'aux espèces vigoureuses.

Quelques planteurs conseillent de ne point tailler les jeunes arbres l'année même de leur plantation; selon eux, la reprise est alors plus assurée. J'ai expérimenté cette méthode comparativement avec l'ancienne, et je n'ai vu aucune différence : ainsi la réussite est aussi certaine dans l'un et l'autre cas. D'autres, en ne taillant pas ont pour but d'obtenir l'année suivante des bourgeons plus vigoureux que si la taille avait été faite la première année. Cette opération, pratiquée lorsque l'arbre vient d'être planté, ne donne que des rameaux faibles et grêles avec lesquels il est difficile de commencer une bonne charpente. Souvent on est obligé de les rabattre jusque sur leur base, d'où se développent alors de meilleurs bourgeons. Cette suppression, qui a lieu la seconde année au moment de la taille, retarde la formation de l'arbre. Je partage ce dernier avis lorsque la plantation a été faite tard; mais si, au contraire, elle a été effectuée de bonne heure, c'est-à-dire d'octobre à janvier, comme c'est préférable la plupart du temps, il est inutile de s'y conformer. Aussi, sauf cette circonstance, je préfère tailler, car j'ai remarqué qu'avec ce dernier moyen la sortie des yeux inférieurs se faisait avec plus de succès, et que les branches étaient mieux garnies, tandis qu'en ne taillant pas, elles restent souvent dénudées. Ce que nous venons de dire ne s'applique qu'au poirier greffé sur franc, car celui greffé sur cognassier, s'il n'est pas taillé, se met à fruit trop promptement et pousse peu.

Toutefois, le défaut de taille ne dispense pas de supprimer les rameaux brisés ou ceux mal placés pour l'établissement de la charpente; il sera même bon de diminuer d'environ un tiers la longueur de ceux conservés, afin qu'en consommant moins de sève, les racines puissent plus facilement les alimenter.

Pour les arbres déjà formés ou âgés, il importe de les tailler, car, malgré tous les soins possibles, la déplantation occasionne la perte d'une partie des racines; et celles-ci ne seraient plus suffisantes pour nourrir toutes les branches si on les laissait.

Quant aux arbres à fruit à noyau, ils doivent tous être taillés, parce qu'on ne peut compter avec sécurité sur les yeux latents, et s'ils portent des productions fruitières, celles-ci tendent à périr et laissent les branches dégarnies.

66. *Taille de deuxième année* (fig. 22). — Nous avons dit, lors de la première taille, qu'il importait de ne pas couper trop long le scion, afin d'arriver à établir solidement les branches latérales. La figure 22, que nous offrons pour la deuxième taille, en est un exemple : elle représente un arbre sortant des pépinières, tel qu'on les

rencontre assez généralement sous le nom de *quenouille*. La tige a été la première année taillée trop haut, aussi les yeux inférieurs sont-ils restés inactifs : il n'y a que ceux du sommet qui se soient bien développés. Cet arbre, déjà défectueux, est mal disposé pour former une pyramide; néanmoins il nous sera facile de le traiter de manière à y arriver. Je dois faire observer tout de suite que le pincement n'a point été fait : on aurait dû pincer les trois bourgeons qui avoisinent le terminal, afin de maintenir la séve dans la partie inférieure au profit des yeux.

Nous taillons tous les rameaux de cet arbre sur leur empatement même, à l'exception de la flèche *a*, à laquelle nous ne laissons que deux yeux ; quant au petit dard *d*, qui se trouve placé au-dessous de ces rameaux, nous le laissons entier. Nous avons soin de ne pas retrancher les rameaux

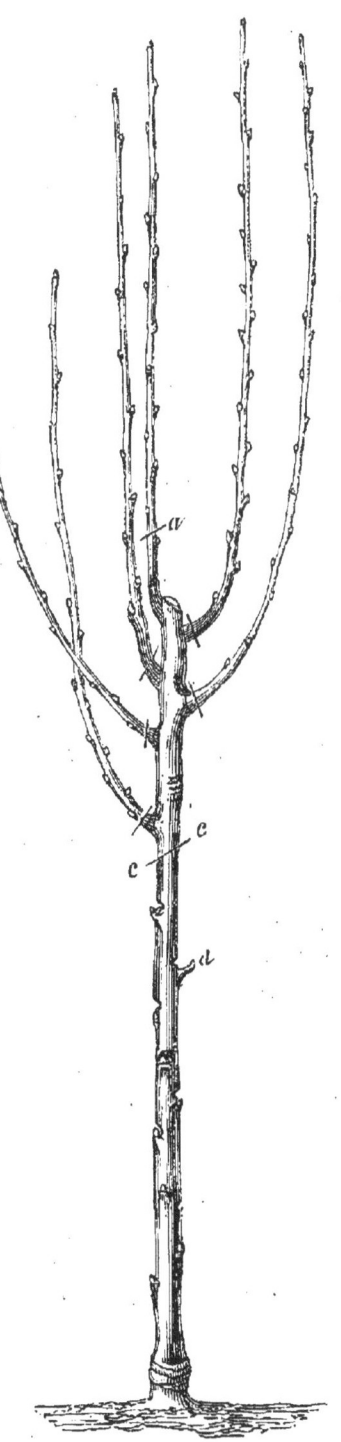

Fig. 22.

trop près sur le talon, afin de ne pas altérer les yeux qui s'y trouvent et sur lesquels nous comptons pour former les branches latérales.

Il est toujours fâcheux d'être obligé de faire de fortes plaies sur un jeune arbre, tandis que si l'on eût pratiqué le pincement, on aurait évité ce grave défaut et l'on aurait des productions vers la base. Il sera nécessaire de faire des entailles au-dessus des yeux qui sont restés inactifs, afin d'obtenir des bourgeons. Le résultat des entailles est à peu près certain; quelquefois cependant il arrive qu'il n'y a que de petits dards produits au lieu de rameaux, et que l'œil même ne fait que grossir; on recommence l'opération l'année suivante sans aucun danger pour l'arbre. On tiendra le rameau terminal, ou flèche, très court, comme c'est marqué, inconvénient grave parce qu'il en résulte des coudes très prononcés sur la tige. Il est faible en raison de ce que ceux placés au-dessous ont pris un trop grand accroissement; mais il est encore assez bien constitué pour qu'on ne soit pas forcé de le rapprocher.

Si les bourgeons qui vont sortir de ces empatements annonçaient devoir trop s'allonger, on les pincerait, surtout ceux qui sont voisins de la flèche. S'il s'en développe deux sur le même empatement, on en supprime un en conservant le mieux placé pour créer la branche latérale. Dans le cas où l'on craindrait de ne pouvoir les surveiller pendant leur croissance, on peut, dès le moment de la taille, choisir celui qui sera destiné à la branche latérale en coupant obliquement l'empatement;

la coupe, ainsi faite, détruit l'un des deux yeux, l'autre seul pousse. Avec ces divers moyens, il est facile d'arriver à former une pyramide.

Ceci est applicable aux arbres du genre de celui que nous présentons, et qui est commun; mais il arrive encore parfois que la première taille a été plus allongée que dans l'exemple que nous donnons, alors ce que nous venons d'indiquer ne suffit pas, il faut des procédés plus énergiques. On retranche donc toute la partie supérieure de la tige, pour ne laisser que la partie inférieure telle qu'elle aurait dû être lors de la première taille. La coupe se fait comme c'est marqué en *cc*, l'œil se trouvant derrière; l'arbre est ensuite traité pendant sa végétation comme nous l'avons recommandé pour l'arbre d'un an, ce qui cause un retard pour sa formation complète; mais la perte de temps, qui aurait pu être évitée par une taille intelligente, ne doit pas faire hésiter à employer ce moyen, plus avantageux que le premier dans la plupart des circonstances.

L'arbre figure 23 est également âgé de deux ans, c'est le résultat de la taille de l'arbre figure 20. On voit tout de suite quelle est la différence entre cet arbre et celui figure 22, de quelle importance est le pincement pour maintenir la sève au profit des parties inférieures. Il a une forme assez régulière, la branche n° 1 est la seule qui ne soit pas en rapport avec les autres : cela est dû à un accident arrivé au bourgeon, qui s'est trouvé rompu, ce qui a retardé son développement et sa vigueur. Afin de rétablir l'équilibre, nous laisserons à ce rameau tous ses yeux pour qu'il puisse attirer à lui une grande quantité de sève : nous ne le taillerons donc point, nous pratiquerons au-dessus une entaille, et nous rabattrons l'onglet qui s'est formé au point où le bourgeon a été cassé. L'œil terminal naturel ayant la propriété de pousser avec plus de vigueur que les autres yeux, l'équibre sera ainsi ramené assez vite.

Le rameau n° 2 qui lui est opposé sur la tige est très vigoureux ; cela tient à l'accident éprouvé par le premier, la sève s'y est portée en abondance, nous le coupons sur le cinquième œil : il est inférieur, or il est nécessaire de le tenir long pour y appeler la sève.

Les rameaux n°s 3, 4, 5 et 6, qui sont à peu près de même force, seront taillés dans les mêmes proportions, c'est-à-dire sur le quatrième œil. Nous allongeons la taille par suite de la vigueur de l'arbre. Plus un arbre est vigoureux, plus on peut le tailler long. Le pincement qui a été opéré aux environs de l'insertion de la flèche a fait prendre de la force aux rameaux placés inférieurement. La branche n° 3, qui a une position presque verticale, sera inclinée par le moyen d'un arc-boutant, afin de lui faire prendre une bonne direction.

Les rameaux n°s 7 et 8 seront coupés sur le troisième œil, et le rameau n° 9 le sera sur le deuxième pour les raisons que nous avons énoncées précédemment lors de la taille de l'arbre fig. 21. Les quatre bourgeons pincés l'ont été un peu long, aussi sommes-nous obligés de les tailler dans les dimensions marquées sur la figure.

TAILLE DES ARBRES EN PYRAMIDE OU CONE.

ils formeront aussi des branches latérales. Quand le pincement est fait à temps ou plus court, on ne taille pas les parties pincées. Nous avons dit à l'article Pincement ce qu'elles devenaient. La flèche est taillée sur un œil convenablement placé pour continuer la verticalité de la tige, et nous l'avons tenue un peu courte pour concentrer la sève vers la base, dont les rameaux sont encore faibles comparativement à ceux du milieu. Comme ce jeune arbre nous paraît bien conformé, et qu'il a suffisamment de branches, il est inutile de chercher à établir des bifurcations ou des ramifications, elles doivent être évitées autant que possible pour la régularité de l'arbre; on ne les emploiera que pour rem-

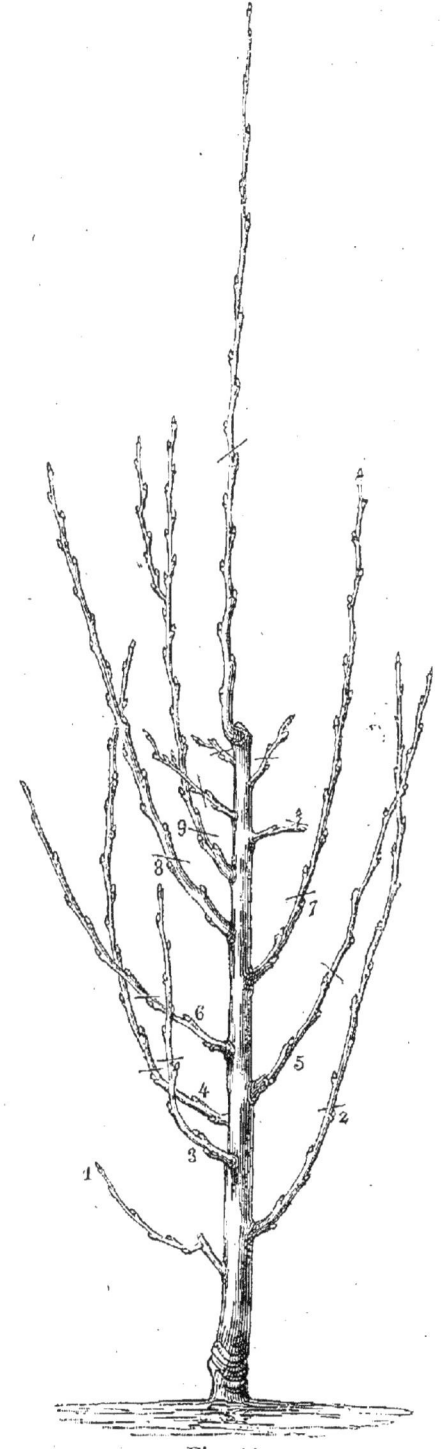

Fig. 23.

plir les vides lorsque ce sera tout à fait nécessaire. Nous le suivrons pendant sa végétation pour pincer, comme nous l'avons recommandé, toutes les pousses inutiles ou mal placées, surtout sur les branches du milieu déjà fortes.

Dans le jeune âge on est souvent obligé pour bien dresser l'arbre de se servir de petits tuteurs sur lesquels on attache les bourgeons. Un moyen plus simple est de conserver un long onglet au-dessus de l'œil qui doit donner le bourgeon et de lier celui-ci légèrement dessus, au fur et à mesure qu'il pousse. On a eu soin préalablement d'éborgner tous les yeux de l'onglet.

Il arrive assez fréquemment que des poiriers greffés sur cognassiers se mettent à fruit la deuxième et quelquefois même la première année de leur plantation, surtout dans les terrains médiocres, et souvent à tel point qu'une grande partie des yeux ont pris le caractère de boutons; il est alors difficile de tailler d'après les principes que nous avons établis : on devra, dans ce cas, supprimer avec la serpette tous les boutons jusque sur leur naissance; les yeux placés au-dessous se développeront, et l'année suivante on taillera sur les rameaux qu'ils auront émis. Sur les arbres de cette nature on laissera peu de fruits pendant les premières années.

67. *Taille de la troisième année.* — L'arbre porté sous la figure 24 est le résultat de la taille de l'année précédente. La végétation a été aussi régulière que possible; aussi est-il bien équilibré dans toutes ses parties. On ne

TAILLE DES ARBRES EN PYRAMIDE OU CONE.

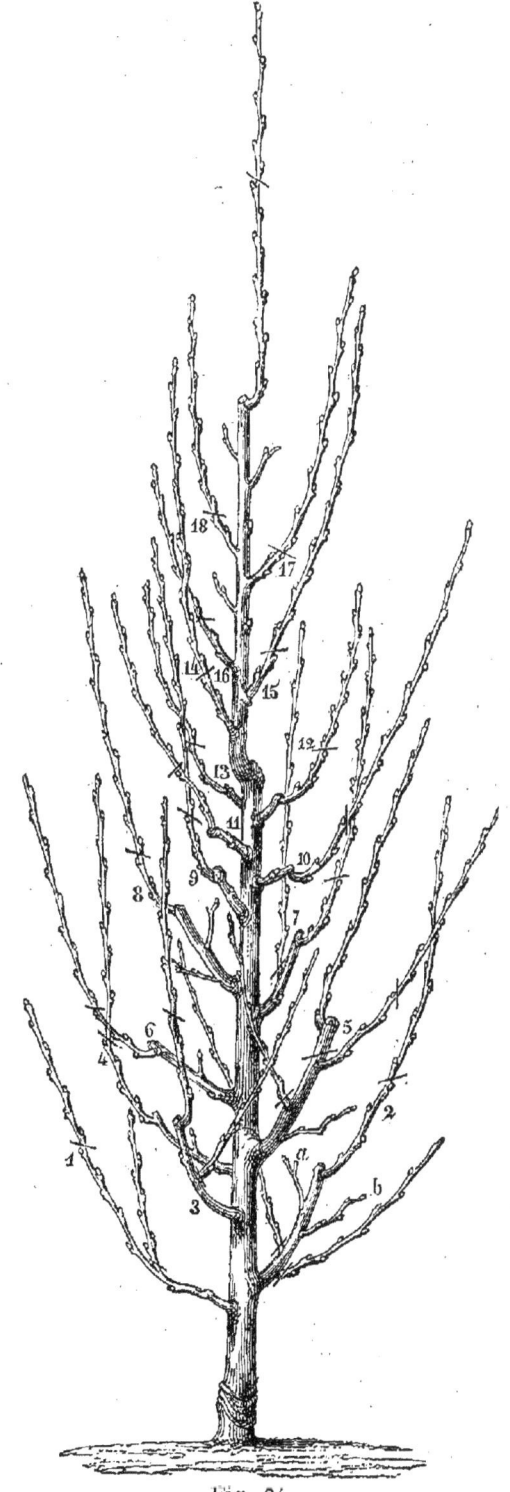

Fig. 24.

l'a cependant soumis qu'à peu d'opérations pendant l'été, on s'est borné à quelques pincements.

La branche 1re, n'ayant pas été taillée l'année dernière, a pris, comme nous l'avons annoncé, un grand développement, et se trouve maintenant, par ses dimensions, en rapport avec les autres. Le rameau placé en dessus sera enlevé jusque sur sa couronne ou empatement, et le rameau principal taillé sur un œil en dessous.

La branche 2e a trois rameaux, dont deux seront retranchés et celui de prolongement arrêté sur le quatrième œil. On remarque un pincement *a* exécuté en dessus, ainsi qu'une brindille *b* située en dessous; on les conservera tous deux, en éborgnant toutefois l'œil terminal de cette dernière, pour qu'elle ne prenne pas trop de force. Cette branche tend à se rapprocher du centre de l'arbre, et on l'en éloignera à l'aide d'un arc-boutant qui lui fera prendre une meilleure direction.

A la branche 3e, le rameau de dessus est taillé sur l'empatement (il aurait fallu le pincer), le terminal au quatrième œil; elle avait été taillée l'année précédente sur un œil en dessus, le rameau qui en est sorti a pris une direction trop verticale, ce qui, comme nous le savons, est un défaut, les branches latérales devant s'éloigner obliquement de la tige. On l'écartera aussi au moyen d'un arc-boutant.

La branche 4e est un peu faible comparativement aux autres; nous taillons le rameau terminal au-dessus du cinquième œil, afin de l'allonger un peu, et nous conservons le dard qu'elle porte, et qui doit devenir production fruitière.

La branche 5ᵉ présente un cas particulier : le rameau terminal est mal placé, il rentre trop dans l'intérieur de la pyramide, l'œil de taille se trouvait un peu sur le dessus; on choisira pour la continuer le rameau placé au-dessous; nous rapprocherons donc le terminal jusque sur l'insertion de ce rameau, que nous taillerons sur le quatrième œil qui se trouve en dessus. Il faudra le surveiller attentivement pendant son développement, afin d'éviter le défaut même qui nous oblige en ce moment à le rapprocher. On l'attachera au moyen d'un jonc, en le dirigeant peu à peu dans l'obliquité. Le rameau qui se trouve près de la naissance de la branche est retranché; la brindille en dessous sera conservée, et son extrémité éborgnée pour faciliter sa mise à fruit.

Les branches 6ᵉ et 7ᵉ seront coupées sur le quatrième œil; sur cette dernière on enlèvera le rameau du dessus qui aurait dû être pincé.

La 8ᵉ a une partie pincée et une brindille; on traite la brindille sans éborgner l'œil terminal, elle est trop faible; le pincement reste intact.

Les 9ᵉ, 10ᵉ, 11ᵉ, 12ᵉ et 13ᵉ branches seront taillées, au point de marque sur la figure, au quatrième œil; le 14ᵉ rameau, au troisième œil; le 15ᵉ au deuxième œil, et le 16ᵉ au troisième, par suite de la faiblesse de la branche; le 17ᵉ au troisième, et le 18ᵉ au deuxième.

A l'opposé du rameau 14, il y a un œil par derrière

resté inactif; on pratiquera une entaille au-dessus pour exciter sa sortie, laquelle est nécessaire pour combler le vide existant. Il en est de même de l'œil opposé au rameau 16. Au-dessus de ce dernier se trouve un petit rameau qu'il faudra laisser intact.

Dans la partie supérieure sont deux bourgeons pincés que nous laissons. La flèche est d'une bonne venue; l'arbre étant bien conformé, nous la taillons un peu long, comme nous l'indiquons. Tous les rameaux placés en dessus que nous avons retranchés sur leur talon auraient dû être pincés. Les sous-yeux vont se développer par suite de cette coupe, et émettre des bourgeons qu'il faudra pincer, à moins qu'ils ne se transforment seulement en dards ou en brindilles.

68. *Taille de la troisième année* (fig. 25). — Nous venons de prendre un arbre d'une assez belle conformation; mais il arrive souvent que l'on plante des arbres de trois ans élevés dans des pépinières, où la direction à donner aux jeunes arbres n'est pas encore bien comprise. Nous avons cru utile de représenter un de ces arbres et de donner la manière dont il faut le traiter pour en obtenir une pyramide. Celui que nous offrons a subi une taille au sécateur, faite sans aucuns principes; cependant, comme il est jeune et bien portant, il sera facile de remédier au mal.

D'abord, dans la première année, il a été taillé beaucoup trop haut, aussi les rameaux inférieurs sont faibles et manquent même sur une partie de la tige. Toute la végétation s'est portée vers le centre. Il devient indis-

TAILLE DES ARBRES EN PYRAMIDE OU CONE.

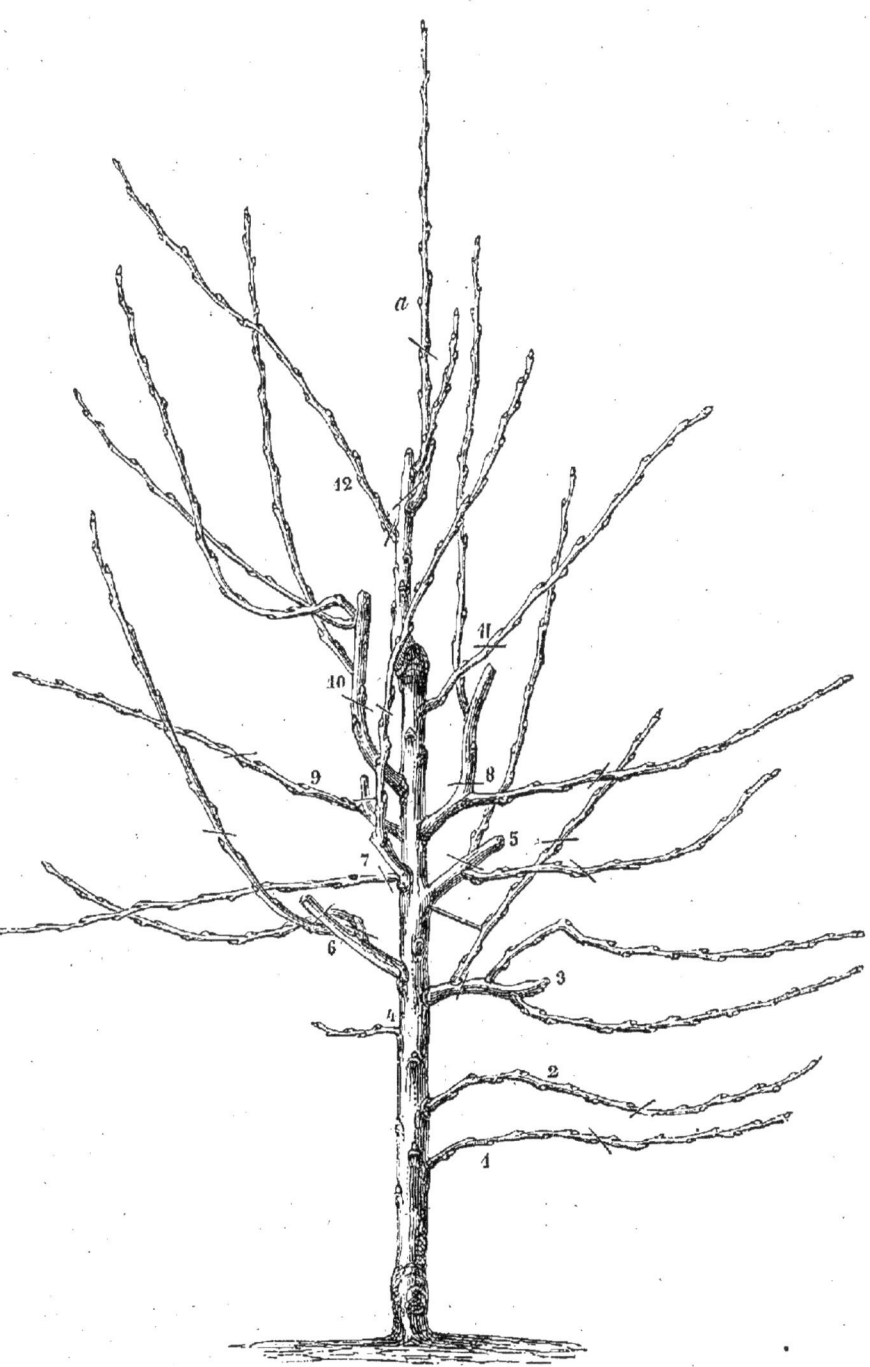

Fig. 25.

pensable de faire de fortes entailles sur les yeux de la base qui ne sont pas sortis, ainsi que sur le rameau 4, qui en outre est laissé entier.

Les rameaux 1 et 2 sont faibles, nous les allongerons beaucoup. L'un sera taillé sur un œil en dessous, l'autre sur un œil en dessus : ce dernier rameau se dirige vers la terre, l'œil de dessus doit le redresser. S'il ne le faisait pas suffisamment on lui mettrait un lien d'osier pour le ramener dans l'obliquité.

Sur la branche 3º se trouvent trois rameaux, les deux plus éloignés de la tige seront retranchés au point indiqué et l'autre sera taillé sur le 8º œil ; on aura soin de lui donner une bonne direction à l'aide d'un arc-boutant.

La taille de la 5º branche consiste en deux coups de serpette : l'un pour enlever l'onglet avec le rameau, l'autre la partie que nous indiquons. Il faudra mettre un lien ou une bride pour la ramener dans la position qu'elle doit occuper.

La 6º branche aura son rameau de dessus et son onglet retranchés, et sera taillée au point indiqué.

La 7º branche, située sur le devant, a un rameau qui a pris naissance sur son empatement même ; il est mal placé, on le supprime. Quant au rameau taillé, il est trop rapproché du centre ; on doit l'éloigner par un arc-boutant.

La 8º branche a été précédemment taillée trop long, elle sera rapprochée sur le rameau inférieur, mieux placé pour continuer la branche latérale ; nous le rabattons sur un œil en dessus. Pour la 9°, il suffit de faire les opérations indiquées sur la figure.

Sur la branche 10°, taillée aussi trop longue l'année précédente, on sera contraint d'exécuter un rapprochement, de tailler sur un œil latent, en enlevant toute la partie supérieure avec ses trois rameaux ; on obtiendra ainsi un bon bourgeon qui sera conduit obliquement. Si par hasard il prenait trop de force, la branche ayant un fort empatement, on pourrait pratiquer l'entaille en dessous sur cette dernière.

Le n° 11 est le produit d'un œil latent ; nous l'utilisons et le taillons sur le troisième œil. Le n° 12 est rabattu sur son empatement. Au-dessous de ce rameau quelques yeux sont restés inactifs ; on fera sur eux des entailles, car il est important d'obtenir des branches latérales dans cette partie.

Les branches 3°, 5°, 6° et 8° seront entaillées inférieurement sur l'empatement, pour modérer leur vigueur.

L'œil de taille terminal, soit qu'il fût mal constitué, soit qu'il eût éprouvé un accident, n'a émis qu'une très faible pousse, la flèche est restée en retard ; par suite de cette cause, l'œil placé immédiatement au-dessous a pris un grand accroissement, ce qui a occasionné l'affaiblissement total de la partie supérieure : nous la retrancherons et nous nous servirons du rameau *a* pour refaire la flèche, en le taillant sur un œil convenablement placé pour continuer la perpendicularité de la tige. Toutes les fois qu'on rencontrera des rameaux de cette nature, on agira comme nous venons de le faire.

Des bourgeons vont naître vers le centre de l'arbre, on les pincera soigneusement, afin de réserver la sève aux parties dénudées. Si cela devenait nécessaire, on pincerait même le bourgeon terminal de chaque branche forte, lorsqu'il aurait au moins 40 centimètres : procédé exceptionnel, mais dont on peut se servir pour un arbre de cette sorte. On parviendra par ces moyens à rétablir l'équilibre, s'il est vigoureux.

Il est souvent avantageux de ravaler les arbres de ce genre, et même ceux de deux ans qui auraient également cette forme défectueuse après un an de plantation; on obtient alors de nouveaux bourgeons sur la tige que l'on dirige d'une manière convenable en ne laissant que le nombre nécessaire pour former de nouvelles branches latérales.

69. *Taille de la quatrième année* (fig. 26). — Cet arbre est aussi régulier que possible quant à sa forme, et bien équilibré; il est la suite de l'arbre fig. 24. On voit que les résultats que nous avons annoncés ont été obtenus.

A la branche 1re le rameau en dessus sera retranché sur son empatement. Quelques petits dards et une lambourde la garnissent : ce sont des productions qui, comme nous le savons, sont les principales ressources pour la fructification. Le rameau de prolongement sera taillé au-dessus du cinquième œil; l'arbre étant vigoureux et jeune, il est nécessaire d'allonger la taille, surtout dans les branches du bas.

La 2e branche a trois rameaux; nous rabattons ceux

TAILLE DES ARBRES EN PYRAMIDE OU CONE.

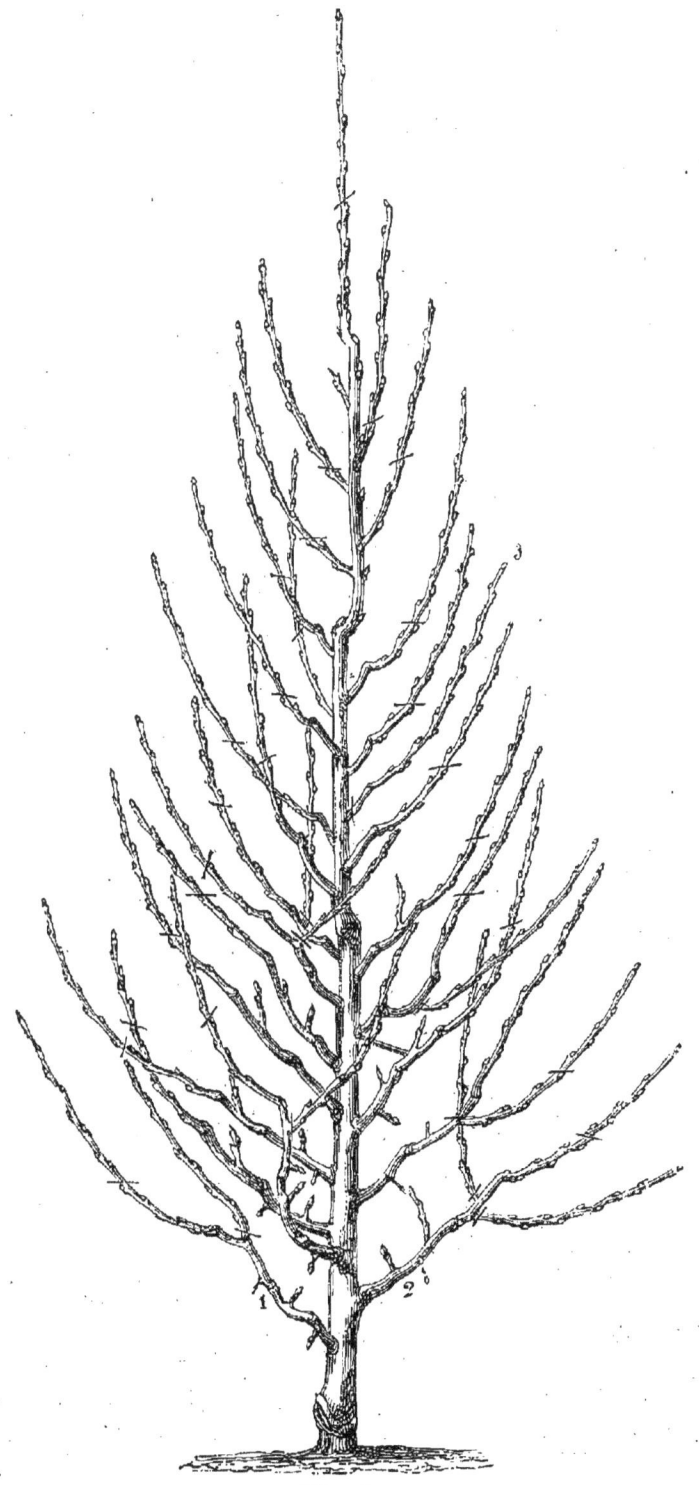

Fig. 26.

du dessous et du dessus sur l'empatement, celui de prolongement est aussi taillé sur le cinquième œil. Il y a sur cette branche deux lambourdes et une brindille : les premières sont destinées à donner du fruit cette année même; quant à la brindille, sa position verticale nous oblige à éborgner l'œil terminal afin de lui retirer de sa vigueur et nous la suivrons pendant l'été afin de la pincer, s'il est nécessaire. La 3ᵉ branche qui se trouve sur la deuxième taille de la tige est retranchée complètement comme faisant confusion ; elle est inutile et trop rapprochée des autres. La taille des autres branches est facile à exécuter, il suffit seulement de les retrancher toutes au point indiqué. Quant aux rameaux supprimés sur l'empatement, ils avaient été laissés dans le but d'absorber la sève qui aurait pu se porter dans les productions fruitières et changer la destination des yeux. Sur la troisième taille de la tige est un œil qui est resté inactif, on pratiquera une entaille au-dessus afin de le faire développer. Pour les opérations subséquentes pendant la végétation, elles sont les mêmes que celles que nous avons déjà mentionnées. On voit sur cet arbre quelques productions fruitières, c'est l'âge où l'on peut le faire rapporter, en maintenant par le pincement tout le dessus des branches latérales bien garni.

70. *Taille de la cinquième année* (fig. 27). — L'arbre figuré pour la cinquième taille a reçu une mauvaise application de cette opération; il en est résulté, par suite de tailles trop rapprochées, des coudes assez sail-

TAILLE DES ARBRES EN PYRAMIDE OU CONE.

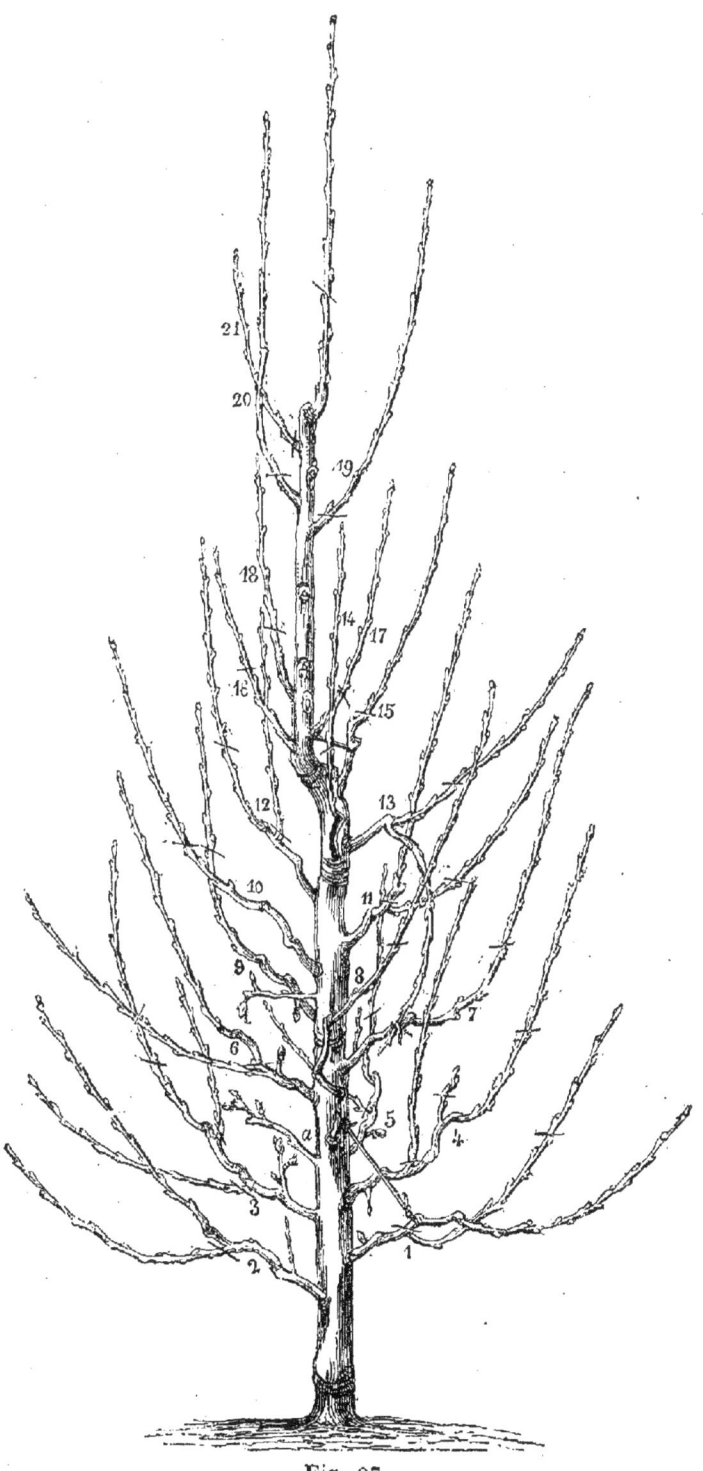

Fig. 27.

lants sur la tige et sur les branches, ainsi que d'autres irrégularités; nous allons le traiter de façon à le rétablir et à lui donner une conformation plus régulière.

La branche 1re tendait trop à s'incliner vers la terre, on lui avait mis une bride pour la ramener dans une position oblique; mais on n'a pu y parvenir, ses coudes trop prononcés ont donné lieu à l'émission d'un rameau en dessous; nous en profiterons pour rapprocher la branche sur lui, et nous le taillerons très long, afin de le mettre en rapport avec les autres. Près de la tige, il y a une lambourde qui sera conservée soigneusement.

La 2e branche a aussi des coudes très forts, défaut qui doit être toujours évité, car il nuit à la circulation de la sève. Comme elle se trouve en équilibre avec ses voisines, nous la conserverons, et elle sera traitée comme nous l'indiquons. Nous aurons soin d'éborgner l'œil terminal de la brindille qui est en dessus.

La branche 3e est dans de très bonnes conditions; elle porte une petite branche à fruits qui est le résultat d'une brindille cassée les années précédentes.

La branche *a* est une branche fruitière provenant d'un rameau qui n'a pas pris de développement, et qui est resté faible; alors il s'est porté à fruit.

La 4e branche a été tenue trop courte les premières années, elle est par cela même fortement coudée, ce qui, nous le répétons, est un grave inconvénient. Les arbres jeunes et vigoureux, lorsqu'on commence à les former, doivent être allongés autant que possible pour éviter les coudes. Il ne faut cependant pas aller à l'excès, car, trop longues, les branches se dégarniraient par suite de l'inaction d'une grande partie des yeux ; mais en conservant de cinq à dix yeux suivant la vigueur, on n'aura pas à craindre le danger que nous signalons. A l'insertion du rameau terminal se trouve une portion pincée, mais trop longue ; nous la rabattons un peu en éventant l'œil. La branche 5ᵉ, qui part sur l'autre côté de la tige, a une position trop verticale ; un arc-boutant lui fera perdre cette direction mauvaise.

Le rameau terminal de la branche n° 6 a pris une bonne direction, mais comme elle forme plusieurs coudes, nous sommes obligé de le retrancher et de conserver celui de dessous qui est plus avantageux pour continuer la branche. Nous la taillons sur un œil en dessus, et au moyen d'une bride nous la ramènerons un peu plus haut.

La 7ᵉ branche, coupée l'année dernière sur un œil en dessous, a pris une bonne direction ; il est fâcheux qu'il ne soit pas sorti de rameau vers la base, ce qui eût permis de lui faire la même opération qu'à la précédente : les coudes nuiront toujours à sa bonne conformation. Il sera utile de l'inciser longitudinalement dans la partie formant le creux du coude pour tâcher de l'amoindrir. La sève se portera vers l'incision, dilatera l'écorce, et la branche tendra à se redresser. L'extrémité de la petite brindille rera rompue, car elle est sur le dessus ; si elle eût été en dessous, on aurait pu la laisser entière. La 8ᵉ se trouve dans les mêmes conditions, nous la traiterons de la même manière. Elle est entièrement dénudée dans sa partie inférieure, nous y ferons des incisions et même des entailles pour déterminer l'émission de quelques bourgeons, que nous pincerons pour les convertir en productions fruitières. Les branches 9° et 10° seront traitées de même. Pour la 11°, à la taille précédente l'œil était en dessus, le rameau s'est élevé trop droit. Il sera rapproché sur celui situé en dessous. La 12° n'offre rien de particulier.

Sur la branche 13° est un rameau arqué : l'arcure, nous le savons déjà, a pour but de mettre le rameau à fruit. Nous avons fait une entaille au-dessous de la 14°; elle a un trop grand empatement et absorberait beaucoup de sève; cet inconvénient arrive presque toujours lorsque des branches naissent immédiatement au-dessous d'un coude.

La 15° est trop droite; nous l'éloignerons de la tige par un arc-boutant.

Les 16°, 17° et 18° sont des rameaux ordinaires; ils seront taillés dans les proportions marquées. Les 19°, 20°, sont rabattus à un œil, le 21° sur la couronne.

A la quatrième taille de la tige, plusieurs yeux ne se sont pas développés; on fera une taille au-dessus de chacun d'eux. Pendant l'été, il faudra y porter toute son attention, et l'on pincera assez sévèrement les bourgeons inutiles du voisinage, pour reporter la sève dans ces yeux et les obliger à partir.

La flèche a été tenue courte afin de concentrer la sève

au profit de la partie qui se trouve dénudée immédiatement au-dessous.

Telles sont les opérations à faire sur les arbres de cette sorte. Nous n'irons pas plus loin dans la taille des poiriers en pyramide; à mesure que l'arbre avance en âge, on le conduit d'après les principes que nous avons émis.

D'après tout ceci, on peut voir qu'il est toujours facile d'imposer cette forme au poirier : c'est une de celles qui lui conviennent le mieux et à laquelle il se soumet le plus volontiers.

71. *Taille de la sixième année.* — Une pyramide, pour être bien faite et dans de bonnes conditions de rapport, pendant un nombre d'années que l'on ne peut au juste déterminer, à cause des qualités différentes du sol et des soins plus ou moins judicieux donnés à l'arbre, doit présenter, dans sa plus grande largeur, un diamètre égal au tiers environ de sa hauteur, les branches latérales garnies dans toute leur étendue d'organes fructifère et un équilibre parfait dans toutes ses parties.

Le poirier âgé de six ans que nous donnons sous cette forme (fig. 28) est dans ce cas. La pyramide est bien proportionnée et couverte sur toutes ses branches de productions fruitières en quantité suffisante, à l'exception de celles du haut encore trop jeunes. On lui appliquera les mêmes opérations que celles décrites sur les pyramides précédentes : on s'efforcera de maintenir l'équilibre, en taillant les rameaux relativement à leur force et en supprimant ceux qui sont de trop dans le haut. On re-

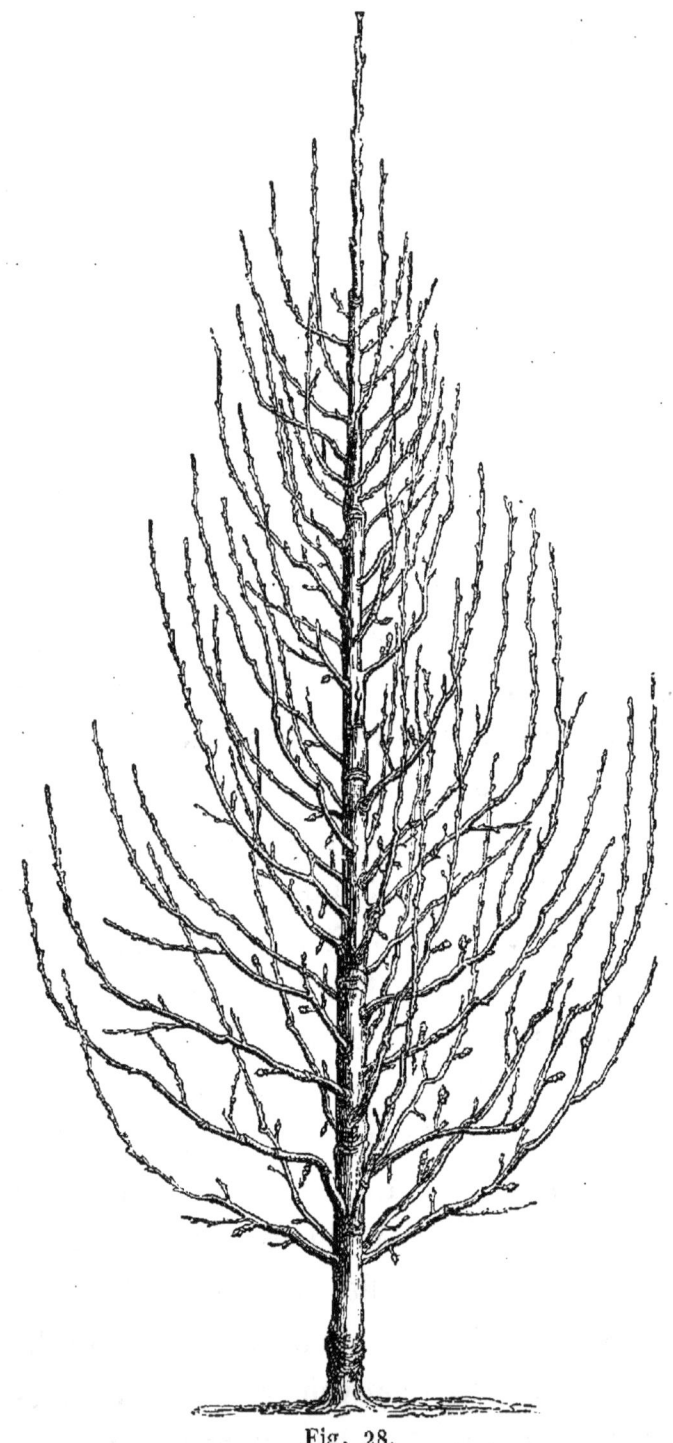

Fig. 28.

marquera que sur cet arbre, comme sur tous ceux qui précèdent et qui sont réguliers, les tailles sur la tige ont été faites à peu près égales : cela était nécessaire pour donner un développement suffisant à la végétation. Arrivée à six ans, cette pyramide est en pleine production fruitière, et ses branches latérales sont fortes; elle pousse moins vigoureusement que les premières années : il importe de tenir les branches de la tige plus courtes pour réserver la sève au profit des fruits. Cependant, pour cette dernière, il faudra veiller à ce que la flèche soit toujours prédominante proportionnellement au reste, afin d'assurer le prolongement de la pyramide. Autrement, la sève deviant dans les parties inférieures, la tête de l'arbre deviendrait languissante, se couronnerait, et finirait par périr.

Avant de quitter ce chapitre, nous poserons quelques principes généraux sur l'équilibre de la végétation dans les arbres pyramidaux.

Lorsqu'un arbre est faible et languissant dans toutes ses parties, et qu'il est cependant bien proportionné, il faut le tailler court, c'est-à-dire au-dessus du deuxième ou troisième œil, à la condition que cet œil soit assez bien constitué, autrement il vaudrait mieux s'établir sur un œil suffisamment apparent pour avoir une belle végétation tout en le tenant court; si, au contraire, il est vigoureux et jeune, on le taille long, vers le cinquième ou sixième œil, et même plus. Quand l'équilibre n'est pas parfait, que les branches ne sont pas entre elles en rapport de longueur et de force, on tient courte la partie forte, et longue la partie faible. On pince dans la première tous les bourgeons, et même les terminaux si c'est nécessaire, on laisse les fruits si les branches en sont pourvues; tandis que dans la seconde, on conserve le plus de bourgeons possible, on supprime seulement ceux qui feraient confusion, on surveille ceux qui pourraient nuire aux terminaux, en les pinçant long; enfin on retranche les fruits, soit en partie, soit en totalité. Ainsi traité pendant sa végétation, l'arbre, à la fin de la saison, se trouvera parfaitement équilibré. Ceci s'applique surtout aux arbres plantés dans le voisinage des bâtiments, des grands arbres et même des murs. Ils ont souvent le côté qui regarde ces obstacles faible relativement à l'autre. Cette disproportion devient quelquefois tellement grande, qu'il est nécessaire de rapprocher la partie forte pour mettre les deux côtés opposés en équilibre, et faire des incisions longitudinales sur le côté faible. Du reste, la vigueur des arbres diminue à mesure qu'ils deviennent plus productifs. On les tiendra donc courts à la taille, en conservant la sève au bénéfice des fruits qu'il faut alors protéger.

En général, il faut sur le poirier modérer sa vigueur au profit des fruits, lorsque l'arbre est formé. Il arrive souvent qu'il se met difficilement à fruit, ce qui provient soit de la trop grande vigueur, soit de l'espèce. On remédie à cela par plusieurs moyens, parmi lesquels nous avons déjà indiqué l'arcure, le cassement, l'incision annulaire. Il en est d'autres encore dans certaines circonstances : la greffe de lambourdes ou de boutons à fruit, la torsion des branches, le retranchement de racines, la transplantation, la taille pendant la sève. A l'exception de la greffe de lambourdes ou de boutons à fruit, nous ne conseillons les autres moyens que comme dernière ressource. Une taille longue, une arcure ou un pincement intelligent, une taille d'août ou un cassement fait en temps convenable, suffiront pour amener promptement l'arbre à donner des fruits.

72. *De la restauration des vieux poiriers.* — Le poirier peut vivre très vieux ; cela dépend beaucoup, et du terrain dans lequel il est planté, et du sauvageon sur lequel il est greffé. Toutefois il arrive un moment où il finit par devenir improductif, quoique encore assez vigoureux, c'est-à-dire qu'il donne très peu de bois et de très petits fruits. La branche à fruits s'épuise, il faut la renouveler progressivement.

Nous allons dire quelques mots sur ce qu'on peut faire à de tels arbres, soit pour prolonger leur existence, soit pour ramener leur production.

Les engrais sont un excellent moyen, mais généralement trop peu employé. Les meilleurs sont ceux qui peuvent être facilement absorbés par les racines, pourvu qu'ils soient appropriés à la nature du sol. S'ils sont liquides, on a soin de les répandre non directement au pied de l'arbre, mais alentour, afin que les jeunes racines puissent les absorber. Si c'est du fumier, on le choisit très décomposé, on enlève un peu de terre au-dessus des racines sans les mettre à découvert, car il faut éviter leur contact avec lui ; on en met une couche que l'on recouvre avec la terre précédemment enlevée.

On renouvellera le fumier toutes les fois qu'on s'apercevra que l'arbre faiblira.

Le fumier se met encore en couverture. Pour cela on laboure à l'automne, on épand ensuite un bon lit de fumier bien gras sur la partie labourée où il passe l'hiver. Pendant cette saison la déperdition des éléments nutritifs de l'engrais est à peu près nulle ; les jus, par l'effet des pluies et des neiges, s'infiltrent dans le sol jusqu'aux racines. Au printemps on enterre le fumier par un léger labour ; le soleil commençant à avoir de la force le dessécherait.

Terrer les arbres avec des terres prises à la superficie de carrés de jardins ou de champs cultivés chaque année est aussi un excellent procédé pour ranimer leur vigueur. On enlève alors toute la terre usée recouvrant les racines pour y substituer celles dont nous venons de parler.

Quelquefois la faiblesse de l'arbre est due à l'état des racines et non à son épuisement ; il faut donc les examiner. Si elles sont rétrécies et comprimées, on les incise, comme nous l'avons dit pour les branches ; si elles sont attaquées par des champignons ou pourries, il convient d'arracher l'arbre et de le remplacer. Dans les terres très légères, comme dans celles qui sont très humides, les poiriers arrivent vite à la caducité : il faut les renouveler souvent ou amender les terres.

Lorsque l'arbre est languissant, malgré les soins qu'on lui a donnés, on peut le ravaler ou le receper ; enfin même on peut aussi le greffer : quand les branches sont épuisées et les écorces endurcies, ce procédé est préférable. On rabat les branches de charpente ou une portion du tronc lui-même, et l'on pratique la greffe en couronne ou en fente, en renouvelant l'espèce, si on le croit nécessaire. Alors, soit que les rameaux proviennent d'yeux latents, par suite du recepage ou du ravalement, soit de greffes, on refait une nouvelle charpente, qui peut produire avec succès pendant encore un assez grand nombre d'années. Si l'on greffe, il est important de choisir une variété très vigoureuse attirant fortement la sève à elle. Les plaies sont plus vite recouvertes, l'arbre résiste mieux; tandis qu'avec une variété peu vigoureuse, il tend plutôt à dépérir.

Lors du ravalement, on enlèvera avec un outil bien tranchant les écorces rugueuses de la tige jusqu'à l'écorce vive du dessous; s'il restait de la mousse, on la raclerait par un temps humide, et l'on donnerait un chaulage qui aurait de plus l'avantage de détruire les insectes.

DE LA PYRAMIDE A AILES.

73. Il est un autre genre de pyramide dont nous croyons devoir parler un instant : c'est la *pyramide à ailes*. Elle consiste à distribuer les branches latérales sur plusieurs plans verticaux formant autant d'ailes; ici nous en établissons cinq (voy. les figures 29 et 30). Les distances à observer entre les branches superposées des

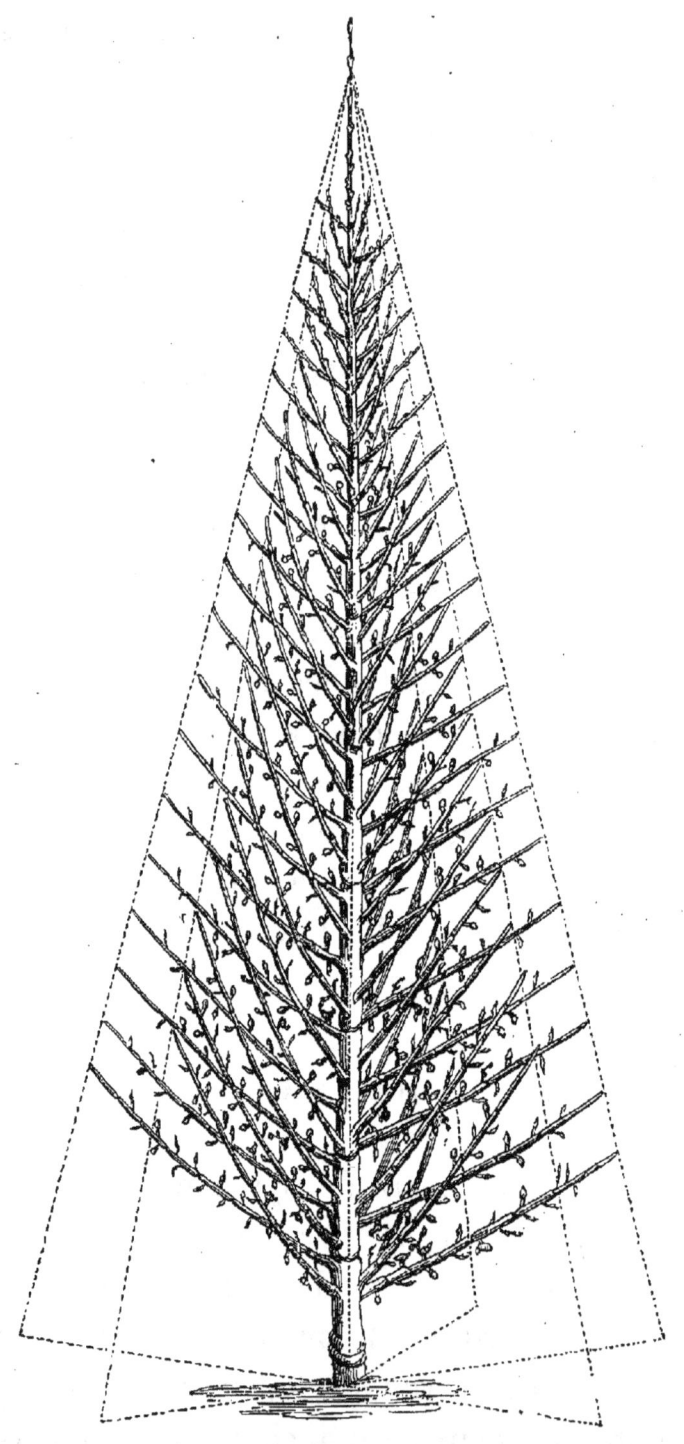

Fig. 29.

DE LA TAILLE A AILES.

ailes sont les mêmes que pour la pyramide ordinaire. Malheureusement elle exige des supports de fil de fer se rattachant à un fort tuteur appliqué le long de la tige; on fixe les branches sur ces fils pour que les ailes restent droites. A part cette nécessité, elle serait de toutes les formes pyramidales la meilleure, en ce qu'elle permet à l'air de circuler très librement dans tout l'intérieur de l'arbre et facilite la fructification. Lorsqu'on n'aura qu'un nombre d'arbres assez limité, on pourra

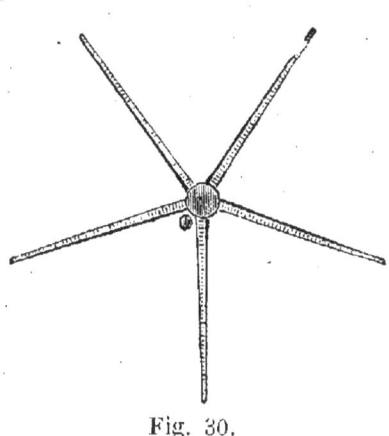

Fig. 30.

l'adopter : la dépense occasionnée par les fils de fer et la perte de temps du dressage de la charpente seront bien compensées par la beauté des produits; mais il est impossible de l'appliquer sur une vaste échelle, le temps qu'elle demande pour son parfait établissement étant trop long.

Quant aux principes de taille tant pour la branche latérale que pour la branche à fruits, ils ne diffèrent aucunement de ceux de la pyramide ordinaire.

74. Nous ne quitterons pas ce chapitre du poirier, sans

mentionner ici un mode de taille et de traitement de la branche à fruits de cet arbre, et de celle du pommier, proposé par M. Jules Courtois, vice-président de la Société d'horticulture d'Eure-et-Loir, et que son auteur nous autorise à rapporter. Nous extrayons donc du compte rendu d'une conférence faite par M. J. Courtois à la Société d'horticulture de Seine-et-Oise le passage suivant, nous bornant à prendre ce qui s'applique spécialement à ce sujet :

« La floraison est plus lente à se produire sur les
» deux espèces d'arbres à fruits à pepins, Poirier et
» Pommier, que sur les espèces à fruits à noyau et la
» Vigne. Voici la marche que suivent généralement,
» pour arriver à floraison, les yeux qui n'ont pas quitté
» cette voie :

» Qu'on prenne toujours pour point de départ un œil,
» un bouton à bois, au printemps ; il produira une
» pousse à long mérithalle ; cette pousse de l'année
» n'est pas plus florifère, cette première année, que
» celle du Pêcher et des autres espèces d'arbres à fruit
» à noyau ; les yeux qui la garnissent n'ont guère qu'une
» feuille en général, deux quelquefois, très rarement
» davantage. La seconde année, ces mêmes yeux (il
» faut supposer qu'ils n'ont pas abandonné la voie de
» la fructification) s'allongeront faiblement en de jeunes
» pousses terminées par un bouton couronné de trois à
» quatre feuilles. Ce seraient des bouquets floraux pour
» la troisième année, sur les arbres à fruit à noyau,
» mais avec ce nombre de feuilles, chez le Poirier et le

» Pommier, l'élaboration florale n'est pas encore ache-
» vée. La troisième année, ces productions qui, sur le
» Poirier et le Pommier, portent le nom de *dard*, s'al-
» longeront encore faiblement et se couronneront cette
» fois de six à huit feuilles. Ces nombres (celui de sept
» se rencontre fréquemment) sont les indices que la
» floraison a été élaborée et que le bouton existant au
» centre de la rosette contient une inflorescence qui,
» au printemps suivant, c'est-à-dire la quatrième année,
» s'épanouira en un bouquet de fleurs. Les boutons à
» fleurs sont, pour un praticien exercé, reconnaissables
» l'année qui précède leur épanouissement de très
» bonne heure, dès le mois de juillet et même plus tôt,
» par leur couleur, leur rotondité et par le nombre des
» feuilles de la rosette.

» Ces règles sont, M. Courtois en convient, sujettes
» à des exceptions.

» Le Poirier et le Pommier indiqués comme don-
» nant leur floraison la quatrième année seulement,
» offrent de nombreuses anomalies, de nature à faire
» douter de la règle, notamment sur certaines espèces
» très florifères, trop florifères, les *Doyennés* par exem-
» ple et la *Duchesse*. Il n'est pas rare de voir, sur ces
» variétés, les bourgeons de l'année élaborer des bou-
» tons floraux qui s'épanouissent comme sur le Pêcher
» la deuxième année ; le bouton terminal des rameaux
» a surtout cette tendance.

» L'on voit souvent encore sur les Poiriers et les
» Pommiers des boutons floraux se former, comme les

» bouquets de mai des arbres à fruit à noyau, la
» deuxième année, pour s'épanouir la troisième.

» Il est même une nature d'yeux, les yeux de bourse,
» dont c'est l'évolution presque normale. Nés en même
» temps que les fleurs, à la base de l'axe floral ou bourse,
» ces yeux deviennent ordinairement, dans l'année
» même, quand une exubérance de sève ne les fait pas
» se développer à bois, des boutons couronnés de trois
» ou quatre feuilles. Ils se transforment la deuxième
» année en boutons couronnés de six à huit feuilles ou
» boutons à fleurs, et s'épanouissent en bouquets floraux
» la troisième. C'est par cette évolution de deux an-
» nées des yeux de bourse pour élaborer une floraison
» qui s'épanouit au printemps de la troisième année,
» que s'explique l'alternance de floraison bisannuelle
» des arbres à fruits à pepins en plein vent, quand ils
» sont en plein rapport et par conséquent d'une végé-
» tation modérée ; la première année de l'existence des
» yeux de bourse se confond avec l'année de fructifi-
» cation.

» L'année infertile, qui suit, est la deuxième année
» d'existence des yeux de bourse, transformés cette
» année-là en boutons à fleurs. Ceux-ci, s'épanouissant
» l'année suivante, constituent une nouvelle année de
» floraison, et ainsi de suite pour les années subsé-
» quentes.

OPÉRATIONS D'HIVER ; OPÉRATIONS D'ÉTÉ.

» On n'a pas suffisamment distingué jusqu'ici les

» opérations à faire pendant le repos de la sève ou *opé-*
» *rations d'hiver*, de celles à faire pendant le mouve-
» ment de la sève ou *opérations d'été.*

» C'est là une première division fondamentale.

» Une seconde non moins importante doit encore
» être faite, c'est qu'il n'existe sur tout arbre que deux
» natures de branches, les *branches à bois* ou charpen-
» tières et les *branches à fruit* ou coursonnes.

» En suivant ces deux divisions et en observant la
» classification sus-indiquée, M. Courtois fait connaître
» quelles opérations sont à faire pendant la période du
» repos de la sève et quelles autres pendant la période
» végétative sur les branches à bois d'abord, puis sur
» les branches à fruits.

§ Ier. — Opérations pendant le repos de la sève ou d'hiver.

» Avec ces deux espèces d'arbres on entre dans un
» ordre spécial d'idées. Un fait est certain, c'est que
» le bouton *à fleurs* du Poirier et du Pommier est plus
» longtemps à se former que le bouton *à fleur* du
» Pêcher et de l'Abricotier, comme aussi du Prunier et
» du Cerisier.

» Deux autres faits principaux distinguent encore le
» Poirier et le Pommier du Pêcher et de l'Abricotier.

» Le premier de ces faits, c'est que le bouton à fleur
» de ces deux dernières espèces ne renferme jamais
» qu'une fleur, quand le bouton à fleurs des deux

» autres en renferme plusieurs et en très grand
» nombre quelquefois, surtout dans certaines espèces.
» Aussi, écrira-t-on pour le Pêcher et l'Abricotier
» bouton *à fleur*, fleur étant au singulier et bouton
» *à fleurs*, fleurs étant au pluriel pour le Poirier et le
» Pommier. Ce qui explique pourquoi la nature met
» plus de temps, ainsi qu'on l'a vu plus haut, à élaborer
» celui-ci que celui-là.

» Le second fait, c'est qu'après la cueillette du fruit
» dans le Pêcher et l'Abricotier, il ne reste plus rien
» à l'arbre qu'une sorte de cupule, organe sans valeur,
» qui est le réceptacle durci, ossifié sur lequel a reposé
» le fruit, tandis que, après cette même cueillette, dans
» le Poirier et le Pommier, il reste à l'arbre un organe
» qui porte en lui une succession de vie nouvelle,
» l'espoir de bourgeons et de fruits nouveaux. Cet
» organe est la bourse à la base de laquelle sont les
» yeux appelés plus haut *yeux de bourse*; et qui dit *œil*,
» dit *l'organe générateur*, dont tous les autres ne sont
» que des modifications successives, *omnia ab oculo*,
» ajoute le professeur.

» *Taille des coursonnes, taille trigemme.* — Quant
» aux suppressions à faire d'hiver aux coursonnes
» fruitières du Poirier et du Pommier, le principe que
» pose M. Courtois est absolu; c'est à trois yeux ou trois
» boutons, et rien qu'à ce nombre, ni plus ni moins,
» que la taille doit être faite, ce qu'il explique ainsi :

» *Première année de taille d'une coursonne de Poirier*
» *ou de Pommier*. — L'un des rameaux élevés l'année

» précédente sur le rameau de prolongement pour en
» faire des coursonnes étant toujours pris comme point
» départ et comme type de démonstration, ce rameau
» est taillé, cette première année, à trois yeux : le n° 1
» en bas, le n° 2 intermédiaire, le n° 3 au sommet.
» (Fig. 31, 3 *yeux*.)

» Régulièrement, sur ces trois yeux un seul, celui du

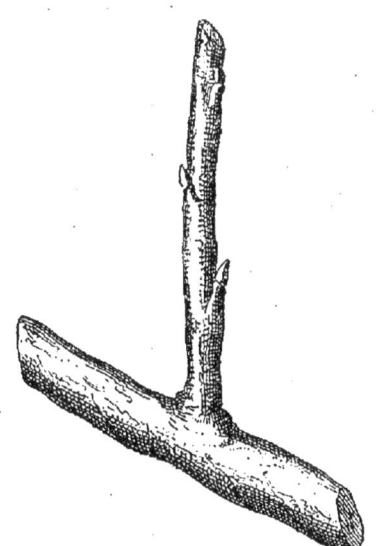
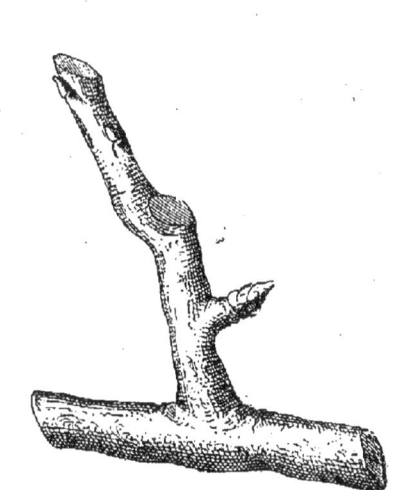

Fig. 31. — 3 *yeux*.   Fig. 32. — 2 *yeux et* 1 *bouton*.

» sommet ou le n° 3, devra, dans l'année, fournir une
» pousse à bois, et les deux autres les n°ˢ 2 et 1 devront
» tourner à boutons mixtes.

» Un auditeur des cours de M. Courtois a formulé
» le procédé en ces termes aussi clairs qu'ils sont brefs :
» Un pour le bois, deux pour le fruit. »

» *Deuxième année de taille et années subséquentes.* —
» Si le n° 3 et le n° 2, celui-ci d'ordinaire après celui-là,

» se sont successivement développés à bois, on aura dû,
» comme il sera dit ci-après, ébourgeonner la pousse
» produite par le n° 3, afin de n'avoir jamais qu'une
» pousse à chaque coursonne; le n° 1, dans ce cas,
» sera tourné à bouton mixte, et la taille alors se fera
» au-dessus de deux yeux visibles sur le rameau
» nouveau, et de ce bouton mixte. (Fig. 32, 2 *yeux et*
» 1 *bouton.*)

» Si le n° 3 a seul, l'année précédente, développé un
» rameau, les n°s 2 et 1, restant pour le fruit, la taille
» se fera sur l'œil le plus rapproché de la base de ce
» rameau au-dessous duquel les n°s 1 et 2 du rameau
» de l'année précédente se sont constitués en boutons
» mixtes. (Fig. 33, 1 *œil et* 2 *boutons.*)

» Enfin, si des trois yeux aucun n'est poussé à bois,
» c'est que tous les trois se seront convertis en boutons
» mixtes, aucune taille alors n'est à faire. (Fig. 34,
» 3 *boutons.*)

» Il va sans dire que si la coursonne ne portait que
» deux boutons (fig. 35) ou un bouton unique (fig. 36),
» il n'y aurait non plus aucune taille à faire.

» Ces six figures représentent les six coursonnes-types
» du Poirier. Elles seraient les mêmes pour le Pommier.
» Après la taille, toutes les coursonnes de l'arbre, sans
» exception, rentreront forcément dans l'un de ces six
» types.

» 1° coursonne à 3 yeux;
» 2°   —   à 2 yeux et 1 bouton;
» 3°   —   à 1 œil et 2 boutons;

» 4° coursonne à 3 boutons ;
» 5° — à 2 boutons ;
» 6° — à 1 bouton.

» Aucune autre combinaison n'est possible, en dehors
» de ces six types, avec la *taille à trois yeux ou*
» *boutons*.

» Lorsqu'un des boutons mixtes est devenu bouton

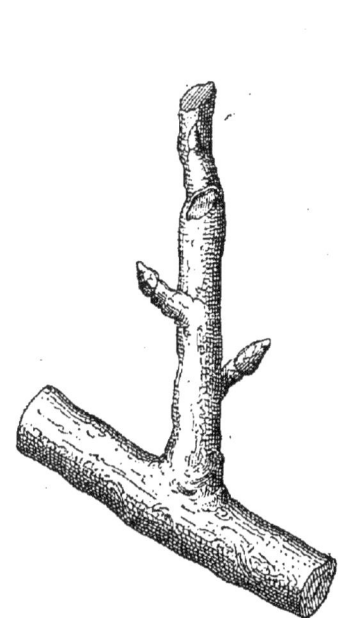

Fig. 33. — *1 œil et 2 boutons*.

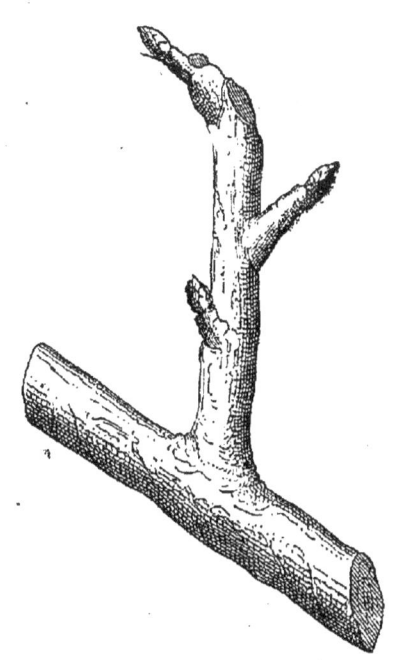

Fig. 34. — *3 boutons*.

» à fleurs, on peut tailler au-dessus de lui ; car il
» renferme, avec son bouquet de fleurs, et à la base de
» ce bouquet, des germes d'yeux nouveaux.

» Il importe toutefois que les deux ou trois boutons,
» choisis parmi un plus grand nombre, le soient à des
» distances de 0^m,03 environ pour que chacun d'eux
» puisse se développer sans gêner son voisin ; c'est le

» secret pour obtenir toujours des boutons à fleurs
» fortement constitués.

» Le nombre des yeux ou boutons étant ainsi limité,
» le plus grand écart qui puisse exister au point de vue
» de ce nombre entre toutes les coursonnes d'un même
» poirier ou pommier est celui qu'il y a entre un et
» trois; au lieu de cela on rencontre le plus souvent,

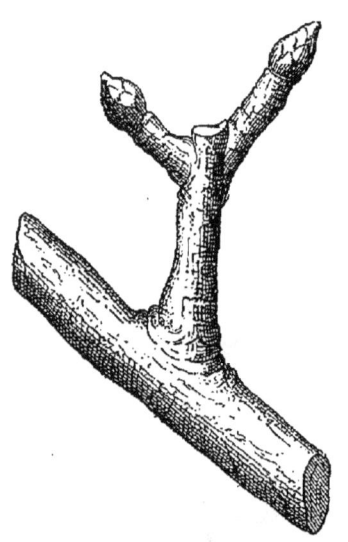 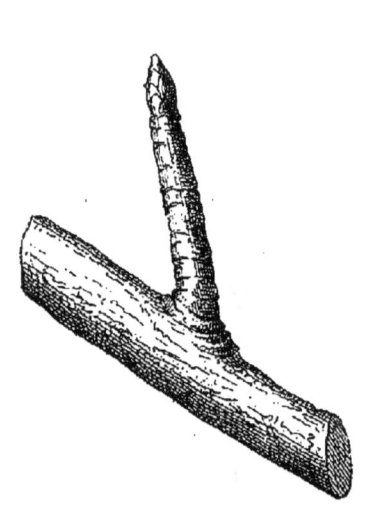

Fig. 35. — 2 *boutons à fleurs*.   Fig. 36. — 1 *bouton à fleurs*.

» sur des arbres réputés bien dirigés cependant, des
» coursonnes, simples dards, avec un seul bouton ter-
» minal se mourant à côté de coursonnes dix fois, vingt
» fois plus considérables et d'une vigueur exagérée.
» Ni les unes, ni les autres ne forment de boutons
» à fleurs, celles-là par anémie, celles-ci par trop de
» santé.

» M. Courtois a emprunté le principe de cette taille
» à trois yeux du Poirier et du Pommier qu'il nomme

» taille *trigemme*, à la taille incontestée à deux yeux et
» à deux yeux seulement de la vigne de treille, ou
» *taille bigemme*. En effet, pourquoi, sur un cordon
» de vigne, obtient-on facilement, sans même y songer,
» des coursonnes toutes semblables, d'égale force, sœurs
» jumelles pour ainsi dire? C'est que la taille s'y fait
» toujours à deux yeux, non pas à trois, non pas à un,
» non pas à deux et demi, ni à un et demi, si des
» fractions étaient possibles, mais à deux, rien qu'à
» deux. Faisons de même pour le Poirier et le Pommier,
» et nous aurons le même résultat. M. Courtois croit le
» chiffre 3 suffisant et il le propose.

§ II. — Opérations pendant la période végétative ou d'été.

» 1° *Cassement herbacé.* — Un seul principe sert de
» guide et régulièrement une opération, unique aussi,
» est employée pour les suppressions qu'on est dans
» la nécessité de faire subir, pendant la période végé-
» tative, à des arbres qu'on veut circonscrire dans une
» forme. Le principe, c'est que les suppressions doivent
» être faites sur des pousses dont le sommet soit encore
» herbacé; et l'opération consiste à enlever de ce som-
» met la partie la plus ténue.

» Cette opération est sensiblement la même que celle
» qu'on a appelée jusqu'ici *pincement*. A ce mot,
» M. Courtois propose de substituer celui de *cassement*,
» et les raisons qu'il en donne sont spécieuses au moins.

» *Pincer*, dans l'acception vulgaire du mot, ce n'est
» pas enlever le morceau. Le pinceur n'enlève rien à

» l'objet pincé ; il lui laisse, au contraire, la marque de
» ses sentiments parfois équivoques, une meurtrissure.

» Au contraire, on emporte la pièce par l'opération
» arboricole qu'on appelle *pincement*. Le mot *pincer* est
» même tout à fait inexact quand on opère, comme
» M. Courtois l'indique, sans le secours des ongles, par
» l'inclinaison du sommet : une main tient le rameau et
» l'autre incline. On peut même opérer d'une seule
» main, deux doigts, l'index et le médium, tenant le
» rameau, et le pouce inclinant. La partie ténue qu'on
» a inclinée se rompt « net comme verre, » c'est l'ex-
» pression de La Quintinie, qui ajoute, dans son œuvre
» posthume : *Instruction pour les jardins fruitiers et po-*
» *tagers* (1690), que les mots *pincer* et *pincement* étaient
» nouveaux de son temps.

» Il est certain du reste qu'on a de la peine à faire
» comprendre aux personnes qui ne sont pas initiées,
» que rompre un rameau, le diviser en deux, si minime
» que soit l'une des divisions, c'est le pincer.

» L'acte est réellement une rupture, un cassement.
» De ces deux expressions justes l'une et l'autre,
» M. Courtois a choisi la dernière en y ajoutant l'épi-
» thète *herbacé*. On dira *cassement herbacé*, ce qui per-
» mettra d'opposer cette opération à une autre, qui
» casse et rompt également, mais dont les effets sont
» tout autres, le *cassement ligneux*.

» Le seul cassement que M. Courtois recommande en
» principe, le seul parfait, est le cassement herbacé qui
» est même d'autant plus parfait qu'il est plus ténu, et,

» par suite, plus herbacé. Le cassement ligneux, qui
» est une véritable taille et n'en diffère que parce qu'on
» rompt au lieu de couper, ne doit être employé que
» lorsqu'on opère trop tard et qu'un cassement herbacé
» n'est plus possible ou ne pourrait être fait qu'à une
» longueur exagérée.

» La taille d'hiver des coursonnes fruitières du Poi-
» rier et du Pommier a été faite à trois yeux ou boutons
» sans variation ni distinction.

» Le mouvement de la sève provoque des pousses à
» bois ; ce sont ces pousses qui sont traitées par le cas-
» sement herbacé, comme procédé uniforme, le même
» pour toutes les coursonnes.

» M. Courtois propose les longueurs suivantes :
» $0^m,20$ à $0^m,25$ pour les pousses des coursonnes du
» Poirier et du Pommier.

» Ces longueurs ne sont point imposées, mais propo-
» sées par M. Courtois ; d'autres peuvent être admises
» pourvu qu'elles ne soient pas trop petites et de nature
» à comprimer l'arbre dans son expansion végétative,
» ni trop longues de manière qu'il n'y ait que très
» peu de pousses qui puissent atteindre la longueur
» réglementaire ; ce qui est essentiel, c'est qu'une lon-
» gueur étant admise, elle soit appliquée à toutes les
» pousses du même arbre.

» Un premier cassement herbacé toutefois ne suffit
» pas, surtout quand le sujet est vigoureux et pour cer-
» taines espèces et variétés ; un deuxième est générale-
» ment nécessaire et quelquefois un troisième sur le

» même rameau. Au bout d'un mois, en moyenne,
» sur le Poirier et le Pommier, des bourgeons anticipés
» se développent à la base de la feuille devenue termi-
» nale par le cassement et aussi à l'aisselle de quelques
» feuilles latérales les plus élevées.

» Ce deuxième cassement s'effectuera sur le bour-
» geon anticipé du sommet à trois feuilles, qui feront
» un bouquet de quatre avec la feuille-mère et sur les
» latéraux à deux qui feront un bouquet de trois avec la
» feuille-mère. Le troisième cassement analogue au
» second sera fait également très court.

» Il faut dire aussi que ces cassements, ne s'effec-
» tuant que successivement, au fur et à mesure que
» les bourgeons ont atteint les longueurs réglementaires
» susfixées, exigent surtout, dans les mois de mai et juin,
» un travail assez assidu. Les arbres doivent être tra-
» vaillés pendant le mois de mai et la moitié de juin, une
» fois par semaine environ. Plus tard, lorsque chaque
» pousse qui s'est développée a subi son premier cas-
» sement, l'assiduité peut être moindre.

» Le premier cassement est le plus essentiel; pourtant
» il importe de ne pas laisser grandir sur une pousse
» plusieurs bourgeons anticipés qui, faisant autant
» d'appelle-sève, ne tarderaient pas à donner à cette
» pousse une grosseur démesurée.

» La nécessité de voir ses arbres à des époques rap-
» prochées est un des inconvénients du procédé; mais
» un avantage important aussi compense cet incon-
» vénient, c'est la simplicité de l'opération qui, au

» moyen d'un bout de bois de la longueur réglemen-
» taire, peut être pratiquée par n'importe qui, par les
» personnes les plus étrangères à la science et à la pra-
» tique arboricole, par des femmes et des enfants.

» Pendant plusieurs années, M. Courtois a enseigné
» le pincement ou cassement herbacé, à cinq bonnes
» feuilles. S'il a substitué comme règle la longueur
» métrique au nombre de feuilles, c'est qu'il a reconnu
» ce dernier procédé plus long, d'une pratique moins
» facile, sans avoir plus de précision, car on discute sur
» *les bonnes feuilles.* Le travail se fait d'une façon plus
» expéditive en prenant pour règle la longueur mé-
» trique. Celle de $0^m,20$ à $0^m,25$, pour le Poirier et
» pour le Pommier, correspond du reste assez aux cinq
» *bonnes feuilles.* On discute sur ce qu'est une *bonne*
» *feuille*, et on ne discute pas sur une longueur déter-
» minée.

» Mais M. Courtois conserve, et avec insistance, le
» nombre d'yeux de préférence à la longueur métrique
» pour la taille. Ici il faut une précision plus grande;
» l'à peu près ne suffit plus, chaque œil laissé devant
» s'évoluer et jouer un rôle durable. C'est exactement
» et rigoureusement à trois yeux ou boutons pour le
» Poirier et le Pommier, que la taille des coursonnes
» doit être faite.

» 2° *Ébourgeonnage. Démembrement.* — Il a été dit,
» plus haut, que le cassement était l'unique opération
» qui suffisait pour effectuer toutes les suppressions
» qu'exige l'été un arbre soumis à une forme. L'assertion

» est vraie en principe; elle est même vraie d'une manière
» presque absolue pour les pousses de prolongement
» qui, à moins que les yeux secondaires de l'œil prin-
» cipal de taille ne se développent en même temps
» que celui-ci, seront toujours uniques pour continuer
» chacune sa branche charpentière; mais le principe
» souffre en fait d'assez nombreuses exceptions, sur les
» coursonnes, surtout dans la jeunesse des sujets, ou
» pendant une couple d'années, quand déjà, l'arbre
» étant vieux, des coursonnes trop fortes qu'il s'agit
» de dompter ont reçu l'application du procédé.

» Taillée à trois yeux ou boutons, chaque coursonne
» de Poirier ou Pommier devra normalement ne déve-
» lopper qu'une pousse à bois née de l'œil ou bouton
» n° 3, le supérieur, les deux yeux ou boutons inférieurs
» n°s 2 et 1 restant à l'état de rosettes ou dans la voie
» de la fructification; mais un excès de vigueur sur cer-
» taines coursonnes peut faire se développer à bois le
» n° 2 et même le n° 1; une seule pousse à bois devant
» être conservée sur chaque coursonne, le n° 3 est ébour-
» geonné, si à bois se développe le n° 2, qui est ébour-
» geonné à son tour, si à bois se développe le n° 1. La
» mise à fruit de la coursonne, dans ce dernier cas, est
» à recommencer, mais chose plus importante qu'une
» fructification partielle, l'égalité entre les coursonnes
» est rétablie ou maintenue.

» En effet, au moyen de cet ébourgeonnage, aucune
» coursonne de Poirier ou de Pommier ne conservera
» plus d'une pousse à bois, et toutes tendront à avoir

» la leur. Il n'y aura, à cet égard, que deux natures de
» coursonnes : les unes ayant une pousse à bois, les
» autres n'en ayant pas; et, entre celles-ci et celles-là
» il n'y aura de différence que la différence existant
» entre 0 et 1. Si ce n'est l'égalité elle-même, c'est
» tout ce qu'il y a de plus près de l'égalité.

» M. Courtois nomme *démembrement* cette opération,
» qui ne supprime pas seulement la cime la plus ténue
» d'un bourgeon, mais tout le bourgeon, la pousse tout
» entière.

» C'est une sorte de membre, en effet, qu'on enlève
» à quelques coursonnes qui ont mérité, par excès de
» vigueur, cette opération rigoureuse et exceptionnelle.

» Toutes les pousses à bois sur les coursonnes, en
» dehors d'une seule pour le Poirier et le Pommier,
» doivent ainsi être supprimées, ébourgeonnées; le
» démembrement en doit être effectué. C'est alors
» la pousse unique conservée, qu'il s'agit de casser
» herbacé aux longueurs réglementaires sus-indiquées.

» Ainsi doivent être traitées toutes les pousses d'a-
» venir, celles sur lesquelles se fera la taille d'hiver.

» On peut dire d'une coursonne qui ne fait pas
» chaque année une pousse nouvelle : elle dépérit.

» Les sujets soumis à la taille d'hiver et aux sup-
» pressions d'été sus-expliquées présentent à la fin de la
» saison le spectacle satisfaisant que voici :

» L'équilibre le plus parfait règne dans toutes les
» parties de la plante.

» Toutes les pousses de l'année, tant celles de pro-

» longement entre elles que celles des coursonnes éga-
» lement entre elles, sont de mêmes longueur et
» grosseur.

» Toutes les coursonnes de même âge sont d'égale
» force, ayant le même empatement. Aucune n'a plus
» que son nombre de pousses réglementaires, et presque
» toutes, signe de santé, possèdent ce nombre.

» Les Poiriers et les Pommiers ont les pousses de
» leurs coursonnes moins longues que la Vigne et le
» Pêcher n'ont les leurs; mais non soumises au palis-
» sage, ces pousses, projetées en avant sans qu'il y ait
» confusion, puisque aucune coursonne n'en a deux, et
» sans qu'elles empêchent les rayons solaires d'arriver
» jusqu'au fruit, donnent de la santé à l'arbre ; elles le
» font participer dans la belle saison, quand il est en
» espalier, à une partie des bénéfices du plein air.

» Dans ces conditions, la plante possède une vie qui
» règne partout également partagée, et d'eux-mêmes
» se forment les boutons à fleurs, des boutons à fleurs
» gros et bien nourris, de ceux-là qui, fortement cons-
» titués, peuvent mener à bien une abondante et saine
» fructification. »

On voit par ce qui précède qu'un mode de *traitement fixe* de la branche fruitière du Poirier et du Pommier, comme cela existe pour le Pêcher et la Vigne, est enseigné par le savant professeur de Chartres. Il simplifie de beaucoup la culture de ces arbres dans les jardins et paraît devoir donner de bons résultats. Aussi recommandons-nous son essai.

§ III. — **De quelques autres arbres en pyramide.**

Le poirier n'est pas le seul arbre qu'on puisse élever en pyramide ; on soumet encore à cette forme d'autres essences, auxquelles cependant elle convient moins bien.

DU POMMIER.

75. Le premier que l'on peut élever ainsi ne fait jamais une belle pyramide, et même beaucoup d'espèces ne durent que peu d'années et ne donnent que des arbres défectueux. Dans cette essence la sève a une tendance assez marquée à se porter dans les branches latérales, qui prennent alors un fort empatement, ce qui oblige à maintenir la taille longue dans la partie supérieure ; et tout en déployant ce moyen, il est rare d'obtenir des pyramides de pommier d'une grande élévation. A cela près, les principes de formation sont absolument les mêmes que pour le poirier.

Les branches à fruits sont ordinairement assez longues, parce qu'il arrive souvent que les brindilles sont elles-mêmes plus ou moins longues et sont presque toujours terminées par un bouton à fruit ; on est obligé de les conserver ainsi, si l'arbre n'est pas suffisamment pourvu de branches à fruits. Il est nécessaire de pincer sévèrement les bourgeons inutiles, qui se développent dans le voisinage des terminaux et sur les parties latérales, afin de tâcher de les maintenir en équilibre avec le prolongement de la flèche.

C'est toujours le pommier greffé sur franc que l'on préfère pour cette forme.

DU CERISIER.

76. Cet arbre forme généralement de belles pyramides, excepté cependant quelques espèces dont le bois est très divergent. Il pousse vigoureusement dans un terrain où il se plaît : il faut donc le tailler long dans toutes ses parties pendant les premières années : on obtient alors sur les branches latérales de petites branches à bouquet ou de petites brindilles qui fructifient promptement. Ces productions sont presque toujours en dessus; le dessous et la base des branches latérales se dégarnissent facilement et ne donnent rien, par suite de l'annulation des yeux.

Le pincement est indispensable sur le cerisier en pyramide; toutes les parties conservées par cette opération sont autant de branches fruitières; il évite aussi les forts bourgeons qu'il faudrait supprimer à la taille sur leur empatement : ce qui formerait des plaies sans bons résultats, parce qu'il arrive souvent qu'il ne se développe aucun bourgeon sur le talon des rameaux retranchés, et l'on a sur les branches des parties dénudées. On peut aussi arquer des rameaux pour leur faire produire une plus grande quantité de fruits. Cela n'a lieu que sur les espèces peu productives.

Quelques espèces de guigniers s'accommodent assez bien de cette forme; quant au bigarreautier, il est impossible d'en obtenir de belles pyramides, le bois étant trop divergent : il faut qu'il soit abandonné à lui-même, c'est-à-dire cultivé à haute tige ou plein vent.

DE L'ABRICOTIER.

77. Il est peu cultivé en pyramide, il se plaît mieux en espalier, contre-espalier et plein vent ; cependant il est quelques espèces qui, dans un bon terrain, peuvent bien venir ainsi, mais ce n'est pas sans une bonne direction. L'abricotier pousse vigoureusement dans les premières années ; il faut donc le tailler long dans toutes ses diverses parties, pour ménager à la sève des issues suffisantes, afin d'éviter la gomme, maladie à laquelle cet arbre est sujet, et qui occasionne chez lui de grands accidents. Il a le défaut de se dégarnir de productions fruitières à la base des branches latérales : le pincement remédiera en partie à cet inconvénient. Cette opération sera suivie avec grand soin, afin d'éviter les plaies et pour maintenir l'équilibre dans tout l'arbre. La flèche sera tenue longue afin d'attirer vers elle la sève, qui, dans cette essence élevée sous cette forme, tend à se jeter dans les parties latérales, et compromet ainsi l'existence de la tête de l'arbre.

C'est encore à l'aide du pincement qu'on obtiendra de bonnes branches à fruits, en arrêtant les bourgeons lorsqu'ils auront 10 ou 12 centimètres de longueur : la partie pincée se mettra à fruit l'année suivante. Souvent ces branches deviennent trop longues et trop nombreuses ; alors on les raccourcit un peu et l'on en retranche de manière à les espacer convenablement.

La gomme ne laisse pas longtemps belle une pyramide d'abricotier; elle finit par atteindre quelques branches, de manière qu'on n'y puisse remédier, et rend l'arbre défectueux; si elle persiste, elle le fait périr.

DU PRUNIER.

78. Le prunier a les mêmes défauts que l'abricotier, surtout en ce qui concerne la flèche; cependant on peut obtenir de plusieurs espèces de belles pyramides, tandis que d'autres vivent peu de temps sous cette forme. Les principes de taille et de pincement sont les mêmes pour ces deux natures d'arbres. Le prunier a l'avantage d'émettre facilement de nouveaux bourgeons; on peut donc le rajeunir. C'est ce qu'il convient de faire quand les branches sont épuisées ou qu'il existe trop de vides à la circonférence de la tige, car souvent des branches latérales périssent. Ce ravalement donne une nouvelle charpente; mais, avant d'opérer, il est essentiel de remarquer si la tige n'est pas atteinte de maladies ou de chancres que la gomme aurait pu occasionner.

Les arbres dont nous venons de parler, lorsqu'ils sont soumis à la forme en pyramide, donnent des fruits plus beaux, mais pas en aussi grande quantité que ceux de même nature cultivés en plein vent.

§ IV. — Du pommier nain ou paradis.

79. Nous avons dit quelques mots sur la conduite de cet arbre en pyramide, mais il se tient le plus ordinaire-

ment en vase nain et en contre-espalier; on le choisit greffé sur les espèces de pommiers nommées *paradis* et *doucin*. Pour le vase nain, le paradis est préféré, comme donnant les fruits les plus beaux et les plus savoureux. Il prend très peu de développement, rarement il s'élève à 1 mètre, à moins qu'il ne s'affranchisse; tandis que le doucin, qui pousse vigoureusement, s'emploie de préférence pour espalier et contre-espalier. Cet arbre ayant le même mode de végétation que le poirier, ce qui a été dit de ce dernier s'applique aussi à lui. Cependant les premiers pincements se feront plus courts, pour laisser ensuite l'œil terminal de la partie pincée se développer. On ne l'arrêtera, si c'est nécessaire, qu'à son extrémité herbacée, pendant le cours de la végétation. Des boutons à fruit se formeront à la base.

Si l'on veut des espaliers et contre-espaliers de pommiers en palmette, on suivra les préceptes mentionnés à ce sujet.

Quant aux pommiers nains, très fréquents dans les jardins, la méthode à suivre pour les élever est simple. Ils poussent peu; aussi n'est-il pas nécessaire de les éloigner: une distance de 1^m,30 environ entre eux est suffisante. Le paradis est assez capricieux dans sa végétation, mais il est préférable au doucin, pour avoir de beaux fruits.

80. Lorsqu'on plante un scion d'un an, on le rabat à 10 ou 12 centimètres au-dessus de la greffe, dans le but d'avoir trois bourgeons bien constitués qu'on maintiendra autant que possible d'égale force; les autres

seront supprimés (fig. 37). Si le terrain n'était pas riche et qu'on craignît d'avoir peu de végétation, on ne taillerait qu'à deux yeux.

L'année qui suit, on coupe chacun des rameaux, à 10 ou 12 centimètres de leur insertion, sur deux yeux latéraux ou de côté destinés à fournir les branches circulaires qui doivent former le vase : ainsi les yeux *a* et *b* produiront ces branches, qui se trouveront au nombre de six. On agira de même la troisième année, au bout de laquelle on aura douze branches ; on n'augmente pas davantage la charpente : si l'on n'a taillé dans le principe que sur deux yeux, on n'aura que huit branches, nombre suffisant dans bien des cas. On aura eu soin, pendant la végétation de ces trois années, de pincer et de faire toutes les opérations jugées nécessaires.

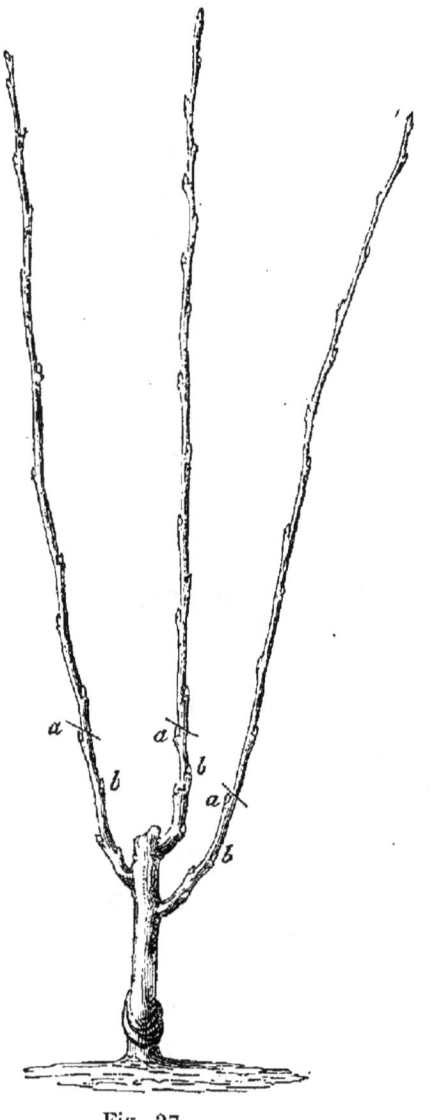

Fig. 37.

La quatrième année, l'arbre est en pleine production

et est taillé ainsi (fig. 38). Le rameau *a'* qu'il aurait fallu pincer, sera enlevé jusque sur la couronne; il rentre trop dans l'intérieur du vase, y fait confusion, et

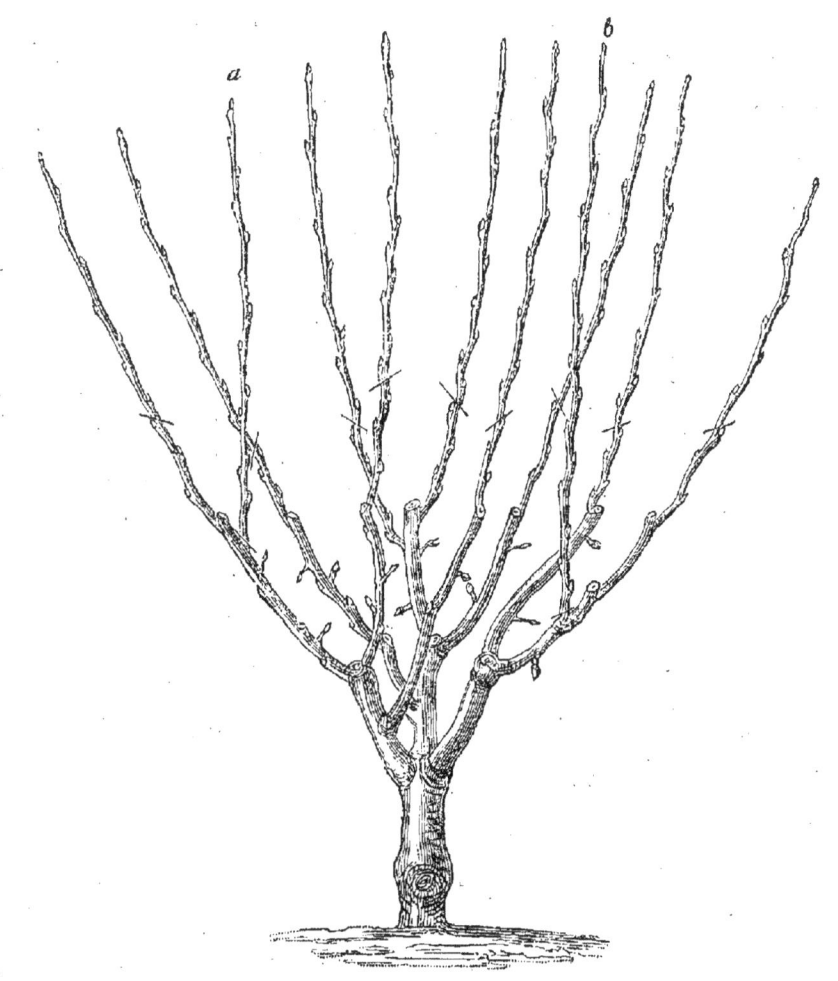

Fig. 38.

sa position en dessus peut compromettre la branche sur laquelle il a pris naissance. Le rameau *b* sera retranché pour les mêmes motifs. Quant à ceux qui restent, on les taillera aux points indiqués, en ne leur conservant que trois yeux pour concentrer la sève sur les parties inférieures au profit des fruits. Nous n'avons plus besoin d'augmenter la charpente, les branches de prolongement seront donc tenues très courtes. Si, la première année au lieu de prendre un scion d'un an, on avait choisi un arbre de deux ans, on taillerait chaque rameau à 8 ou 10 centimètres de leur insertion, et on le conduirait comme nous venons de le dire.

Le pommier greffé sur paradis tend souvent à s'affranchir, s'il arrive que la greffe soit enterrée : en effet, du bourrelet de la greffe s'échappent alors des racines qui, nourrissant le végétal, rendent inactives celles du sujet : la conséquence est la mort de ces dernières. C'est un inconvénient pour le paradis ; car une fois le pommier devenu franc, il perd les qualités qu'il tenait du sujet sur lequel il était implanté, et pousse avec trop de vigueur, au détriment de sa fertilité et de la beauté des fruits. On devra soigneusement éviter cet accident, à moins que l'on n'ait des vues contraires et que l'on ne se propose de voir l'arbre, une fois affranchi, prendre plus de développement. Mais en supposant la greffe enterrée ou reposant trop sur terre, il faudra relever les arbres en les déplantant, s'ils sont encore assez jeunes ; ou mieux, faire autour du collet un petit bassin qui l'éloignera du contact du sol, et retrancher les racines qui auraient pris naissance sur le bourrelet de la greffe, avant qu'elles n'aient pris trop d'extension ; chaque année on passera ces arbres en revue à cet égard.

§ V. — Du grand vase.

81. Cette forme devient de plus en plus rare : on ne la rencontre aujourd'hui que dans les grands jardins ou dans les vergers pour les arbres à haute tige : on lui reproche d'exiger trop de place ou de trop empiéter sur les plates-bandes, à mesure que les arbres atteignent tout leur accroissement.

Ces vases prenaient naissance sur le tronc même de l'arbre, à $0^m,15$ ou $0^m,20$ au-dessus du sol, et allaient continuellement en s'élargissant ; ils exigeaient des supports en forme de cerceaux à l'intérieur, sur lesquels on attachait les branches circulaires.

On soumettait à cette forme principalement le poirier, le pommier ; nous avons tenu à la mentionner en ce qu'elle est surtout très productive et donne de beaux fruits. Nous engageons les planteurs qui auraient un grand espace à leur disposition à en élever quelques-uns ; ils auront lieu d'en être satisfaits.

Quant aux vases conduits à haute tige, leur culture est plus usitée ; ils n'ont pas, comme les premiers, l'inconvénient d'occuper un trop grand espace. Leurs branches ne commencent à s'étendre qu'à une hauteur de 2 mètres environ au-dessus du sol. Elles s'obtiennent, comme nous l'avons dit à l'article Pommier. Seulement on taille beaucoup plus long les branches circulaires de charpente, car on ne soumet à cette forme que des arbres greffés sur des sujets capables d'atteindre de grandes dimensions.

CHAPITRE IV.

DE LA TAILLE DES ARBRES EN ESPALIER.

§ Ier. — Du poirier.

82. La pyramide n'est pas la seule forme qui convienne au poirier; souvent on le cultive, et toujours avec le plus grand succès, en espalier. Le contre-espalier réussit aussi très bien, si ce n'est qu'il est peu facile à abriter, ce qui, dans certaines années, le rend moins productif. Ces deux modes de culture sont très avantageux, tant à cause de la facilité de l'établissement de la charpente de l'arbre que pour la production, qui est relativement plus abondante et plus belle. Les branches de charpente étant mieux et plus régulièrement espacées, les branches à fruits reçoivent plus d'air et de lumière, et sous l'heureuse influence de ces agents deviennent plus robustes, s'épuisent moins vite, tout en donnant de plus beaux fruits.

Nous allons examiner la conduite de cet arbre en espalier et contre-espalier, les principes et la marche à suivre sont les mêmes pour ces deux modes de direction.

Les formes aujourd'hui le plus généralement adoptées et avec raison, par les cultivateurs d'arbres fruitiers,

TAILLE DES ARBRES EN ESPALIER.

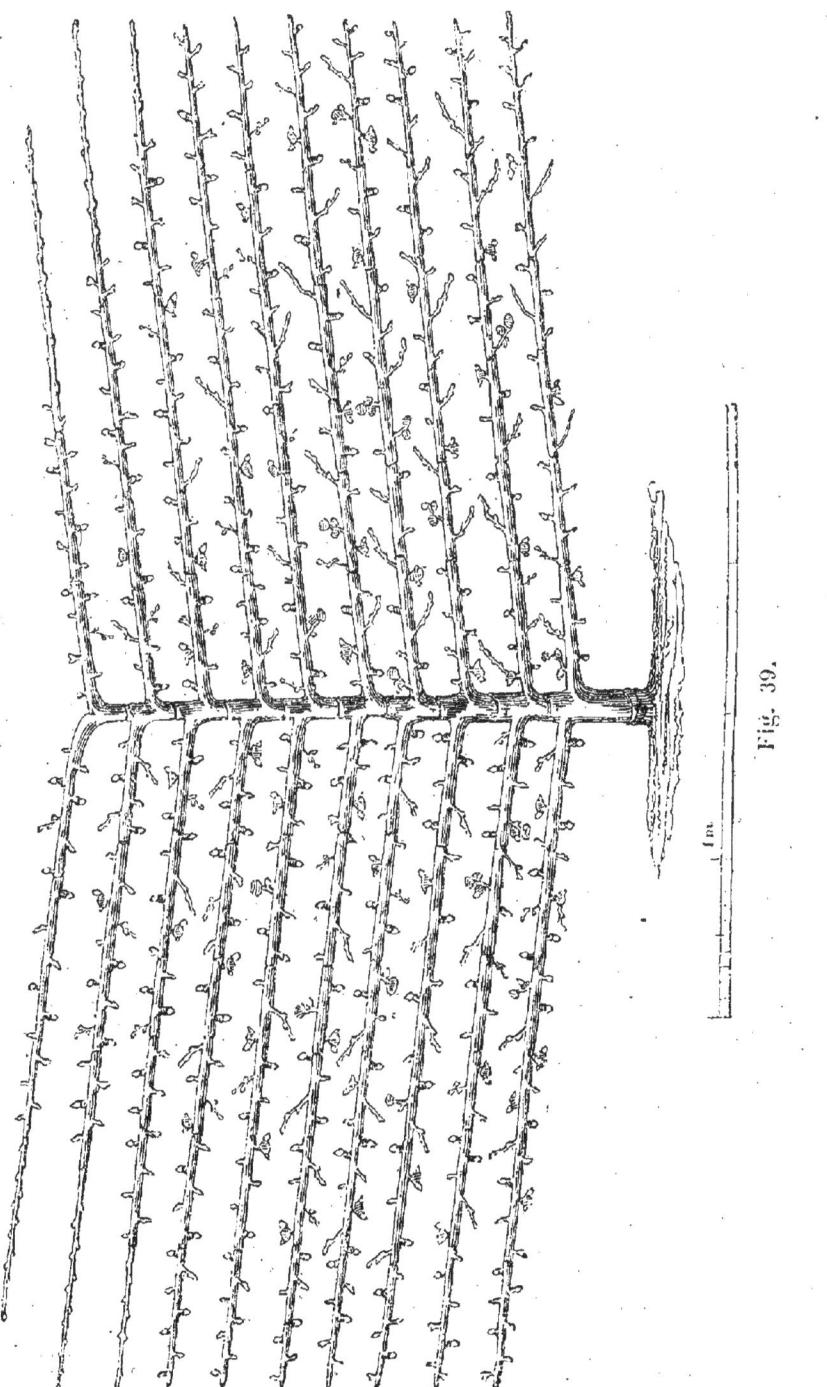

Fig. 39.

sont la *palmette simple* et la *palmette double* ou *à deux tiges*, dite encore *en* U.

Occupons-nous d'abord de la première (fig. 39). Elle consiste en une tige verticale sur laquelle partent, à droite et à gauche, des branches latérales également distancées qui portent les branches fruitières. Le tout constitue la charpente et est fixé, soit au mur, soit au treillage, soit encore sur des fils de fer, par les moyens mentionnés aux articles Dressage et Palissage (voy. 55).

Nous avons dit, en traitant de la plantation, comment on disposait le poirier en espalier; l'arbre est donc planté : nous avons eu soin de ne le prendre que d'un an ou deux au plus, pour trouver à sa base des yeux bien disposés à sortir par la taille, et convenablement placés pour commencer la charpente.

83. *Taille de la première année* (fig. 40). — Nous taillons sur un scion analogue à celui de la pyramide. Il s'agit d'obtenir trois rameaux : l'un chargé de continuer la tige, les deux autres devant commencer à fournir les deux branches latérales les plus inférieures. On choisira, pour arriver à ce résultat, un œil au point *a*, placé sur le devant, à environ $0^m,30$ du sol. Le bourgeon du milieu sera palissé verticalement, les deux autres obliquement, mais sans être trop inclinés, de sorte qu'ils puissent prendre beaucoup de force. Il n'y a rien autre chose à faire pendant la végétation, si l'équilibre se maintient entre eux; autrement on emploie, pour les avoir d'égale force, les moyens que nous connaissons déjà.

TAILLE DES ARBRES EN ESPALIER.   151

84. *Taille de la deuxième année* (fig. 41). — A la taille suivante, les branches latérales seront raccourcies du tiers à la moitié de leur longueur, quand elles seront vigoureuses. Si elles manquaient de vigueur, on les tiendrait plus courtes afin de constituer une base solide, en facilitant ainsi leur grossissement. On choisira un

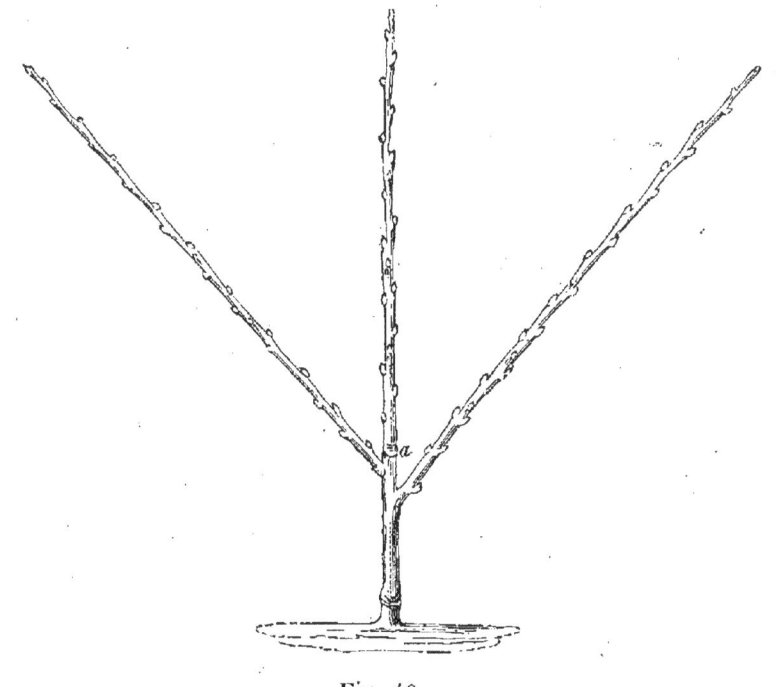

Fig. 40.

œil placé sur le devant; à son défaut, on prendra celui de derrière. Celui de dessous est également bon, mais celui de dessus forme un coude trop prononcé. Cette longueur a plusieurs avantages : elle est suffisante pour que ces branches acquièrent l'accroissement convenable et se maintiennent toujours en rapport de vigueur avec les branches supérieures; de plus, elle permet à tous les yeux de se développer, de produire des organes destinés à la fructification, et d'en tenir les branches bien garnies. Si l'on avait taillé trop long, une partie des yeux resteraient inactifs et laisseraient des vides sur les branches de charpente; si au contraire, on taillait trop

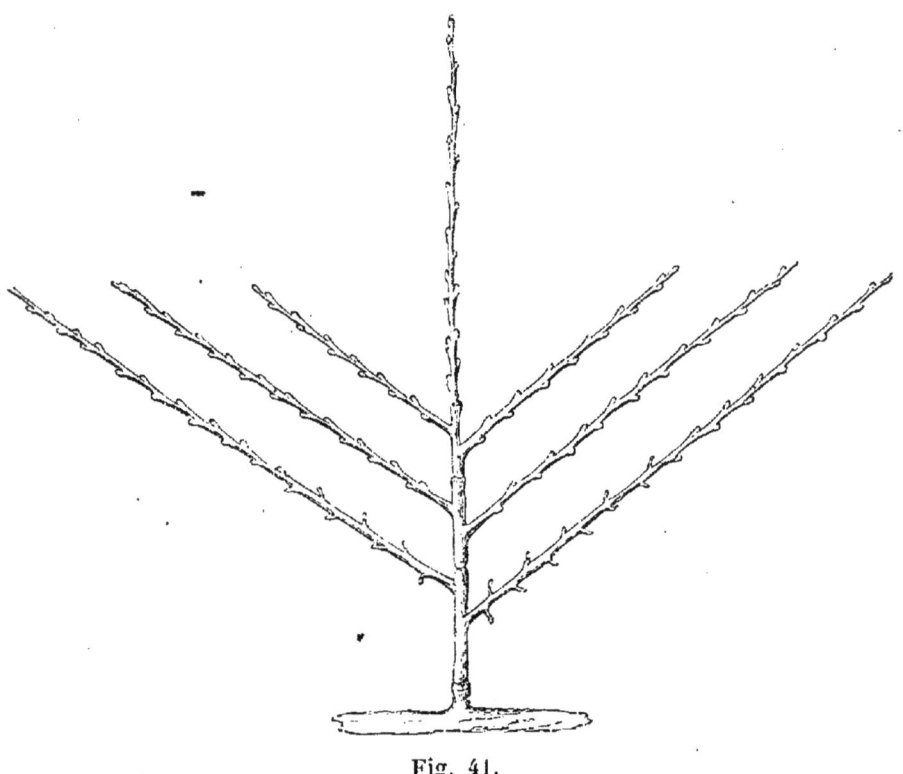

Fig. 41.

court, les yeux, au lieu de se transformer en dards et boutons à fruit, se développant avec trop de vigueur, retarderaient, malgré le pincement, la mise à fruit de l'arbre; les rameaux pourraient même prendre un tel empatement qu'il faudrait les supprimer. Dans l'espalier et le contre-espalier, on taille relativement plus long que dans la pyramide, parce que les branches maintenues par le palissage le long d'un mur, et même d'un treillage, poussent plus grêles que laissées libres. Il convient donc de les allonger, toute proportion gardée, un peu plus, afin d'y appeler davantage la sève. On doit même s'abstenir de tailler, si les rameaux sont par trop minces; l'œil terminal absorbera une grande quantité de sève et fournira une plus belle végétation que l'œil de taille. De petites incisions longitudinales sur le dessus et le devant des branches aideront encore à obtenir de bons résultats.

Quant au rameau terminal, on le taillera sur un œil placé de manière à pouvoir établir les secondes branches latérales à environ 0^m,25 ou 0^m,30 des premières, distance que l'on conservera entre chaque étage de branche. A mesure qu'elles prendront de la force, on les amènera dans la position horizontale, sans attendre qu'elles soient trop grosses, autrement cela deviendrait difficile, on risquerait de les rompre, mais en leur laissant cependant une certaine inclinaison. On établit une branche de chaque côté tous les ans, si la végétation est belle, sans la bifurquer; il est toutefois des terrains d'assez bonne nature pour qu'on puisse en obtenir deux : l'une à la taille d'hiver l'autre par un pincement pratiqué à temps. Ce n'est que la seconde année de plantation qu'on doit essayer d'arriver à ce résultat, comme nous l'indiquons figure 41.

Il y a cependant des précautions à prendre pour ne pas s'exposer à avoir des arbres dont la base ne soit pas assez solide. Quelquefois dans les jeunes arbres il y a avantage à mettre deux ans pour établir le premier étage convenablement, au lieu d'aller trop vite, comme nous venons de le dire.

85. *Palmette à deux tiges* (fig. 42). — Nous la mettons sur le même rang que la palmette simple, quant à ses bons résultats. Elle consiste en deux tiges verticales faisant office de branches mères, chargées de porter les branches latérales et de donner passage à la sève qui doit les nourrir.

86. *Taille de la première année* (fig. 43). — On a à obtenir deux branches mères, au lieu de deux branches latérales comme dans la palmette simple; par conséquent on choisit deux yeux latéraux à $0^m,12$ environ au-dessus du sol, on pratique sur eux la première taille. Les deux bourgeons seront palissés verticalement à $0^m,30$ l'un de l'autre et laissés dans tout leur entier, après qu'on leur aura fait décrire à la base une courbe pour former un U, en les maintenant en équilibre.

87. *Taille de la deuxième année* (fig. 44). On rabat chacun des rameaux *a* sur un œil de devant, à environ 25 à 30 centimètres de la greffe, pour obtenir de chaque côté et le prolongement de la tige et le rameau latéral. Chaque année on aura ainsi un étage, à la même distance que pour la palmette simple. Les branches latérales seront également taillées comme nous l'avons dit pour cette dernière. Le pincement sera fait sur tous ces jeunes arbres selon le besoin. Lors de la taille de ces deux années, si les yeux de la base n'étaient pas convenablement placés,

TAILLE DES ARBRES EN ESPALIER.

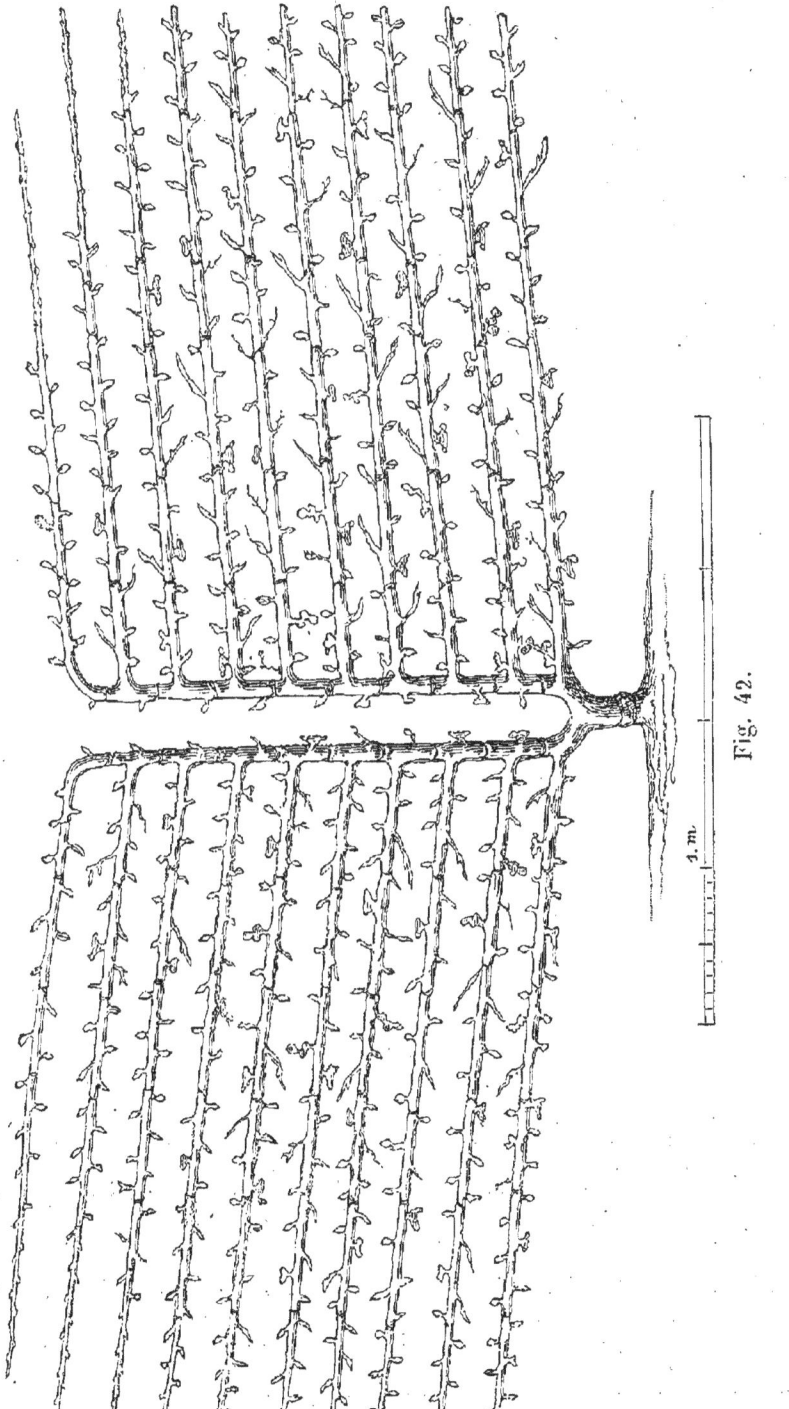

Fig. 42.

il serait bon de poser des greffes en écusson afin de s'assurer des bourgeons régulièrement distancés.

Ainsi dirigés chaque année, ils arriveront à la forme que nous donnons sous les figures 39 et 42, qui représentent des arbres complètement établis.

Quant aux branches à fruits, ce que nous allons dire s'applique aux deux formes.

Elles se prennent en dessus et en dessous des branches

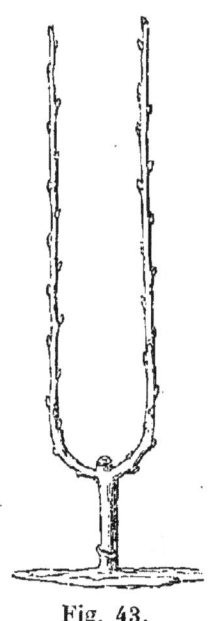

Fig. 43.

latérales, autant que possible; quelquefois il est de toute nécessité de les prendre sur le devant, afin de ne pas avoir de vides. On doit les tenir très courtes, pour que le fruit soit rapproché de la branche de charpente et acquière plus de volume; on les renouvelle partiellement en les rapprochant sur les yeux ou boutons qui se montreraient vers la base toutes les fois que l'occasion s'en trouve, au fur et à mesure qu'elles commencent à s'épuiser.

Le premier pincement se fera en deux fois, lorsque les bourgeons auront 0^m,20 environ de longueur en se rapprochant sur la quatrième ou la cinquième feuille. On commencera par la partie supérieure de l'arbre, qui tend toujours à pousser plus fortement et plus vite, en

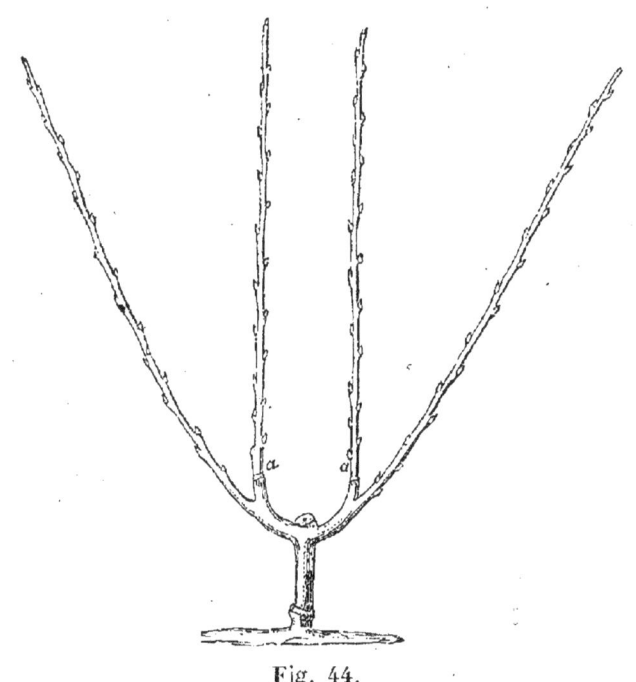

Fig. 44.

raccourcissant les bourgeons sur des yeux déjà assez bien constitués. Et ce n'est que lorsque les yeux sur lesquels on aura pincé paraîtront vouloir se développer en bourgeons anticipés, qu'il faudra opérer le pincement de la partie inférieure. Ensuite on pincera çà et là quelques bourgeons, pendant tout le cours de la végétation, toujours sur un œil constitué, afin qu'il puisse pousser, absorber de la sève, et empêcher celle-ci de se porter dans les boutons à fruit ou dans les yeux qui s'y préparent. Les bourgeons anticipés seront à leur tour pincés sur la première ou la deuxième feuille, suivant leur vigueur.

En général, plus les branches à fruits seront faibles relativement à l'économie totale de l'arbre, mieux elles seront disposées à donner de beaux et bons fruits; mais dans tous les cas, malgré leur faiblesse, elles doivent être saines et bien portantes. Le pincement court donne ce résultat et met l'arbre à fruit.

Ce que nous venons de dire pour le poirier s'applique également au pommier; seulement celui-ci se met plus ordinairement en contre-espalier, forme sous laquelle il se plaît parfaitement.

DE LA PALMETTE A BRANCHES VERTICALES.

88. Il est un autre genre de palmette que nous recommandons : c'est la *palmette à branches verticales*. Celles que nous venons de décrire peuvent s'appeler comparativement *palmettes à branches horizontales*, quoique l'horizontalité ne soit pas parfaite.

La palmette à branches verticales convient mieux dans les terrains de qualité médiocre, ainsi que pour les murs élevés. Dans le premier cas, la verticalité des branches de charpente assure à ces dernières une végétation plus soutenue que si on les maintenait horizontales. Dans le second, on arrive à garnir plus promptement le mur, car avec cette forme on peut planter les arbres très rapprochés les uns des autres, à 1 mètre ou $1^m,25$ pour la figure 45, suivant la distance que l'on conserve entre les branches ; de plus, lors de la taille, on allonge davantage la charpente, la sève étant réservée à un nombre moindre de branches.

La manière d'établir cette forme diffère peu de celle suivie pour la palmette simple ordinaire. La première année on taille comme nous l'avons indiqué au n° 83 ; seulement, au lieu de tenir obliquement les deux bourgeons latéraux on leur fait décrire, lorsqu'ils sont suffisamment consistants, la courbe nécessaire pour les éloigner de la tige d'environ $0^m,40$, et on les dresse ensuite verticalement (fig. 45, AA). Quant au bourgeon de prolongement de la tige, il est palissé d'après les règles que nous connaissons déjà. La deuxième année, nous rabattons la tige en *a* pour obtenir les secondes branches verticales à $0^m,20$ au-dessus des premières, et nous les dirigeons suivant le milieu de l'intervalle réservé entre la tige et les branches AA ; ce qui met les branches de charpente à $0^m,20$ les unes des autres. Puis nous taillons les branches A au point marqué sur la figure (2ᵉ taille), en leur donnant une longueur double de celle de la tige. L'écartement de $0^m,20$ que nous venons de mentionner n'a rien d'absolu, on peut le porter à $0^m,25$; alors, au lieu de planter les arbres à 1 mètre de distance, on les met à $1^m,25$, de manière que les branches extrêmes des arbres qui sont voisins aient toujours entre elles le même espace que les bran-

160 DE LA TAILLE DES ARBRES FRUITIERS.

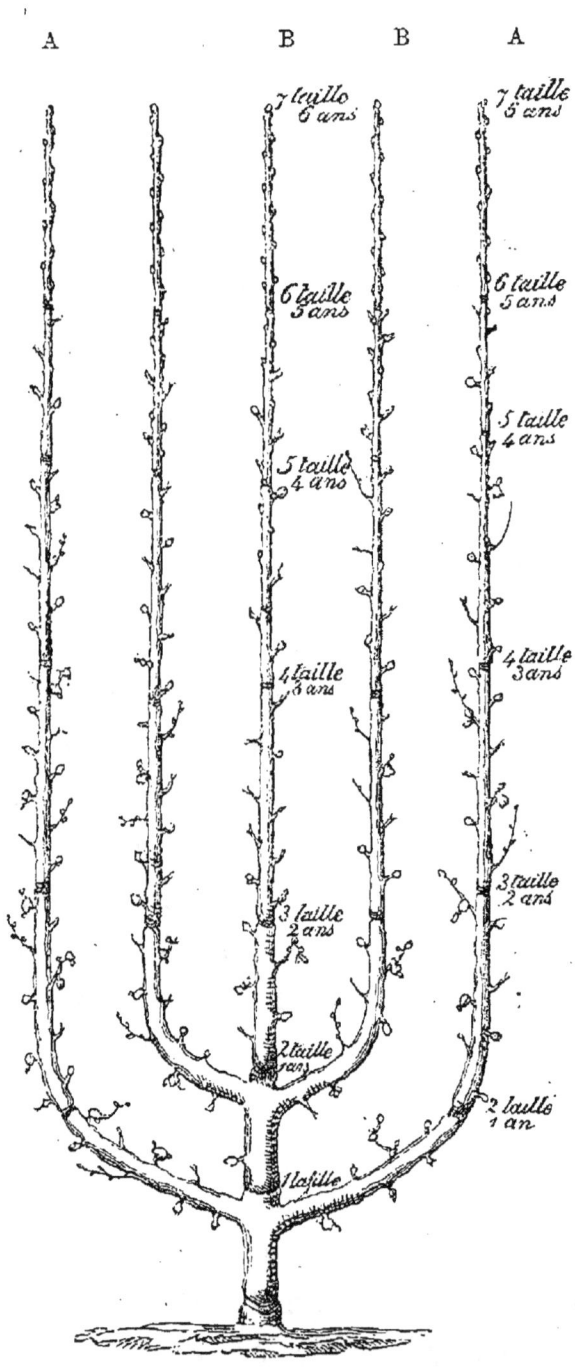

Fig. 45.

ches de charpente de chaque arbre. Cette seconde distance est préférable, en ce que les branches reçoivent plus d'air et de lumière, condition essentielle pour une bonne fructification. En général il y a avantage à distancer assez les arbres entre eux pour que les branches le soient entre elles, surtout si l'on a planté dans un terrain susceptible de leur faire prendre de la force.

Les années suivantes, la taille se pratique comme l'indique la figure, en faisant marcher ensemble toutes les branches de charpente, mais cependant en prenant la précaution de tailler un peu plus long les branches A, pour qu'elles puissent conserver leur prédominance sur les branches B. L'arbre ainsi traité arrive au haut du mur à sa sixième année, si la végétation s'est soutenue ou n'a éprouvé aucun accident.

Nous considérons cette forme de palmette à cinq branches comme une des meilleures qu'on puisse adopter pour garnir vite un espalier ou un contre-espalier. Voudrait-on aller encore plus rapidement, on ne prendrait que trois branches au lieu de cinq, en plantant les arbres plus rapprochés. Enfin, les figures 43 et 44 montrent encore deux formes qu'on choisirait dans ce but : l'une consiste en un U simple à deux branches, l'autre en un U à quatre branches, redressant les deux branches extérieures après leur avoir fait décrire une courbe à la partie inférieure à partir de leur point de naissance sur la branche-mère. Ces dernières petites formes ne sont vraiment à recommander que pour les terrains où le poirier végète peu où vit très peu de temps.

89. *Palmette en U à branches verticales*. — Mais si l'on craignait que les arbres ne fussent plantés trop près et que l'on voulût les éloigner, on pourrait, au lieu de deux branches de chaque côté de la tige, en augmenter le nombre. Dans cette circonstance, nous préférons la forme en U appliquée au même mode de palmette (fig. 46), comme répondant mieux à ce désir. Ce que nous avons dit de la palmette en U et de la palmette à branches verticales s'applique à celle-ci, nous ne reviendrons pas de nouveau sur ce sujet; nous ferons observer seulement qu'il convient de donner à un arbre tel que celui représenté par la figure un espace de $1^m,60$ à 2 mètres, suivant la distance des branches charpentières entre elles, qui peut varier de $0^m,20$ à $0^m,25$. Il faut avoir soin aussi de bien calculer chaque distance, de manière qu'on puisse placer aisément les branches de charpente les unes après les autres. Ainsi les premières branches que l'on établit sont les branches A et B; cette dernière ne peut varier de position; il importe donc que l'intervalle compris entre elles soit suffisant pour le palissage facile des branches CC, qui ne prennent naissance qu'ensuite.

Outre les avantages que nous avons signalés comme appartenant à ces deux formes, on peut encore ajouter qu'elles s'appliquent utilement à des arbres déjà conduits sous une autre analogue, dont la végétation serait languissante. C'est un moyen de leur donner une nouvelle vigueur par suite de la verticalité des branches. Enfin elles permettent, lorsqu'on n'a à sa disposition

TAILLE DES ARBRES EN ESPALIER.

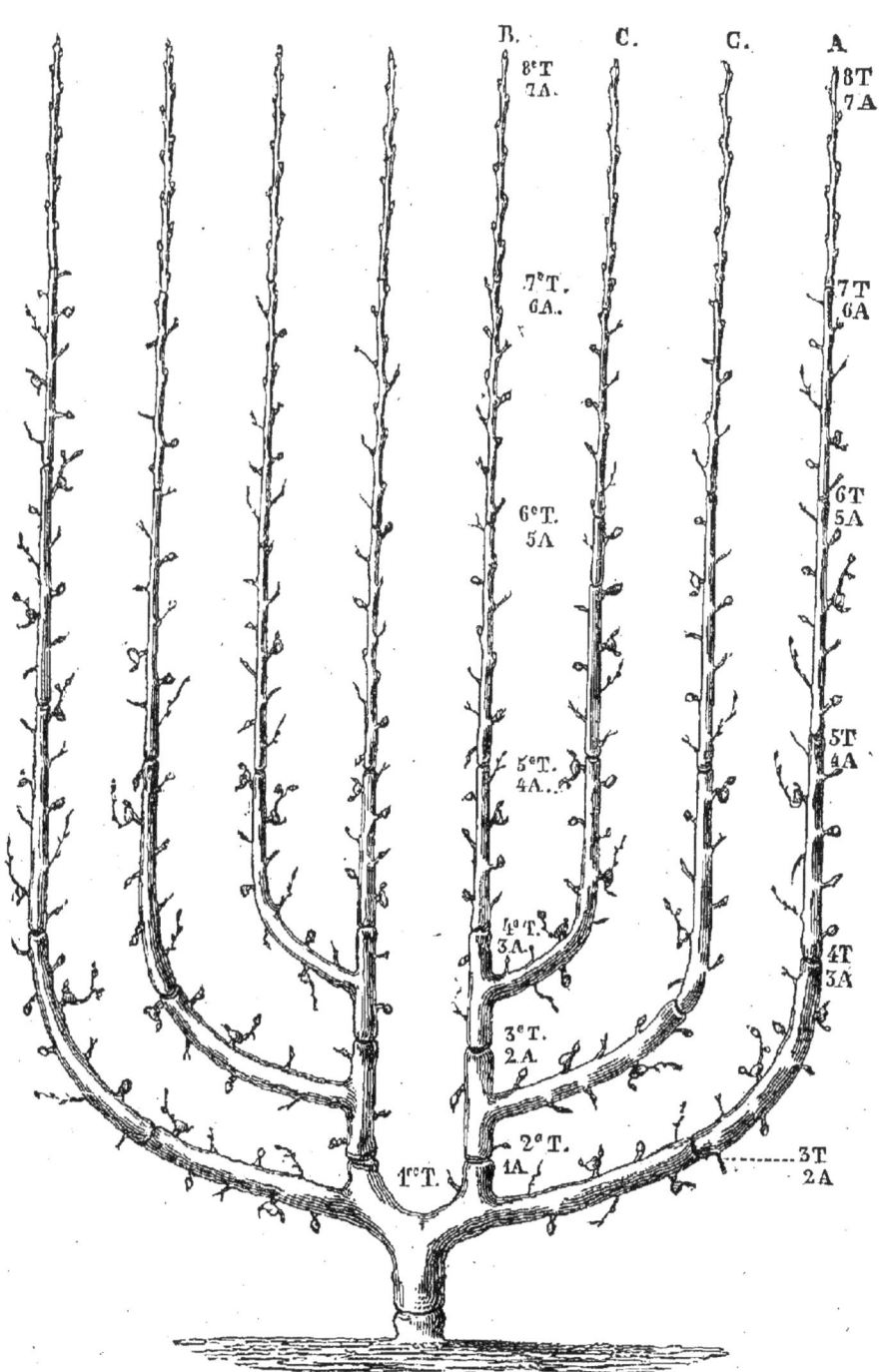

Fig. 46.

qu'un mur d'une étendue assez limitée, d'y planter un nombre de variétés plus grand qu'avec toute autre. Pour ce qui concerne la branche à fruits, elle est gouvernée suivant les principes que nous avons précédemment cités.

Ces formes de palmette à branches verticales conviennent parfaitement aussi au cerisier, à l'abricotier et au prunier. Ainsi dirigés, ces arbres donnent de bons résultats : les branches seront distancées pour ceux-ci de $0^m,25$ à $0^m,30$.

DU POMMIER EN CORDONS.

90. C'est une des meilleures formes à lui donner, en ce qu'elle n'a besoin de supports que momentanément. Elle est très productive, ne tient presque pas de place sur les plates-bandes, et peut servir avec grand avantage à border les allées qu'elle embellit au printemps par ses guirlandes de fleurs, et à l'automne par ses fruits acquérant beauté et qualité.

Toutefois, dans les climats trop chauds et aux expositions trop brûlantes, il faut éviter que le soleil ne frappe les fruits, qui se trouvent par ce mode de culture plus facilement exposés à l'air; aussi laissera-t-on quelques bourgeons pincés longs, dont les feuilles protégeront les fruits. On met un rang ou l'on en superpose plusieurs : dans l'exemple que nous présentons (fig. 47), nous en avons adopté deux. Le premier cordon devra être à $0^m,40$ au-dessus du sol, afin que les pluies, en tombant,

TAILLE DES ARBRES EN ESPALIER.

ne fassent pas jaillir de terre, qui souillerait les fruits. De plus, les fleurs sont moins sujettes à être imprégnées au printemps de l'humidité qui s'échappe du sol, et sont alors moins sensibles à la gelée. Les binages et les ratissages sont aussi plus faciles à exécuter. Le deuxième cordon sera à 0^m,25 au-dessus du premier. La distance que nous donnons à parcourir à chaque cordon est de 2 mètres; par conséquent, chaque arbre est planté à 1 ou 2 mètres; si l'on ne met qu'un rang, la plantation se fera à la distance que le cordon aura à parcourir.

On prend des scions d'un an greffés sur paradis, que l'on courbe doucement à la fin de la première année de plantation, à moins qu'elle ne soit faite de bonne heure à l'automne, à cause du tassement du sol, à la hauteur du cordon, en amortissant avec

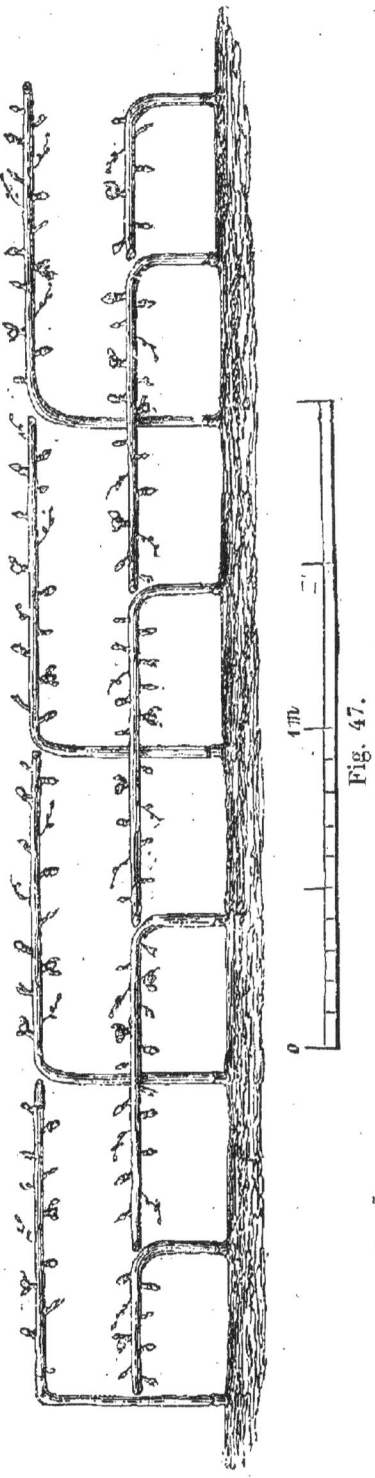

Fig. 47.

les mains le rameau à l'endroit du conde, pour éviter son éclatement ; puis on les fixe sur un fil de fer assez gros et tendu solidement à l'avance, si le tassement du sol est déjà effectué ; autrement on doit attendre. Il est bon aussi de maintenir la tige verticale à l'aide d'un petit tuteur fiché dans le sol avant de courber le pommier. Il est rabattu à la hauteur du coude et a un cran qui reçoit le fil de fer et l'empêche de remonter. On ne taille pas la première année, ou très peu, afin de ne pas exciter la sortie des bourgeons trop vigoureux vers le coude ; on palisse le bourgeon de prolongement tard ou pas du tout, afin qu'il prenne de la vigueur. Le coude souvent arrête le cours de la sève ; si l'on palissait trop tôt ce bourgeon, on risquerait de le voir se couronner, c'est-à-dire se terminer par un bouton à fruit : alors il serait nécessaire de refaire un bon prolongement. On pince tous les autres bourgeons. La sève, obligée de suivre un coude, circule lentement et met l'arbre promptement à fruit : sous ce point de vue, cette méthode est très avantageuse. Les années suivantes, on taille le rameau en raison de sa force, on palisse le bourgeon de prolongement tard, en laissant libre son extrémité, il prend ainsi plus de force (voyez fig. 48), et l'on donne au pommier les soins mentionnés. Lorsque les cordons atteignent leur limite, on peut les greffer en approche ou mieux en étai sur le côté de la courbe de l'arbre voisin et en arrière ; lorsque la reprise est faite, le contre-espalier se soutient de lui-même. Nous avons préféré établir le cordon sur un seul côté, au lieu de faire bifurquer la tige et d'avoir deux bras sur le même pied, comme on le fait souvent, parce que le pommier sur paradis poussant peu régulièrement, l'équilibre est difficile à maintenir entre ses parties ; et il aurait pû se faire souvent qu'un côté fût beaucoup plus faible que l'autre, inconvénient qui disparaît par l'adoption d'un seul bras ; de plus, lorsque les arbres sont soudés, la sève marche dans le même sens et n'est pas contrariée dans son cours. Cette greffe en approche présente encore l'avantage de rendre les cordons plus uniformes quant à leur végétation : ainsi, si un arbre faible se trouve à côté d'un plus vigoureux, il reçoit de celui-ci un surcroît de nourriture qui le ranime et le fait prospérer. Ils s'aident réciproquement, et les cordons restent en bon état de santé et de rapport pendant un temps plus long. Cette greffe demande un certain soin ; nous avons vu des cordons mal réussir avec son application. L'extrémité du rameau greffé ne grossissait plus et souvent il se formait des chancres à l'endroit de la soudure ; si les arbres étaient déjà un peu plus forts, nous conseillerions de ne pas la tenter, malgré ses avantages. La distance de 1 à 2 mètres que nous indiquons pour les cordons n'a rien d'absolu ; au contraire, dans bien des sols, elle ne serait pas suffisante. Dans un terrain riche, où l'on aurait à craindre une trop forte vigueur, on éloignera donc les arbres de manière à faire parcourir aux cordons plus d'étendue. On prendra la précaution de ne pas enterrer la greffe, pour que le paradis ne s'affranchisse pas ; car l'arbre perdrait alors ses qualités de végétation modérée et de beauté des fruits. Si le sol était en pente, on dirigerait les cordons vers le haut, pour faciliter la marche de la sève et éviter les trop forts bourgeons près du coude. Sauf cette condition, on les tournera vers le levant et le midi préférablement aux autres expositions.

Cette manière de cultiver le pommier greffé sur paradis en *cordon unilatéral* est excellente pour les jardins. Elle se répand avec raison de plus en plus. On peut disposer les cordons, soit en bordures le long des allées, soit en gradins sur les plates-bandes, en avant des murs, soit même en plein carré, en gradins opposés, en faisant les rangs à un, deux et trois étages (voyez fig. 48), selon l'espace et les circonstances. On obtient ainsi des récoltes abondantes et de belle qualité. La figure que nous donnons de ces diverses dispositions montre la marche à suivre. On voit qu'elle est facile. La figure 49 est la coupe de la figure 48.

§ II. — **Du pêcher.**

91. Le pêcher ne réussit bien, sous le climat de Paris, qu'à l'abri des murs; c'est donc en espalier qu'il convient de les cultiver. On peut le soumettre à différentes formes : je ne m'occuperai que de celles que je considère comme les plus faciles à diriger et les plus avantageuses pour la fructification.

Mais, avant de les examiner, je parlerai de la constitution et du mode de végétation de cet arbre. Quelle que soit la forme qu'on lui donne, on distingue deux sortes

TAILLE DES ARBRES EN ESPALIER.

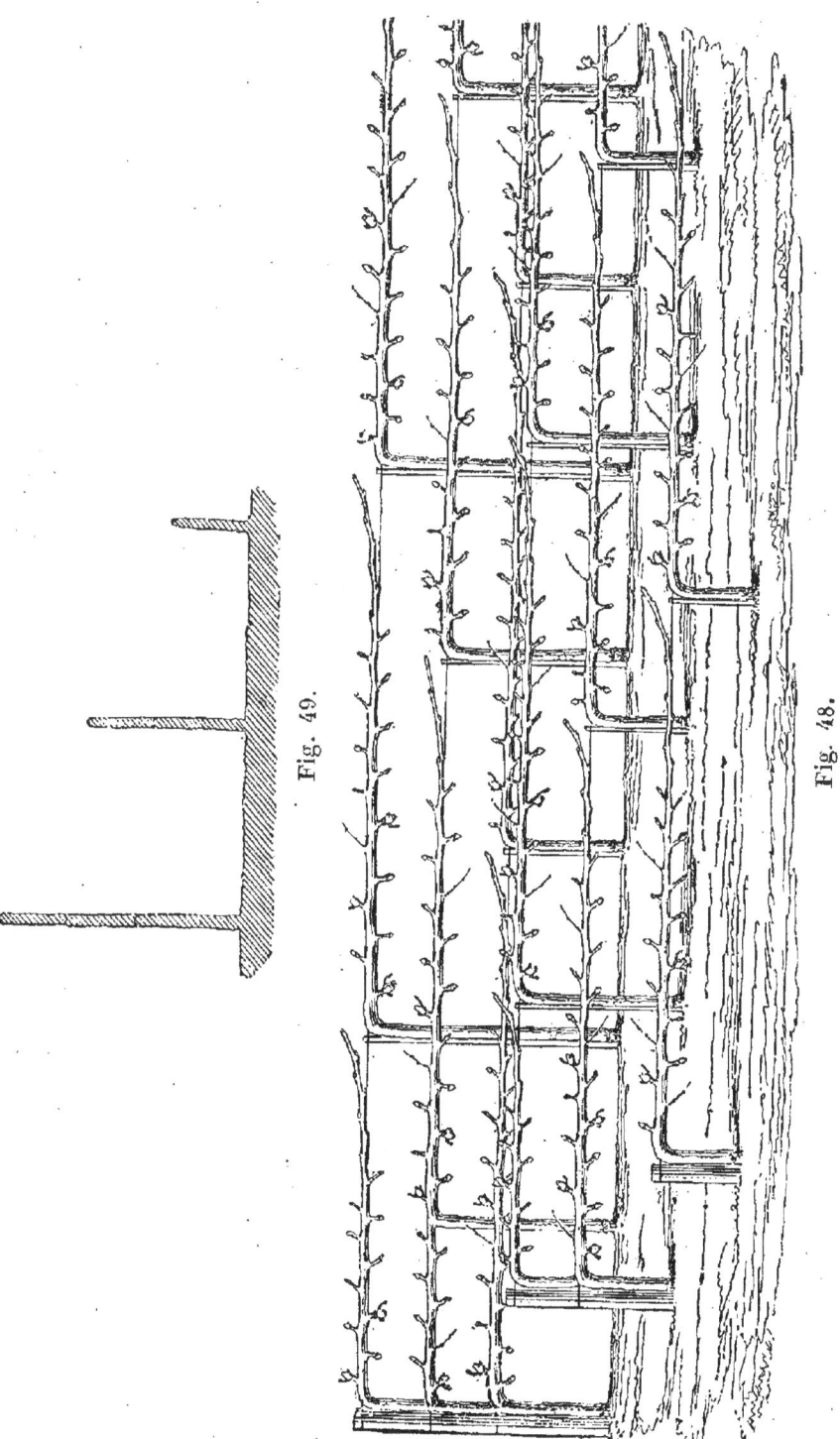

Fig. 48.
Fig. 49.

de branches : 1° les *branches de charpente*, 2° les *petites branches* ou *branches à fruits*.

DES BRANCHES DE CHARPENTE.

92. Ce sont celles qui constituent la forme imposée à l'arbre, elles naissent les unes des autres et portent les petites branches; leur principale fonction consiste à charrier la sève qui alimentera ces dernières.

A la taille, les branches de charpente seront allongées autant que la végétation et la forme du pêcher le permettront, afin de procurer à la sève des issues suffisantes et d'arriver promptement à une bonne formation. Elles doivent être fortes, toujours bien dressées, et ne faire que les coudes exigés par la forme. La longueur de la taille est souvent subordonnée à celle-ci; mais chaque fois qu'elle ne le sera pas, elle variera, suivant la force du rameau, de la moitié aux deux tiers de son étendue. Il est même certaines formes pour lesquelles il est avantageux de ne pas tailler; plus on pourra profiter de la végétation, mieux cela vaudra, pourvu toutefois que la santé de l'arbre ne se trouve pas compromise, que les branches charpentières restent garnies de branches à fruits et que l'équilibre recherché entre elles ne soit pas rompu. On suivra attentivement le développement de l'œil de taille qui fournit le bourgeon de prolongement. Ce bourgeon, destiné à continuer la charpente, devra être maintenu prédominant sur les autres par tous les moyens que nous connaissons déjà. Ceux qui le précèdent, et placés en dessus, seront sévèrement pincés, leur position les rendant trop vigoureux. Plus tard le bourgeon de prolongement émettra de faux bourgeons ou bourgeons anticipés : on retranchera ceux de devant et de derrière; on pincera ceux de dessus, voisins du terminal, sur la troisième et quatrième feuille; on laissera les autres et ceux de dessous intacts pour qu'ils absorbent la sève, et on les palissera (fig. 50).

Si le bourgeon de prolongement ne poussait pas bien et restait languissant, il faudrait revenir sur un bon bourgeon placé au-dessous, que l'on traiterait comme bourgeon de prolongement. Il peut arriver que tous les yeux se développent en faux bourgeons ou bourgeons anticipés : pendant la végétation on en choisit un à la place où l'on taillera l'année suivante, placé sur le devant; on l'incline et on l'attache avec un lien de jonc sur le rameau, de manière à lui faire prendre tout de suite la direction que doit suivre le bourgeon de prolongement, et l'on taille dessus l'année suivante (fig. 51). On rend ainsi moins sensible un coude qui eût été désagréable à l'œil et qui eût nui à la sève, dont le parcours doit être tenu aussi libre que possible. Mais un meilleur moyen de parer à cet inconvénient des faux bourgeons et que nous conseillons, c'est de placer, au mois d'août, un écusson à l'endroit même où l'on taillera l'année prochaine.

Ce que nous venons de dire montre jusqu'à quel point le bourgeon de prolongement doit être protégé; il est des cas cependant où il convient d'arrêter son développement par un pincement ou une taille en vert, soit pour obtenir une bifurcation, soit pour rétablir l'équilibre rompu dans quelque partie de la charpente, soit enfin pour l'empêcher de prendre trop de force, et prévenir ainsi la rupture de cet équilibre.

Fig. 50.

93. *Branches de bifurcation.* — Lorsqu'on veut avoir sur un arbre des bifurcations, il faut arrêter d'avance la forme à laquelle on veut le soumettre, afin de ne pas marcher au hasard; le choix des yeux de bifurcation est alors facile. Dans l'établissement des branches de charpente, un des points les plus importants à observer, c'est de former toutes les branches latérales ou horizontales avant les verticales, en commençant par celles du bas, qui doivent être solidement établies. La sève ne se dirige qu'avec peine dans ces branches, il faut l'y contraindre; or sa tendance à s'élever verticalement rendrait vains tous les efforts qu'on pourrait faire, si on lui laissait le passage dans les branches supérieures. Ainsi ce n'est que lorsque les branches inférieures auront pris une force convenable qu'il conviendra d'élever les branches supérieures.

Les branches de charpente ne doivent pas non plus être trop multipliées ni trop rapprochées entre elles. Leur trop grand nombre, en divisant la sève, rendrait difficile le maintien de l'équilibre; il faut les distancer de manière que le palissage des petites branches puisse se faire aisément : sous ce rapport, un intervalle de $0^m,40$ à $0^m,50$ et $0^m,60$ est nécessaire suivant la forme imposée à l'arbre. Leur nombre et leur espacement seront aussi calculés de telle sorte, que le mur soit complètement garni et qu'il n'y ait pas de place perdue; on conçoit dès lors qu'ils dépendent de la hauteur du mur lui-même. Comme nous venons de le dire, les branches de charpente, lorsqu'elles se bifurquent, peuvent être horizontales, verticales ou obliques. Quand on voudra établir une branche horizontale, on prendra l'œil qui se trouve immédiatement au-dessous de celui chargé de donner le bourgeon de prolongement; mais comme sa position de dessous le rend moins fort, on le tiendra, lors du palissage, rapproché de ce dernier, et on ne l'amènera que graduellement dans la position horizontale qu'il doit occuper par la suite. Choisi près de l'œil de taille et maintenu presque sur la même ligne, ce bourgeon secondaire prendra encore un bon accroissement, en ce qu'il reçoit une plus grande quantité de sève qui se porte toujours avec plus d'abondance aux extrémités, tandis que si on l'avait pris éloigné et si on l'avait palissé un peu trop incliné, il n'aurait prospéré que faiblement. Si, au contraire, il s'agit d'élever une branche verticale, comme l'œil doit être en dessus, quelle que soit sa distance de l'œil terminal, il prendra toujours assez et souvent même trop de force, malgré les pincements réitérés, aussi vaut-il mieux alors se servir d'une petite branche coursonne qui, ayant été tenue déjà depuis plusieurs années dans un certain état de médiocrité, sera plus facile à maintenir dans des proportions convenables.

Dans le cas où l'on traiterait un arbre dont la forme n'exige pas la taille des branches de charpente, comme nous le verrons plus tard, on emploie pour bifurcations de faux bourgeons dont on provoque au besoin la naissance.

DES PETITES BRANCHES.

94. Sous ce nom nous comprenons toutes les branches qui ne font pas partie des branches de charpente. Elles naissent sur celles-ci, qu'elles garnissent dans toute leur étendue. Elles doivent être en dessus et en

dessous, jamais en avant ni en arrière, à moins qu'il n'y ait nécessité de remplir un vide ; et encore vaut-il mieux alors se servir de la greffe en approche herbacée (voy. fig. 128) ; dans les deux premières positions, elles sont plus faciles à palisser. La distance à observer entre elles varie de $0^m,10$ à $0^m,16$ et $0^m,18$, afin d'éviter la confusion et pour que le fruit puisse jouir de toutes les influences atmosphériques. Leur destination est de produire du fruit ; cependant, comme toutes n'en donnent pas, nous distinguerons parmi elles : 1° les *branches à bois*, qui comprennent les *branches coursonnes*, les *branches gourmandes* et les *rameaux* ; 2° les *branches à fruits* proprement dites, qui comprennent la *branche chiffonne*, la *branche à bouquet*, et les *branches à fruits ordinaires*.

95. *Du rameau à bois.* — Il se rencontre principalement sur les jeunes arbres et sur ceux dont la végétation est puissante. Il est uniquement couvert d'yeux et ne porte pas de boutons à fruit ; il ne donne que du bois. On distingue dans le pêcher les yeux à bois *simples* ou *multiples* ; leurs fonctions sont du reste les mêmes, cependant ils sont traités différemment à l'ébourgeonnage : nous reviendrons sur ce point à l'occasion. Quelques-uns peuvent rester inactifs pendant plusieurs années et se développer ensuite ; il y a donc aussi sur cet arbre des yeux adventifs et des yeux latents, qui se comportent de la manière que nous avons expliquée en traitant de ces sortes d'yeux (35 et 36.)

96. *Du gourmand* (fig. 51). — C'est un rameau d'une vigueur extraordinaire, qui naît le plus ordinai-

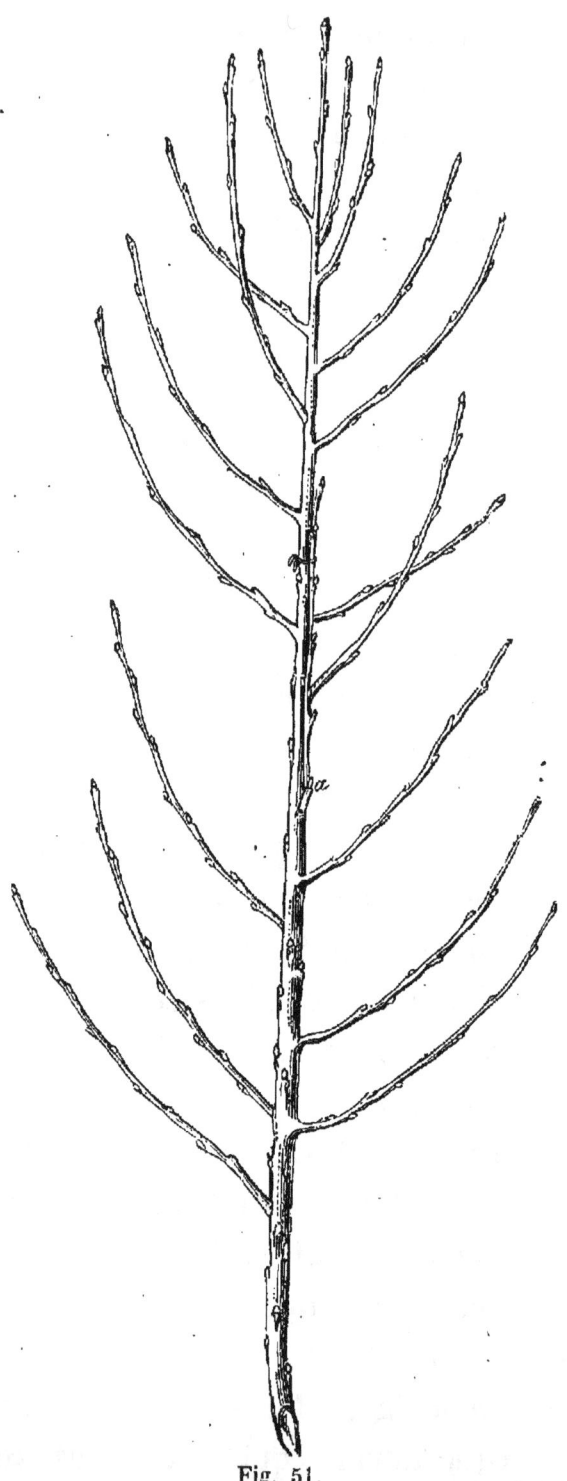

Fig. 51.

rement sur le dessus des branches charpentières, près des coudes. Il est plus fréquent sur le pêcher, surtout dans la jeunesse, que sur les autres espèces d'arbres, et ses effets sont beaucoup plus dangereux; aussi doit-on l'éviter soigneusement. On le reconnaît à son empatement considérable et à sa croissance rapide : quelquefois il atteint plus de 2 mètres de longueur. Presque tous ses yeux partent en faux bourgeons, et il présente dans sa végétation plusieurs phases bien marquées. Dans certaines circonstances il est nécessaire de l'utiliser : par exemple, dans la restauration des vieux arbres.

97. *De la branche coursonne* (fig. 52, *a*). — Ces bran-

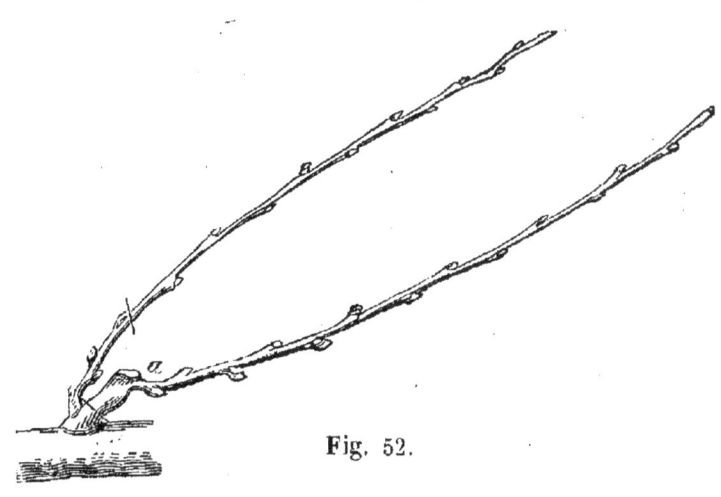

Fig. 52.

ches sont placées entre les branches de charpente et les branches à fruits, et servent de soutien à ces dernières; elles sont formées par l'accumulation successive des tailles. On évitera soigneusement leur allongement, et l'on cherchera à les renouveler, soit entièrement, soit partiellement, chaque fois que l'occasion s'en présentera. Elles seront tenues aussi courtes que possible; trop allongées, elles s'affaiblissent, et il devient difficile de les rétablir.

Fig. 53.

98. La *branche chiffonne* (fig. 53). — Elle est petite, grêle, garnie dans toute son étendue de boutons non accompagnés d'yeux à bois si ce n'est à son extrémité, qui est toujours terminée par un œil de ce genre; quelquefois elle en possède un à sa base, ce qui la met alors dans de bonnes conditions. Le fruit qui vient sur cette branche est tout aussi beau, mais moins assuré que celui qui est fourni par les autres branches bien contituées. On la rencontre beaucoup plus communément sur les arbres âgés que sur les jeunes, dans les positions où l'air et la lumière ne lui parviennent que difficilement.

99. Le *bouton* est l'enveloppe de la fleur; il est plus rond et plus gros que l'œil à bois, et se distingue aisément de ce dernier au simple aspect; il entre de bonne heure en végétation et ne se rencontre que sur le bois de l'année.

100. La *branche à bouquet* (fig. 54). — Celle-ci est longue depuis 0^m,02 jusqu'à 0^m,08. Elle présente, par la réunion de quatre ou cinq boutons à son extrémité, un petit bouquet dont le centre est occupé

par un œil à bois; c'est sur elle que vient le fruit le plus beau et le plus assuré. Ces petites branches se rencontrent toujours sur le vieux bois et dans toutes les positions; on ne les taille pas, on n'en supprime seulement que quand elles sont en trop grand nombre sur le même point.

101. Les *branches ordinaires* (fig. 55) sont les plus nombreuses; leur longueur varie beaucoup. Elles sont munies simultanément de boutons et d'yeux à bois. Les boutons

Fig. 54.

sont simples ou doubles, avec un œil qui les accompagne : alors l'œil à bois est au milieu.

Les branches à fruits, pour être bonnes, ne doivent pas avoir au delà de 2 à 6 millimètres de diamètre; autrement, le fruit se trouve trop éloigné de la base, ce qui oblige à une taille longue qui peut présenter, comme nous le verrons plus tard, de graves inconvénients.

DE LA TAILLE DES PETITES BRANCHES.

102. *Époque de la taille du pêcher.* — On ne peut bien distinguer sur cet arbre les boutons des yeux que lorsque les premiers mouvements de la sève se font sentir. Ces organes commencent alors à grossir pour se développer. C'est donc au printemps qu'on taille le pêcher, c'est-à-dire du commencement de février à la fin de mars. On peut devancer cette époque, mais on n'est pas aussi certain du résultat. Il arrive quelquefois

que l'on se trouve surpris par la végétation, et que l'on est forcé de faire cette opération quand les fleurs sont entièrement épanouies, le sécateur est alors très utile, parce qu'il agit sans ébranler les branches, comme le font les coups de la serpette, la fleur du pêcher tombant très facilement.

On devra débarrasser toutes les branches de leurs attaches, et enlever les débris de feuilles et de jonc restés après l'arbre et derrière le treillage, pour que le palissage en sec puisse se faire convenablement.

Le pincement, l'ébourgeonnement, la taille en vert, etc., seront pratiqués d'après les principes que nous avons émis en traitant de ces opérations, et que nous rappellerons chaque fois qu'il sera utile.

Le pêcher, pour peu qu'il soit planté dans des conditions favorables, acquiert une très grande vigueur; sa végétation est continue et réclame des soins assidus. Le bouton est simple et ne donne qu'un fruit; longtemps on a cru à la nécessité qu'il fût accompagné d'un œil à bois, soit directement, soit dans son voisinage, mais au-dessus de lui, pour donner du fruit; aujourd'hui ce

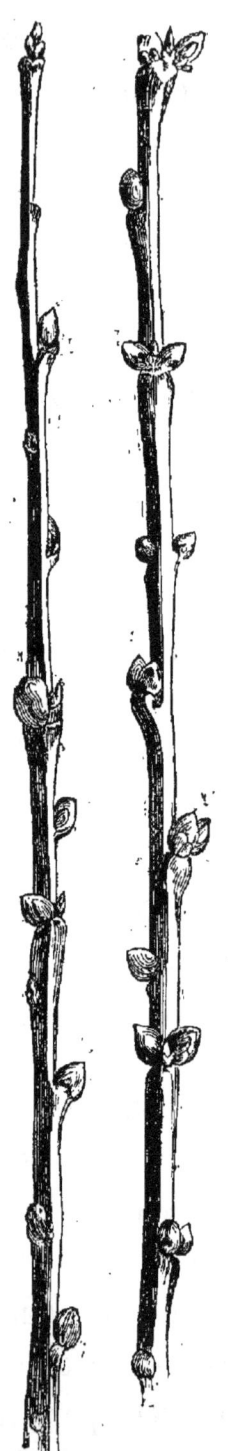

Fig. 55.

principe est abandonné : on a reconnu que, sans satisfaire à ces conditions, le fruit peut parvenir à une complète maturité.

103. *Branches de remplacement.* — Les branches à fruits seront maintenues faibles relativement aux branches de charpente. Le pêcher a la faculté de repousser sur le vieux bois, mais il ne donne du fruit que sur le bois d'un an. Ainsi une branche à fruits, une fois qu'elle a produit, ne produit plus, de là vient la nécessité de la remplacer. Ce principe est indispensable à suivre, si l'on ne veut pas voir l'intérieur de l'arbre se dégarnir et le fruit se porter aux extrémités des rameaux. Le renouvellement de la branche à fruits chaque année, basé sur le développement de l'œil qui se trouve le plus près de son talon, qu'il soit en dessus ou en dessous, ce dernier toutefois étant préférable, constitue l'*art du remplacement* : c'est le point capital de la taille du pêcher. Tout, comme nous allons le voir, doit être fait en vue du développement de cet œil, qui donne le bourgeon de remplacement chargé à son tour de produire du fruit l'année suivante.

104. Le *rameau à bois*, dont la longueur peut atteindre jusqu'à 0^m,50 et 0^m,60 et plus, mais dont la grosseur excède peu celle de la branche à fruits, se taille à cinq ou six yeux afin de pouvoir être palissé facilement en sec, recevoir de suite une bonne direction et empêcher les yeux de la base de marcher trop vite. Si les yeux du haut étaient très prononcés et qu'il y eût lieu de craindre leur trop fort développement, on les ébor-

gnerait ou l'on pincerait plus tard leur bourgeons sévèrement afin de faciliter la sortie des deux les plus rapprochés du talon. Il vaut mieux éborgner ; dans la plupart des cas, les sous-yeux partent moins vigoureusement que les yeux principaux. Dans le cas contraire, le bourgeon le plus près du talon, qui est le bourgeon de remplacement, sera amené et palissé progressivement à l'endroit même qu'il devra occuper l'année suivante comme branche à fruits. On le tiendra ainsi dans un état de médiocrité satisfaisant, en laissant prendre à l'autre un peu plus de force. Nous avons gardé deux yeux, afin de diviser la sève et de nous réserver une branche dans le cas où un accident arriverait à l'un. Si c'est nécessaire, un bourgeon sera pincé lorsque la végétation de celui gardé pour branche à fruits commence à se ralentir. Si, négligeant ces soins, on avait laissé prendre une force démesurée au rameau à bois, alors au lieu de ne conserver encore que deux yeux l'année suivante, il conviendrait au contraire de le tailler long de $0^m,20$ ou $0^m,30$ environ. Les yeux de l'extrémité absorberont pendant quelques temps la sève, puis seront pincés pour faire développer ceux de la base qui n'émettront plus que de faibles bourgeons disposés à se mettre à fruit. Une taille en vert, au besoin, aidera à obtenir ce résultat.

105. Le *gourmand*, qu'on aurait dû éviter par le pincement, peut, lorsqu'il n'est pas trop gros, être utilisé comme branche à fruits de la manière suivante : On le rabat à quelques yeux et on l'incline beaucoup en lui

faisant subir une forte pression; on éborgne alors tous les yeux principaux, les yeux stipulaires se développeront avec peu de vigueur. Cette opération se fait avant l'ascension de la sève, car plus tard il faudrait ébourgeonner, et les yeux stipulaires altérés par les bourgeons enlevés risqueraient de ne pas pousser. Puis on choisit un bourgeon près de l'empatement; on le gêne en le palissant de bonne heure, pour ne l'avoir que de la grosseur qui convient. Quant aux autres, à l'exception d'un ou deux que l'on pince, on les supprime successivement. Si le gourmand était trop fort pour être courbé, on le taillerait long de $0^m,30$ à $0^m,40$, pour affaiblir les yeux de la base et obtenir vers elle deux bons bourgeons, en prenant soin d'éborgner les yeux trop prononcés. Lorsque ces bourgeons sont développés, on se rapproche sur eux en rabattant en vert le gourmand, assez tard, lorsqu'ils ont de $0^m,25$ à $0^m,30$ de longueur; ensuite ils seront pincés à $0^m,40$ environ; puis avec une ou deux tailles en vert, après ce premier pincement, on en fait de bonnes branches à fruit. Quelquefois un pincement suffit, sans être obligé de tailler en vert. Mais si le gourmand avait acquis une force extraordinaire, comme cela a lieu souvent sur les arbres mal dirigés, on le retrancherait complètement, en recouvrant la plaie d'onguent de Saint-Fiacre ou de cire à greffer, à moins qu'on ait besoin de lui pour remplacer une branche de charpente d'un arbre déjà formé. S'il se trouve un vide par suite de ce retranchement, on y placera une greffe en approche herbacée.

106. La *coursonne* ne se taille pas, à proprement parler. C'est elle qui porte la branche à fruits; on se contente d'enlever les onglets qu'elle pourrait présenter et de la rapprocher sur le rameau de remplacement, lorsqu'il y a lieu. Ainsi il peut se faire qu'un œil apparaisse, soit à sa base, soit sur elle-même; il faut alors tailler la branche à fruits plus court qu'on ne l'aurait fait sans cette circonstance, ébourgeonner et pincer rigoureusement ses bourgeons, afin de concentrer la sève sur cet œil et exciter son développement. S'il hésitait à partir, ou s'il poussait très faiblement, on rapprocherait en vert, en sacrifiant le fruit pour l'assurer complètement. L'année suivante on rabattra la coursonne *a* (fig. 52), soit en totalité, soit en partie, et le nouveau bourgeon de remplacement commencera une nouvelle branche à fruits qui se trouvera plus près de la branche de charpente. Lorsque la coursonne est trop allongée, on peut chercher à produire un œil ainsi placé, en la courbant très fortement, et même en lui faisant subir la rupture de quelques fibres, indiquée par un léger craquement. Ce procédé réussit toutes les fois qu'existe le rudiment d'un œil à la base. Cependant, quelquefois les branches coursonnes périssent, et de leur mort résultent des vides désagréables sur les branches de charpente. En traitant de la restauration des pêchers, nous indiquerons les moyens de remédier à cet inconvénient.

107. La *branche chiffonne* peut, si elle est bien portante, donner quelques fruits; alors on la taille sur deux ou trois boutons; dans le cas contraire, on sup-

prime le fruit, et on la rabat sur l'œil de la base afin d'obtenir de lui un bon bourgeon. Si l'œil de la base manquait, ce qui arrive quelquefois, on laisserait le rameau dans son entier, pour utiliser comme branche à fruits le rameau de prolongement.

108. La *branche à bouquet*, comme je l'ai déjà dit, ne se taille point, on la supprime après la récolte de son fruit. Toutefois si, par sa position, elle est nécessaire pour remplir un vide, ou pour remplacer un rameau à fruits qui a produit, on la conserve et on la traite comme une branche à fruits, l'œil du milieu donnant un rameau.

109. Les *branches à fruits* se taillent toutes. La longueur qu'on leur conserve dépend de leur position. Si elles sont placées sur le dessus des branches charpentières, on les taille sur le quatrième bouton; si elles sont en dessous, sur le quatrième ou le cinquième bouton, suivant leur force, il y a intérêt à les tenir un peu plus longues pour attirer la sève dans cette partie (fig. 56). Dans cette figure le rameau a été rabattu à quatre boutons; les yeux qui le garnissent vont se développer avec d'autant plus de vigueur, qu'ils s'éloignent du point de la naissance sur la branche de charpente (fig. 57). C'est à cette tendance de la sève qu'il faut s'opposer énergiquement : ainsi, dans la figure 56, l'œil qui doit donner le bourgeon de remplacement est l'œil *a*; c'est celui dont nous avons le plus besoin, et c'est celui qu'elle néglige le plus. Si donc on veut assurer sa sortie, il importe de pincer les bourgeons supérieurs sans crainte

pour le fruit, qui grossit toujours bien. Si, malgré ces précautions, il poussait faiblement, il ne faudrait pas hésiter à retrancher un ou deux bourgeons sans ménager le fruit (fig. 58). Enfin, si son existence se trouvait compromise, on renoncerait totalement au fruit, et l'on rapprocherait la branche sur le deuxième bourgeon, qui serait toujours arrêté dans sa croissance (fig. 57, *cc*), pour rendre le bourgeon de remplacement prédominant.

Cependant, quelquefois il n'est pas besoin de ces opé-

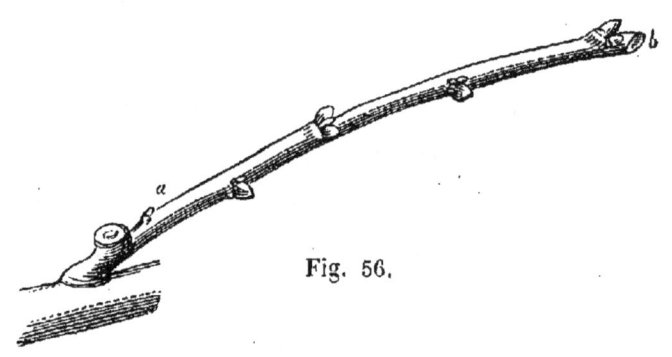

Fig. 56.

rations, eu égard au bourgeon de remplacement; il se développe de lui-même : s'il végète modérément, tant mieux ; si au contraire il pousse trop fort, il convient de l'affaiblir. Pour cela on le palisse de bonne heure en le serrant un peu ; on laisse les autres libres et on ne le pince que tard ou même point du tout. S'il ne s'arrête pas, il sera pincé lui-même et taillé en vert au besoin. Par contre, lorsqu'il est faible, on le palissera tard et peu serré. En général, si, sur une branche à fruits, quelle que soit sa position, on s'aperçoit que le bourgeon de remplacement soit trop faible, on pince celui de prolongement, indépendamment des intermédiaires, à $0^m,10$ ou $0^m,12$, sans que cela nuise au fruit. Par ce moyen on oblige la sève à se porter dans ce bourgeon, ce qui lui fait prendre le degré de force nécessaire. Au contraire, si le bourgeon de remplacement avait une tendance à devenir trop fort, il faudrait conserver intact

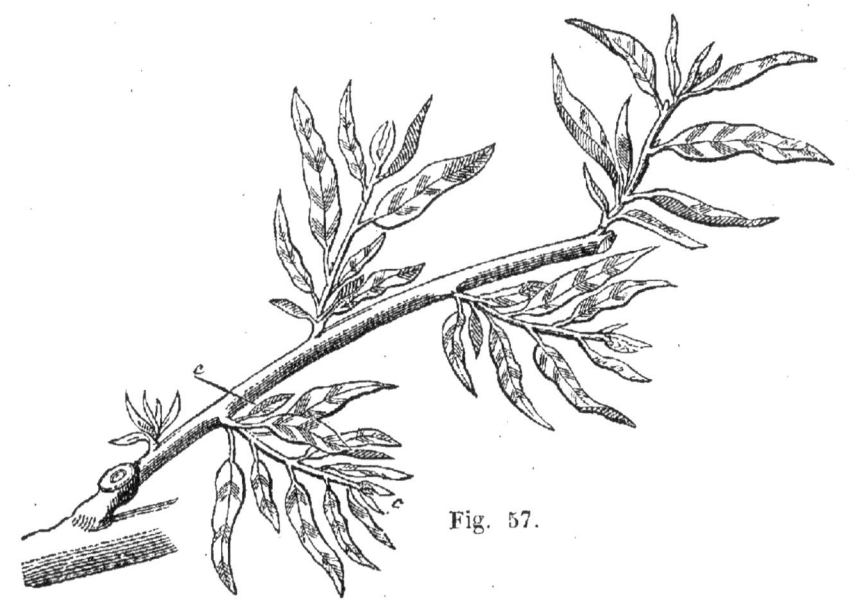

Fig. 57.

celui de prolongement en le palissant dans une direction convenable.

Il ne faut pas oublier que la branche à fruits, pour être bonne, ne doit pas avoir trop de vigueur; autrement le fruit venu à l'extrémité se trouve souvent sacrifié à la taille.

Toutefois, lorsque les boutons sans être près de la base n'en sont pas trop éloignés, pour avoir du fruit, il est nécessaire de tailler long, et l'on éborgne tous les yeux inutiles, c'est-à-dire tous ceux compris entre les deux premiers de la base qui sont réservés et les premiers boutons, comme nous l'avons indiqué. Ces yeux intermédiaires au lieu d'être éborgnés ont quelquefois leurs bourgeons pincés très court, à une feuille ou deux, pour ne pas dégarnir la branche. Par ce moyen on évite la confusion qu'occasionnerait une trop grande quantité de bourgeons.

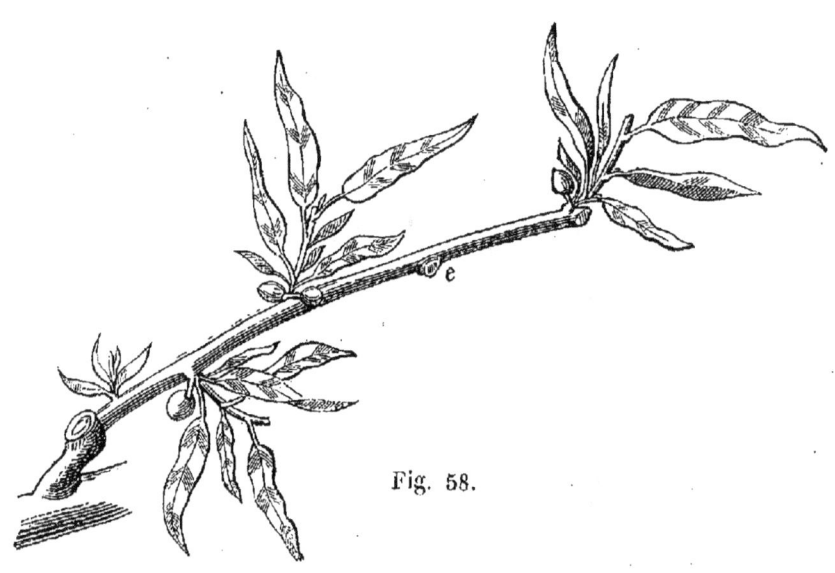

Fig. 58.

Nous avons taillé sur quatre boutons, nous pouvons espérer quatre fruits, ce qui serait trop; un ou deux au plus suffisent, suivant la vigueur de la branche, et encore faut-il diminuer ce nombre à mesure que l'arbre vieillit, c'est-à-dire ne laisser qu'un fruit pour deux branches. Mais toutes les fleurs ne produisent pas toujours; en taillant long, nous nous réservons plus de chances. Si donc les fruits ne nouent pas, ou s'ils tombent, on peut rapprocher la branche en *c* sur deux bourgeons de la base (fig. 57). S'ils ne tiennent que partiellement, on supprime les bourgeons de ceux qui ne sont pas restés (fig. 58, e). Cependant, si l'on craignait un trop fort développement du bourgeon de remplacement, on ne ferait cette taille en vert ou cet ébourgeonnement que tard.

Mais la branche à fruits peut aussi, soit par suite d'une taille trop allongée, soit par suite du peu de vigueur de l'arbre, être trop faible pour qu'on exige d'elle des fruits. On ne doit pas se laisser tenter par le désir d'en avoir, il faut au contraire supprimer tous les boutons à la taille, et ne viser qu'à obtenir une nouvelle branche ; dans ce cas, on taille très court, c'est-à-dire sur le deuxième œil à partir du talon : la branche, n'ayant pas de fruits à nourrir, produira du bois qui, l'année suivante, donnera des branches convenables pour fructifier. Si la branche était par trop courte, ayant le caractère d'une branche à bouquet, au lieu de la rabattre sur le deuxième œil, on la laisserait dans son entier, afin qu'elle prenne de l'accroissement ; on aurait seulement le soin de retrancher les boutons.

Sur les arbres vigoureux et peu fructifères, il conviendra de tailler la branche ou le rameau à fruits plus long que nous ne l'indiquions tout à l'heure et de les pincer de même, pour ne pas trop faire développer l'œil ou les deux yeux les plus rapprochés du talon. Par un pincement modéré les yeux supérieurs seuls poussent ; et en cherchant ainsi à conserver ceux de la base dans une sorte d'état de langueur relative, il arrive très souvent qu'ils forment une ou deux branches à bouquet. Cependant quelquefois ils restent inactifs. Les branches à bouquet produisent, indépendamment de leurs fruits, de bons bourgeons de remplacement pendant le cours de l'année suivante. Cette manière de tailler les pêchers trop vigoureux ou peu disposés à se mettre à fruit donne de bons résultats pour la fructification. Quand la végétation de l'arbre se modère, on revient à la taille ordinaire.

110. *Taille ordinaire*. — Une branche à fruits bien dirigée, d'après ce que je viens de dire, se compose donc de deux rameaux : l'un qui a donné du fruit, l'autre qui est le rameau de remplacement (fig. 59). La branche *a* qui a produit sera retranchée, et le rameau *b* qui doit produire sera taillé sur le quatrième bouton. Ce dernier sera à son tour traité comme le premier; il donnera donc du fruit et le bourgeon destiné à le remplacer.

111. *Taille en crochet* (fig. 60). — Souvent une branche à fruits, au lieu d'avoir un seul nouveau rameau de remplacement, en a deux. Si elle est bien portante, on retranche une partie de la coursonne et le rameau *a*, et l'on taille les deux autres : le plus éloigné de la branche de charpente *b* sera taillé au-dessus du quatrième bouton, il est destiné à donner du fruit; le plus près *c* sera rabattu sur le deuxième œil; il est chargé de fournir le bourgeon de remplacement. C'est la *taille en crochet* : un rameau est taillé court et l'autre long (fig. 61). Elle se pratique aussi lorsque le

rameau le plus rapproché de la branche de charpente n'a pas de fruit ou que celui-ci est très éloigné de la base. On est souvent obligé de la pratiquer encore sur les vieux arbres dont les branches de charpente commencent à se dégarnir, afin de la protéger par quelques feuilles.

112. *Taille en toute perte* (fig. 62). — Nous avons dit que les petites branches doivent être distancées entre

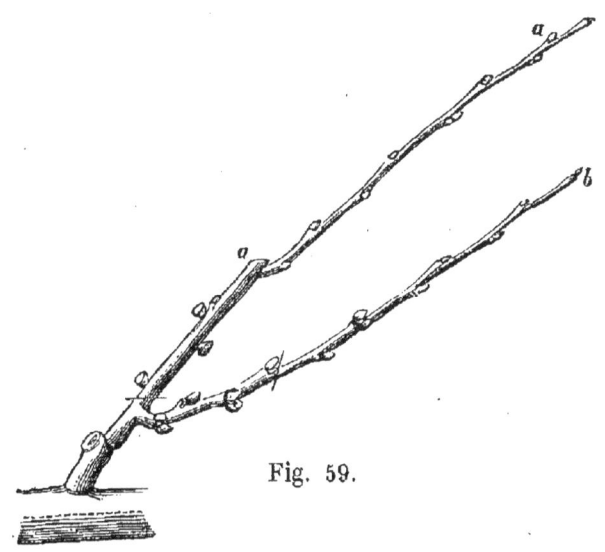

Fig. 59.

elles d'environ $0^m,10$ à $0^m,16$. Quelquefois il s'en rencontre de plus rapprochées et qui nuisent; elles demandent à être supprimées, mais au lieu de le faire, si l'arbre est bien portant on peut les garder un an : alors on les taille très long pour avoir beaucoup de fruit, on néglige le bourgeon de remplacement devenu inutile, et on les enlève l'année suivante. Cette opération s'appelle *taille en toute perte*. Elle ne peut être pratiquée que sur les pêchers vigoureux, qu'elle maîtrise un peu, mais

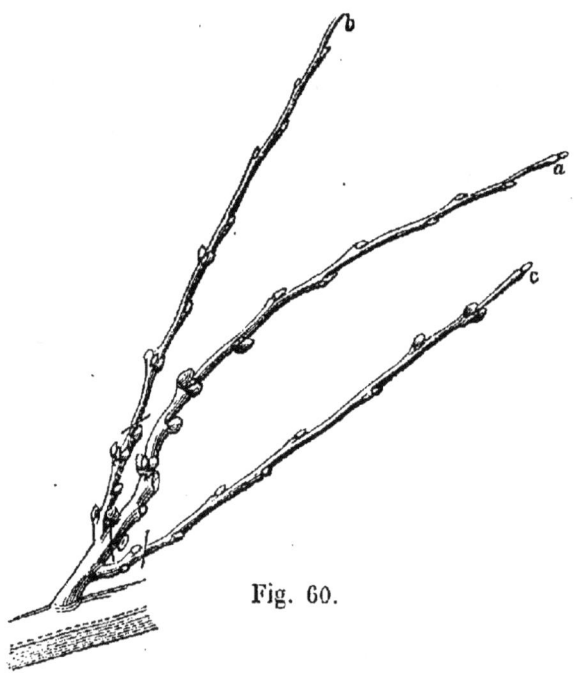

Fig. 60.

qu'elle affaiblirait promptement si l'on en abusait. Le rameau *a* est toute perte.

TRAITEMENT DES BOURGEONS ORDINAIRES ET ANTICIPÉS.

Le bourgeon naît d'un œil. Sur le pêcher, ainsi que

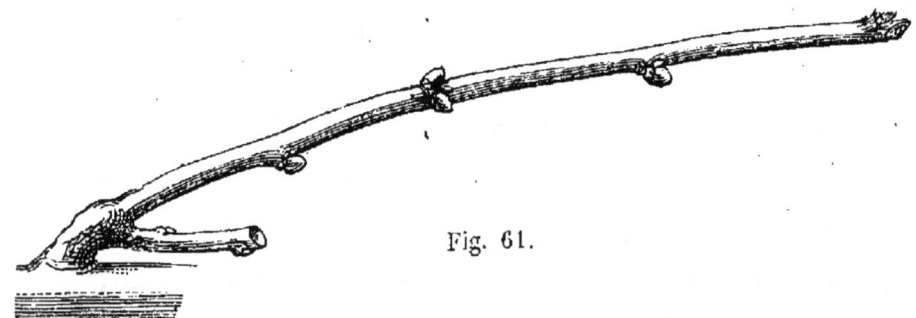

Fig. 61.

nous l'avons déjà dit, il y a des yeux simples et des yeux

multiples, c'est-à-dire qu'à un œil simple principal viennent se joindre un ou deux yeux secondaires, dans ce dernier cas un de chaque côté de l'œil principal. Quand on aura sur le dessus des branches de charpente des yeux multiples, on choisira le bourgeon le plus faible, souvent c'est celui placé en arrière du côté du mur, et l'on ébourgeonnera les autres dès qu'ils commenceront à végéter. Si le bourgeon conservé paraît vouloir se développer avec une vigueur exagérée, ce qui se reconnaît à son embonpoint et à son empatement, on le pince

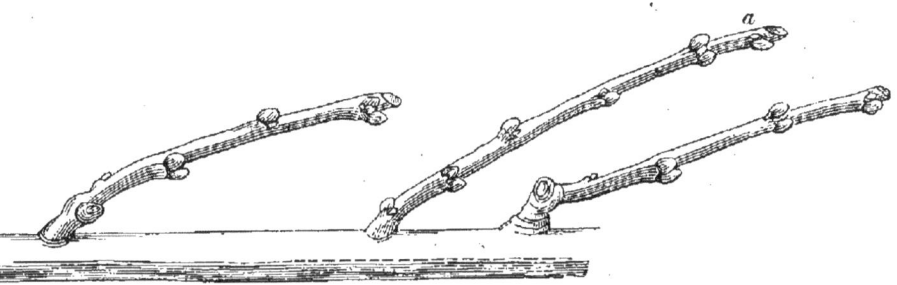

Fig. 62.

court. Mais si, au contraire, et c'est la règle la plus générale chez les arbres dont la charpente est bien conduite, il croît modérément, on le pince long, c'est-à-dire lorsqu'il atteint de 0^m,25 à 0^m,30 (fig. 63). Puis on pratique des tailles en vert, mais en ménageant la végétation de manière à obtenir une branche dans de bonnes conditions de fructification et à ne pas exciter la sortie de bourgeons anticipés à sa base. A la taille, on rabat le rameau sur des boutons à fruit, comme nous l'avons indiqué. Les bourgeons du dessous des branches de charpente subissent les mêmes opérations, seulement on prend là l'œil le plus fort pour avoir une coursonne solidement établie.

Quant aux bourgeons anticipés, on les traite de même,

Fig. 63.

à l'exception de ceux placés près du terminal, qui sont pincés courts. Ils sont susceptibles de donner du fruit l'année suivante, surtout si le pêcher est à bonne exposition où planté dans un terrain un peu sec, où le bois acquiert un degré de maturité convenable et les boutons une bonne constitution.

Lorsque les faux bourgeons ou bourgeons anticipés poussent vigoureusement, ils présentent le plus ordinairement l'inconvénient d'avoir leurs premiers yeux de la base assez éloignés du point de leur insertion; ce qui, à la taille, oblige d'allonger le rameau anticipé destiné à donner du fruit. Il est un procédé qui a pour but de modérer la vigueur des bourgeons anticipés, de ralentir leur végétation de manière à provoquer la formation des premiers yeux vers la base de ces bourgeons, au lieu de les laisser s'en éloigner. Il consiste à fendre en deux parties le bourgeon anticipé à sa base, en le perçant d'outre en outre avec la pointe d'un canif ou d'un petit greffoir. Cette incision, qu'on doit faire dès que le bourgeon est assez fort pour la supporter, sans attendre qu'il soit trop poussé, arrête momentanément la végétation, et pendant ce temps d'arrêt il se forme un œil de chaque côté de la base du bourgeon ou près de la base. A la taille, on supprime le rameau anticipé dont la plaie s'est cicatrisée et qui a continué de croître, en le coupant sur ces deux yeux ; puis on choisit le mieux placé pour le bourgeon de remplacement. Celui-ci produira du fruit l'année suivante. On obtient par ce procédé une coursonne plus courte et un rameau à fruits ordinaire beaucoup mieux constitué sous tous les rapports, que le rameau anticipé.

Dans l'établissement des branches de charpente, on aura aussi égard aux yeux multiples, lorsqu'ils se trouveront placés à l'endroit de la taille. Ainsi, pour continuer les branches mères ou les branches extérieures, on préférera l'œil principal, tandis que pour les branches intérieures on prendra un œil secondaire.

Telles sont les différentes manières de tailler la branche à fruits du pêcher; ce sont celles généralement admises et qui ont donné les meilleurs résultats. La pratique les a depuis longtemps sanctionnées.

113. *Pincement répété.* — Cependant il est un autre mode d'opérer qui, dans ces derniers temps, a été mis à l'ordre du jour; il simplifierait beaucoup le traitement de la branche à fruits du pêcher. Je veux parler de l'application du *pincement répété* à ce genre de branche; jusqu'alors elle n'avait été faite qu'aux autres arbres à fruits à noyaux. Depuis plusieurs années déjà un certain nombre de praticiens l'ont employé, et, selon eux, avec succès.

114. Ce mode consiste à pincer tous les bourgeons destinés à former les branches à fruits au-dessus de la deuxième et de la troisième feuille, lorsqu'ils ont atteint environ de $0^m,08$ à $0^m,10$ (fig. 64). Le premier pincement doit s'effectuer de très bonne heure, à la fin d'avril ou au commencement de mai, le bourgeon étant à l'état tout à fait herbacé, afin de l'arrêter longtemps dans sa croissance. Affaibli par cette opération, le jeune bourgeon reste stationnaire trois ou quatre semaines. Les bourgeons d'un même pêcher ne poussant pas tous à la fois, ce pincement n'a lieu que successivement; aussi, malgré sa sévérité, ne nuit-il point à l'arbre. Dans la

fig. 64, le bourgeon a été pincé en *a*, à deux bonnes

Fig. 64.

feuilles, non compris les folioles de la base que l'on

rencontre quelquefois. On a obtenu les faux bourgeons ou bourgeons anticipés $a'a'$.

115. Les deux ou trois yeux placés un à l'aisselle de chacune des deux ou trois feuilles conservées sur la partie pincée se développeront ; les bourgeons anticipés qui en proviendront seront pincés à leur tour à deux ou trois feuilles, exactement comme dans le premier pincement : cela occasionnera encore un temps d'arrêt dans leur croissance. Ces bourgeons, ayant relativement moins poussé, ont dû être pincés à une longueur moindre que lors du premier pincement. Ainsi les bourgeons anticipés $a'a'$ ont été pincés à deux feuilles en b, et ont donné naissance chacun à deux nouveaux bourgeons anticipés $b'b'b'b'$.

Enfin les quatre ou six seconds bourgeons anticipés (selon qu'on aura pincé à deux ou trois feuilles) seront arrêtés également dans leur croissance par un pincement au-dessus de la deuxième feuille et souvent même de la première. Ce troisième pincement suffit quelquefois. En se reportant à la figure, $b'b'b'b'$ sont les seconds bourgeons anticipés que nous avons pincés en c au-dessus de la deuxième feuille. Si les troisièmes bourgeons anticipés $c'c'c'c'c'c'c'c'$ n'ont plus besoin d'être pincés, on les laissera, autrement on les rapprochera jusqu'auprès du point de leur naissance, par une taille en vert.

Pendant la végétation, il se forme, à la base du bourgeon naturel et sur les bourgeons anticipés, de petites branches à bouquet et des boutons à fleur que l'on dis-

TAILLE DES ARBRES EN ESPALIER.   199

tingue parfaitement au printemps suivant, au moment de la taille (fig. 65).

116. Le succès de cette méthode dépend en grande partie du premier pincement; il faut le faire de bonne heure, comme nous l'avons déjà dit, afin de laisser le bourgeon dans un état d'infériorité relative et d'empê-

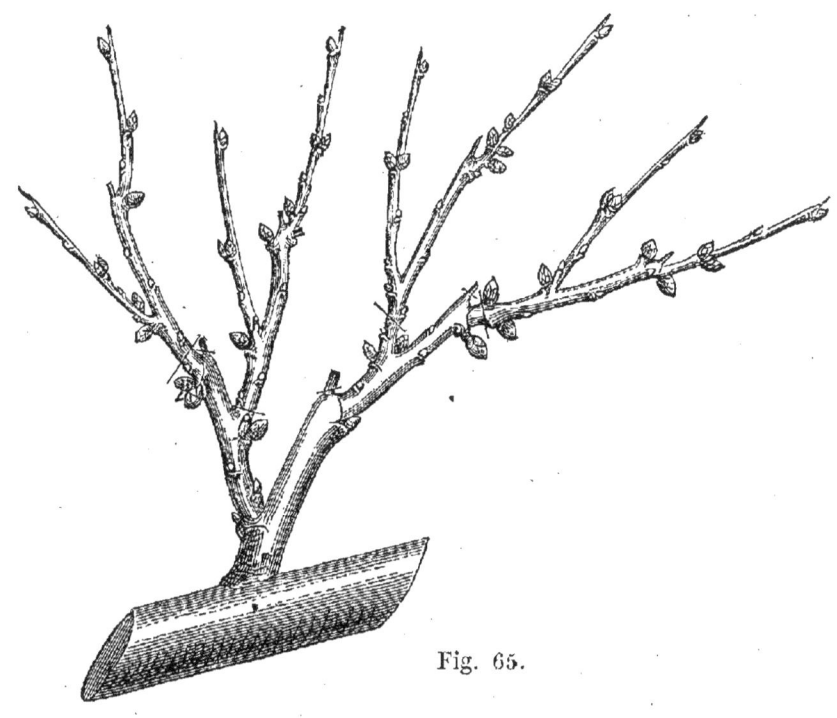

Fig. 65.

cher son trop de vigueur, ce qui formerait confusion parmi les bourgeons anticipés et éloignerait de la base la production du fruit. Toutefois il est bien rare que trois pincements suffisent; au contraire, la plupart du temps, on pince continuellement pendant tout le cours de la végétation. Alors la taille en vert est indispensable. Pour éviter la multiplicité des bourgeons, on est souvent obligé de revenir sur les pincements antérieurs.

La taille de ces bourgeons pincés est simple en elle-même (fig. 65). Lorsque les rameaux sont suffisamment garnis de boutons à fruit, on supprime quelques parties pincées en ne gardant que la quantité nécessaire pour avoir un ou deux fruits par coursonne et en se rapprochant toujours de la branche de charpente. La figure représente par de petits traits les endroits où il convient de tailler; nous avons laissé sept ou huit fleurs pour choisir notre fruit lors de l'éclaircie de ce dernier. On le prendra, autant que possible, sur les premiers pincements dont le bois mieux aoûté l'assure davantage. Dans le cas où il n'y aurait ni branche à bouquet ni boutons, on rabat la coursonne sur deux yeux les plus rapprochés de la base; quand ils seront développés, on supprimera un bourgeon, celui conservé sera traité par le pincement répété.

117. Les yeux des rameaux sont destinés à donner les bourgeons et les fruits l'année suivante; mais il peut arriver qu'il n'y en ait pas. Cette particularité se rencontre parfois sur les bourgeons anticipés naturels avant d'avoir subi leur premier pincement. Un bourgeon pousse pour constituer une branche de charpente; pendant sa croissance, il émet naturellement une certaine quantité de faux bourgeons; ceux-ci, le plus ordinairement, n'ont pas d'yeux à la base : aussi faut-il les pincer en *a* sur leurs deux premières feuilles, presque toujours opposées (fig. 66). Les bourgeons anticipés *bb* seront

pincés. Par suite de ces pincements, il se forme à la base des bourgeons anticipés des yeux restés latents. La taille se fera telle que nous l'indiquons par de petits traits sur la figure, en ayant soin de tailler assez long pour avoir un œil. S'il n'en existait pas, ce qui peut arriver, la coursonne serait vite épuisée, et l'on aurait un vide sur

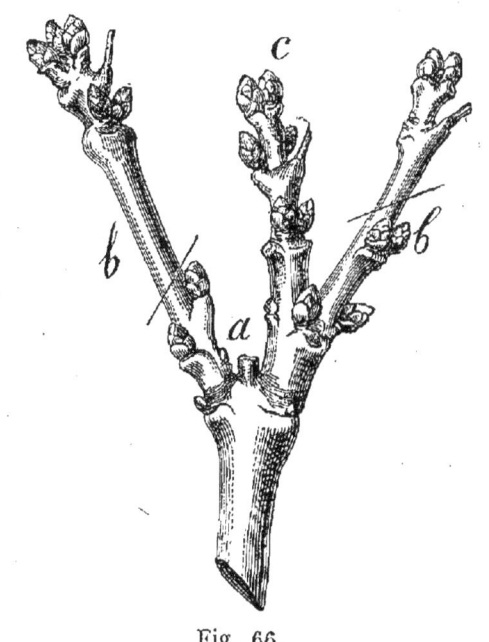

Fig. 66.

la branche mère. Pour regarnir la partie dénudée, on laissera pousser sur une coursonne voisine un bourgeon sans le pincer; on le greffera ensuite par approche. Le rameau c est conservé en entier, moins pour obtenir son fruit peu assuré que pour avoir un œil à bois.

118. Si le rameau à fruits avait reçu déjà une taille l'année précédente, comme le montre en a la figure 67, on pincerait ses bourgeons à deux feuilles au plus, afin

de concentrer la sève vers la base et prévenir son allongement démesuré, qui, disgracieux à la vue comme le rameau anticipé naturel, éloignerait trop la production du fruit de la branche mère. Quant à la taille, on la rapprochera le plus possible, dans le même but, tout en

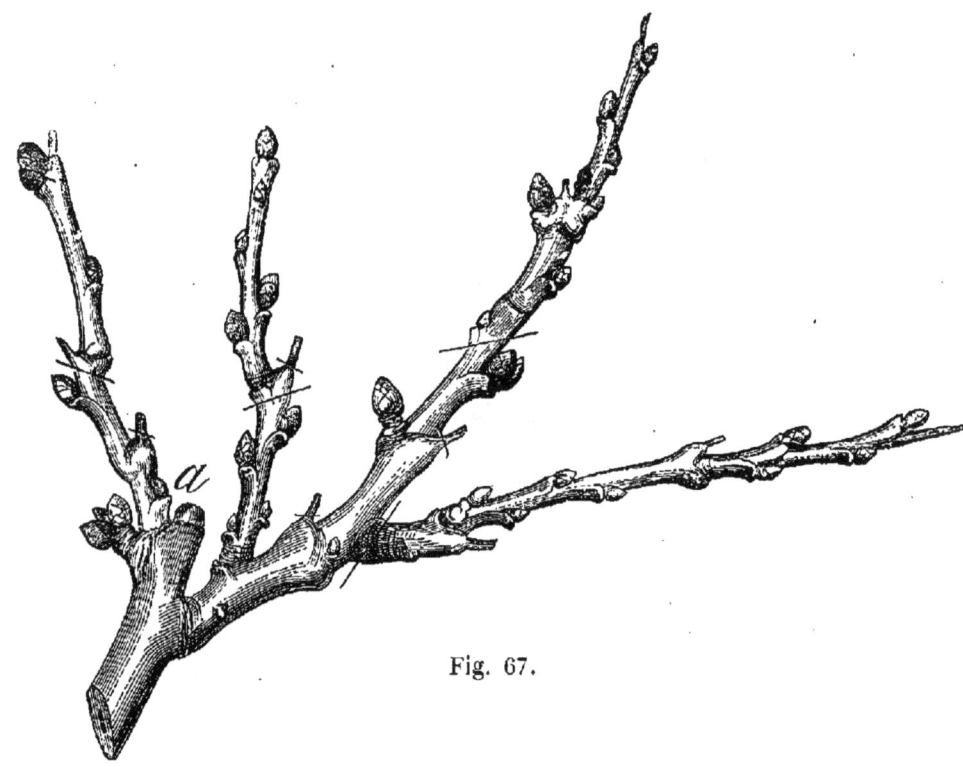

Fig. 67.

gardant assez de fruits. Sur cette coursonne on a pratiqué les tailles en vert nécessaires; ainsi on a moins de confusion et le bois est mieux aoûté, conditions importantes.

119. Pour les pincements et les tailles à exécuter les années suivantes, ces opérations sont en tout semblables à celles que nous venons de rapporter; on cherchera

principalement à obtenir le développement de bourgeons à la base des rameaux conservés, sur lesquels on puisse se rapprocher pour remplacer ceux qui ont déjà produit, et renouveler ainsi la coursonne.

120. On le voit, ce mode de traitement de la branche à fruits du pêcher est très simple. Il n'y a plus à s'occuper du bourgeon de remplacement aussi spécialement, il se développe toujours, ni des palissages en sec et en vert : c'est un avantage. Il semblerait donner lieu à une production de fruits plus abondante, en ce sens que l'on conserve les coursonnes sur le devant des branches de charpente, et que celles-ci peuvent être multipliées davantage sur une surface donnée en les rapprochant entre elles. Effectivement un écartement de 0^m,25 à 0^m,30 suffit, le palissage des branches à fruits n'ayant plus lieu. De plus, les branches charpentières sont protégées par les feuilles des coursonnes de devant contre l'ardeur prolongée du soleil, quelquefois cause de dépérissement pour ces arbres.

Cependant ce mode n'est pas exempt d'inconvénients. Indépendamment de ceux signalés, la fréquence des pincements exigeant autant de temps et plus d'assiduité que le palissage, et les vides occasionnés par le manque d'yeux sur les coursonnes provenant de faux bourgeons naturels, on éprouve aussi un retard dans la formation des arbres, en employant les formes usitées jusqu'à présent, à l'exception de la forme oblique et de la palmette à branches verticales. Ce retard est dû moins au rapprochement des branches charpentières entre elles qu'au peu de vigueur des pêchers ainsi continuellement pincés. Le froid, dans les hivers rigoureux, nuit aux derniers pincements, dont le bois s'aoûte lentement. Puis on a la crainte de voir dépérir peu à peu les coursonnes inférieures sur les branches de charpente, leur traitement étant identique avec celui des coursonnes supérieures; et nous savons qu'on doit les tenir plus longues, si l'on veut les maintenir en bonne santé. Enfin la production du fruit n'est pas toujours régulière sur l'arbre; souvent le bois n'étant pas suffisamment mûr, les fleurs sont mal constituées aussi, quoique nombreuses et s'épanouissant bien; les fruits nouent mal et sont disposées à ne pas devenir aussi beaux qu'avec la méthode ordinaire. Ce dernier inconvénient est très grave; on y pare en partie au moyen de la suppression d'un grand nombre d'entre eux et d'une taille en vert pratiquée avec intelligence. Les arbres soumis à ce système végètent assez chétivement en général, et dans bien des terrains vivent peu.

Pincement mixte. — Toutefois, comme cette méthode est réellement simple à appliquer, je pense qu'on peut utilement l'employer avec l'espoir d'obtenir des résultats assez satisfaisants en pratiquant les modifications suivantes qui constituent le *pincement mixte*. Pincer les premiers bourgeons, qui naissent sur les branches charpentières, à une longueur de $0^m0,5$ à $0^m,20$, puis les rapprocher au bout de quelque temps par une taille en vert. Ensuite on pincera de cinq à huit feuilles les bourgeons anticipés, qu'on maintiendra au nombre de trois ou quatre au plus sur chaque coursonne à l'aide de tailles en vert. On évitera le pincement, autant qu'on pourra, depuis le moment où le noyau commencera à prendre une certaine consistance jusqu'à celui de la maturité du fruit. Les bourgeons qu'il serait cependant nécessaire d'arrêter, par suite de leur trop grande force, seront pincés longs. Aussitôt la récolte terminée et même un peu avant, pour faciliter davantage la maturité des bourgeons, point très important, les tailles en vert et les pincements seront repris, en se rapprochant le plus possible de la branche charpentière, et ne conservant que trois ou quatre bourgeons pour assurer la fructification de l'année suivante, en faisant alors, à l'époque de la taille en sec, choix des deux meilleurs. Ce second mode d'opérer assure une meilleure fructification que le premier.

Bien qu'à mon sens la méthode ordinaire du palissage soit en tout point de beaucoup préférable à celle du pincement répété et plus avantageuse dans ses résultats, il est toutefois des circonstances où cette dernière, modifiée, comme nous venons de le dire, par le pincement mixte, pourra rendre service par sa facilité d'exécution. C'est lorsqu'on aura affaire, pour cultiver le pêcher, à des personnes ne connaissant pas la véritable taille de cette essence et dans l'impossibilité de l'apprendre facilement, ou bien encore lorsque les arbres seront plantés le long de mauvais murs, garnis de mauvais treillages et souvent même dépourvus de ces derniers. Le palissage à la loque ou à l'osier et au jonc offre alors des difficultés presque insurmontables pour avoir des arbres régulièrement conduits. Le pincement mixte répété sera donc, dans ces circonstances, d'un réel secours pour obtenir des récoltes passables sur des arbres mieux tenus que sans son emploi (1).

DES FORMES DU PÊCHER EN ESPALIER.

Le pêcher se prête facilement à toutes les formes qu'on veut lui imposer.

Nous donnerons plusieurs méthodes, en commençant par celle que l'on désigne sous le nom de *forme carrée*.

121. Cette forme (fig. 68) consiste en une tige très courte, d'où part de chaque côté une branche principale de charpente, dite *branche-mère* A, dirigée obliquement, sur laquelle naissent des *branches secondaires*. On nomme celles-ci *inférieures* lorsqu'elles sont établies en dessous, B, et *supérieures* lorsqu'elles sont en dessus, C. Elles sont également distancées les unes des autres en conservant les intervalles que nous avons indiqués. On les amène graduellement dans la position qu'elles doivent prendre, sans attendre qu'elles soient trop grosses, afin de pouvoir le faire plus aisément sans risquer de les éclater, et on les maintient toujours un peu obliques,

---

(1) Le principe sur lequel repose cette méthode n'est pas précisément nouveau. Sans le faire remonter, comme plusieurs personnes, jusqu'à la Quintinie, nous le trouvons, sinon déterminé nettement, au moins indiqué à l'article PINCEMENT DU PÊCHER de la 9ᵉ édition d'un livre qui a paru en 1777, sous ce titre : *Le Jardinier solitaire*, et que nous croyons être l'œuvre d'un Chartreux. Cet ordre de religieux avait acquis au siècle dernier une grande réputation dans la culture des arbres fruitiers.

TAILLE DES ARBRES EN ESPALIER.

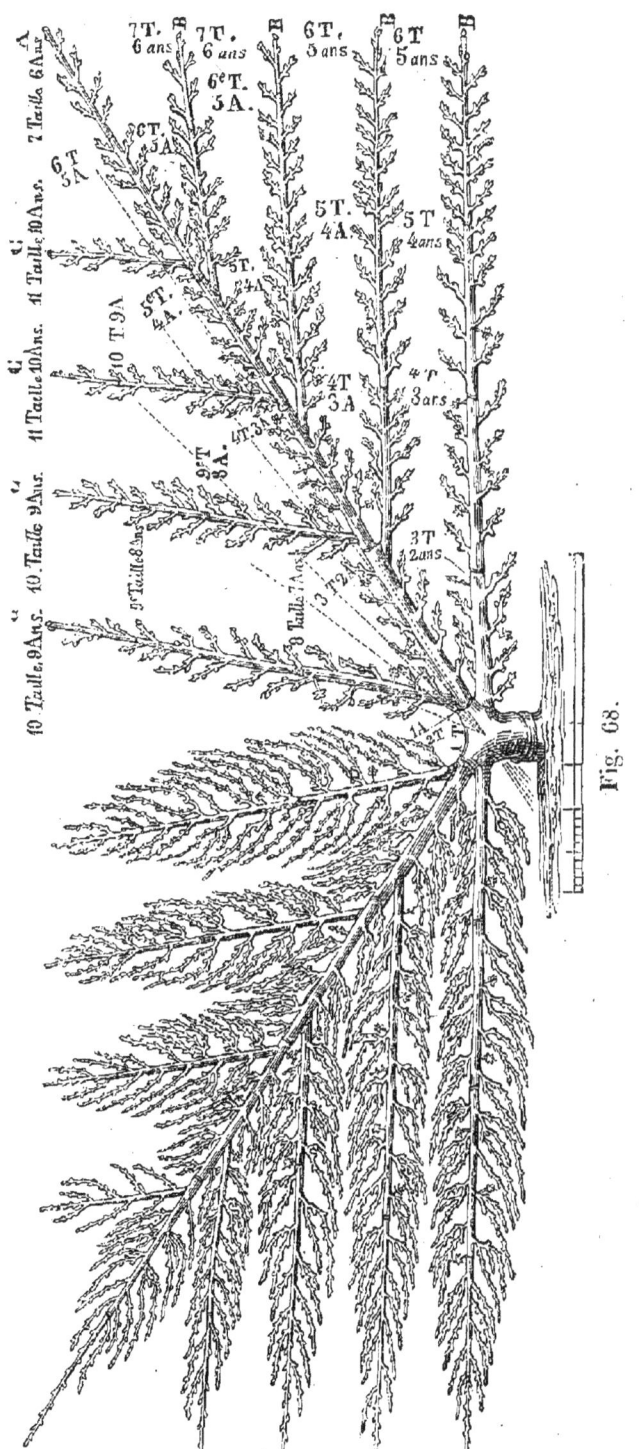

Fig. 68.

ce qui rend leur dressage plus facile, et leur permet, pour les inférieures surtout, d'attirer à elles un peu plus de sève que si elles étaient tout à fait horizontales. Le plus ou moins d'obliquité de la branche-mère est indifférent, cela dépend d'ailleurs de la hauteur du mur et de l'étendue qu'on donne à l'arbre. Cependant on évitera une trop forte inclinaison, afin de n'être point obligé d'avoir des branches supérieures trop longues, qui pourraient, par leur trop grande vigueur, compromettre l'existence de la mère et des inférieures. Le nombre des branches supérieures et inférieures varie aussi selon la hauteur du mur; il ne faut pas trop les multiplier pour ne pas trop diviser la sève. Il est de toute évidence que moins on a de branches à conduire, plus on a de facilité pour le bien faire. Nous considérons le nombre de huit de chaque côté comme la limite extrême; il donne, en comptant les deux mères, dix-huit branches pour tout l'arbre. Nous recommandons encore de ne former les branches supérieures que lorsque les inférieures seront fortement établies, car c'est là le point important de la bonne formation. Enfin toute la charpente sera bien équilibrée, et les branches de chaque *aile* ou côté devront être exactement pareilles et dirigées suivant la même inclinaison que celles de l'aile opposée.

Nous entrons maintenant dans les détails nécessaires pour l'obtenir.

122. *Taille de la première année.* — Le pêcher est planté; on a eu soin de disposer la greffe de manière à

trouver deux yeux convenablement placés pour donner naissance aux deux mères branches.

La figure 69 offre un jeune arbre de dix-huit mois, tel que ceux élevés en pépinière et que l'on plante le plus fréquemment. C'est le produit d'une greffe en écusson à œil dormant de l'année précédente. Il s'agit de choisir, à 12 ou 15 centimètres de l'insertion de cette greffe, au point E, deux yeux *a* et *b*, opposés autant que possible, et de tailler au-dessus, ce qu'indique la coupe A. Il est prudent de tailler un peu haut au-dessus de ces deux yeux, à un œil par exemple dont le bourgeon sera pincé quelque temps après, car souvent, par suite de la plaie, l'onglet se dessèche ou se chancre, ce qui risque de les compromettre. L'année suivante, ou pendant la végétation, on retranche l'onglet.

Les yeux *a* et *b* ont pour mission de constituer les deux branches mères du pêcher; les bourgeons qui se développent sont dirigés sans coude, un peu obliquement, de manière à former entre eux un angle de 70 à 75 degrés. Lorsqu'ils ont acquis une certaine longueur, on les attache sur le mur ou sur le treillage, pour les maintenir dans la position prescrite, mais sans trop les serrer, afin de ne pas gêner leur croissance. Il est essentiel de les surveiller pendant le cours de la végétation, pour qu'ils conservent entre eux un équilibre parfait et un développement égal. Si l'un d'eux prenait sur l'autre une supériorité marquée, il faudrait incliner le plus fort, c'est-à-dire l'attacher dans une position plus horizontale, tandis qu'on redresserait complètement le plus

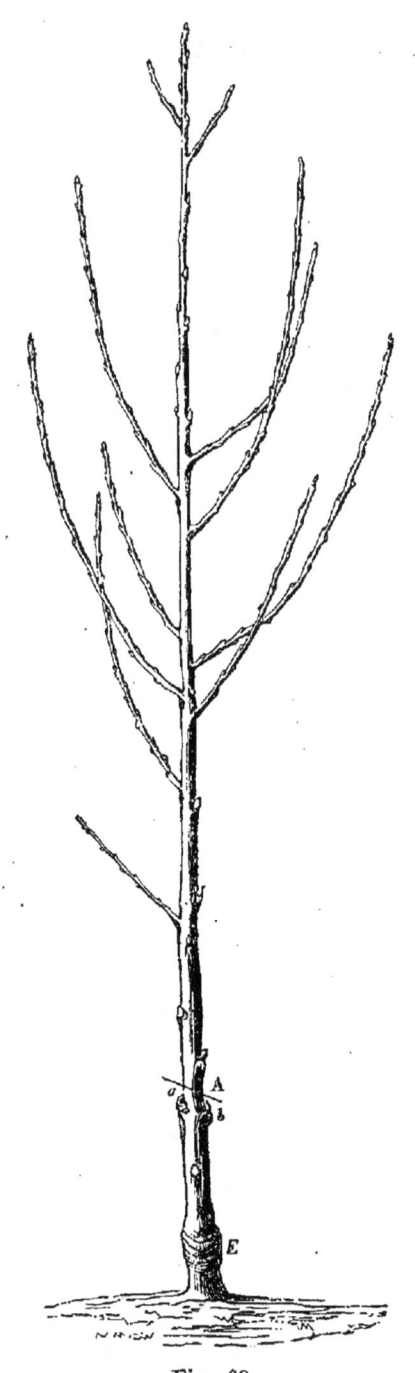

Fig. 69.

faible en l'amenant dans une position plus ou moins verticale, tout en lui laissant beaucoup de liberté. Si ce procédé ne suffit pas, on pincera une partie des faux bourgeons du plus fort sur la troisième feuille, et surtout ceux de devant et de derrière; on laissera libres ceux du faible, afin d'y appeler la sève avec plus d'abondance. Par ces divers soins, on pourra parvenir à les équilibrer. Sous les yeux *a* et *b* existent d'autres yeux qu'il serait dangereux d'éborgner; car on doit se tenir en mesure contre un accident qui peut arriver à ceux sur lesquels on a taillé, mais dont on supprimera les bourgeons avant qu'ils aient une grande longueur, afin de laisser seuls ceux destinés aux mères branches.

Il peut se faire cependant qu'à la fin de la saison, les deux rameaux soient d'inégale force, et en telle disproportion qu'il n'y ait plus d'espoir de les équilibrer; alors il faudra les traiter comme nous l'indiquerons tout à l'heure. Nous ne tenons compte de l'âge de l'arbre qu'à partir de sa plantation : pour nous, il n'a un an qu'à la fin de la saison au commencement de laquelle il a été mis en place.

123. *Taille de la deuxième année.* — Les deux bourgeons, et c'est ce qui arrive le plus ordinairement, sont supposés à très peu près d'égale force, nous aurons les résultats représentés par la figure 70. La taille à faire est très simple : il s'agit d'obtenir le prolongement des branches mères et la naissance des premières branches inférieures secondaires. Nous rabattons donc les branches mères A aux points *a*. On voit que l'un des yeux, celui de la branche de gauche, est placé sur le devant : c'est la meilleure position pour continuer les branches charpentières, en ce sens que les coudes sont peu sensibles et la végétation plus régulière; l'autre œil, celui de la branche droite, n'a pu se trouver dans la même position, nous avons été obligé de le prendre sur le dessus (nous rappellerons que c'est la moins bonne, les coudes étant très prononcés, et le bourgeon tendant toujours à prendre un grand accroissement souvent en disproportion avec les autres) : on le palissera donc un peu plus tôt, et on le ramènera peu à peu dans la ligne qu'il doit suivre et dont il s'écarterait si on le laissait en liberté.

Quant aux yeux *b* placés tous deux en dessous, ils donneront naissance aux premières inférieures secondaires qui devront être prises le plus près possible du tronc. On les a choisies immédiatement au-dessous des yeux *a*, afin que, par leur proximité de ces derniers, ils puissent comme eux absorber une grande quantité

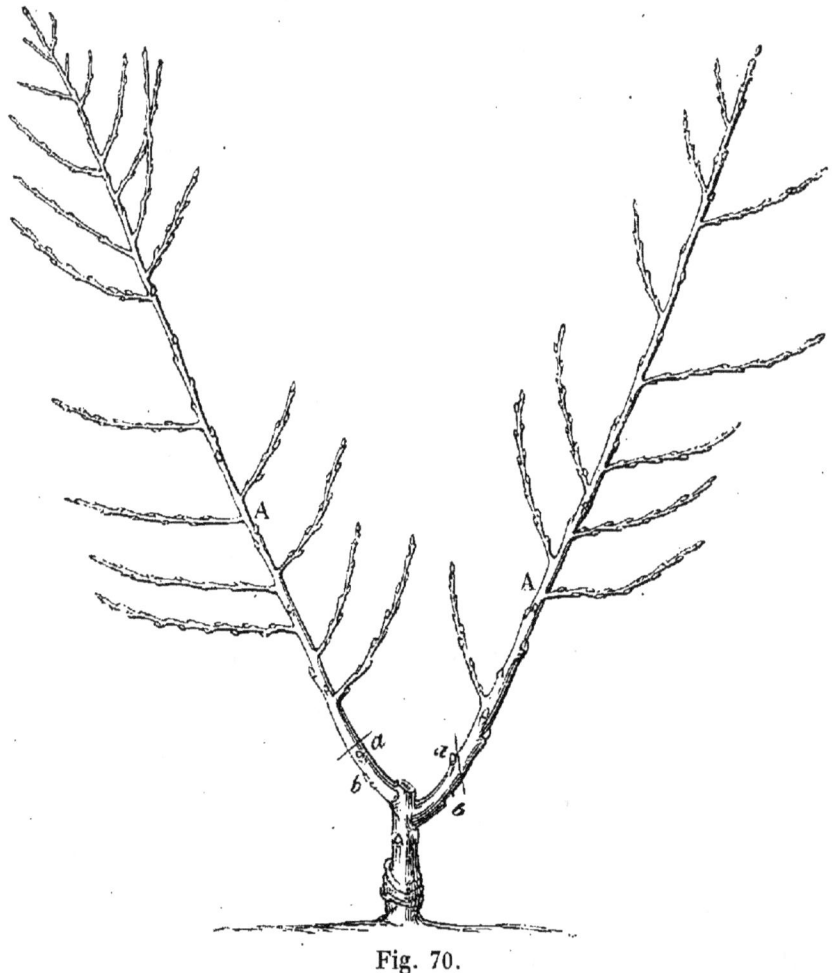

Fig. 70.

de sève et prendre un bon accroissement. Ces bourgeons seront tous traités pendant le cours de la végétation identiquement d'après les mêmes principes; et l'on emploiera, lorsqu'il y aura rupture de l'équilibre de

TAILLE DES ARBRES EN ESPALIER. 213

la végétation, des moyens que nous avons indiqués précédemment.

Dans le cas où les deux rameaux ne seraient pas égaux

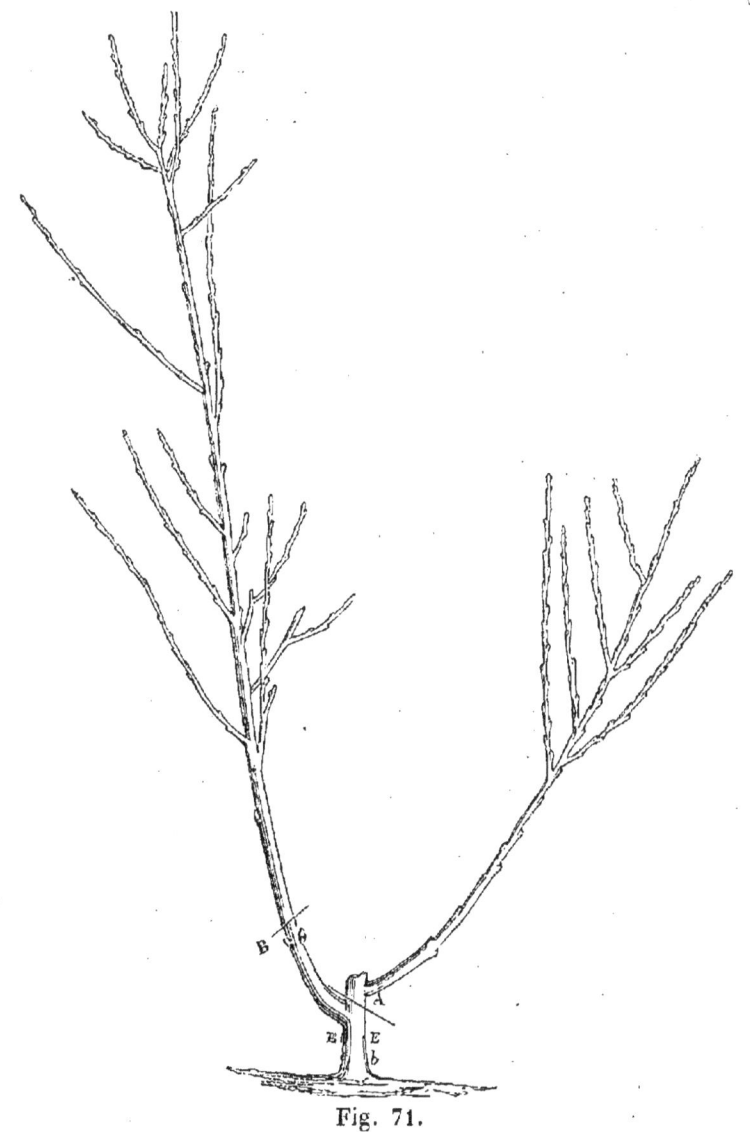

Fig. 71.

comme dans la figure 71, que l'un serait beaucoup plus faible que l'autre, il faudrait le supprimer en A, et établir la taille sur le plus fort en B, en le traitant comme le jeune arbre de l'année précédente. On perd un an, mais il vaut mieux encore se servir de cet arbre que d'en planter un autre, parce que d'abord le même accident pourrait arriver au nouveau; et puis comme l'arbre a déjà repris, qu'il a émis de nouvelles racines, on est plus certain de sa vigueur. Un inconvénient que l'on ne peut pas éviter, c'est le coude disgracieux formé par la branche qui reste; mais il finira par disparaître en très grande partie avec le temps. Il est bien entendu qu'on a ramené le rameau B dans la ligne verticale pour lui faire prendre la même direction que le tronc. D'ailleurs si l'on craignait de ne pouvoir obtenir un bel arbre, on a la ressource de placer, à la fin du mois d'août ou au commencement du mois de septembre, deux écussons opposés EE sur la tige entre la greffe précédente *b* et les rameaux, et l'on supprime ceux-ci au-dessus des écussons au printemps suivant. Ces derniers, en se développant, formeront les deux branches mères. Ce procédé est même préférable, en ce que les écussons donneront deux bons bourgeons qui seront traités comme il a été indiqué au paragraphe précédent.

L'arbre figure 70 a deux ans de plantation et n'a encore que deux branches au moment où il subit sa deuxième taille; on pourrait, au lieu de planter un pêcher de dix-huit mois n'ayant qu'un scion, mettre en place à l'espalier un jeune pêcher greffé d'un an, mais ayant reçu deux écussons EE, un de chaque côté opposé, comme on peut le voir à la figure 72, qui, en se développant, forment les deux mères branches A la

TAILLE DES ARBRES EN ESPALIER.

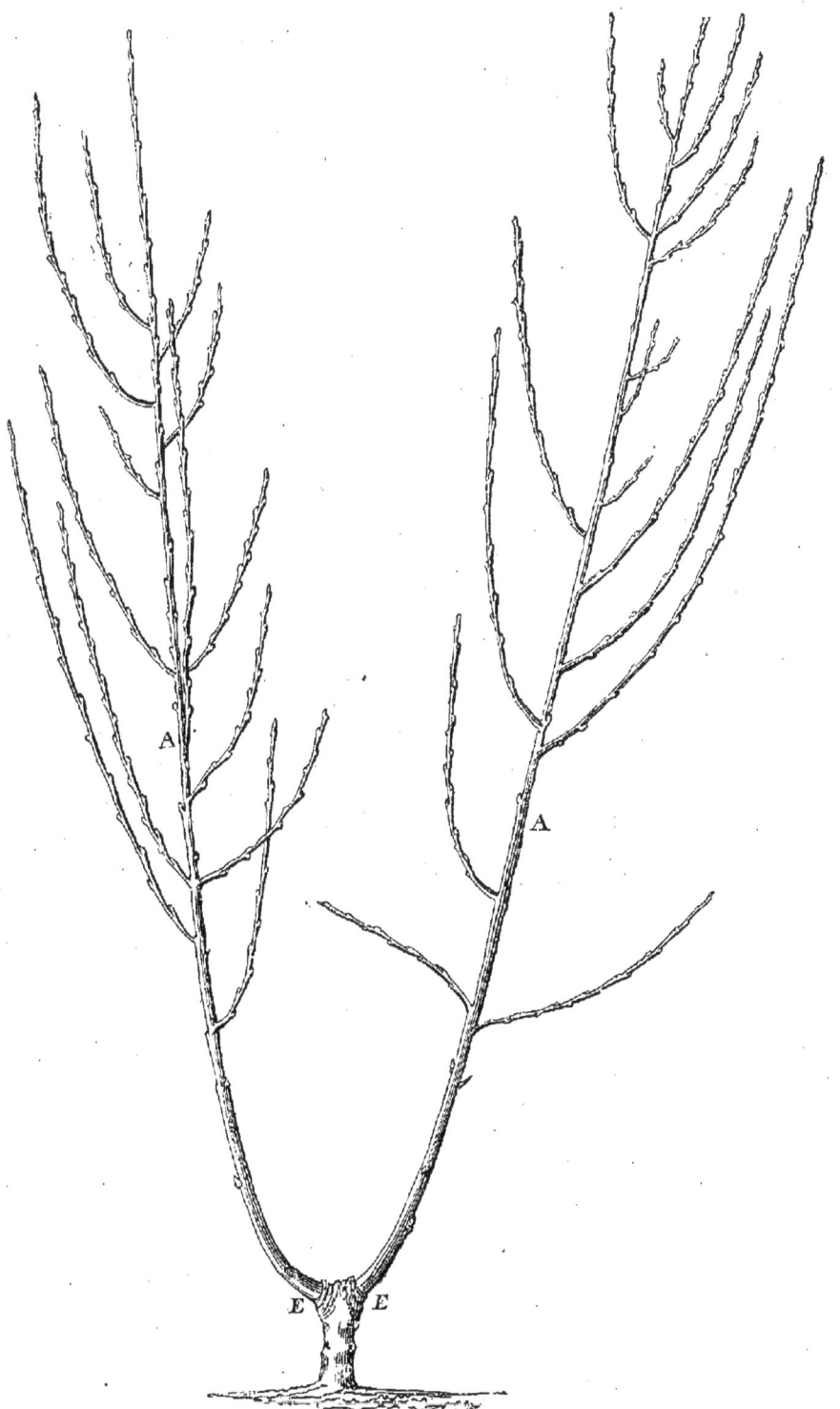

Fig. 72.

même année. On gagne par ce procédé un an, et le développement égal des deux bourgeons est beaucoup plus certain. L'arbre est alors traité comme nous l'avons dit à la deuxième taille.

Enfin sur un arbre de même sorte (fig. 73), c'est-à-

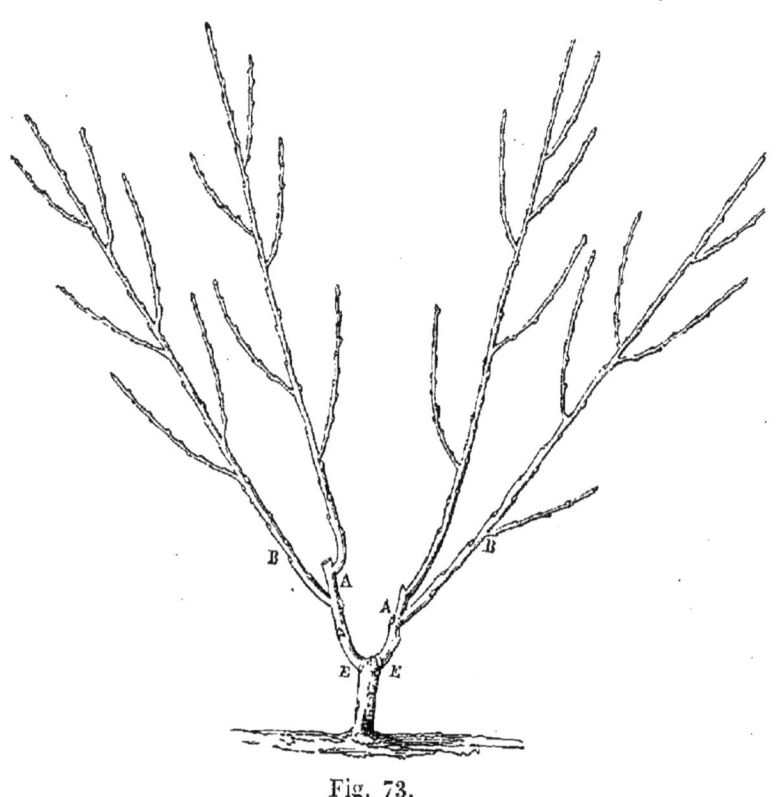

Fig. 73.

dire ayant reçu deux écussons EE, lorsque les bourgeons AA sont vigoureux et ont atteint une longueur d'environ 0^m,25, on peut les pincer un peu en avant de cette hauteur, de manière à obtenir des ramifications BB que l'on utilise pour former tout de suite les branches inférieures, ce qui fait encore gagner une année.

La longueur de 0^m,25 n'est pas absolue ; ce qui doit guider dans cette circonstance, c'est le choix à faire d'yeux convenablement placés en dessous pour avoir deux bonnes branches inférieures qui proviennent de faux bourgeons.

On a donc, par cette méthode, les mêmes résultats qu'en trois ans par la méthode ordinaire ; mais malheureusement on ne peut l'appliquer toujours avec succès. Pour réussir, il faut que le pêcher soit ou greffé en place, ou planté de très bonne heure, à l'automne, dans un excellent terrain ; encore faut-il l'employer avec circonspection, car souvent en voulant aller trop vite, on s'expose à n'avoir rien de bon.

N'importe quel mode on préfèrera, il conviendra de tailler les rameaux de prolongement à la même hauteur dans chaque aile, pour les maintenir égaux, et de faire les pincements que nous avons signalés.

124. *Taille de la troisième année* (1). — La figure 74 montre le pêcher tel que l'a fait la végétation qui a suivi la précédente taille. On voit que les branches mères AA et les inférieures BB ont été, les unes favorablement prolongées, les autres bien développées. Leurs proportions sont bonnes et l'étendue qu'elles présentent s'obtient aisément dans un bon terrain. Nous taillerons en *a*, à environ 1 mètre de leur insertion, les mères, et dans

---

(1) La plupart des figures concernant la taille du pêcher carré n'ont pas les proportions voulues relativement aux branches charpentières : cela tient au cadre restreint du format et au désir d'indiquer clairement la taille des branches fruitières en les espaçant suffisamment entre elles.

218 DE LA TAILLE DES ARBRES FRUITIERS.

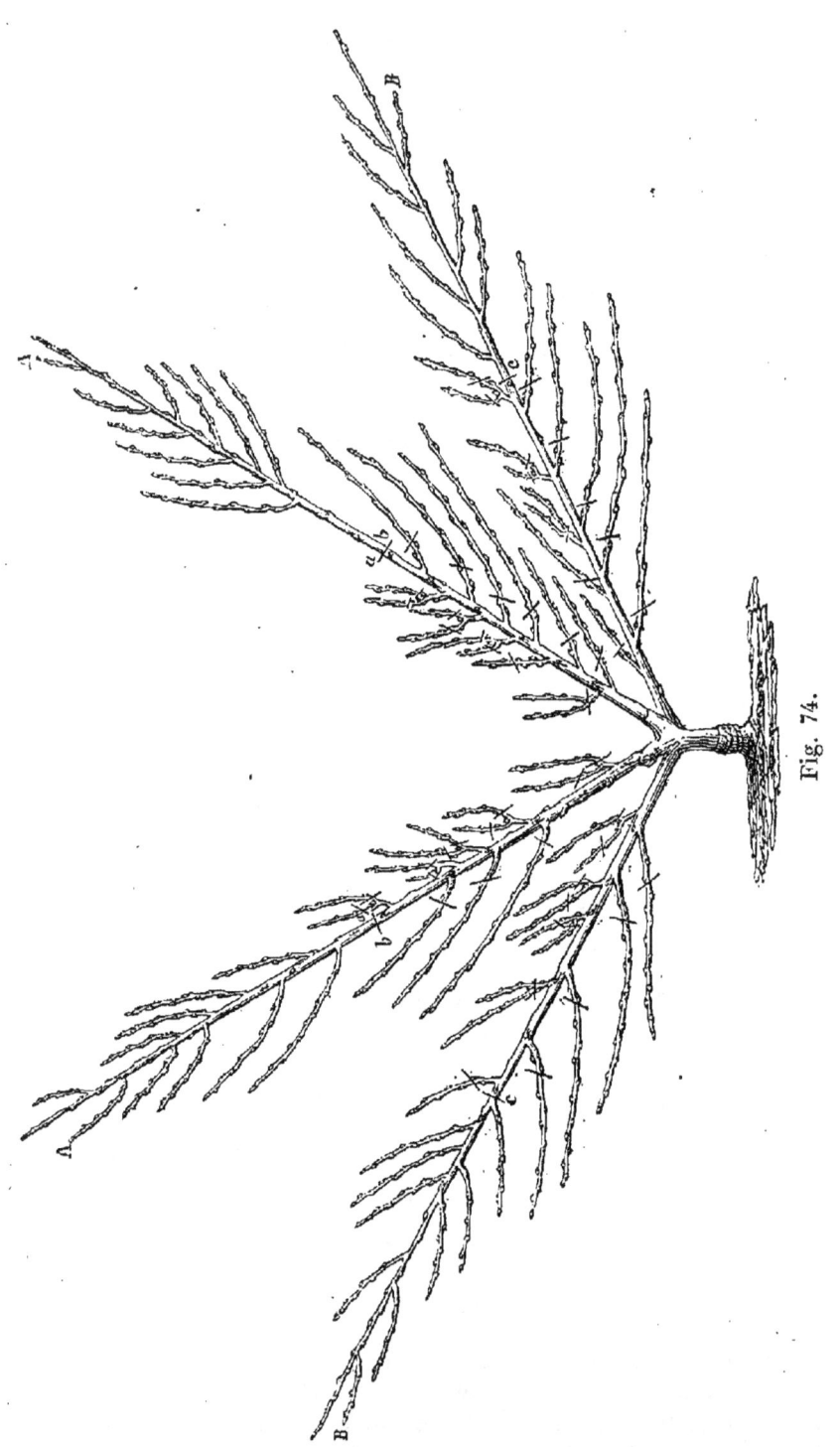

Fig. 74.

des proportions égales. Nous laisserons quelques yeux de plus aux inférieures, afin de les mettre à même de se maintenir par la suite en harmonie, quant à leur force, avec les mères. En leur laissant plus d'yeux, nous faisons qu'elles attirent à elles la sève plus énergiquement que ne l'exigent leur position de branches en dessous, précaution sans laquelle elles cesseraient bientôt de se trouver en rapport avec les branches mères.

La grande difficulté de la conduite du pêcher est de conserver aux branches inférieures une force suffisante pour qu'elles puissent vivre aussi longtemps que les branches supérieures, tout en donnant d'abondants produits. La sève, nous le savons déjà, tend toujours à monter dans les parties qui se rapprochent le plus de la verticale, et néglige les parties qui sont horizontales ; ce n'est qu'en établissant dès le jeune âge les branches inférieures dans de bonnes conditions, qu'on parvient à les maintenir fortes. On ne devra donc rien négliger pour assurer dans les premières années la prépondérance à ces dernières : elles faibliront toujours trop tôt.

La longueur de 1 mètre que nous avons fixée n'a rien d'absolu : on comprend qu'elle dépend de la place où sont les yeux : toutefois, dans la forme que nous décrivons en ce moment, il sera convenable de ne pas trop s'en écarter, car, par suite de l'inclinaison à donner à toutes les branches de charpente pour bien garnir le mur, il ne restera plus entre elles qu'un écartement de $0^m,50$ à $0^m,60$ pour palisser.

C'est à cette taille que l'on commence à établir les

deuxièmes secondaires inférieures sur les branches mères; ce sont sur chacune d'elles les yeux *b* qui sont chargés de les donner. Les inférieures sont taillées en *c* et ne sont pas bifurquées, elles sont simplement prolongées.

Il peut arriver qu'au lieu d'un œil il se trouve un faux rameau; on l'utilisera pour former la branche secondaire en le rabattant sur deux yeux : l'un prolongera la branche, l'autre formera une coursonne, si c'est nécessaire, ou sera supprimé, si c'est inutile. Lorsqu'à l'emplacement même de la taille sur les branches charpentières il sort de faux bourgeons, on les traitera comme nous l'avons dit.

Les faux rameaux qui se trouvent en dessus et qui ont été pincés, ainsi que ceux en dessous des branches de charpente, seront tous taillés sur le deuxième œil, comme le marque le trait, et commencent les coursonnes. On peut les tailler cependant plus longs, mais dans le courant de juin on les rabattra en vert sur les deux premiers bourgeons, ceux-ci alors, un peu retardés, ne prendront pas trop de force, ce qui est quelquefois à craindre. Nous n'avons besoin que d'un œil, mais nous en gardons deux en cas d'accident; les deux bourgeons seront palissés à l'époque de cette opération et donneront naissance aux branches à fruits. Si, pendant le cours de la végétation, l'équilibre n'est pas parfait entre les deux ailes (fig. 75), on inclinera le côté fort en le tenant presque horizontal, et l'on redressera le côté faible. Par suite de cette différence de position, la sève abandonne un peu la partie couchée et se porte avec plus d'abondance dans la partie droite. On peut mettre en même temps un petit auvent au-dessus de l'aile inclinée ; en la privant de la lumière directe et des influences atmosphériques, sa vigueur est ralentie. On éloigne momentanément du mur les branches faibles au moyen d'un tuteur, et l'on palisse serrées les branches fortes ; à la fin de la saison l'équilibre est ordinairement rétabli.

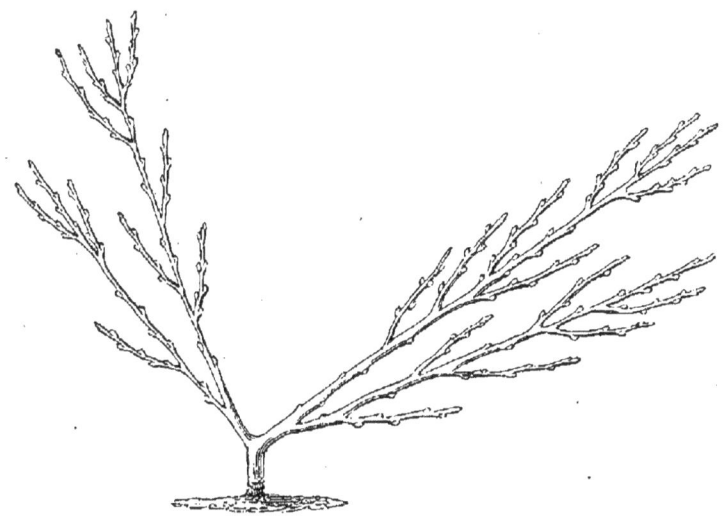

Fig. 75.

Ce que nous venons de dire s'applique aux arbres qui ont vigoureusement poussé et qu'il faut nécessairement tenir longs à la taille ; mais si l'arbre est dans un terrain peu avantageux et qu'il ne pousse que médiocrement, au lieu de tailler à un mètre, on rabattra les branches de charpente à 0^m,50. On met alors deux ans pour obtenir la branche secondaire, circonstance malheureusement inévitable avec cette forme dans les terrains peu propices à la culture du pêcher. Quant à l'ensemble de l'arbre, il sera traité comme nous l'avons dit.

125. *Taille de la quatrième année* (fig. 76). — Nous admettons que le pêcher a bien poussé ; les branches de charpente seront taillées dans les mêmes proportions en A que pour le troisième taille, ce qui nous donnera une troisième branche secondaire sur chaque mère.

A cet âge nous avons beaucoup de branches à fruits ; il convient donc d'examiner ici en détail la manière de les tailler. Nous appelons l'attention sur ce point ; tout en tâchant d'être aussi court que possible, nous mettrons le lecteur à même de suivre facilement les diverses opérations à faire.

Nous rappelons que sur le pêcher, les rameaux ou branches âgés de plus d'un an ne peuvent plus donner de fruits ; ils conduisent simplement la sève dans ceux qui ont pris naissance sur eux. Sur les arbres de la vigueur de celui que nous avons devant nous, chaque branche bien constituée a ses boutons accompagnés d'yeux ; les bourgeons que ceux-ci donnent sont traités ainsi que nous l'avons dit précédemment.

Ainsi la branche n°1, sur la première secondaire, est le résultat d'un œil latent ; elle ne s'est développée que dans les proportions ordinaires, ce qui nous a donné une bonne branche à fruits ; nous la taillons donc sur le troisième ou quatrième bouton. Mais il arrive souvent que ces sortes de branches nées d'un œil latent, surtout sur le dessus des charpentières, se mettent difficilement à fruit ou n'en donnent qu'à leur extrémité : leur vigueur est trop forte, elles tendent à devenir gourmandes ; alors on doit les tailler sur le deuxième œil, en les maintenant par un pincement attentif. Si l'on craignait, malgré cela, qu'elles ne prissent trop de force, on les taillerait sur le cinquième ou sixième œil ; sur une telle branche, en taillant aussi long, on ne doit pas redouter de voir l'œil chargé de donner le bourgeon de remplacement rester inactif. Les yeux de l'extrémité se développeront plus que celui de remplacement ; on les pincera à 0^m,08 ou 0^m,12 ; puis plus tard, vers la mi-juin, on taillera en vert sur le bourgeon de remplacement. Ce procédé a pour objet de ne laisser ce dernier se développer que tard, afin qu'il n'acquière pas trop de force et qu'il puisse devenir une bonne branche à fruits.

Les n°s 2, 3, 8, subiront les mêmes opérations ; on retranchera une partie de la coursonne et la branche à fruits au-dessus du troisième bouton.

Les n°s 4, 6 et 7 sont semblables au n° 1 et traités de même.

Le n° 5 sera taillé en crochet. Ici le bourgeon de remplacement n'a point de boutons à fruits ; nous sommes obligés de tailler sur le plus éloigné de la branche de charpente et de rabattre l'autre à deux yeux, il donnera une branche fruitière pour l'année suivante.

Les n°s 9, 10, 11, seront taillés près de la branche à fruits, qui elle-même est coupée au-dessus du quatrième bouton.

Le n° 12, qui est un rameau pincé, sera taillé à deux

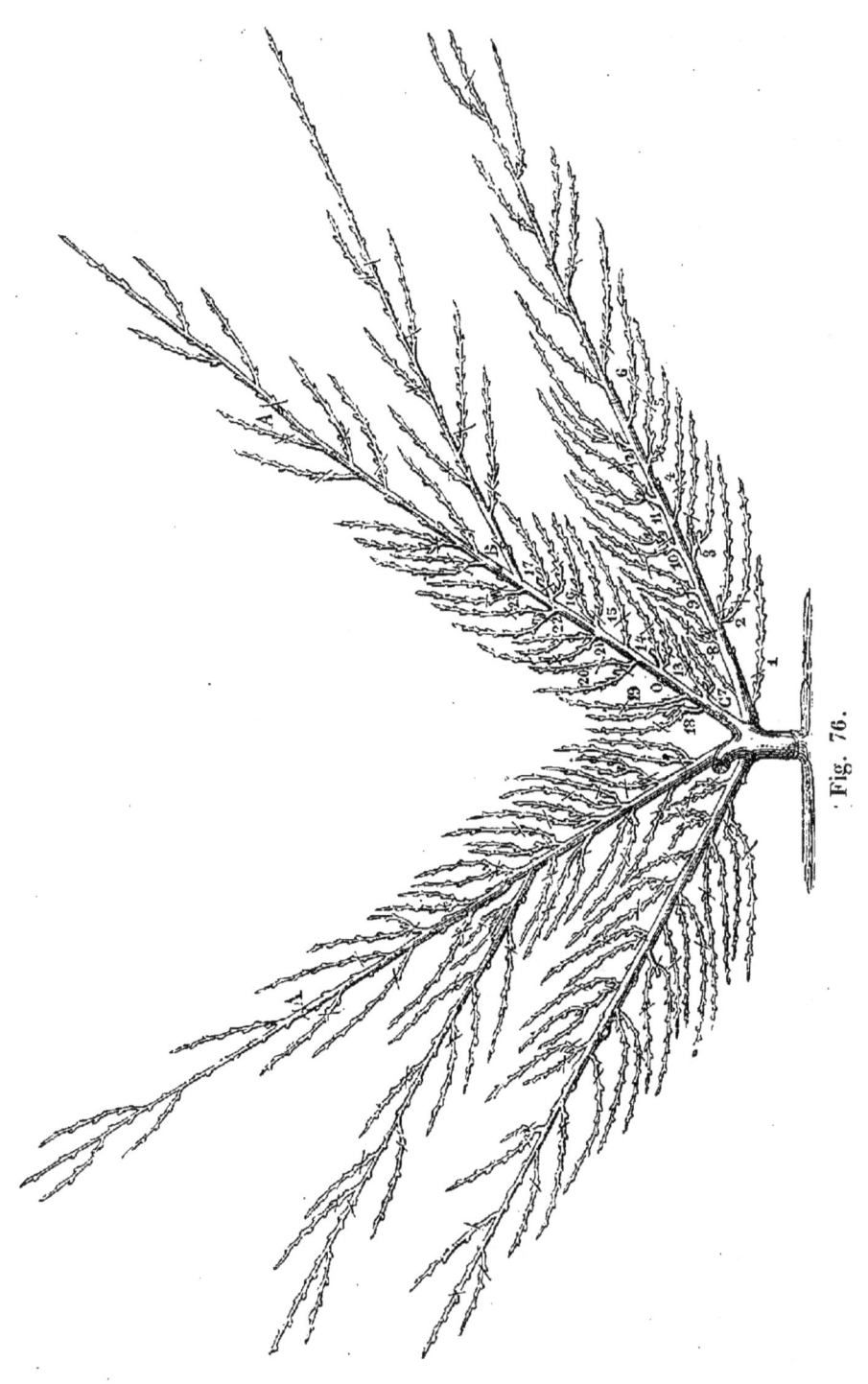

Fig. 76.

yeux pour former une coursonne et une branche à fruits.

Le n° 13, sur la mère, sera taillé au quatrième bouton, et la branche au-dessous rabattue près de la nouvelle.

Le n° 14 sera taillé en crochet comme le n° 5, pour les mêmes motifs.

Le n° 15 est de même que le n° 1 ; semblable traitement. Les n°ˢ 16 et 17 subiront aussi les opérations indiquées.

Le n° 18 est composé de deux branches, dont l'une a été pincée pour favoriser le bourgeon de remplacement : celui-ci sera taillé sur le quatrième bouton et l'autre sur la coursonne ; cette dernière se trouvera renouvelée en partie.

Le n° 19 nous présente une branche un peu forte. Elle n'a de boutons à fruit que vers l'extrémité ; nous voulons cependant quelques fruits : nous la taillons long, en ayant soin ou d'éborgner de suite ou mieux de pincer plus tard à une ou deux feuilles les bourgeons qui se trouvent entre les boutons sur lesquels on a taillé, et les deux yeux le plus près de la base ; nous laissons également intacts ceux qui accompagnent directement les fruits. Il faudra les pincer plus tard afin de protéger le bourgeon de remplacement.

Au-dessus est un œil *o* sur lequel on peut entailler, pour le faire développer et garnir le vide qui se remarque dans cette partie.

Les n°ˢ 20, 21, 22, n'offrant rien de particulier, nous les traiterons comme les autres.

Le n° 23 est un bourgeon pincé par suite de sa position voisine du bourgeon de prolongement : on avait à craindre son trop grand accroissement : il sera taillé sur le deuxième œil.

Les faux rameaux qui se trouvent sur les branches de prolongement seront rabattus sur le deuxième œil, afin de commencer les branches coursonnes qui devront garnir ces parties; quant aux branches de prolongement elles-mêmes, elles seront taillées d'après les principes que nous avons déjà émis, et l'on obtiendra alors la troisième branche inférieure secondaire.

Dans l'aile opposée du même arbre, les opérations à faire sont les mêmes; il est donc inutile de répéter ce que nous venons de dire.

La branche mère est taillée au point A sur un œil de devant, qui devra donner le bourgeon de prolongement; l'œil immédiatement au-dessous donnera la troisième secondaire inférieure. Nous avons pris un œil se trouvant à une distance telle de la deuxième secondaire inférieure, que l'espace compris entre chaque secondaire inférieure est le même; circonstance qu'il ne faut pas oublier pour la régularité de l'arbre, la bonne répartition de la sève et un palissage facile. Ainsi l'intervalle entre le point A et le point B doit être autant que possible égal à celui qui existe entre le point B et le point C.

Cependant on ne trouve pas toujours des yeux si bien placés que l'on obtienne rigoureusement une distance égale, mais par le palissage on conserve entre les branches inférieures l'espace nécessaire (1). Pendant la végétation nous répéterons sur cet arbre les opérations que nous avons déjà décrites, suivant que sa marche sera plus ou moins régulière.

126. *Taille des années suivantes.* — Maintenant nous allons passer aux tailles suivantes, en nous bornant à indiquer le mode à employer pour arriver à la complète formation de l'arbre.

La figure 68 nous représente un arbre tout formé, nous l'avons vu jusqu'à la quatrième taille; nous le reprenons maintenant à la cinquième. C'est à ce moment que nous obtenons la dernière branche secondaire inférieure. L'année suivante nous taillons la branche mère à environ 1 mètre, mais sans la bifurquer, et ce n'est qu'à la septième année que nous arrivons au haut du mur. Quant aux branches inférieures, voici comment on a dû les traiter : la branche mère A a reçu sa première taille la deuxième année de la plantation de l'arbre, et est arrivée à sept ans à sa limite, après avoir subi six

---

(1) Si l'on tient à une régularité parfaite, et si l'on n'aperçoit pas d'œil au point où doit être établie la bifurcation, on peut placer un écusson au mois d'août qui précède la taille. On écussonnerait encore, si l'œil destiné à la bifurcation s'était développé en faux bourgeon, ce dernier étant moins favorable pour établir la charpente. S'il existait un œil naturel ou écussonné, et s'il restait inactif ou s'il avait subi un accident, on pratiquerait en juin la greffe en approche herbacée.

A cet effet, on fait sur la branche de charpente une entaille ou plaie ; on prend ensuite dans le voisinage, et en dessous, un bourgeon que l'on amincit longitudinalement en forme de coin, du côté qui doit pénétrer dans l'entaille, à partir de la base de ce bourgeon jusqu'au point de bifurcation, et proportionné à la longueur de la plaie : on l'y adapte, et on le tient fixé par une ligature. Lorsque la reprise de cette greffe est assurée, on enlève la ligature et l'on n'a pas besoin de la sevrer (voyez figure 90).

tailles; la première inférieure secondaire B a été arrêtée la sixième année, ainsi que la deuxième. Si rien n'est venu contrarier la végétation du pêcher, tout le dessous est formé la septième année; seulement on remarque que les premières et deuxièmes inférieures ont une année d'avance sur les autres.

Toutes ces branches, bien entendu, ont été inclinées graduellement pour venir occuper la position qu'elles ont et qu'elles doivent conserver. Ce n'est que lorsque le dessous est complètement établi qu'il convient de songer à élever le dessus; ce n'est donc qu'à la huitième année qu'on commencera la première secondaire supérieure. Elle sera à la hauteur du mur, ainsi que la seconde, à la dixième année. Enfin, si le pêcher pousse bien, on prendra les deux autres secondaires supérieures à la onzième année; on aura alors le pêcher tout à fait formé. Quand les dessous sont forts et qu'on est sûr de la végétation de ses arbres, on peut établir deux branches supérieures la même année, en commençant par celles du haut et finissant par celles du bas l'année suivante.

On devra, dans tous les cas, les prendre plus haut que les inférieures sur la mère, afin que celles-ci puissent absorber la sève avant qu'elle se porte dans les supérieures. Si ces dernières étaient établies plus bas, leur position verticale les rendrait trop fortes au détriment des inférieures, dans lesquelles la sève ne marche qu'avec contrainte. Nous rappellerons qu'il convient de se servir, pour les former, des branches les plus faibles.

Quand le pêcher est sur le point de couvrir l'espace qui lui est réservé, on le maintient dans les limites qui lui ont été assignées en tenant très courtes les branches de charpente. On les taille sur le deuxième ou troisième œil, et l'on pince le bourgeon qu'il émet : de cette manière son accroissement se trouve arrêté. Si le pincement ne suffisait pas, on le taillerait en vert. Pour les bourgeons des branches supérieures, il faut encore, après les avoir pincés, puis rabattus sur un faux bourgeon faible que l'on palissera de bonne heure, les conserver dans un état de gêne continuel. Un arbre de cet âge est en plein rapport, sa végétation se ralentit ; il importe de le tenir plus court à la taille en réservant la sève au profit des fruits, qui, comme on sait, sont un moyen d'épuisement.

127. On voit, d'après ce qui précède, qu'il faut beaucoup de temps pour former un pêcher carré, car nous avons supposé que le terrain est favorable et qu'il n'est survenu aucun accident fâcheux pendant sa végétation. Ce mode a, sous ce rapport, l'inconvénient de laisser dégarnis, et pour ainsi dire improductifs pendant plusieurs années, des murs souvent construits à grands frais dans le but d'y planter des pêchers et d'en retirer agrément ou profit. Il n'utilise pas assez promptement les murs qu'on lui consacre.

Nouvelle méthode du pêcher carré. — Nous avons essayé une nouvelle méthode de formation d'espalier carré qui, en nous promettant des résultats aussi bons, nous permet en outre de gagner du temps, avantage qu'il faut toujours rechercher, pourvu cependant qu'on n'aille pas trop vite, car avant tout il faut éviter de compromettre la bonne constitution et la régularité de l'arbre.

Par la méthode que nous allons décrire on arrive vite et bien ; elle a pour elle la sanction de l'expérience, et n'est autre, du reste, que celle suivie pour la forme en U, mais adaptée à la forme carrée.

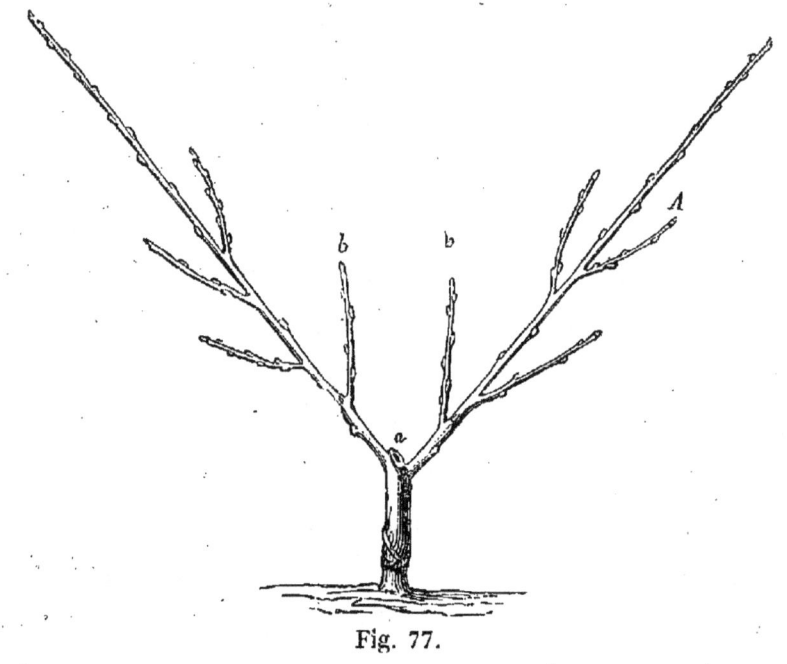

Fig. 77.

Taille de la première année. — La figure 77 représente un jeune pêcher qui a reçu sa première taille et qui a un an de plantation. Le scion a été rabattu au point *a*, et les yeux qui ont été choisis ont émis deux bourgeons, comme dans l'exemple précédent, qui doivent former les deux branches mères. Celles-ci sont palissées sous un angle d'environ 70 degrés. Pendant l'été, s'il est nécessaire, on pince les faux bourgeons, à l'exception de ceux *b* destinés à devenir branches de charpente l'année suivante.

Taille de la deuxième année. — La deuxième année (fig. 78), la branche mère A est inclinée à environ

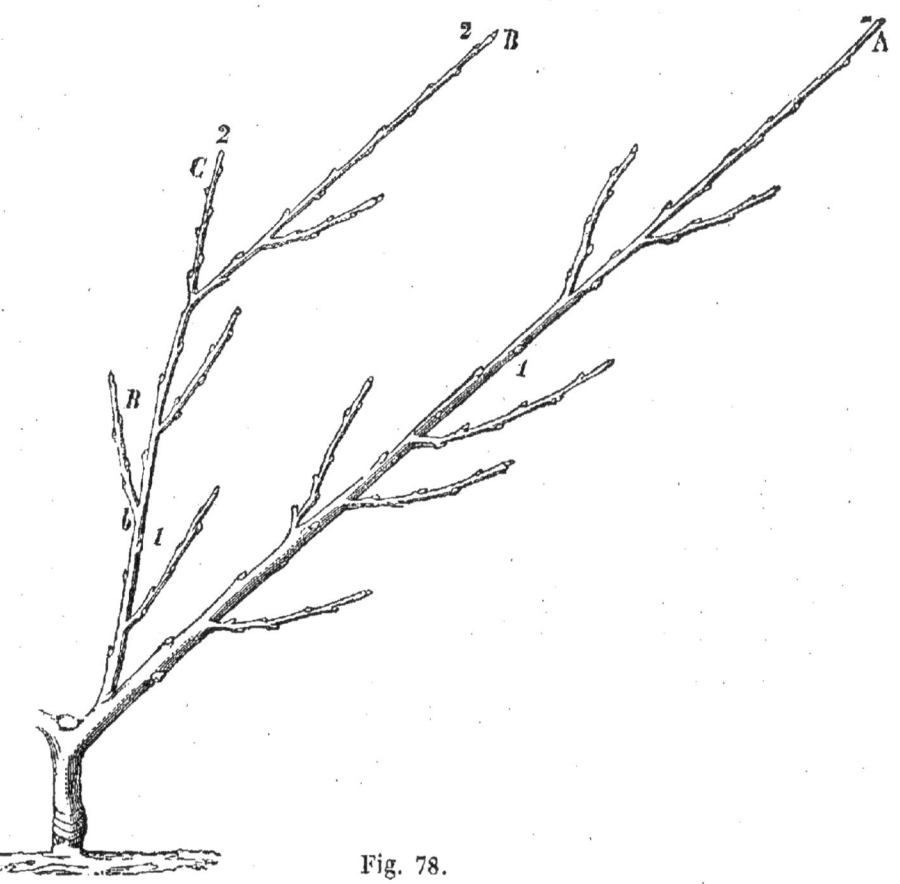

Fig. 78.

50 degrés et est laissée entière : elle est destinée, par suite de l'inclinaison successive qu'on lui donne, à former la première branche secondaire inférieure; nous ne la taillons pas. On voit dès lors en quoi consiste cette nouvelle méthode. Les branches charpentières ne sont pas taillées; elles acquièrent par cela même une grande

force végétative et se maintiennent toujours vigoureuses; comme on n'en rabat aucune, elles peuvent arriver vite au développement qu'on exige d'elles, toute la sève est utilisée. Le faux bourgeon B, que nous avons réservé, se développe avec vigueur, mais sans danger pour la branche mère sur laquelle il prend naissance. Par suite de la courbure qu'on lui donne lorsqu'il arrive sur le mur au point que la branche B doit occuper, sa vigueur se trouve ralentie, et au moment de cette courbure naît un nouveau faux bourgeon C. Si ce faux bourgeon hésitait à pousser, on ferait une incision au-dessus de l'œil qui doit le produire. On le palisse de bonne heure et l'on pince sévèrement une partie de ses faux bourgeons, afin de le laisser dans un état d'infériorité assez marqué relativement à la branche B. Le faux bourgeon C sera protégé pour continuer à son tour la charpente. Toutefois, si le rameau B voulait prendre une trop grande prépondérance, et qu'il y eût danger pour la branche A, un rapprochement en vert fait en temps opportun, en l'arrêtant momentanément, fera disparaître cet inconvénient; mais un bon palissage avec ébourgeonnement suffit ordinairement pour qu'on s'en rende maître.

Taille de la troisième année. — La troisième année (fig. 79), la première branche arrive à son complet développement; on l'incline davantage : il en est de même chaque année, jusqu'à ce qu'elle occupe sa place (fig. 80), et l'on prend la troisième inférieure par le même procédé que pour la seconde.

TAILLE DES ARBRES EN ESPALIER.

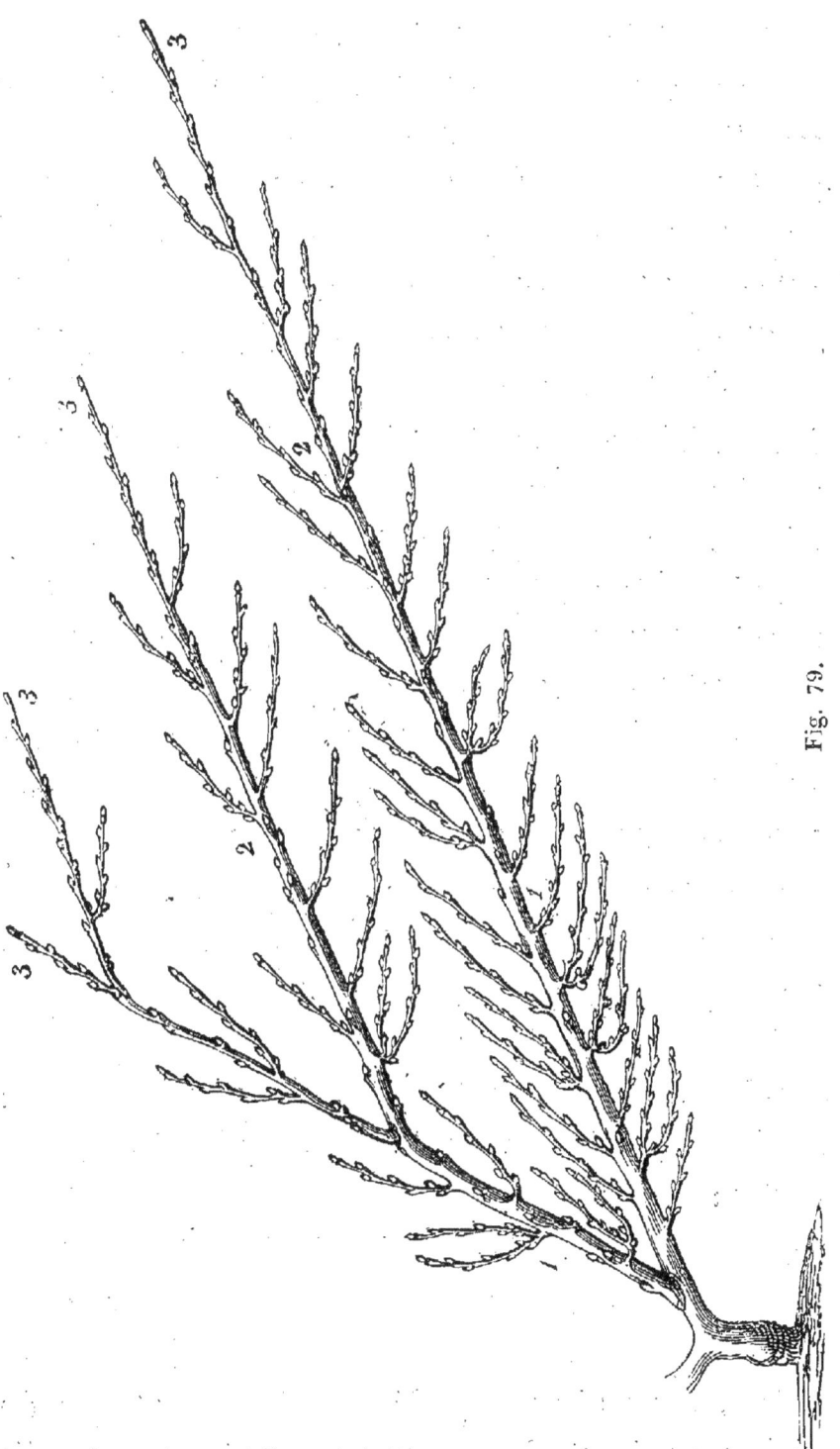

Fig. 79.

Taille des années suivantes. — Enfin, la quatrième année (fig. 80), on courbe la quatrième branche, qui complète ainsi les branches du dessous, et à cinq ans toutes les branches inférieures sont à la limite qui leur est assignée. La sixième année (fig. 81) on élève la première supérieure qui, à son tour, atteint sa limite à la septième année, ainsi que les deux autres, qu'on élève ensemble. Au bout de sept ans, l'arbre est tout à fait formé : l'aile opposée étant dirigée d'après les mêmes principes que ceux que nous venons d'indiquer pour celle-ci. On gagne ainsi trois ans, sans inconvénient pour la durée et l'équilibre de l'arbre : on a profité de toute la végétation, c'est ce qui permet d'aller aussi vite. On arrête les extrémités de toutes ces branches par le moyen que nous avons indiqué en traitant de la première forme en espalier carré. Quant aux branches à fruits, on a dû les traiter d'après les principes exposés. Dans cette méthode comme dans la précédente, nous avons supposé une bonne végétation, mais cette condition heureuse n'est pas toujours réalisable; on est alors obligé de consacrer à leur établissement un temps encore plus long, ce qui devient un inconvénient très sérieux : aussi leur préférons-nous de beaucoup les formes suivantes :

FORME EN PALMETTE A BRANCHES HORIZONTALES (fig. 82).

128. Nous n'avons parlé jusqu'à présent que du pêcher carré, et si nous avons donné une nouvelle

TAILLE DES ARBRES EN ESPALIER.

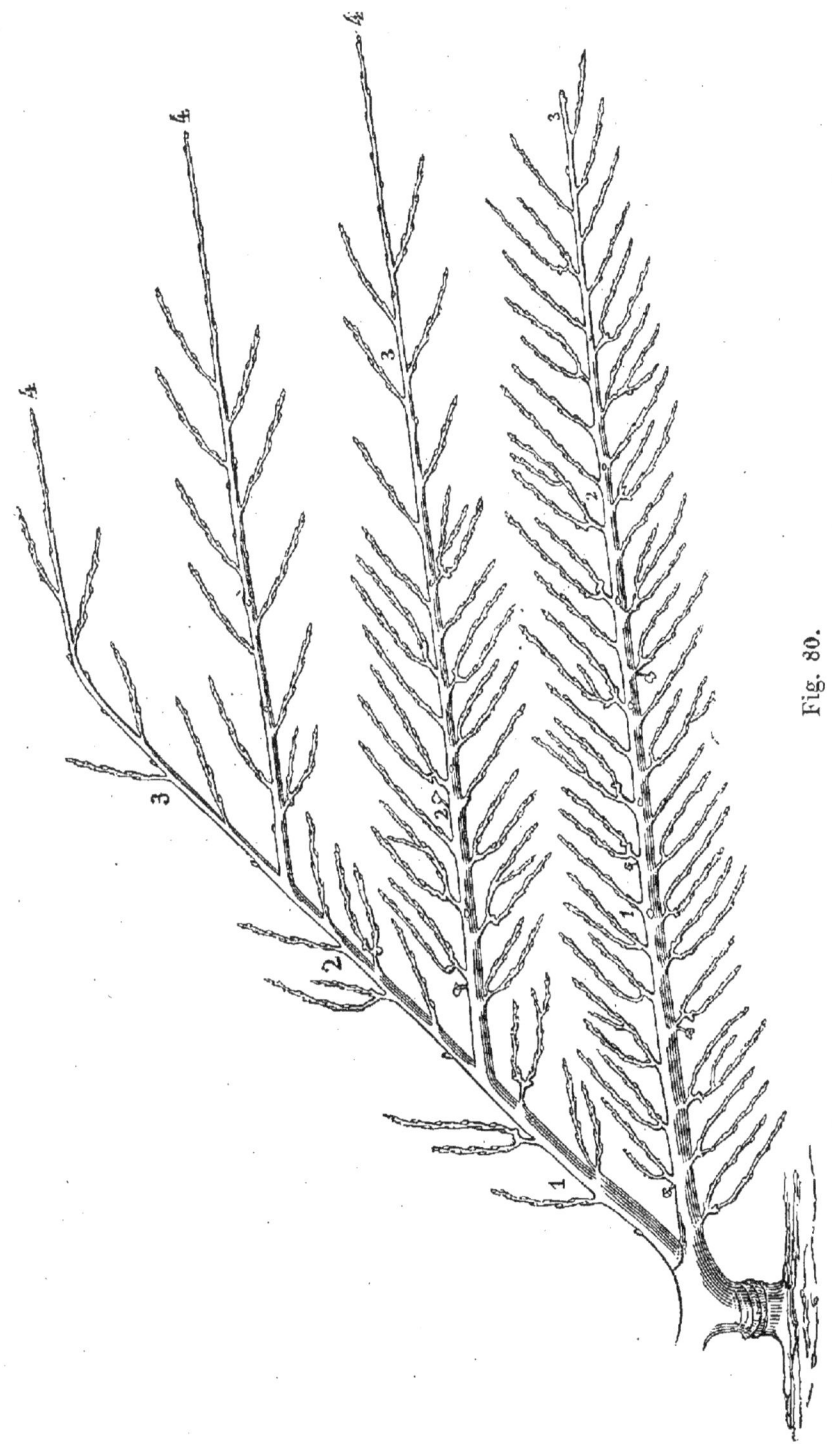

Fig. 80.

236   DE LA TAILLE DES ARBRES FRUITIERS.

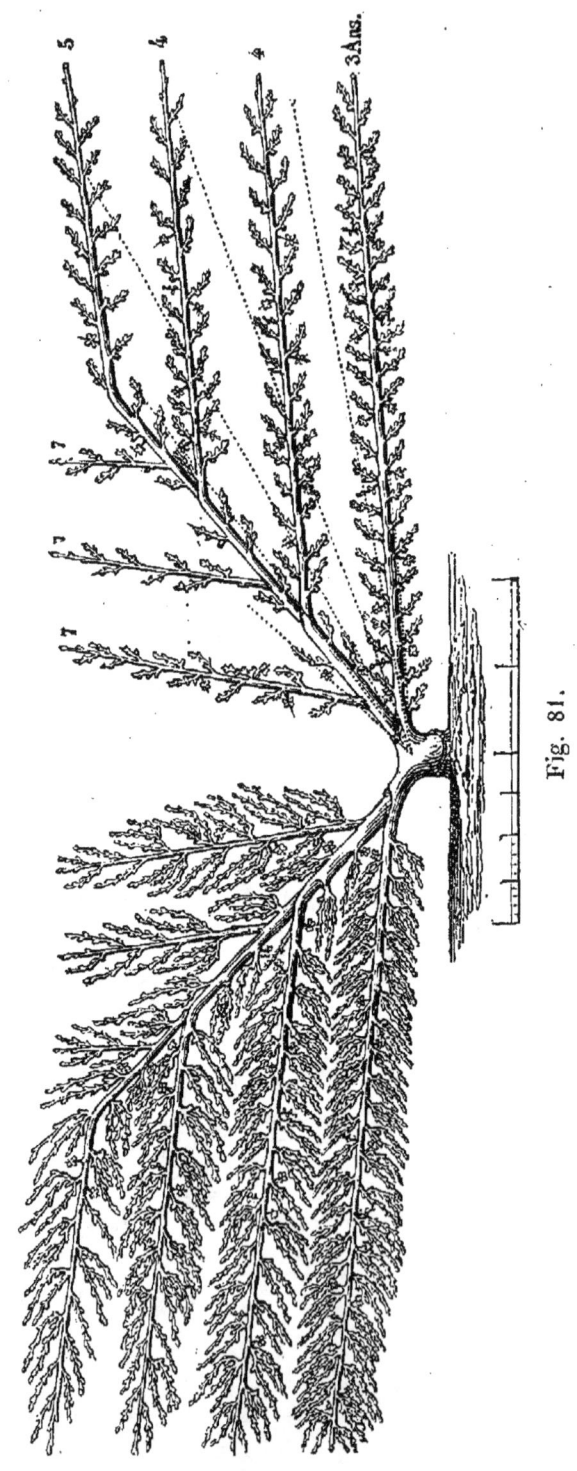

Fig. 81.

manière de l'obtenir, ce n'est pas que nous soyons partisan bien décidé de cette forme; au contraire, nous sommes loin de la regarder comme avantageuse, et nous lui trouvons plus d'inconvénients que d'avantages.

La difficulté très grande d'équilibrer chacun des membres qui la constituent, et de leur conserver la force relative qu'ils doivent avoir, serait déjà pour nous un motif de ne pas la conseiller aux amateurs, qui ont peu de journées à consacrer à leurs arbres. L'établissement dangereux des branches de dessus, qui menacent constamment l'existence des inférieures, et dont il faut combattre à chaque instant la vigueur, la rend encore peu propice. Le temps qu'il faut mettre pour l'obtenir, même dans les bons terrains, décourage presque les personnes tentées de l'adopter. Enfin, il faut avant tout que la hauteur des murs s'y prête, ce qui n'arrive pas toujours. La lente utilisation de ceux-ci, le vide énorme que peut causer la perte d'un arbre, sont aussi de réels obstacles à la vulgarisation de cette méthode dans la pratique ordinaire.

Aussi proposerons-nous de lui substituer, partout où l'on ne tiendra pas à avoir des formes variées, la *palmette simple* (fig. 82). Nous regardons parmi les grandes formes cette dernière, comme étant la meilleure de toutes et comme celle qui doit être préférée dans tous les cas. Son extrême simplicité de construction, la facilité avec laquelle on maintient l'équilibre, son établissement rapide, son peu d'exigence de soins continus, son appli-

DE LA TAILLE DES ARBRES FRUITIERS.

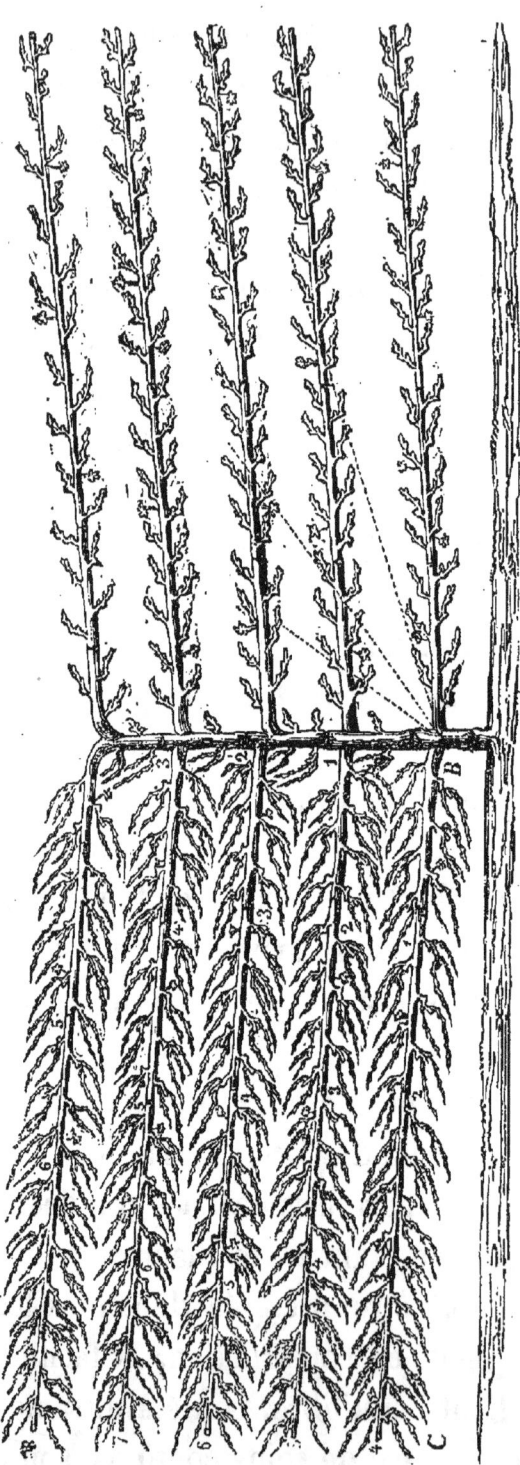

Fig. 82.

cation à toutes les hauteurs de murs, depuis 1 jusqu'à 5 ou 6 mètres, son élégance même, nous la font spécialement recommander.

De même que le pêcher carré, cette forme n'est pas nouvelle; il y a deux cents ans qu'elle a été pratiquée et puis abandonnée, peut-être par un caprice de la mode, et surtout parce qu'on n'a pas su en tirer parti. Nous chercherons ici à la réhabiliter dans l'esprit des planteurs, et à la faire adopter non pas à l'exclusion, mais au moins préférablement à toute autre.

Voici la manière bien simple, on va le voir, d'élever le pêcher en palmette; quelques mots suffiront pour faire comprendre les avantages de cette excellente méthode.

Taille de la première année. — Soit le pêcher fig. 83. Il a été taillé en *a*, à $0^m,25$ ou $0^m,30$ au-dessus du sol. Mais au lieu de chercher à n'avoir que deux bourgeons, nous protégeons le développement de trois : l'un émanant de l'œil *a* chargé de continuer la branche mère A; les deux *bb* destinés à fournir les deux branches latérales B, C, l'une à droite, l'autre à gauche. Ces bourgeons sont conduits d'après les principes déjà formulés à cet égard. La figure nous les représente à la fin de la première année de plantation. Nous avons alors trois rameaux : A, B, C. Le rameau A sera taillé à la hauteur voulue pour établir les secondes branches latérales à $0^m,50$, c'est-à-dire que l'œil que nous choisissons est placé ici à $0^m,55$ environ en *a* et sur le devant, de sorte que les branches latérales *b*, qui sont en dessous, se trouvent à 0^m,50 des premières. Quant à celles-ci, nous les rabattons à une longueur double de la tige mère, à 1 mètre en *c*. Nous leur assurons ainsi une prépondérance marquée sur la branche mère. Cependant, si la végétation était trop faible pour qu'on ne pût tailler dans

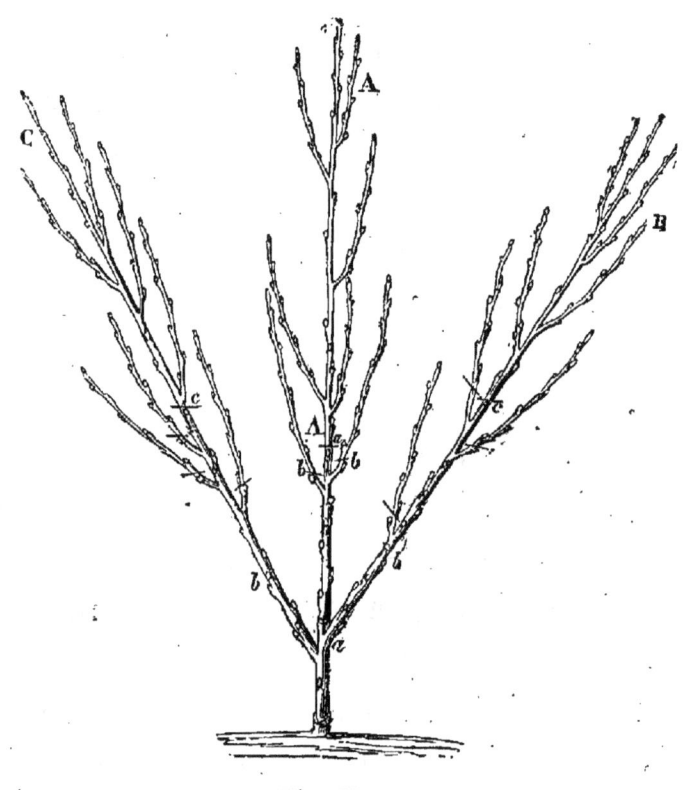

Fig. 83.

les limites que nous indiquons, on taillerait plus court, mais dans des proportions correspondantes : c'est-à-dire que les branches latérales seront tenues à une longueur double de celle de la branche verticale; il y aura même, dans bien des cas, avantage à ne point tailler du tout les premières, à moins qu'elles ne soient faibles à leur extrémité; il faudrait alors les tailler sur un œil bien constitué.

Taille des années suivantes. — Chaque année nous agissons de même, de manière à créer un étage de branches. On voit par ces quelques mots combien cette méthode est simple et facile. Plus d'embarras pour maintenir l'équilibre dans le dessous; les branches latérales inférieures, taillées très longues, résistent bien et retiennent une quantité suffisante de sève pour rester fortes. Cette forme convient à toutes les hauteurs de murs; car on peut lui donner le nombre d'étages que l'on veut. Si l'on ne prend que deux ou trois étages, on plante les arbres plus éloignés les uns des autres; si au contraire, on en prend six, sept et plus, on les rapproche, et l'on arrive promptement à garnir le mur. Pour l'élégance et la promptitude dans son établissement, elle vaut toutes les autres; pour la fructification, elle est aussi avantageuse.

La figure 82 offre un arbre tout formé, âgé de huit ans, et couvrant une superficie du $22^m,50$; chaque aile a 4 mètres de développement; la hauteur du mur, de $2^m,80$, nous a permis d'établir cinq étages, et se trouve ainsi parfaitement utilisée. Les branches B, C, qu'on a taillées à 1 mètre chaque année, à quatre ans sont donc formées; toutes les branches étant établies ainsi, sont chacune plus âgées d'un an que celle qui la précède, et tandis que la branche latérale du bas B C a quatre ans, et arrivée à sa limite se fortifie, celle du haut n'atteint sa complète formation qu'à la huitième année. Il est donc facile, malgré la perpendicularité de la branche mère, de maintenir une bonne relation de vigueur entre toutes ces branches. Lorsque la tige est près d'atteindre le haut du mur, on la courbe sans la tailler, étant encore à l'état de bourgeon, pour obtenir la même année la bifurcation au moyen d'un faux bourgeon, que nous laissons dans les proportions ordinaires. Il est bien entendu que toutes les branches latérales sont amenées graduellement à la position qu'elles devront occuper, et nous leur conservons toujours une certaine obliquité, pour ne point trop les contraindre et ne point nuire à leur santé. Leur extrémité vient rencontrer celle des branches de l'arbre voisin, ce qui donne au palissage un coup d'œil agréable.

Cette forme est tellement simple, que nous ne croyons pas devoir insister plus longtemps. Quant au seul défaut qu'on pourrait lui reprocher et qui consiste dans la verticalité de la tige, nous le faisons disparaître par la manière dont nous établissons les branches latérales. D'ailleurs une taille en vert faite à temps, si c'est nécessaire, sur la tige, maîtriserait la vigueur de celle-ci dans le cas où, malgré les précautions indiquées, elle prendrait trop de force. C'est donc sa facilité d'exécution et de conservation qui nous l'a fait préférer à toute autre.

126. *Forme en* U, *ou palmette à deux tiges*. — Indépendamment de la palmette simple, le pêcher est encore cultivé sous la *forme en* U, qu'on peut considérer comme une palmette à deux tiges; comme elle ne peut s'appli-

TAILLE DES ARBRES EN ESPALIER.

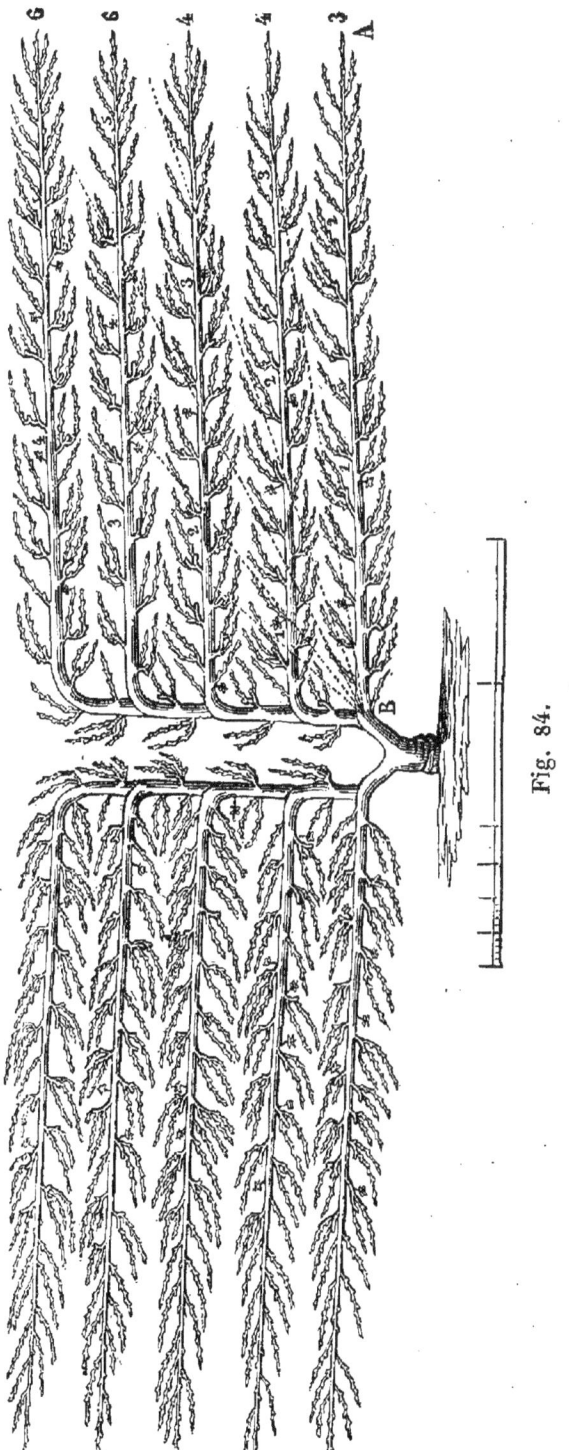

Fig. 84.

quer d'une manière avantageuse dans les mauvais terrains, nous pensons que son emploi sera moins général. Elle offre toutefois un avantage, mais qui peut dégénérer en défaut dans une main peu exercée, c'est sa promptitude d'établissement, qui tend à laisser faibles les branches du bas, parce qu'on prend trop vite les branches supérieures. En effet, dans cette forme on ne taille pas ou peu la branche de charpente. La figure 84 nous montre un pêcher en U arrivé à sa complète évolution : les branches charpentières sont espacées de $0^m,50$, ainsi que les tiges mères. Comme disposition, c'est à peu près le même aspect que la palmette, mais le mode de construction est différent.

L'arbre, que l'on a planté comme à l'ordinaire, est rabattu au point a sur deux yeux placés latéralement, l'un à droite, l'autre à gauche (fig. 85). Les bourgeons qui en émanent sont palissés verticalement, en ayant soin de leur donner la forme d'un U; puis lorsqu'ils ont dépassé d'environ $0^m,50$ l'endroit B où ils doivent former une branche horizontale, on les incline peu à peu, de manière qu'ils arrivent à trois ans à la position indiquée par le côté gauche de la figure. On a favorisé le développement d'un faux bourgeon c placé au point B, pour avoir le prolongement de la branche verticale ; quand celui-ci est à peu près arrivé à $0^m,30$ au-dessus de d, on le courbe à ce point, et l'on baisse graduellemeut selon la ligne dd parallèle à la première branche. Sur le coude d s'échappera un nouveau faux bourgeon à l'égard duquel on suivra la même marche. Si le faux bourgeon hésitait à partir, on l'y aiderait par une incision transversale.

Taille des années suivantes. — Chaque année on agit ainsi, et l'on dresse un étage de chaque côté; comme on ne taille pas le prolongement des branches, le mur se trouve très promptement garni. La branche latérale, donnant naissance la même année de son développement

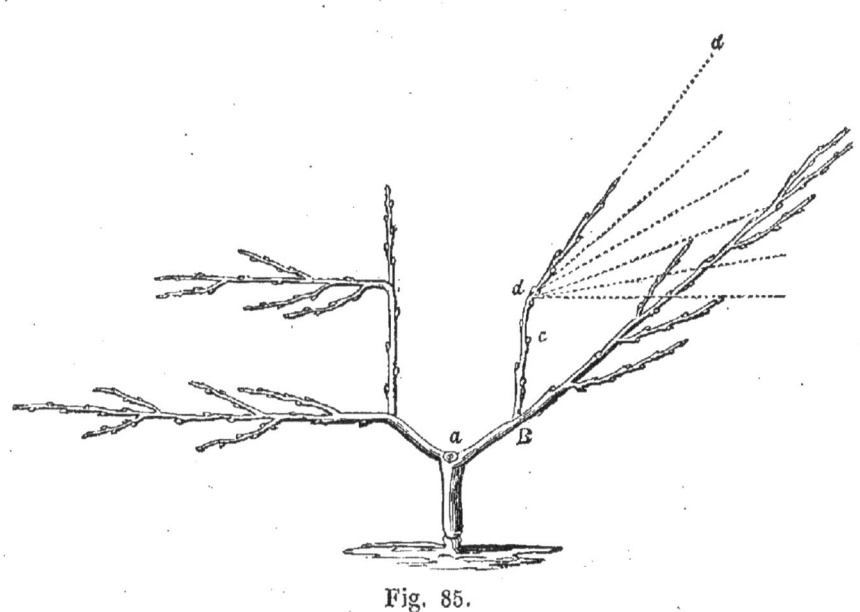

Fig. 85.

à celle qui lui est superposée, peut être exposée à s'affaiblir, surtout par suite de son inclinaison. Elle sera ménagée, pour la garantir de cet accident : si l'on y était contraint, on ferait sur le faux bourgeon une taille en vert; on retarderait, il est vrai, la charpente, mais la prédominance de la branche inférieure serait assurée. Il peut arriver qu'il n'y ait pas d'œil juste à l'endroit du coude; on en choisit un, un peu plus haut ou un plus bas', selon qu'il se rapproche le plus du point désigné. On peut encore faire subir au bourgeon, au moment où on le courbe, une légère torsion, de manière à amener un œil de devant ou de derrière à la place voulue. Enfin on a aussi la ressource de l'écusson.

Dans la figure 84 la branche A, première latérale, est à sa limite à trois ans; ce n'est qu'à cet âge qu'elle doit être fixée et palissée en B. Chaque branche ne sera dressée dans sa position définitive qu'à l'époque où son extrémité sera arrêtée. Toute la végétation mise à profit nous a permis d'avoir un arbre formé en six années. Nous avons marqué celles-ci sur les branches par des chiffres correspondants.

DES PALMETTES DE PÊCHER A BRANCHES VERTICALES.

130. Nous allons terminer ce qui est relatif au pêcher en palmette en disant quelques mots des *palmettes à branches verticales*. La figure 86 représente la palmette à cinq branches. On voit tout de suite qu'elle a la plus grande analogie avec la même forme donnée au poirier; ce que nous avons dit en parlant de cette essence se rapporte également au pêcher, ce sont les mêmes règles de conduite. Ici toutefois il est indispensable de distancer davantage les branches de charpente entre elles et de les tailler plus long. Pour faciliter le palissage, on leur réserve donc un intervalle de $0^m,50$, ce qui met les arbres à $2^m,50$ les uns des autres. Comme tous les principes à suivre sont ceux que nous avons énoncés sur la direction

à imprimer aux branches charpentières et aux branches

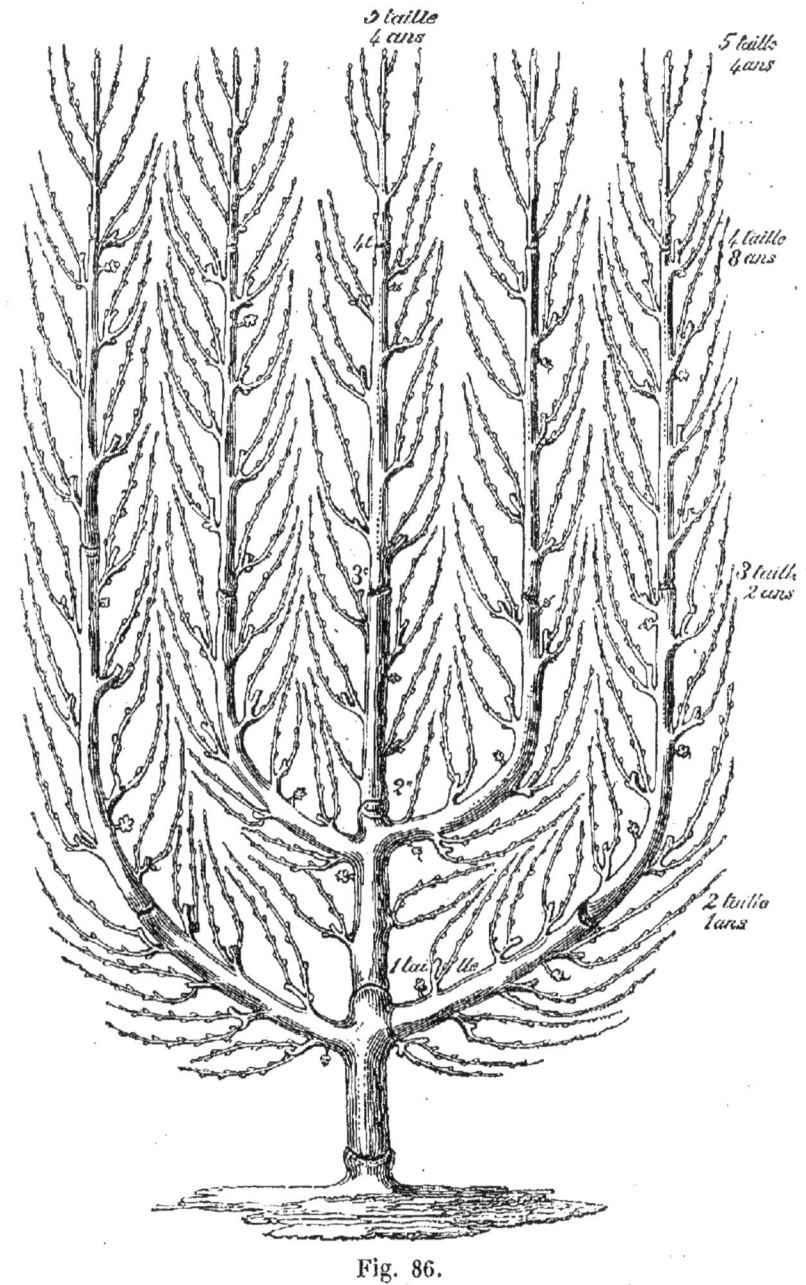

Fig. 86.

à fruits du pêcher, selon les conditions dans lesquelles

elles se trouvent, il sera aisé de dresser un arbre suivant cette forme; aussi nous ne nous y arrêterons pas plus longtemps. Cependant nous remarquerons ses avantages. Les murs, par suite du rapprochement des arbres sont promptement garnis; quatre années suffisent. On a peu ou, pour ainsi dire, pas de coursonnes inférieures. Elles sont latéralement placées sur les branches charpentières; on les traite presque toutes de même, et elles sont ainsi plus facilement entretenues dans de bonnes conditions. C'est une des meilleures formes moyennes à appliquer au pêcher lorsqu'on tient à aller vite ou qu'on a à garnir des murs élevés. Enfin, dans le cas où l'on voudrait appliquer à la branche à fruits le pincement répété, c'est une bonne forme à adopter. On évite avec elle une partie des inconvénients que nous avons mentionnés, surtout celui relatif aux coursonnes inférieures. Seulement il conviendra de rapprocher les branches charpentières entre elles en ne leur donnant plus qu'un écartement de $0^m,25$ à $0^m,30$. Quant au défaut de la verticalité de ces mêmes branches, on y remédiera au besoin par des tailles en vert faites à propos sur le bourgeon de prolongement, par le maintien ou la pose d'auvents au haut du mur; par la greffe en approche les unes sur les autres des extrémités des bourgeons de prolongement, lorsqu'ils ont atteint leur limite extrême. Et pour utiliser le mur, on ne plantera plus les arbres qu'à $1^m,25$ à $1^m,50$ les uns des autres. Si l'on craignait une trop forte végétation, on pourrait les éloigner et leur faire parcourir plus d'espace en établissant trois branches au lieu de deux, de chaque côté de la tige principale. La forme en U à branches verticales, en exigeant plus de distance, serait alors très avantageusement appliquée.

On peut varier les formes de palmettes à branches verticales dans le pêcher comme dans le poirier. Veut-on rapprocher davantage les arbres, on n'établit que quatre branches (fig. 87). Alors c'est une forme en U que l'on adopte. On taille le jeune pêcher en 1er T, afin d'avoir deux branches, une de chaque côté; on leur fait décrire une courbe en quart de cercle allongé, on les laisse pousser en les maintenant réciproquement équilibrées. Quand le bourgeon est assez long, il est palissé au-dessous du point B, et incliné à son extrémité. On redresse celle-ci ensuite, de manière à former un coude à cet endroit. Sur ce coude on favorise l'émission d'un bourgeon anticipé qui sera destiné à donner la branche intérieure. Si ce résultat ne se produisait pas et que l'œil restât inactif, il faudrait de toute nécessité établir cette bifurcation B par une taille en sec l'année suivante, ce qui retarde la formation de l'arbre. Mais si tout va bien, on taille les branches de charpente aux endroits indiqués. L'arbre est complet en cinq ans. Toutefois il y a ici un danger : les branches intérieures menacent, par leur position, d'affaiblir la prédominance que doivent avoir les extérieures, bien que celles-ci soient plus allongées lors de la taille. Aussi les surveillera-t-on pour pratiquer des tailles en vert sur leur bourgeon de prolongement et les retarder dans leur marche. C'est aussi le cas de choisir parmi les yeux multiples le plus faible

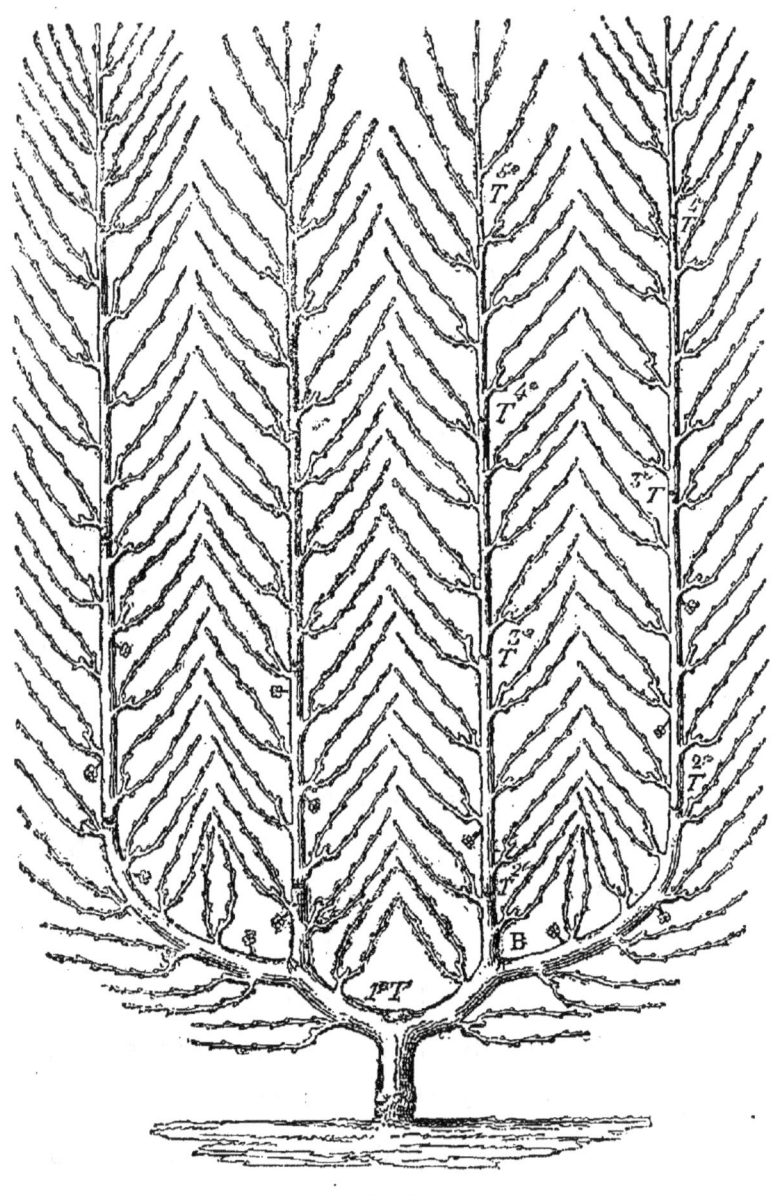

Fig. 87.

pour les prolonger. La sève se trouvera reportée dans les branches extérieures qu'il faut savoir protéger. Les branches étant distantes entre elles de 0ᵐ,50, les arbres seront plantés à 2 mètres.

Enfin on peut encore, à la rigueur, cultiver le pêcher sous de plus petites formes. Soit à trois branches verticales : c'est la même direction que pour la palmette à cinq branches, avec cette différence que les arbres, n'ayant plus que trois branches, soit plantés à 1ᵐ,50. Soit à deux branches verticales : c'est la forme en U réduite à sa plus simple expression. La première taille (fig. 88) a lieu en 1ᵉʳ T, et les deux bourgeons, l'un à droite, l'autre à gauche, sont dirigés parallèlement entre eux, après avoir décrit à leur base une courbe assez prononcée, afin d'amener toute de suite les branches à la distance de 0ᵐ,50 qu'elles doivent conserver. En trois ans un mur sera garni, les arbres étant plantés à 1 mètre. Je préfère la palmette à cinq branches verticales à ces derniers petites formes, et celles-ci au pêcher oblique, dont nous allons parler : elles seront employées dans les mêmes circonstances que lui; nous les mentionnons au chapitre suivant.

DU PÊCHER OBLIQUE.

131. Ce mode de culture du pêcher (fig. 89) a été préconisé par quelques personnes et décrié par beaucoup d'autres. Sans vouloir le substituer à tous les autres modes, nous pensons que l'on peut l'adopter dans certaines circonstances, car il n'est pas sans mérite. Il consiste à planter des pêchers d'un an, conséquemment

n'ayant qu'une tige simple, très près les uns des autres,

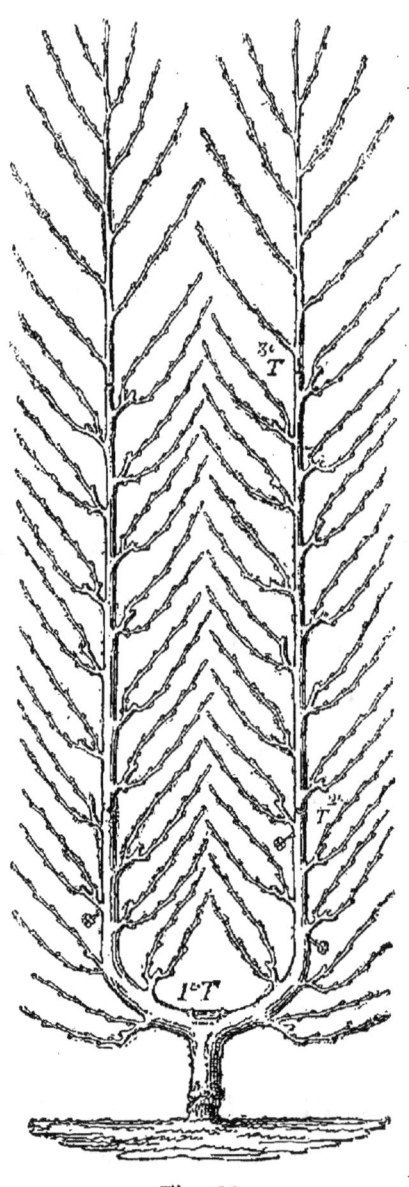

Fig. 88.

à 0^m,80, en leur donnant tout de suite une inclinaison de 45 degrés, de manière qu'ils soient obliques : ils con-

TAILLE DES ARBRES EN ESPALIER.

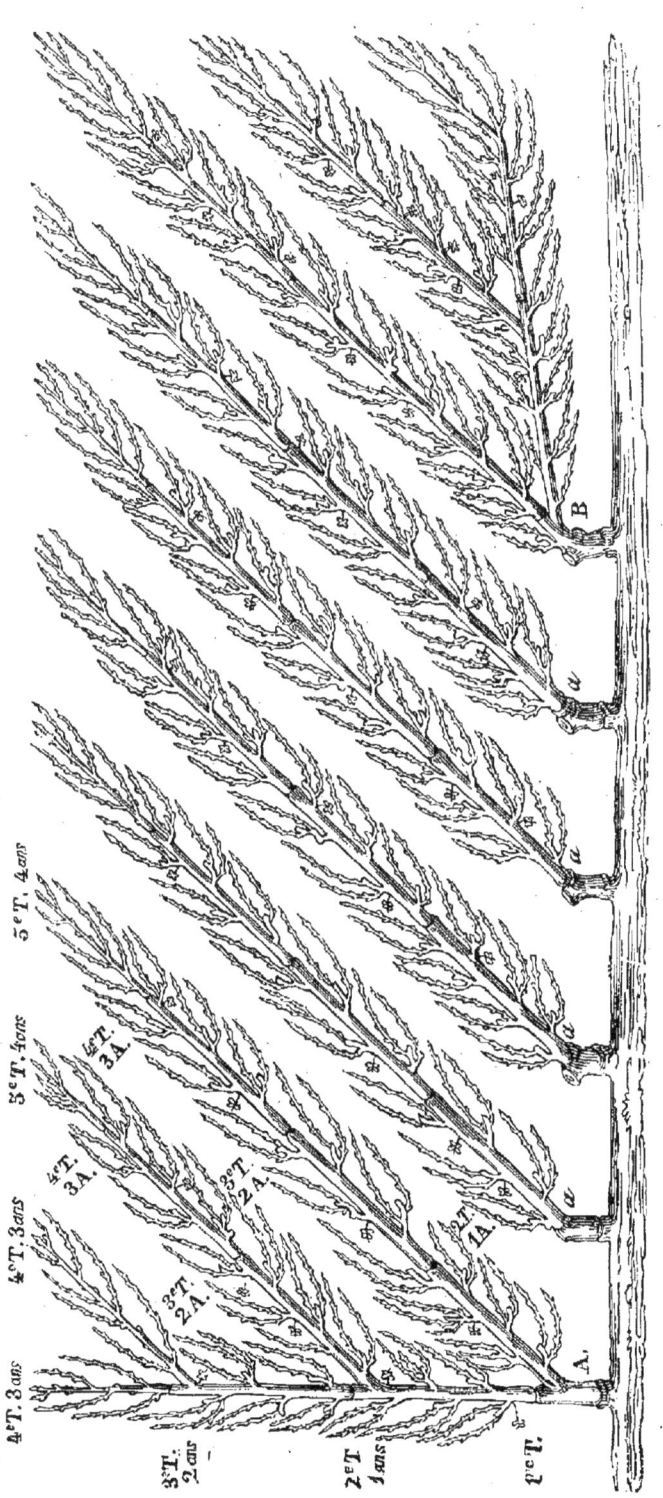

Fig. 89.

serveront cette inclinaison tout le temps de leur existence ; ils sont donc ainsi à demeure. On les élève sur une seule tige que l'on ne ramifie point ; on se contente de la tailler chaque année dans des proportions réglées d'après sa vigueur, mais toujours au moins à la moitié de sa longueur, sur un œil de devant bien disposé à la continuer, et l'on établit à droite et à gauche de petites branches. On les inclinera du côté du soleil, afin que le fruit prenne, lors de l'effeuillage, la coloration recherchée.

L'inclinaison de 45 degrés laisse entre chaque tige $0^m,60$, espace suffisant, comme nous l'avons déjà vu, pour palisser à l'aise, et donne à la tige une longueur de $4^m,20$ à parcourir pour un mur d'une hauteur de 3 mètres.

Les deux extrémités du mur se garnissent : l'une au moyen d'une demi-palmette simple dont les branches latérales sont dirigées parallèlement aux pêchers plantés obliquement (fig. 89, A) ; l'autre, en prenant une bifurcation sur le dernier pêcher B. Cette bifurcation est conduite comme la branche latérale inférieure d'une palmette ordinaire, puis ramifiée au point b ; cette ramification est dressée à son tour suivant l'inclinaison de la tige du pêcher B lui-même. De cette manière, le mur se trouve complètement utilisé.

Il est une modification heureuse apportée à ce mode d'espalier, qui consiste à planter l'arbre droit et à lui faire subir une taille à $0^m,20$ environ au-dessus du sol, sur un œil convenablement placé pour donner naissance à un bourgeon latéral (fig. 89, *a*). On peut alors amener avec facilité le pêcher graduellement dans la position oblique qu'il doit occuper, au lieu de le mettre tout de suite à 45 degrés, et même lui donner au besoin une inclinaison plus forte ; ce qui est souvent utile pour maintenir la végétation dans des limites ordinaires.

Avec ce système, un mur est bientôt garni ; mais il est à craindre qu'une trop forte vigueur de la branche mère, et surtout des coursonnes supérieures, ne nuise à la fructification et à la régularité de l'espalier. Nous ne sommes pas de ceux qui pensent qu'il puisse être admis dans toutes les natures de sol : il ne convient, suivant nous, que dans les terrains de qualité médiocre ; car bien que les arbres soient plantés très rapprochés les uns des autres, les racines sauront, dans un bon sol, s'étendre toujours assez pour donner aux pêchers ainsi plantés une végétation très vigoureuse, qui ne pourrait être utilisée avantageusement que sur des murs d'une haute élévation, lesquels sont fort rares.

C'est donc dans les terrains où le pêcher ne réussit pas bien, prospère peu et a une courte existence, que l'on pourra admettre cette forme d'espalier. Elle présentera l'avantage que l'on n'a point à s'occuper de l'équilibre entre les divers membres de l'arbre, puisqu'il n'y en a qu'un. Ajoutons qu'elle couvre promptement le mur ; enfin qu'elle est productive, car elle permet de charger à fruit la branche coursonne, moyen d'absorber de la sève et de maîtriser un peu la vigueur de l'arbre, qui est à craindre, la branche à fruits devant toujours rester dans les proportions que nous avons reconnu lui être bonnes, et les gourmands devant être soigneusement évités.

Toutefois je lui préfère la palmette à branches verticales, facile à bien établir, qui couvre aussi très promptement les murs, et avec laquelle il y a moins à craindre une trop forte végétation, nuisible à la branche à fruits lorsqu'on ne peut donner à l'arbre toute l'étendue qu'il exigerait.

RESTAURATION DU PÊCHER.

132. Le pêcher repousse sur le vieux bois, il est donc susceptible de rapprochement. Il émet alors de nouveaux jets, qui servent à reconstituer une nouvelle charpente. Le succès ne peut avoir lieu qu'autant que l'arbre n'est pas trop âgé. Si les branches charpentières s'épuisent, se dénudent de branches coursonnes dans la plus grande partie de leur longueur, ou sont mal espacées, c'est le cas de profiter des gourmands qui pourraient naître vers leur insertion : ceux-ci sont très avantageux pour les remplacer ; on favorise le développement de ces rameaux par une taille courte et un pincement sur tous les bourgeons. Le gourmand est protégé et conduit de manière à prendre sans peine la direction qu'il doit suivre. La tige elle-même peut être rapprochée jusque sur le tronc, à $0^m,15$ ou $0^m,20$, au-dessus de la greffe, lorsqu'il s'y montre de jeunes pousses. Les bourgeons produits par des yeux latents seront palissés

d'après les principes que nous avons donnés précédemment ; s'ils sont vigoureux, on les bifurquera, si la forme le comporte, par le pincement, pour accélérer la formation de la charpente; le volume des racines étant considérable par rapport à celui des branches, la sève arrivera en abondance et facilitera la réussite.

Cette opération ne se fera que lorsque le pêcher commencera à entrer en végétation, et si l'on peut conserver une ou deux petites branches d'appel, le succès sera plus complet. Nous devons dire que le recepage sur cet arbre est moins certain que sur ceux à fruits à pepins; toutefois il est bon de le tenter avant d'arracher l'arbre. On comprend qu'il n'est praticable que sur des individus présentant encore quelque disposition à pousser, autrement il vaudrait mieux s'abstenir. Toutes les plaies seront soigneusement recouvertes avec de la cire à greffer, pour prévenir les effets funestes de la gomme, qui ne manquera pas de s'y porter.

Les branches de charpente, tout en végétant bien, peuvent se dénuder, les coursonnes, malgré un bon traitement, venant à périr; en admettant que l'espace resté vide ne soit pas trop considérable, on remédie à cet inconvénient au moyen de la greffe en approche herbacée (fig. 90 et 81).

La figure 90 représente une coursonne portant deux bourgeons dont un a été greffé, et la figure 91 une série de jeunes bourgeons B formés par un bourgeon A, qu'on a greffé successivement au fur et à mesure de son développement; ces bourgeons B rétabliront les coursonnes et les branches à fruits, lorsqu'ils seront soudés sur la branche charpentière aux endroits désignés. L'année suivante, on sèvre chacune de ces greffes aux points *c*.

Nous recommandons tout particulièrement ce mode de greffe, il offre des avantages manifestes sur tous les

Fig. 90.

autres. On le pratique pendant tout le cours de la saison, aussitôt que le bourgeon est assez formé pour se courber sans casser. Il est cependant des branches trop vieilles, et trop rugueuses pour être regarnies par ce procédé; on se sert alors du suivant (fig. 92). On prend sur une coursonne C un rameau A bien constitué, on le couche tout le long de la partie dénudée en l'y fixant par des liens. On éborgne tous les yeux autres que ceux qui

TAILLE DES ARBRES EN ESPALIER.

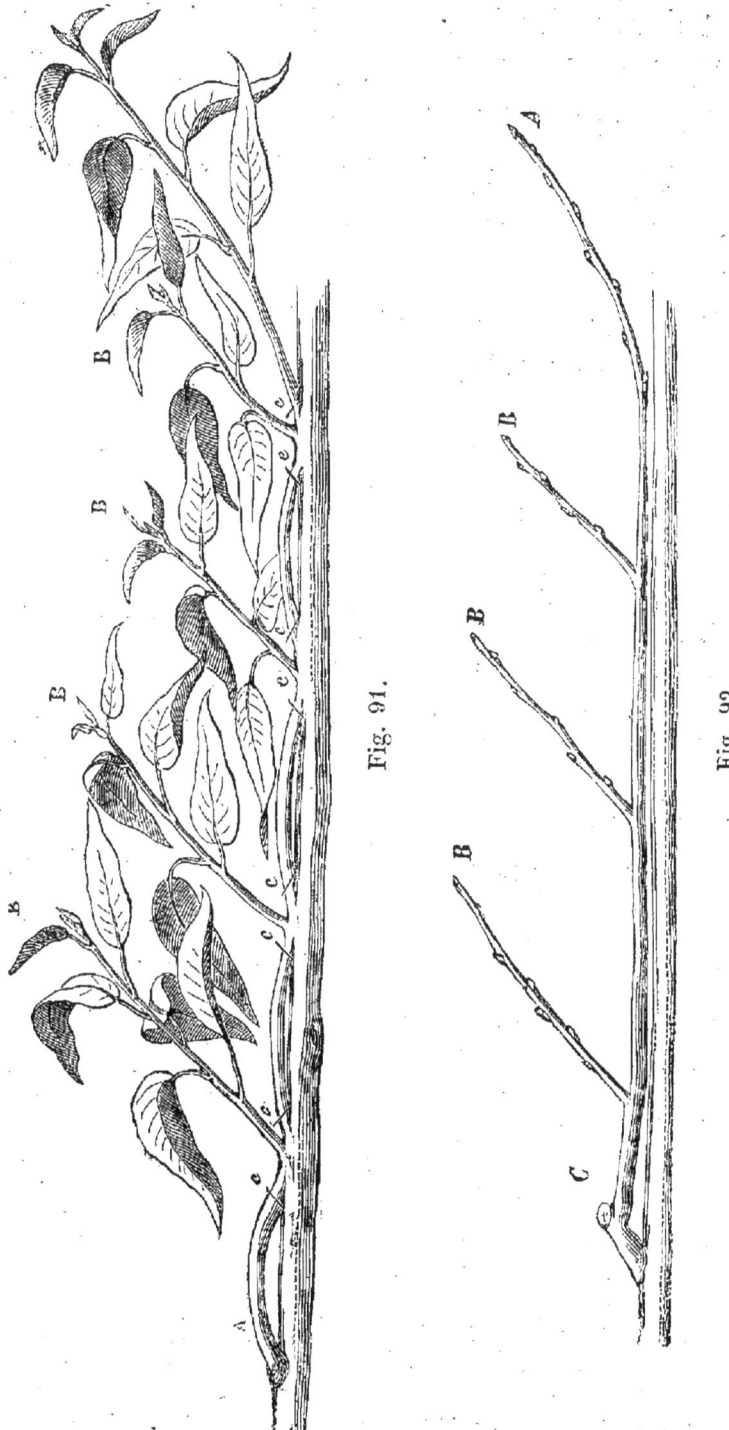

Fig. 91.

Fig. 92.

doivent donner les bourgeons B destinés à former de nouvelles branches fruitières. Quant au rameau, il est pincé à son extrémité, si c'est nécessaire, et il est constamment conservé appliqué sur la branche de charpente.

Les pêchers rajeunis peuvent vivre longtemps; leurs produits sont aussi beaux et aussi abondants que dans leur première période.

§ III. — De l'abricotier.

133. Dans les climats froids, cet arbre ne se cultive avantageusement qu'en espalier : les fruits sont très beaux, mais ils ont moins de qualité qu'en plein vent. Les meilleures expositions sont le levant et le midi. Il fleurit de très bonne heure, et les fleurs ont très fréquemment à souffrir des gelées, qui les détruisent. Aussi pensons-nous que, dans un terrain dont la nature excite les arbres à fleurir de bonne heure, l'exposition du nord, dans les contrées tempérées, en retardant la floraison, rendrait les récoltes moins chanceuses; il est vrai que la maturité aurait lieu plus tard et que les fruits auraient moins de couleur et de saveur, mais ces inconvénients sont encore moindres que celui de n'avoir rien. Le plein-vent, partout où il pourra être cultivé et donner de beaux produits, sera préférable à l'espalier. Sous n'importe quelle forme, l'abricotier est difficile à maintenir. La palmette et l'éventail sont plus usités quand

on l'adosse à un mur ou à un treillage ; mais il est bientôt défectueux. La gomme cause des accidents funestes : cette maladie, à laquelle il est très sujet, est plus difficile à guérir sur lui que sur tout autre arbre. Les branches devront être distancées entre elles de $0^m,25$ à $0^m,30$. La palmette à branches verticales convient tout particulièrement à l'abricotier.

Quand on adopte la palmette, on peut, dans un bon terrain, obtenir deux branches latérales de chaque côté la même année, l'une à la taille d'hiver, l'autre par une taille en vert pratiquée à temps.

Les bourgeons sont pincés rigoureusement à $0^m,07$ ou $0^m,08$, et deviennent branches fruitières l'année suivante ; celles-ci sont raccourcies lorsqu'elles prennent trop d'extension.

On peut planter les abricotiers en cordons. Ce mode permet de les couvrir facilement et de les préserver des gelées du printemps, qui détruisent presque toujours les récoltes.

Lorsque les branches d'un abricotier sont épuisées on les rapproche jusque sur le tronc ; il repart facilement des jets de nouveau bois, avec lesquels on constitue la charpente. Pour éloigner cet épuisement, on prend le soin, dans les années de grande abondance, d'éclaircir les fruits. Ceux conservés n'en deviennent que plus beaux.

§ IV. — Du cerisier.

134. Il se plaît parfaitement en espalier et en contre-espalier et est très facile à diriger; ses produits sont beaux et abondants; on l'élève en palmette, les branches rapprochées entre elles de 0^m,25 à 0^m,30. On peut aussi avec lui obtenir deux branches latérales chaque année, comme nous venons de le dire pour l'abricotier. Sa vigueur sera utilisée par une taille longue. Les bourgeons sont soigneusement pincés et se mettent à fruit facilement. Toutes les expositions lui conviennent : au levant et au midi, les cerises mûrissent de bonne heure; au nord, elles mûrissent tard, ce qui donne des récoltes successives qui fournissent à une consommation prolongée. Dans beaucoup de circonstances, c'est une des bonnes manières d'utiliser les murs du nord qui ne peuvent être consacrés qu'à un nombre assez restreint de variétés de fruits.

§ V. — Du prunier.

135. Rarement on le met en espalier; il fleurit tard, et ses fleurs d'ailleurs supportent assez bien les gelées.

En plein vent ses fruits sont plus abondants. Nous ne mentionnons l'espalier que comme propre à donner de très beaux fruits. La palmette et l'éventail sont les formes sous lesquelles il est dirigé; les branches latérales se distancent de $0^m,20$ à $0^m,25$; la branche à fruits est tenue très courte.

Ces deux derniers arbres, lorsqu'ils poussent vigoureusement, garnissent promptement le mur; avec des pincements ou des tailles en vert, on les bifurque une ou deux fois dans l'année.

L'espace qu'ils réclament a été indiqué en parlant de la plantation au n° 16.

CHAPITRE V.

CULTURE DE LA VIGNE DANS LES JARDINS.

136. Sous le climat de Paris, que nous avons en ce moment plus spécialement en vue, le raisin de table ne peut arriver toujours à une complète maturité, à moins de certains soins indispensables. La vigne pousse vigoureusement et émet une grande quantité de bourgeons, dont la végétation prolongée consomme beaucoup de sève et retarde la maturité des fruits; il importe de s'opposer à cette vigueur, et de la diminuer ou de l'utiliser au profit du raisin : c'est le but de sa culture.

Presque tous les sols conviennent à la vigne; mais c'est surtout dans une terre fraîche et riche qu'elle déploie toute sa force et toute sa rapidité de croissance; toutefois le raisin a peu de saveur, et malgré sa belle apparence, la maturité s'y trouve compromise, pour peu que l'année ne soit pas favorable.

La terre qu'on choisira sera de moyenne consistance, un peu pierreuse, propre à s'échauffer facilement et à laisser les eaux s'égoutter promptement. Lorsqu'elle est froide, il faut l'amender avec du sable ou des composts dans lesquels le calcaire entre en forte proportion; les plâtras peuvent aussi être employés avantageusement.

Les expositions du midi et du levant, et les coteaux, doivent être préférés.

Le terrain sera préparé comme nous l'avons dit à l'article Défoncement. Souvent on néglige pour la vigne de faire cette opération, c'est à tort; plus on facilitera l'extension des racines, plus on pourra obtenir de beaux succès.

La vigne se multiplie très facilement par *boutures*, *crossettes*, *marcottes*, *greffes* et *semis*.

La *bouture* est un sarment de l'année, long de $0^m,60$ à $0^m,80$, que l'on fiche en terre verticalement, après l'avoir préalablement fait tremper dans l'eau pendant quelques jours. On laisse sortir hors de terre deux yeux qui serviront à commencer le cep. Il vaut mieux le coucher dans une rigole ouverte à cet effet; il prend, dans cette position, plus facilement racine. Ce mode de multiplication donne de bons mais lents résultats. La bouture restant longtemps avant de pousser fortement, on remédie à cet inconvénient à l'aide du procédé suivant : Avant de planter, on enlève légèrement l'écorce de la bouture sur toute la partie qui doit être mise en terre, et longue de $0^m,20$ à $0^m,30$, en ayant soin de ne pas attaquer le liber. Cette écorce dure, d'un tissu serré, quoique mince, est un obstacle à la formation et au développement des racines; sa suppression a pour effet de permettre à ces dernières de naître en abondance sur tous les points de la partie décortiquée, au lieu de ne sortir qu'aux yeux et au pourtour de la coupe de la partie enterrée. Cette bouture est d'une reprise plus assurée et d'une végétation beaucoup plus grande que la bouture ordinaire dont l'écorce n'a pas été enlevée.

D'après les essais que nous avons faits, nous avons obtenu de ce procédé des résultats des plus remarquables ; aussi n'hésitons-nous pas à le recommander d'une manière toute particulière. On peut l'appliquer aussi avec le même succès à la crossette et à la marcotte.

La bouture se fait encore avec un œil détaché du sarment par deux sections perpendiculaires à ce dernier et contre l'œil même. L'œil alors se traite comme une graine. Ce mode permet de multiplier en grand une variété donnée, et est surtout applicable au vignoble.

La *crossette* est un sarment ayant à son extrémité inférieure une petite portion de bois de deux ans (fig. 93) ; elle se plante comme la bouture, mais sa réussite est plus assurée ; elle pousse parfaitement. Elle ne fructifie, comme la première, qu'au bout de trois ou quatre ans. On devra préférer les marcottes, qui restent moins lontemps à donner leurs fruits.

Les *marcottes*, ou *chevelées* (fig. 94), se font au printemps. On choisit les sarments les plus beaux ; on pratique au pied du cep une petite rigole profonde de $0^m,20$ à $0^m,25$ environ, on y couche le sarment sur une longueur de $0^m,30$ à $0^m,40$, en lui faisant décrire une légère courbe au fond de la rigole ; on le recouvre de terre et on le rabat sur deux yeux ; on supprime ceux qui se trouvent sur la partie comprise entre le cep et le point où le sarment entre en terre, afin de les empêcher, en se développant, d'absorber la sève au détriment de la marcotte. Les yeux, au contraire, sont conservés sur la partie enterrée; ils donneront naissance à d'abondantes racines. A l'automne suivant, on peut sevrer la marcotte du pied mère et s'en servir pour la plantation à la condition qu'elle soit forte et les yeux bien nourris.

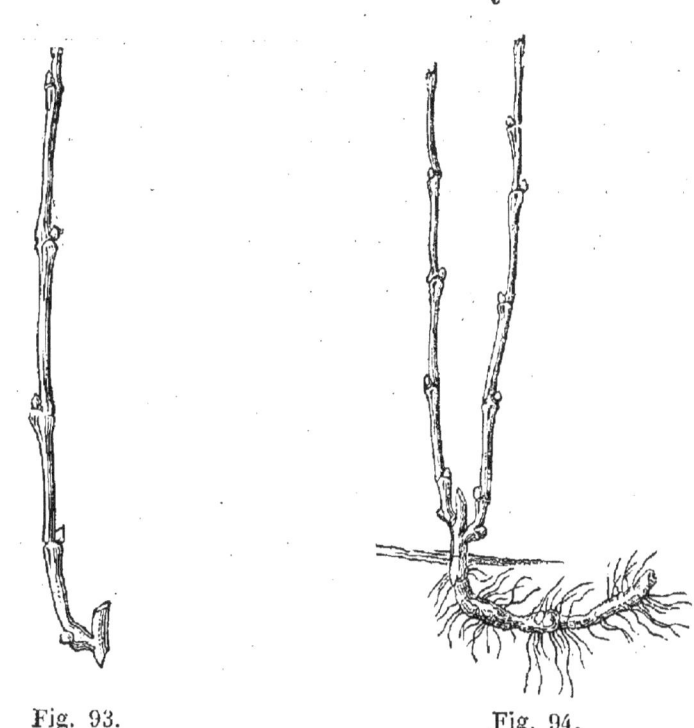

Fig. 93.   Fig. 94.

La marcotte s'emploie *nue* ou *en panier*. La *marcotte nue* est celle que nous venons de décrire. On l'appelle ainsi parce que, au moment de la plantation, les racines sont débarrassées de la terre qui y adhérait. La *marcotte en panier* consiste à coucher le sarment dans un panier ovale ayant de 0^m,25 à 0^m,30 de longueur, de largeur et de hauteur, en le maintenant à l'aide d'un crochet, ou en le faisant passer par le fond, dans lequel on ménage une ouverture. On enfouit le panier, que l'on remplit de bonne terre. Cette marcotte sera sevrée à l'époque indiquée, et pourra, sans souffrir, être transplantée dans son panier, qui doit être d'osier assez bon pour se conserver à peu près une année. Il pourrit l'année suivante et laisse la chevelée libre d'étendre ses racines. Les marcottes peuvent commencer à donner du fruit la deuxième année de plantation.

Quelquefois on couche des brins de deux ans; ils reprennent aussi bien que les sarments.

Indépendamment de la marcotte ordinaire, on peut employer avec le plus grand succès la marcotte suivante, que nous désignons sous le nom de *marcotte horizontale*. On ouvre une petite rigole de $0^m,15$ environ de profondeur, on y couche le sarment en le tenant fixé contre la terre du fond à l'aide de plusieurs petits crochets de bois et l'on en redresse l'extrémité de manière à avoir deux bons yeux hors de terre. On laisse la rigole ouverte. Au printemps, les yeux se développent; lorsque les bourgeons ont une dizaine de centimètres de longueur, on fait tomber un peu de terre dans la rigole, sur le sarment, afin d'enterrer la base des bourgeons de $0^m,04$ à $0^m,05$. Puis, quand ils sont suffisamment hauts, on finit de combler la rigole. Pendant le cours de la végétation des racines naissent à la base des yeux enterrés, et à l'automne suivant on a autant de pieds bons à planter qu'il y avait d'yeux sur le sarment qu'on a dû coucher dans son entier. Cette marcotte est donc précieuse pour multiplier promptement la vigne. Il va sans dire qu'on attachera à des tuteurs les bourgeons au fur et à mesure que leur allongement le nécessitera; ou bien on se contentera de les pincer au-dessus de la septième ou huitième feuille pour éviter de les échalasser, mais les tuteurs valent mieux.

La *greffe* est employée comme moyen de propager une espèce, ou de changer la nature des cépages en substituant une nouvelle à une ancienne, ou bien, le plus ordinairement, pour rajeunir une vieille vigne, ou encore pour remplacer sur les cordons des coursons qui ont disparu, et aussi pour voir fructifier plus tôt, souvent la deuxième année, une variété nouvelle. Nous reviendrons sur elle en parlant de ces diverses circonstances, dans lesquelles elle donne toujours de bons résultats si elle est bien faite.

Le *semis* est encore un des modes de multiplication de la vigne, mais peu usité à cause de l'incertitude des résultats et de leur lenteur à fructifier. Nous ne faisons que le mentionner, sans entrer dans des détails. Il serait cependant utile d'en tenter un assez grand nombre, mais dans le but seulement d'obtenir des espèces plus précoces, qui permissent d'étendre cette culture plus au nord, au moins dans les jardins. Déjà des essais dans ce sens ont été faits et ont parfaitement réussi. C'est un exemple pour engager les cultivateurs, à qui leurs occupations laissent quelque loisir, d'essayer des semis de toute espèce d'arbres, dans le but de créer des variétés hâtives qui favoriseraient l'extension de certaines cultures, en rendant leurs produits plus assurés.

J'avoue que ces semis, tout en demandant du temps, exigent aussi une longue patience et un soin extrême ; dans l'état actuel de nos connaissances, ils ne doivent pas être faits au hasard. C'est à l'aide de l'hybridation qu'on parvient à former de nouvelles races ; le choix des porte-graine à hybrider est donc bien important. Pour hâter la fructification, il sera avantageux de greffer. Ce n'est pas ici le lieu de m'étendre sur ce sujet ; je l'indique seulement comme le seul et vrai moyen de réussite.

PLANTATION DE VIGNE (fig. 95).

137. Avant de planter, le terrain a été défoncé et amendé suivant le besoin. S'il s'agit d'une plantation en cep ou en contre-espalier, il suffira d'ouvrir une rigole de $0^m,25$ de largeur sur $0^m,30$ à $0^m,40$ de profondeur, selon la nature du sol, et l'on placera la crossette ou la marcotte, à laquelle on ne laisse que le sarment le plus vigoureux, à l'endroit où l'on veut élever le cep. Si, au contraire, c'est pour établir un espalier, le meilleur procédé à suivre est de faire une tranchée d'un bout à l'autre du mur, profonde de $0^m,50$ et large de 2 mètres. On peut mettre au fond un lit de bon fumier bien décomposé, qu'on recouvre ensuite de $0^m,10$ à $0^m,15$ de bonne terre ; on place les chevelées les unes parallèlement aux autres, et conservant entre elles une distance qui variera suivant la hauteur du mur et la forme à donner à la treille. On les couche la première année jusqu'à $0^m,80$ à 1 mètre du mur, et on les recouvre de

$0^m,30$ à $0^m,35$ de terre en les rabattant sur deux yeux seulement. Ceux-ci se développeront; on les attachera sur des tuteurs ou des échalas; les faux bourgeons seront soigneusement pincés à une ou deux feuilles sans être encore retranchés; ils ne le seront que plus tard, en août, et les bourgeons eux-mêmes rognés à leur extré-

Fig. 95.

mité à la même époque, rarement plus tôt, à moins qu'ils ne prennent trop d'accroissement en longueur. Ce rognement a pour but de concentrer la sève vers la base de la partie conservée, pour faire prendre au sarment une grosseur suffisante et assurer la complète maturité du bois. La vigueur des pousses de l'année suivante dépend en grande partie de cette opération; sans elle les sarments resteraient grêles et ne donneraient que de faibles bourgeons. La deuxième année de plantation, on retranche le sarment le moins vigoureux, et l'on rabat l'autre à deux yeux. Pendant la végétation, on donne les mêmes soins que l'année précédente : les deux nouveaux bourgeons sont attachés, ébourgeonnés et rognés, si c'est nécessaire, mais à une hauteur d'au moins $1^m,30$ à $1^m,50$. La troisième année, on retranche comme précédemment l'un des sarments, et l'on couche l'autre dans une rigole que l'on pratique en face du cep, en le faisant arriver au pied du mur. Cette rigole doit avoir une profondeur de $0^m,30$ à $0^m,35$ sur $0^m,25$ de largeur; elle est remplie de terre bien amendée, afin d'exciter le développement des racines de la partie enterrée. Cette profondeur est nécessaire pour que celles-ci ne soient pas atteintes lors des labours. Le brin couché est rabattu encore à deux yeux, comme dans les premières tailles. Par ce procédé, on fait prendre à la vigne un grand nombre de racines qui lui assurent une bonne végétation. Si l'on a affaire à un sol dans lequel la vigne soit susceptible de pousser avec une grande vigueur, on peut se dispenser avec avantage de coucher le sarment deux années de suite. On plante au pied du mur même la première année; on gagne ainsi du temps, sans préjudice pour la prospérité ultérieure de la treille, car souvent, dans cette nature de sol, les nouvelles racines qui naissent sur la partie couchée la deuxième année prennent une telle force, que les racines de la première partie se trouvent pour ainsi dire annihilées et finissent par périr.

Il y a des personnes qui préfèrent planter tout de suite à demeure des boutures enracinées; elles obtiennent d'aussi bons résultats qu'avec les marcottes et gagneraient ainsi du temps. La réussite d'une telle plantation ne peut être avantageuse qu'à la condition d'élever avec soin les boutures en pépinière, en choisissant de préférence des crossettes, afin de les avoir déjà fortes au moment de les mettre en place.

DU MODE DE VÉGÉTATION DE LA VIGNE.

138. La vigne a une grande propension à pousser : lorsqu'elle est abandonnée à elle-même, ses produits sont presque nuls sous notre climat. Pour elle, plus que pour tout autre arbre, la taille est indispensable.

D'après la manière dont on la conduit, nous reconnaissons dans la vigne des *branches de charpente* et des *branches à fruits*.

Les premières prennent différents noms suivant la forme qu'on adopte, tels que : *souche* dans le *cep*, *cordons* dans la *treille*, etc. Les deuxièmes sont représentées par les *sarments*, résultat des bourgeons qui prennent naissance soit directement sur la branche de charpente, soit sur un courson, comme dans le pêcher.

L'œil, dans la vigne, prend vulgairement le nom de *bourre;* il est accompagné d'un ou de deux sous-yeux à sa base, qui se développent soit par suite d'accident survenu à l'œil principal, soit spontanément sur les bourgeons, et constituent alors de faux bourgeons. Les sous-yeux, lorsqu'ils poussent par suite d'une gelée ayant détruit l'œil principal ou son bourgeon, qu'il est alors avantageux de rabattre, ou accidentellement, et qu'on les conserve, peuvent donner du fruit, mais les grappes sont moins fortes que celles qu'aurait données l'œil principal. La vigne a la faculté de repercer sur le vieux bois : les bourgeons qui en sortent sont presque toujours stériles ; ce n'est que lorsque les sarments ont été taillés qu'ils fructifient. Le premier ébourgeonnement se fait en mai, et se continue jusqu'en août pour les faux bourgeons. La vigne donne toujours ses fruits sur le bourgeon de l'année : ce n'est que lorsque l'œil est développé de quelques centimètres qu'on peut voir les grappes, qui sont généralement au nombre de deux. Le sarment qui a produit ne produit plus ; comme pour le pêcher, il convient de le renouveler. La grande vigueur de cet arbrisseau lui fait souvent développer des faux bourgeons qu'on doit retrancher, sauf certaines circonstances où on les utilise, et même où l'on excite leur développement. Elle occasionne aussi des avortements nombreux de grappes, connus sous le nom de *vrilles*, qui servent à ce végétal sarmenteux à s'accrocher aux corps environnants : comme dans la culture on lui donne les soutiens nécessaires, les vrilles doivent être soigneusement enlevées.

Enfin la vigne ayant une écorce très mince et peu vivante, il faut lui ménager les plaies, qui ne se recouvrent jamais ; elles se cicatrisent, mais restent toujours apparentes.

139. *Époque de la taille.* — Le moment le plus favorable pour tailler la vigne est, sous notre climat, le mois de février et celui de mars. Dans le Midi, on la taille en novembre et décembre. Cette opération doit se faire après les grands froids et avant l'ascension de la sève, afin d'éviter des déperditions considérables par les plaies si l'on tardait trop, et afin de préserver les yeux de l'humidité occasionnée par l'épanchement de la sève, et de les rendre ainsi moins sensibles aux gelées. Je rappellerai ici que, dans cette espèce, dont le bois est spongieux, il importe d'éloigner la coupe de l'œil à 1 centimètre environ, l'onglet tendant à se dessécher dans une assez forte proportion. Si l'on taillait tard et que la vigne fût *en pleurs*, il faudrait éloigner encore davantage la coupe de l'œil. On rabat l'onglet l'année suivante.

DE LA BRANCHE DE CHARPENTE.

140. De ce que la vigne pousse vigoureusement, on pourrait croire qu'on doit, à la taille, allonger fortement les branches charpentières; en agissant ainsi, on se tromperait dangereusement, et l'on obtiendrait des résultats tout à fait désavantageux. Il faut, au contraire, les tenir courtes. Si l'on taillait long, la sève, se portant aux extrémités, négligerait les yeux placés près de la base du sarment; ceux-ci alors resteraient inactifs, ou s'ouvriraient très faiblement : on perdrait ainsi des coursons, et l'on aurait inévitablement des vides. Les

coursons sont difficiles à maintenir réguliers et bien constitués ; ce n'est qu'en les établissant lentement qu'on les obtient robustes. De plus, la branche de charpente, conservée courte, prend plus d'accroissement en diamètre et laisse arriver une plus abondante sève dans les branches à fruits, au bénéfice des grappes, qui acquièrent plus de grosseur et de qualité.

Quelle que soit la vigueur de la vigne, on ne taillera point les branches de charpente au delà du quatrième ou du cinquième œil, ce qui souvent est encore trop. Si l'on veut avoir des coursons très régulièrement établis et distancés, on ne doit pas chercher à en obtenir plus d'un par année sur chaque cordon d'une Thomery ou de chaque côté d'une palmette ; il est même alors quelquefois nécessaire de faire subir aux bourgeons de prolongement une légère torsion pour amener un œil à la place voulue. Les premières années on est tenté de tailler long ; mais au bout de huit à dix ans, on s'aperçoit qu'on a commis une erreur, au peu de végétation et au peu de produits qu'on obtient d'une treille trop vite établie. Il y a donc réellement avantage à aller lentement.

DE LA BRANCHE A FRUITS.

141. Comme dans le pêcher, la branche à fruits dans la vigne demande à être renouvelée, mais ici il est très facile de se procurer le bourgeon de remplacement. Ainsi soit le sarment A à tailler (fig. 96), nous le rabattons sur le deuxième œil *b*, y compris celui *c* du talon ;

c'est ce dernier qui donnera le nouveau sarment sur lequel on taillera l'année suivante. La figure 97 nous représente les résultats de cette première taille. La deuxième année, le courson d est rapproché sur le rameau c, qui, à son tour, est taillé comme précédemment.

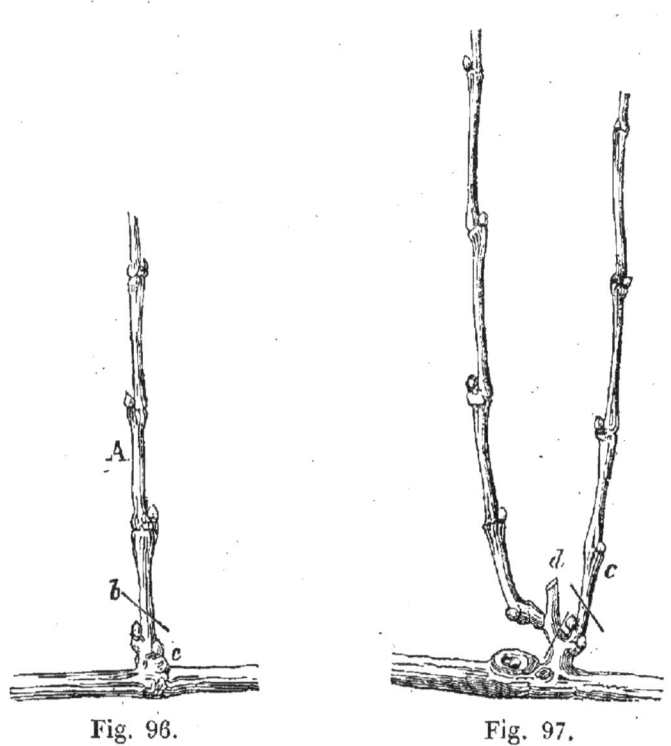

Fig. 96. Fig. 97.

Il faut éviter l'allongement des coursons, qui deviennent noueux, languissants, et finissent par périr en occasionnant des vides sur la charpente; aussi chaque fois qu'on pourra les renouveler, par suite de la naissance d'un bourgeon près du talon, on devra s'empresser de le faire.

Quoiqu'on n'ait laissé au courson que deux yeux,

presque toujours, quand la vigne est jeune, il sort des bourgeons adventifs et des sous-bourgeons; on retranche toutes ces productions par un premier ébourgeonnement, lorsque les pousses des yeux de taille ont 10 à 12 centimètres de long, et qu'on peut apercevoir les grappes. Si l'un de ces bourgeons était bien placé et présentait un certain empatement, on le conserverait pour renouveler une partie du courson : alors on supprimerait un de ceux fournis par les deux yeux de taille, le moins bien placé, à moins que l'autre n'eût pas de fruits. Quelque temps après, lorsque les bourgeons ont de 40 à 50 centimètres, des faux bourgeons ou bourgeons anticipés naissent à l'aisselle de la plupart des feuilles; on les enlève soigneusement, ainsi que les vrilles, qui absorberaient inutilement une partie de la sève. On commence alors un premier palissage par les plus forts bourgeons, les autres restent libres encore; ils ne sont attachés que successivement à mesure qu'ils grandissent, et l'on continue sur eux l'ébourgeonnement. Lorsque les bourgeons sont arrivés à la limite qui leur est assignée par la forme de la treille, on les pince. Ce pincement, qui a lieu avant la floraison et immédiatement après, mais point pendant que la vigne est en fleur, a pour effet, en les arrêtant dans leur longueur, de concentrer la sève vers leur base et de les faire grossir; il contribue aussi puissamment à la maturité du sarment, et, par suite, de la grappe, qui, recevant plus de nourriture, devient plus belle.

L'œil sur lequel on a pincé, et souvent celui qui le

précède, se développent; les faux bourgeons qui en proviennent seront exactement enlevés pour les raisons déjà énoncées.

ÉCLAIRCIE OU CISÈLEMENT DE LA GRAPPE.

142. Pendant tout ce temps, la grappe s'est allongée et le raisin a grossi. Ce dernier exige, à une certaine époque de son existence, une opération généralement trop négligée, et qu'il est cependant très important d'exécuter : je veux parler de l'*éclaircie* ou *cisèlement des grains*. Elle consiste, comme nous l'avons déjà dit, à diminuer sur la grappe le nombre des grains lorsqu'ils sont environ de la grosseur d'un petit pois fin; elle se fait avec des ciseaux à lames effilées et à pointes émoussées pour ne pas endommager ceux qu'on laisse. Les grains que l'on devra retrancher de préférence sont ceux restés petits par suite de coulure et ceux qui occupent l'intérieur de la grappe, en conservant au contraire ceux de l'extérieur, qui sont plus directement frappés par la lumière, à moins qu'ils ne soient trop serrés : alors on en enlève quelques-uns. On laisse une partie du pédicelle du grain afin d'éviter d'altérer la rafle. Les grappes ainsi traitées deviennent beaucoup plus belles, le grain acquiert plus de volume et arrive plus facilement à maturité. On retranche avec avantage une petite partie de la grappe à son extrémité inférieure, qui mûrit moins bien que le reste. L'éclaircie s'applique aussi aux grappes elles-mêmes, c'est-à-dire qu'on n'en

laisse ordinairement qu'une sur chaque bourgeon. C'est la plus rapprochée du courson que l'on conserve; elle est presque toujours la plus belle. Sur les vieilles coursonnes, il est bon de ne garder qu'une grappe, on la laisse sur celui des sarments qui doit être complètement enlevé à la taille. Le cisèlement des grappes et la suppression de celles trop nombreuses sont indispensables pour avoir de beaux raisins de qualité supérieure.

EFFEUILLAGE.

143. Une des qualités des raisins de table, c'est non seulement d'être bien mûrs, mais aussi d'être bien colorés, et pour les raisins blancs, bien transparents. Pour obtenir ces conditions, il importe, sous notre climat, de démasquer un peu les grappes, tout en les laissant suffisamment couvertes, et de les exposer légèrement au soleil par la suppression d'une partie des feuilles : c'est l'*effeuillage*. On le commence ordinairement vers la fin du mois de juillet dans les endroits trop épais, en enlevant les feuilles qui sont par derrière et qui touchent aux grappes, afin que le soleil puisse échauffer le mur; on le continue lorsque les grains deviennent transparents. On choisit alors autant que possible un temps couvert, afin de ne pas les mettre trop subitement au soleil, qui les ferait durcir. On n'enlève d'abord que quelques feuilles, ayant soin de laisser le pétiole adhérent au sarment pour protéger l'œil

qui se trouve à l'aisselle. Quelque temps après on effeuille de nouveau, puis une troisième fois; alors les grappes sont complètement exposées au soleil, et achèvent d'acquérir les qualités que l'on recherche.

Cependant, en agissant ainsi, il n'y a que le côté de la grappe regardant le soleil qui soit coloré; celui qui fait face au mur reste verdâtre et a moins de saveur. Aussi conseillons-nous, lorsque la maturité est complète, de retourner la grappe en faisant subir une légère torsion à son pédoncule; nous avons obtenu par ce moyen d'heureux résultats, toute la grappe se trouve colorée et augmente de valeur. Lorsque la vigne est plantée dans un terrain sec, facile à s'échauffer à une exposition brûlante ou dans un climat chaud, au lieu d'agir comme nous venons de le dire, on doit effeuiller de telle manière que le soleil ne frappe pas directement sur les grappes, mais puisse passer entre les intervalles des feuilles conservées, pour échauffer le mur. La maturité des grappes se fera par la réflexion des rayons solaires et de la chaleur et par la température de l'atmosphère. Les raisins seront d'un beau jaune ambré régulier; tandis que si le soleil les avait frappés en plein, les grains, trop vivement colorés d'un côté, seraient comme tachés de rouille, ce qui leur ôte du coup d'œil, par conséquent de la valeur. De plus, les raisins soumis à une trop forte insolation se conservent moins bien au fruitier que ceux qui ne l'ont pas été; aussi quand on se proposera de garder du raisin, devra-t-on choisir de préférence les grappes qui auront mûri sans que le soleil leur ait donné trop de couleur. Pour les raisins noirs, l'effeuillage est moins utile, on le pratique plus tard à l'époque de la maturité; et encore il est quelques variétés, comme le Frankenthal, qu'il faut à peine découvrir.

DU CEP.

144. On donne ce nom à tous les pieds de vigne, quelle que soit la forme sous laquelle elle est conduite :

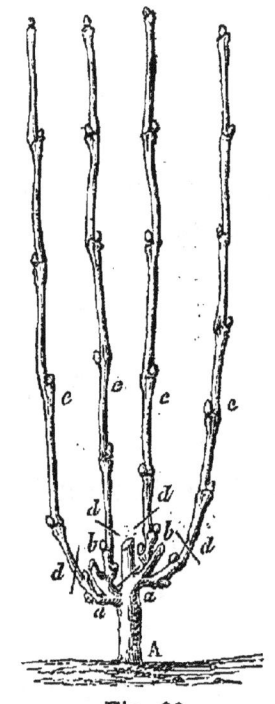

Fig. 98.

mais il s'applique plus généralement au pied cultivé en plein jardin ou en plein champ.

Une chevelée a été plantée la première année, elle est rabattue à deux yeux (fig. 98) qui ont donné les sarments *a a* que l'on a ébourgeonnés, attachés et pincés suivant le besoin. La deuxième année, ils ont été taillés encore sur deux yeux en *b*, qui ont produit les sarments *c*; ceux-ci sont aussi taillés la troisième année à deux yeux aux points *d*, et constituent ainsi quatre coursons qui forment le cep dont A est la souche. Les années suivantes on taille tous les sarments, comme à la figure, en rapprochant sur la crossette, de manière à n'avoir, après chaque taille, constamment que quatre coursons qui donnent ensemble huit sarments pouvant fournir seize grappes.

La figure 99 offre un cep déjà âgé, il a été traité comme précédemment; nous allons le tailler en indiquant quelques modifications souvent avantageuses. Les sarments *a* sont rapprochés sur la crossette, les autres coupés à deux yeux, les onglets à leur insertion enlevés comme inutiles. Il reste le sarment *b* et le *long bois* C. Le long bois est un sarment de l'année précédente, que l'on a incliné horizontalement ou au-dessous de l'horizontale, et taillé très long en *d* pour avoir beaucoup de fruit. On remarque que sur celui-ci sont partis cinq bourgeons, qui pourront donner chacun deux grappes. Si, parmi eux, il y en avait qui n'en portassent pas, on les supprimerait. Quant aux autres, ils seront pincés à deux feuilles au-dessus de la grappe la plus élevée. De pareilles branches ne doivent être prises que sur des ceps très vigoureux, car une telle production de fruits les aurait bientôt épuisés. Si l'on avait besoin de multiplier la vigne, ce long bois serait couché en terre, les

284   DE LA TAILLE DES ABBRES FRUITIERS.

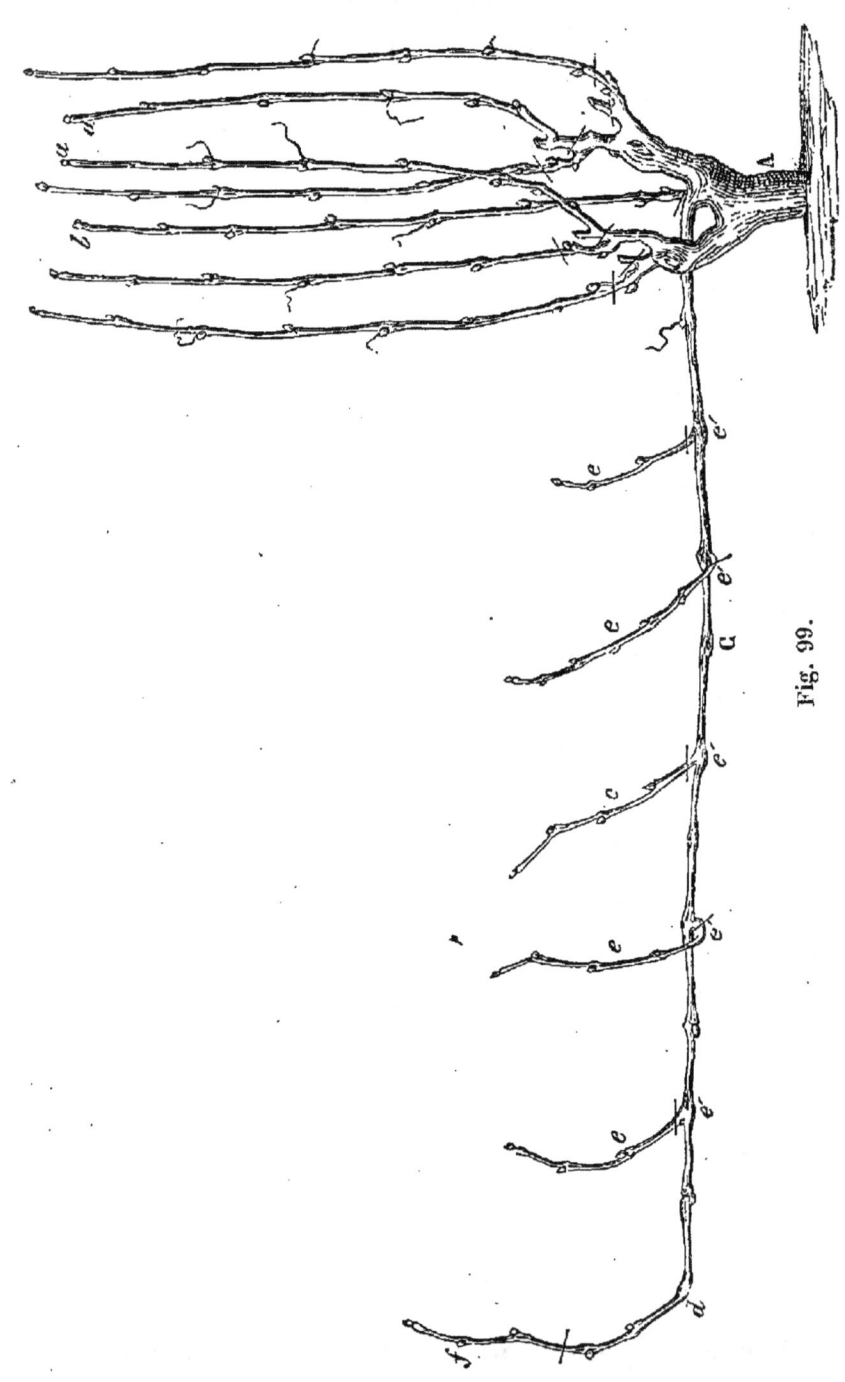

Fig. 99.

rameaux *e* retranchés préalablement, et l'extrémité *f* sortant de terre taillée sur deux yeux. Des racines naîtront aux points *é*, et formeront ainsi une bonne chevelée, qui sera séparée de sa mère à l'automne prochain. Quant au sarment *b*, qui s'élève de l'intérieur, on en fera à son tour un long bois conduit comme le premier en l'inclinant avant l'ascension de la sève. On choisit toujours à cet effet un sarment inutile sur les coursonnes ou sur la souche, et qui, par sa position, aurait dû être supprimé.

L'ébourgeonnement, l'évrillement, le rognement, seront exécutés comme à l'ordinaire. Les sarments sont soutenus par un échalas auquel ils sont attachés.

DE LA PALMETTE.

145. Cette forme (fig. 100), qui consiste en une tige verticale avec des coursons latéraux, commence à se répandre dans les jardins; elle a l'avantage d'être simple et de convenir aux murs de peu d'étendue et de peu de hauteur. Si les murs étaient élevés, il vaudrait mieux adopter la treille en cordons, dont nous parlerons tout à l'heure; car la palmette est longue à élever, et les coursons ne restent vigoureux que s'ils sont peu nombreux, en raison de la verticalité de la tige.

Lorsqu'on est dans l'intention d'élever une treille en palmette, on doit planter les ceps à $0^m,80$ ou 1 mètre les uns des autres, suivant la manière indiquée à l'article Plantation. Cette distance est suffisante pour palisser

286 DE LA TAILLE DES ARBRES FRUITIERS.

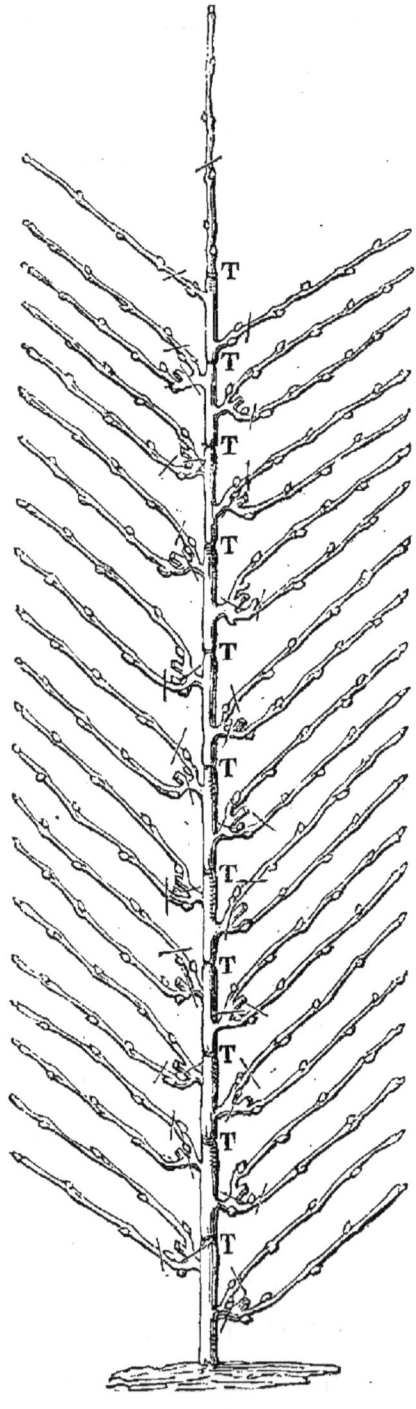

Fig. 100.

les bourgeons, que l'on tient obliquement; ils peuvent alors parcourir une distance de 0^m,50 à 0^m,60, et être pincés à la deuxième feuille au-dessus de la grappe. Il est quelques variétés vigoureuses, cultivées dans les jardins (le Frankenthal, entre autres), auxquelles on donnera un écartement d'au moins 1 mètre. En arrivant au pied du mur, le sarment a été rabattu à deux yeux, les bourgeons qu'ils émettent ont été traités comme il a été dit, et nous attendons à l'année suivante pour établir la palmette. Alors on rabat le sarment le moins vigoureux, ou, s'ils sont égaux en force, le moins bien placé. Le sarment conservé est taillé à trois yeux : le supérieur continuera la tige, et les deux autres constitueront deux coursons, dont le premier sera établi à environ 0^m,25 du sol. Ils doivent être aussi régulièrement distancés que possible sur toute l'étendue de la tige; l'espace à conserver entre eux variera, selon la longueur des mérithalles, de 0^m,18 à 0^m,25. Comme à la base du bourgeon de prolongement, les yeux sont plus rapprochés qu'à son sommet, lors de la seconde taille, afin de maintenir une distance régulière, on ne tiendra pas compte des yeux les plus près du talon, d'autant plus que ceux qui s'en éloignent se développent mieux. Chaque année on agira de même, en établissant seulement un courson de chaque côté, qui rapportera du fruit, en attendant que la palmette arrive au haut du mur. Lorsqu'elle va atteindre celui-ci à 0^m,30 au-dessous du chaperon, on taille sur les deux derniers coursons sans prolonger la tige. Pendant le cours de la végétation, si l'on s'apercevait que l'œil sur lequel on a le projet d'établir un courson se trouvait trop en avant ou en arrière, on ferait subir au bourgeon une légère torsion pour amener l'œil à la place voulue, et l'on maintiendrait le bourgeon dans sa nouvelle position par un palissage un peu serré. La même figure en montre une formée et fait voir les diverses opérations exécutées sur elle. Les points T sont les tailles nécessaires; les petits traits sur les coursons sont les coups de serpette à donner à la taille.

Palmette à ceps alternés (fig. 101). — Si l'on veut que le mur soit promptement garni, au lieu de planter les pieds à 0^m,80 ou 1 mètre les uns des autres, on les met seulement à 0^m,40 ou 0^m,50. Un cep forme le bas de la treille en étendant ses sarments sur la tige des ceps voisins; l'autre forme le haut, le mur étant divisé dans sa hauteur en deux parties égales. Ils sont alternativement dirigés sous cette forme facile à maintenir en bonne production. Ces palmettes s'établissent absolument de la même façon que la précédente. Toutefois les pieds du haut ne prennent leurs coursons qu'à partir de la moitié du mur. Si la végétation est bonne, on allonge la tige à la taille, pour tâcher de faire marcher le haut aussi vite que possible. Les points T marquent les endroits où il convient de tailler la tige. Cette forme a sur la palmette simple le grand avantage de permettre de garnir beaucoup plus promptement le mur. Chaque cep n'ayant qu'un nombre relativement restreint de coursons à porter, ceux-ci n'en sont que mieux constitués et plus capables de produire de beau raisin. Enfin elle peut

CULTURE DE LA VIGNE DANS LES JARDINS.

s'appliquer aux murs élevés tout comme aux murs de

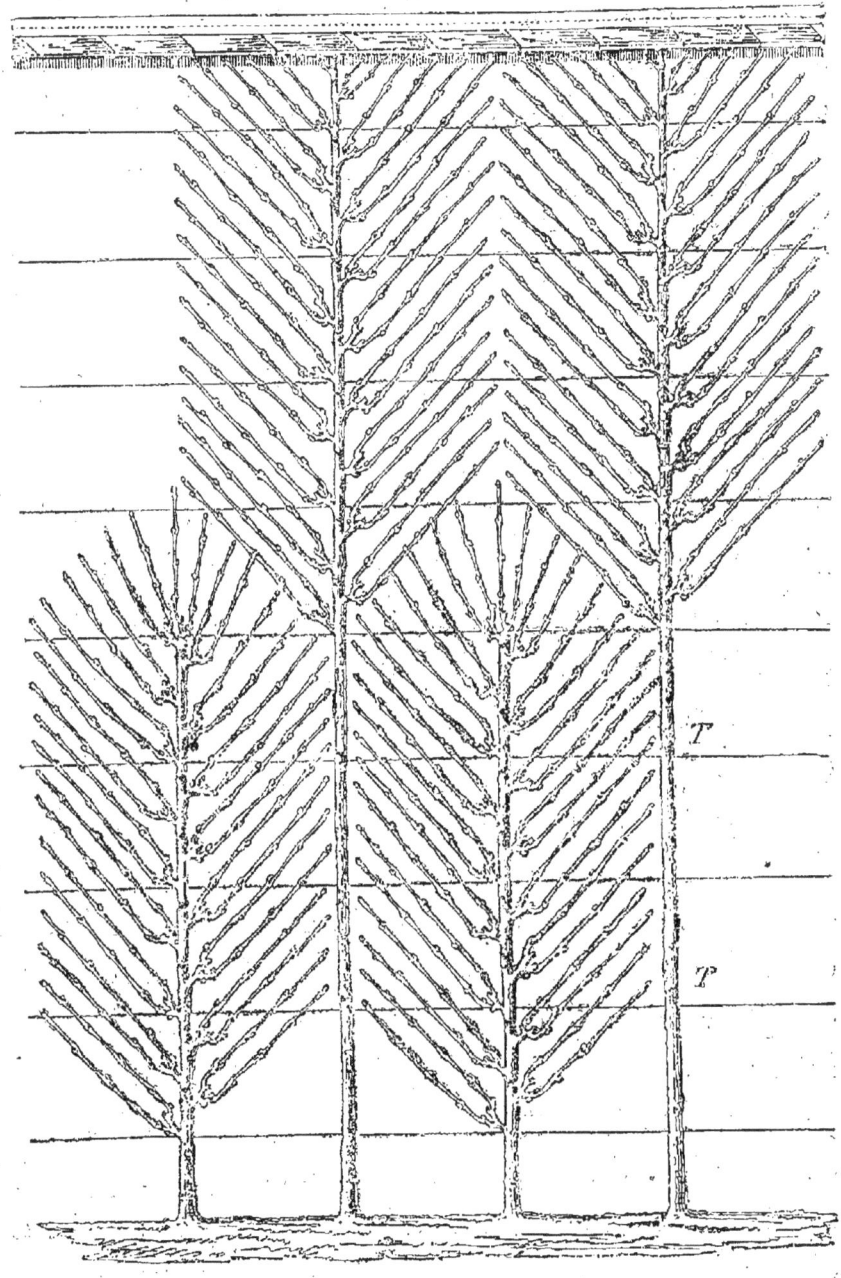

Fig. 101.

hauteur ordinaire. Aussi à Thomery, où elle a pris naissance, la substitue-t-on, en partie, maintenant à toute autre. Lorsqu'on aura affaire à des variétés plus vigoureuses que le chasselas, on espacera davantage les ceps en les plantant à 0^m,60, et l'on distancera également plus les coursons sur la tige; ce qui, du reste, est presque toujours indispensable par suite de la longueur des mérithalles.

DE LA TREILLE A LA THOMERY (fig. 102).

146. Cette méthode, sans contredit une des meilleures, convient à toutes les hauteurs du mur et utilise bien l'espace qu'on lui consacre ; elle le tapisse régulièrement, et en outre d'un coup d'œil satisfaisant, elle produit beaucoup. Elle demande pour son établissement plus de soins que la palmette, mais ils sont faciles à donner.

On distingue dans la charpente de cette treille les tiges verticales ou montants A, les tiges horizontales ou cordons B. La distance à observer entre les tiges dépend de la hauteur du mur, de l'intervalle réservé entre chaque cordon et de la longueur de ces derniers. Cet intervalle, pour le chasselas, dans tous les cas, ne devra pas excéder 0^m,50 et la longueur des cordons 1^m,50 de chaque côté. On plantera donc d'autant plus rapproché que le mur sera plus haut ou les cordons plus serrés. La disposition des montants 1, 2, 3, 4, varie aussi suivant la hauteur du mur, chaque bras des cordons ne devant pas dépasser 1^m,50; souvent, au lieu de se suivre par

CULTURE DE LA VIGNE DANS LES JARDINS.

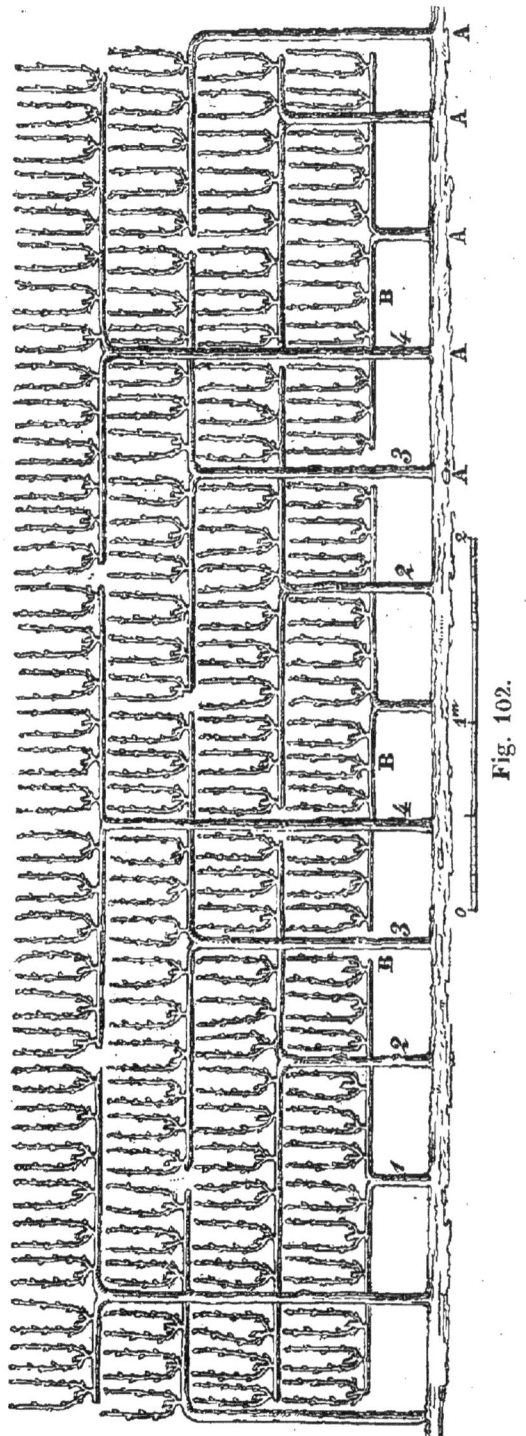

Fig. 102.

1, 2, 3, 4, l'ordre sera interverti : c'est au planteur à calculer à l'avance la meilleure disposition à adopter pour son mur.

Les coursons, au lieu d'être latéraux, comme dans la palmette, sont verticaux et toujours placés en dessus : si l'on voulait en établir en dessous, on ne pourrait les conserver longtemps en bonne santé, et ils périraient bientôt, la sève les abandonnant pour se porter dans les coursons du dessus. Dans la figure 102, la treille est établie le long d'un mur de $2^m,35$ de hauteur, le premier cordon étant à $0^m,30$ du sol, et les autres à $0^m,50$ entre eux : il y a en tout quatre cordons. On aurait pu, à la rigueur, en mettre cinq, en rapprochant le premier de terre et les autres entre eux. Les bras ayant $1^m,20$ de longueur, les cordons n'auront que $2^m,40$ à parcourir.

Pour quatre cordons ainsi espacés, les tiges verticales seront entre elles à $0^m,60$; il est évident qu'on les eût plantées plus rapprochées s'il y avait eu cinq cordons.

Les ceps arrivés le long du mur et rabattus sur deux yeux, comme précédemment, seront, au printemps, conduits de la manière suivante : Un des sarments est retranché ; l'autre, qui devra former la tige, taillé à quatre ou cinq yeux, suivant sa force ; on enlèvera tous les faux bourgeons, et l'on conservera les bourgeons pour avoir du fruit. Chaque année il en sera de même jusqu'au moment où la tige sera près d'arriver à l'endroit où elle doit se bifurquer, endroit marqué à l'avance sur le mur.

La bifurcation qui constitue le cordon doit avoir aussi exactement que possible la forme d'un T, non pas tant pour le coup d'œil que pour la parfaite répartition de la sève dans les deux bras du cordon.

Pour former le T, il est plusieurs procédés. Je n'en

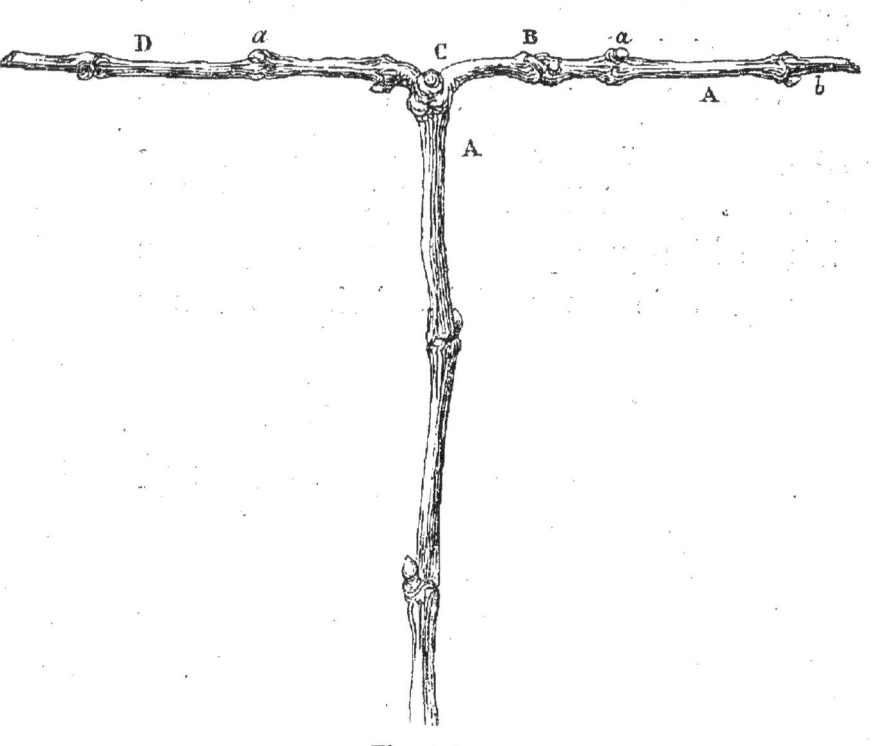

Fig. 103.

indiquerai que deux : ce sont les plus faciles à exécuter, et ils remplissent parfaitement le but proposé.

Le premier consiste (fig. 103) à courber le bourgeon de prolongement A de la tige, à lui faire faire un coude juste à l'endroit où le T doit être formé en C, en ayant soin, autant que possible, qu'il se trouve un œil sur la courbe, et à le pincer sur un œil B. Par suite du pincement, le bourgeon A se trouve momentanément arrêté dans sa croissance; la sève, concentrée sur l'œil qui est au sommet du coude en C, le fait développer en faux bourgeon D; quelque temps après l'œil B part en faux bourgeon aussi; on les palisse tous deux en les maintenant en équilibre de végétation.

Le second procédé (fig. 104 et 105) consiste en un pincement sur le bourgeon de prolongement A. Quand il est arrivé à l'endroit où il doit se bifurquer pour former le cordon, ou tout près de cet endroit, l'œil que l'on a

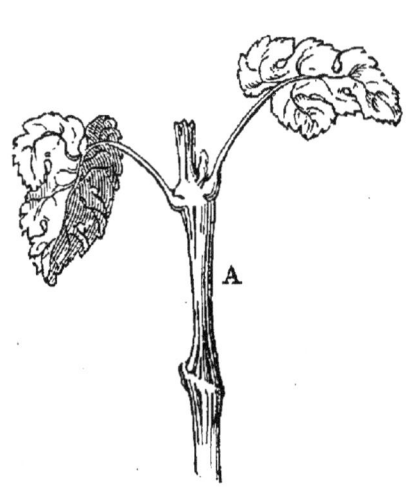

Fig. 104.   Fig. 105.

pincé se développe, et à la base du faux bourgeon qu'il produit (A′, fig. 105) se trouvent deux yeux presque opposés cc. L'année suivante on taille sur ces deux yeux, qui fournissent les bourgeons destinés à commencer les cordons. Ce procédé, qui donne un T plus parfait que le premier, est cependant moins avantageux. D'abord le T peut être, ou un peu plus haut, ou un peu plus bas que le point où la tige doit être bifurquée ; on préférera le tenir plus bas pour faciliter le palissage des cordons ; puis on perd une année pour la formation des bras, qui se trouve commencée dès l'année de bifurcation dans le premier exemple.

Les cordons seront palissés bien horizontalement ; les yeux $a\ a$ (fig. 103) donneront les deux premiers coursons, qui seront distancés d'environ $0^m,15$ à $0^m,20$ les uns des autres. On taille toujours le cordon sur un œil en dessous b, de manière que celui qui précède se trouve constamment en dessus, les yeux étant alternés, condition importante pour un courson.

Tous les ans, on en prendra un de chaque côté, ou deux si la nature du sol favorise la vigne, mais pas plus, de manière à s'établir solidement et à avoir de beaux raisins, et encore un seul vaut-il mieux. Lorsque le cordon sera arrivé à sa limite, on l'arrêtera, soit en relevant l'extrémité du bourgeon de prolongement pour ensuite tailler dessus et en faire un courson (fig. 96), soit en taillant sur un œil de dessus pour courson. On ne s'occupe point du bourgeon de prolongement, devenu inutile.

Toutefois, au lieu de traiter ainsi les cordons, nous préférons, et de beaucoup, avoir toujours un rameau de prolongement qu'on renouvelle chaque année avec un beau sarment, le plus près possible du centre. Car sur ces prolongements on obtient de plus beau raisin que sur les coursons, la sève y étant plus viv

Si des cordons avaient besoin d'être rapprochés, ce qui souvent arrive lorsqu'ils ont été tenus trop longs, on choisit un sarment le plus près possible du bras, on l'incline et on le ramène dans la direction du cordon ; l'année suivante on rabat celui-ci sur le sarment, qui est taillé sur un œil de dessous, et l'on recommence un nouveau cordon d'après les principes énoncés plus haut. C'est ordinairement à l'extrémité des cordons que vient le plus beau raisin ; aussi pourra-t-on employer ce procédé de rapprochement pour avoir toujours de nouveaux sarments à l'extrémité des cordons, sans attendre que la vigne en ait absolument besoin.

Quelle que soit la longueur que les tiges aient à parcourir, on ne les taillera pas, comme je l'ai dit, à plus de quatre ou cinq yeux, à moins qu'il n'y ait excès de vigueur ; en ce cas on les allongerait un peu plus : elles donnent d'ailleurs du fruit sur les coursons que l'on conserve sur elles, à la manière des palmettes, en attendant qu'elles atteignent l'endroit où elles seront bifurquées.

DE LA RESTAURATION DES VIEILLES VIGNES.

147. Assez fréquemment, lorsque la vigne avance en âge, une partie des coursons, malgré tous les soins qu'on leur donne, finissent par périr ; la greffe est un précieux moyen pour remplir les vides. Deux greffes sont usitées en pareil cas : 1° la greffe en navette (fig. 106) ; 2° la greffe par approche herbacée (fig. 107). Nous ferons

transplantant. On les arrache avec une partie de leurs racines, et les souches sont enterrées jusque par dessus les coursons, en ne laissant sortir que deux yeux hors de terre. Les vieilles racines nourrissent le cep pendant qu'il s'en forme de nouvelles sur le jeune bois. La végétation est vigoureuse, et la production du raisin prolongée. Par ce procédé, la vigne produit la deuxième année.

La greffe en fente est avantageusement employée pour rajeunir les vieilles vignes et pour renouveler la nature des cépages; elles se pratique sur le collet des racines, comme nous l'expliquerons au chapitre des greffes. Nous recommandons ce moyen pour les deux circonstances du rajeunissement des ceps et du renouvellement des espèces : il donne d'excellents résultats.

La vigne, lorsqu'elle vieillit, a besoin d'engrais; aussi convient-il de la fumer quand on s'aperçoit que les produits faiblissent.

CHAPITRE VI.

DU VERGER. — CULTURE DES ARBRES A HAUTE TIGE.

148. Le verger est un lieu planté d'arbres fruitiers élevés à haute tige et en plein vent.

Nous allons dire quelques mots sur la formation des vergers et sur le direction à donner aux arbres qu'on y admet. Nous ne parlerons ici que des fruits de table, dont nous nous occuperons en ce moment d'une manière plus spéciale.

Les arbres qui peuvent entrer dans la composition d'un verger sont, en première ligne, le pommier, le poirier, le cerisier, le prunier et l'abricotier; viennent ensuite le noyer, l'amandier, le néflier et quelquefois le mûrier à fruits noirs et le châtaignier.

Tout ce que nous avons dit en traitant de la nature du sol, de sa préparation et de la plantation (14 et 16), s'applique également aux arbres cultivés en plein vent; nous ne reviendrons pas sur ces sujets.

Ordinairement le terrain planté en verger n'est pas exclusivement réservé aux arbres fruitiers; les intervalles laissés entre chaque ligne et entre chaque arbre

CULTURE DES ARBRES A HAUTE TIGE.

sont cultivés, surtout quand ceux-ci sont encore jeunes. Dans les champs, on y remarque même des cultures très diverses, quel que soit l'âge des arbres.

149. *Plantation*. — Les arbres se plantent en lignes, en quinconce et en échiquier : ce dernier mode est préférable; ils reçoivent plus d'air et de lumière que s'ils étaient disposés en quinconce carré. En général, ils sont plantés trop rapprochés entre eux. Il importe de leur donner de l'espace afin de les rendre plus productifs : les branches ne devront jamais parvenir à se toucher d'un arbre à l'autre; autrement les parties en contact resteraient presque improductives, et nuiraient par leur ombrage aux récoltes voisines. Le sommet des branches, jouissant des influences atmosphériques, rapporterait seul d'une manière notable; il y aurait donc perte de produit.

La distance à observer dépend de la nature de l'arbre, de celle du sol et des cultures intercalaires qui occupent ce dernier. Nous conseillerons de mettre les pommiers, les poiriers et les cerisiers de 12 à 18 mètres les uns des autres en tous sens, soit dans les lignes, soit entre les lignes. Les pruniers, les abricotiers, les amandiers, les néfliers et les mûriers, de 8 à 12 mètres; les noyers et les châaigniers de 18 à 24 mètres.

Dans le cas où l'on ne planterait pas en massif, mais en bordure, comme cela a lieu fréquemment sur le bord des champs, autour des grandes pièces labourées, le long des chemins et des avenues, on pourrait rapprocher les arbres entre eux et adopter les moindres distances que nous donnons. Ils ont assez d'air et de lumière sur les côtés, et profitent mieux que plantés en massif.

150. *Choix des arbres*. — Les essences étant choisies d'après la nature du sol, les arbres proviendront de pépinières où ils auront été élevés et greffés la plupart sur francs ou égrains, c'est-à-dire sur des sujets de semis. Ils prennent un grand accroissement et vivent longtemps. Leurs racines pivotantes les font résister aux vents. Il est préférable, pour les essences à fruits à pepins, de greffer bas, près de terre, puis de rabattre la tige à la hauteur fixée pour commencer à former la tête de l'arbre. Quant aux arbres à fruits à noyau, on les prend greffés en tête, comme ils le sont généralement. On plantera encore des sauvageons, qui seront greffés en place après deux ou trois ans de reprise, ou seulement un an si le sujet est déjà fort. Quelquefois ces sauvageons sont arrachés dans les bois; ils réussissent moins que ceux élevés en plein air. Aussi la pépinière est-elle préférable, surtout si la plantation est considérable. On a de meilleurs arbres et l'on risque peu d'avoir des vides, par la non-réussite du sauvageon ou celle de la greffe.

La tige sera droite, à écorce lisse, claire, annonçant de la vigueur. Les branches prendront naissance à $2^m,30$ et $2^m,50$ de hauteur, et seront toujours maintenues à une certaine distance du sol, afin de laisser de l'air aux cultures, de faciliter les travaux, et de les préserver des atteintes des animaux. La grosseur de la tige variera de

$0^m,15$ à $0^m,20$ de circonférence, un peu forte en vue de la production prochaine du fruit.

151. *Manière de les protéger.* — Il est bon de donner à l'arbre, en le mettant en place, un tuteur pour le maintenir droit et l'empêcher d'être ébranlé par le vent ou les chocs qu'il pourrait recevoir. Le tuteur se pose à environ $0^m,20$ de la base de la tige, et, incliné légèrement, vient soutenir l'arbre en arc-boutant un peu au-dessus de la tête. On les relie ensemble par un lien d'osier garni d'un tampon de mousse. Cette précaution est utile afin d'empêcher le frottement nuisible du tuteur contre l'arbre. Si un seul tuteur ne le garandissait pas suffisamment, on en mettrait trois en triangle : il se trouverait ainsi protégé contre toute atteinte.

152. *Soins à leur donner.* — Quant aux soins à donner aux arbres, ils varient suivant les essences. Nous avons fait connaître, en parlant des poiriers, pommiers, cerisiers, pruniers et abricotiers, ce qu'il importait de savoir sur ces arbres. Nous ajouterons qu'après avoir habillé la tête et les racines lors de la plantation, on devra, pendant les quatre ou cinq premières années, diriger leurs branches selon les principes indiqués pour le pommier en vase. Seulement on comprend que, pour ces arbres, il convient de tailler plus long et d'écarter davantage les branches, sans cependant en prendre un plus grand nombre en commençant. Les bourgeons de la tige et les gourmands de la tête seront soigneusement supprimés. Au bout de cinq ans, les arbres sont ordinairement abandonnés à eux-mêmes.

153. Tous les trois ou quatre ans, les poiriers et les pommiers subiront des élagages partiels dans le but de dégarnir leur tête à l'intérieur et d'y laisser pénétrer l'air et la lumière. Par ce moyen, ils seront plus productifs. Ces élagages porteront sur les branches qui forment confusion, se croisent, s'appauvrissent, dépérissent ou sont mortes; par là on obtient du jeune bois. Les arbres ainsi constamment rajeunis forment de nouveau bois et ont une production suivie. Toutefois, pour les pommiers, on se gardera des fortes plaies; elles se recouvrent difficilement.

154. Le cerisier n'aime pas à être émondé : aussi convient-il, dès les premiers années, de faire prendre aux branches principales de la tête une bonne direction; on se contentera après d'enlever celles qui deviendraient improductives ou qui périraient. La taille s'applique encore aux gourmands dont le sommet sera étêté et aux rameaux trop pendants.

155. Le prunier sera taillé tous les cinq ou six ans environ. Les branches languissantes et affaiblies sont supprimées, mais en petites proportions; sur cette essence, elles forment rarement confusion. Recepé ou rapproché, le prunier repousse vigoureusement. Les jeunes scions seront pincés pour exciter leur ramification et rétablir promptement une nouvelle charpente.

156. L'abricotier est souvent taillé avec soin. Si on le taille, on suivra les préceptes mentionnés en traitant précédemment de cet arbre. Dans le cas où on ne le tail-

lerait pas, je conseillerai de le soumettre également à un élagage judicieux, consistant principalement à lui faire pousser de nouveau bois. Les branches à fruits s'épuisent vite sur le bois un peu âgé; l'extrémité des nouvelles branches sera coupée pour obtenir des bifurcations.

L'amandier se traite comme l'abricotier : les branches sont raccourcies de temps en temps, afin d'avoir de jeunes ramifications.

157. Quant au noyer, au néflier, au mûrier et au châtaignier, après leur avoir imprimé, pendant les premières années, une bonne direction, on les laisse à eux-mêmes. Ces arbres ne veulent pas être tourmentés.

Les noyers et les châtaigniers sont susceptibles de prendre un grand accroissement et de nuire à ce qui les entoure. On les mettra de préférence sur le bord des chemins, ou en bordure du côté du nord ou de l'ouest; ils garantissent alors, par leur épais feuillage, la plantation des coups de vents pernicieux de l'automne.

158. Indépendamment de ces soins, on racle de temps à autre les vieilles écorces et les mousses, refuges des insectes nuisibles; on enlève aussi souvent que c'est nécessaire le gui, plante parasite vivant aux dépens des branches sur lesquelles il est implanté. Quant aux jeunes arbres, il suffira, pour les débarrasser des mousses et des lichens, de leur appliquer un lait de chaux fraîchement éteinte et un peu épais. Ce nettoyage entretient la vigueur des arbres.

159. En formant un verger, il sera convenable de planter séparément chaque essence en lignes ou en massifs à part; on a plus de régularité dans la plantation, la récolte est plus prompte et plus facile. La récolte des fruits tendres doit se faire, autant que possible, à la main directement ou en secouant les branches. On ne se servira de gaules qu'à la dernière extrémité, et encore vaut-il mieux frapper sur les fortes ramifications que sur les jeunes. Autrement, outre les fruits meurtris, les récoltes suivantes sont compromises, les productions fruitières étant brisées par les coups de gaule (1).

160. *Restauration des vieux arbres.* — La plupart des arbres composant un verger peuvent être rajeunis par un rapprochement des grosses branches à environ 0^m,50 du tronc. Nous conseillerons de laisser, suivant la force du sujet, une ou deux petites branches d'appel les mieux portantes, la réussite est plus certaine; elles sont retranchées à leur tour l'année suivante, et au besoin pendant le cours de l'année même du rabattage, si l'on s'aperçoit

---

(1) Nous devons à l'obligeance d'un honorable magistrat les renseignements suivants sur le produit des arbres fruitiers cultivés dans l'arrondissement de Sainte-Menehould.

Une partie du territoire est plantée en verger, dont les fruits sont l'objet d'un commerce important.

Le produit d'un arbre varie suivant sa nature, son âge et son exposition, comme aussi en raison du terrain qui l'alimente et des soins qu'il reçoit.

On peut néanmoins établir, par exemple, qu'en moyenne à vingt ans, un cerisier rapporte environ 70 kilogrammes à 20 fr. les 100 kilogrammes, 14 fr.; un prunier, 80 kilogrammes, à 15 fr. les 100 kilogrammes, 12 fr.; un poirier, 10 doubles décalitres, à 1 fr. 25 cent., 13 fr. 50 cent.; un pommier, 20 doubles décalitres, à 80 cent., 16 fr.

qu'elles nuisent aux nouveaux jets, en attirant à elles trop de sève. Elles n'en ont pas moins aidé à la première ascension de la sève dans l'arbre. La greffe en couronne est encore un bon moyen de les rajeunir. Les plaies seront recouvertes d'onguent de Saint-Fiacre ou de cire à greffer.

161. *Cultures intercalaires.* — Pour ce qui est relatif aux cultures à faire concurremment avec les plantations en massif, elles peuvent être de toutes sortes. Elles dépendent principalement de la nature du sol. Les céréales, les prairies, les pâturages, les légumes, les arbustes fruitiers, sont fréquemment associés aux arbres fruitiers à haute tige. Si le terrain est cultivé, le pied des arbres sera labouré à la bêche, mais mieux à la houe; s'il est en pré, il faudra, surtout pendant les premières années, donner un labour et plusieurs binages annuels. Le sol est aéré et les rejetons qui tendraient à pousser détruits.

162. *Demi-tiges.* — Nous n'avons parlé que des arbres à haute tige, mais il est des circonstances rares où les demi-tiges sont préférées. C'est lorsque le terrain, par sa nature peu fertile ou difficile de culture, est uniquement consacré aux arbres, et, en particulier, au cerisier et à l'amandier. Cette disposition utilise bien le terrain, et les récoltes sont plus faciles à faire.

Nous indiquons plus loin, à la nomenclature des fruits, les espèces et variétés qu'il convient de cultiver comme fruits de table dans les vergers.

CHAPITRE VII.

TAILLE EN BUISSON OU CÉPÉE.

DU FIGUIER.

163. Le figuier est un arbre qui se plaît surtout dans les contrées méridionales; on est parvenu toutefois à obtenir des variétés qui se cultivent jusque sous le climat de Paris, et dont la production donne lieu à un commerce assez important.

Dans le midi, le figuier ne réclame, pour ainsi dire, aucun soin; je me bornerai à traiter du mode de culture qui lui est appliqué dans les contrées dont le climat se rapproche de celui de Paris.

Tous les terrains conviennent à cet arbre; il est donc par ses racines d'une vitalité très remarquable, et qui est mise à profit toutes les fois que les fortes gelées, auxquelles il est très sensible, font périr les tiges. Il préfère toutefois les terrains riches : alors il prend un grand accroissement et ses produits sont très abondants.

164. *Multiplication.* — Il se multiplie le plus ordinairement de chevelées ou marcottes et de drageons; la bouture ou la greffe sont aussi employées. Les greffes en couronne et en sifflet sont celles qui réussissent le mieux. La chevelée se plante comme pour la vigne, nue ou en panier. Les drageons sont des racines qui tracent sous terre et se terminent par des bourgeons : on les sépare des mères lorsqu'ils sont suffisamment développés.

165. *Plantation*. — Elle a lieu en mars : cette époque est plus favorable que l'automne, parce que les jeunes racines, étant charnues, pourraient pourrir pendant l'hiver, à la suite d'une transplantation. L'exposition préférable est le midi. Les meilleurs plants sont les chevelées. Quand on veut créer une figuerie, on ouvre une tranchée de $0^m,50$ à $0^m,60$ de profondeur sur $0^m,50$ de largeur; on couche la chevelée horizontalement, en étalant les racines pour qu'elles ne se trouvent point réunies. On les enterre avec un peu de jeune bois; on fait sortir tout le reste de la chevelée non verticalement, mais obliquement, de manière à faciliter les couchages annuels en terre, nécessaires pour protéger la tige contre la gelée, comme nous l'indiquerons bientôt; on les recouvre de $0^m,25$ à $0^m,30$ de terre, ce qui laisse autour de la tige un bassin de $0^m,20$ à $0^m,25$ en contre-bas du niveau du sol : ce bassin doit être rétabli chaque année pour conserver à la cépée un peu d'humidité, si la nature du terrain l'exige.

On plante les chevelées sur deux rangs et en échiquier, en inclinant alternativement une à gauche et une à droite de la tranchée, de manière qu'elles se trouvent distancées entre elles de 4 mètres dans la même ligne. Pour qu'elle devienne plus forte, chaque cépée ne doit être composée que de cinq ou six tiges partant de terre; on les bifurque et trifurque ensuite au fur et à mesure de l'accroissement que prend la cépée : il suffit de deux ou trois bifurcations par tige, afin d'éviter la confusion. Si l'on ouvre plusieurs tranchées parallèles, on les espacera de 5 mètres environ.

Lorsqu'on ne voudra former qu'une ou plusieurs cépées isolées, on ouvrira des trous de la largeur et de la profondeur indiquées pour les tranchées. On pourrait avec avantage augmenter ces dimensions, et pour hâter a formation de la cépée, on peut planter deux chevelées dans le même trou en sens opposé.

Après avoir planté, on laisse la cépée croître librement pendant deux années. La troisième année, on coupe toutes les branches rez terre pour obtenir une belle cépée, en choisissant les plus beaux scions; mais si l'on plante deux chevelées dans le même trou, il est inutile de procéder au recepage.

166. *Soins à donner pendant l'hiver.* — Le figuier gelant très facilement sous le climat de Paris, il importe de le préserver du froid chaque hiver; pour cela on ouvre une rigole suffisamment large pour le contenir, on l'y couche en entier, en le recouvrant de $0^m,25$ à $0^m,30$ de terre que l'on met en ados pour éviter la trop grande humidité. On prévient ainsi les atteintes de la gelée, et la pourriture qui suivrait les dégels. Quand la cépée est jeune, on la réunit en un seul faisceau, sans attacher les tiges entre elles. Si, au contraire, la cépée

est forte, on fait plusieurs faisceaux; seulement on les dirige en terre régulièrement pour utiliser le mieux possible le terrain. On doit enfouir le figuier en entier avant les gelées; cette opération a lieu vers la mi-novembre, lorsqu'il est dépouillé de ses feuilles, qui tombent sous notre climat. Pour une forte cépée, trois ou quatre fossettes doivent suffire; on se sert de la terre de la seconde pour combler la première, et ainsi de suite.

Les branches de cet arbre ne sont pas fragiles; cependant, si on les amenait dans une position trop opposé à leur tendance naturelle, elles éclateraient : le couchage annuel, du reste, les entretient dans un état de flexibilité qui leur permet de supporter cette pratique sans danger de rupture. Ce travail, qui se fait par un temps sec, exige que la terre soit bien propre, exempte de feuilles, d'herbe, de paille, etc., qui pourraient toucher les tiges lorsqu'elles sont enfouies : ces matières auraient le grave inconvénient de tacher l'écorce là où elles la toucheraient, la feraient pourrir et donneraient la mort à la branche. Il faut encore avoir soin, avant le couchage, d'abattre les figues d'automne appelées *regain*, qui souvent sont en abondance : ces fruits ne mûrissent pas, à très peu d'exceptions près, et meurent en même temps que la feuille, sans pour cela se détacher de la branche; ils produiraient le même mal que l'herbe, les feuilles, etc. La terre ne sera pas trop humide et sera assez fine pour bien envelopper les tiges, qui doivent être sèches, sans laisser de vides entre elles.

Dans les jardins où les figuiers n'ont pas été plantés de telle sorte qu'on puisse les enterrer, le seul mode de préservation contre les gelées est de les empailler ; les arbres qui ont été enfouis pendant l'hiver se portent mieux et sont d'une fructification plus précoce et plus belle.

167. On déterre la cépée en mars, lorsque la température le permet ; un temps humide est favorable pour éviter les effets de la transition au grand air. C'est le meilleur moment ; les fruits deviennent plus gros, et se succèdent plus longtemps que lorsque l'on découvre plus tard ; mais ils risquent d'être parfois atteints par les gelées tardives ; aussi attend-on quelquefois jusque dans le courant d'avril : les récoltes sont alors moins avantageuses. Il est utile, après qu'on a relevé les tiges de les écarter pour que toutes les parties de la cépée puissent jouir d'air le plus possible. Si les branches conservent un pli d'affaissement trop prononcé et qu'elles se rapprochent trop de terre, on les maintient par des supports afin d'empêcher le fruit d'y toucher, et l'on dégage soigneusement chaque tige de la terre qui y serait adhérente. Quand on déterre trop tard, les figues sortent mal si le temps se met à la sécheresse, ou bien elles sont les dernières à mûrir et sont moins belles. La variété cultivée de préférence sous les climats analogues à celui de Paris est la blanquette ou figue blanche d'Argenteuil, à cause de sa précocité.

168. *Taille et ébourgeonnement.* — Lors de l'éborgnage ou ébourgeonnement à sec, qui a lieu ensuite

chaque année, on a soin, avec la serpette, de retrancher tous les yeux qui se trouvent à l'extrémité des rameaux, par un temps doux, dès qu'ils commencent à se développer, ainsi que les branches qui forment confusion dans l'intérieur de la cépée, et celles qui sont mortes ou mal portantes. Si une tige est languissante, on doit la remplacer par un des bourgeons qui partent tous les ans de la souche, en choisissant le plus vigoureux. On profite encore de ces bourgeons pour remplacer les branches qui deviennent trop longues; on les laisse grandir pendant deux ou trois ans avant de supprimer celles dont ils sont destinés à prendre la place.

Quelque temps après l'éborgnage et la taille, dans le courant d'avril, quand on voit les yeux et les figues grossir, on abat avec le doigt tous les yeux qui accompagnent les fruits, sans endommager ceux-ci, qui se trouvent toujours à côté; ils profitent alors de toute la sève et nouent plus facilement. Si l'on négligeait ce soin et qu'on laissât toutes les nouvelles pousses qui se présentent, le fruit avorterait en partie et coulerait : plus tard l'opération ne serait pas aussi bonne. Cependant il importe de laisser deux ou trois bourgeons sur la branche : l'un vers le sommet, chargé non seulement de la prolonger l'année suivante, mais encore d'ombrager les figues qui, sans cela, durciraient et seraient moins grosses; les autres sont destinés à former les rameaux à fruits. Le nombre des tiges, avons-nous dit, est de cinq ou six par cépée; chacune d'elles doit être garnie de rameaux à fruits espacés de $0^m,35$ à $0^m,48$, et qu'on crée sur toute leur étendue. Les rameaux fournissent plus tard les bifurcations que l'on doit établir au fur et à mesure que les tiges s'allongent. On les remplace annuellement par l'œil qui se développe le plus inférieurement, et qui n'apparaît que dans la partie moyenne du rameau. Si l'on tient à obtenir le développement d'un des yeux les plus rapprochés de la base, afin d'éviter un trop grand allongement, et par suite une fâcheuse confusion, on peut, ainsi que nous l'avons fait avec succès, pratiquer l'entaille; mais on ne l'emploie pas sur les rameaux nécessaires pour bifurcation, qui ont par conséquent besoin d'allongement. Ce procédé permettrait de modifier le mode de formation de la cépée et de la rendre plus symétrique, car le système actuel ne présente aucune régularité.

Quand le figuier est arrivé à la hauteur à laquelle on veut qu'il reste, on pince le bourgeon de prolongement à trois ou quatre feuilles, et en rapprochant chaque année sur le bourgeon de remplacement, les tiges s'allongent peu. Les rameaux à fruits sont choisis autant que possible sur le côté en dehors de la cépée, en préférant les plus forts, qui donnent de plus beaux fruits que les autres. Les feuilles doivent seulement ombrager les fruits et non y toucher, car elles les froisseraient et les feraient noircir; on retranchera toutes celles qui menaceraient de cet inconvénient.

169. Les figuiers à fruits rouges et violets ne doivent pas être éborgnés comme ceux à fruits blancs, parce que cette opération pourrait être contraire à leur fruc-

tification, hors cette modification, le reste du traitement est le même.

170. *Toucher ou apprêter les figues.* — Lorsque la figue blanche commence à blondir, ce qui indique le commencement de la maturité, on peut avancer de beaucoup celle-ci par le procédé suivant : On prend un petit bout de bois mince ou une plume effilée, que l'on trempe dans de bonne huile d'olive; on en dépose une petite goutte sur l'œil de la figue : c'est ce qu'on appelle *toucher* ou *apprêter.* La plume trempée dans l'huile peut toucher quatre ou cinq fruits sans qu'on en prenne de nouvelle. Au bout de huit ou neuf jours le fruit est mûr. Ce moyen est tellement certain, que l'on peut apprêter ainsi à l'avance la quantité de figues que l'on désire : il hâte leur maturité de douze à quinze jours, et les rend plus grosses, toutefois il leur enlève un peu de leur qualité; celles qui mûrissent naturellement sont meilleures. Cette application de l'huile se fait partiellement, pour n'avoir pas trop de fruits mûrs à la fois; la meilleure heure est le soir. Il est important de bien saisir le moment opportun; touchée trop tôt, la figure ne grossirait plus ou tomberait : la pratique et l'habitude sont les seuls guides à cet égard. Quand on sent par la pression la figue fléchir près de l'œil, elle est mûre; on ne la tâte qu'à cet endroit, autrement on la meurtrit. On cueille le matin par la fraîcheur, aussitôt après la rosée, ordinairement entre cinq et six heures; à neuf heures il serait trop tard. La veille du jour de la cueillette, si l'on prévoit qu'il n'y aura pas de rosée pendant la nuit,

il sera avantageux d'en faire une factice en aspergeant les feuilles de la cépée.

171. *Regain*. — Tous les ans il y a dans le figuier ce qu'on appelle un *regain*, qui est plus abondant sur les arbres faibles que sur les vigoureux : lors de la récolte, on voit de nouveaux fruits sortir sur les bourgeons de l'année. Le regain est abondant dans les années chaudes : quand il mûrit, les fruits, quoique petits, sont bons; mais dans les années froides la maturité n'a pas lieu. Pour rendre cette seconde récolte plus assurée, on pince les bourgeons pourvus de fruits au-dessus de la troisième feuille; après ce pincement il reste trois fruits qui deviennent très beaux et arrivent à maturité complète. Il ne faut pas laisser trop de ces seconds fruits, car ils nuisent à la fructification de l'année suivante; aussi très souvent les enlève-t-on. Mais on ne les supprime pas dès leur apparition, car il en naîtrait d'autres; on attend qu'ils aient environ la grosseur d'une noisette.

Immédiatement après la cueillette des fruits, à la fin d'août ou au commencement de septembre, on rabat la branche sur son bourgeon de remplacement, et l'on supprime les pousses qui feraient confusion. Il ne faut pas attendre jusqu'au moment de les enterrer, il y aurait inconvénient pour les plaies trop fraîchement faites.

172. *Taille après la gelée de mai*. — Après qu'on a acquis la certitude que, par suite de gelée ou de coulure, il n'y aura pas de figues, en mai généralement, on taille tous les rameaux, soit terminaux, soit latéraux, à deux ou trois yeux, quatre au plus, afin de ne pas les laisser

s'allonger inutilement. Par cette taille on obtient toujours un bourgeon là où il y a eu une feuille, surtout sur le jeune bois ; elle excite aussi la sortie de nombreuses pousses sur le vieux bois, de sorte qu'à l'ébourgeonnement, qui a lieu fin de mai ou en juin, suivant la précocité de l'année, on a bien plus de suppressions à faire, puisqu'on ne doit laisser que les bourgeons nécessaires pour rameaux à fruits. On préférera ceux du jeune bois, car, lorsqu'ils naissent sur le vieux, ils sont grêles et ne donnent pas de très beaux fruits. Cependant on en laissera aussi sur ce dernier, pour remplir les vides, si c'est nécessaire. Quand les cépées sont trop vieilles ou sont malades, on les recèpe à 12 ou 15 centimètres au-dessous du niveau habituel du trou, et l'on en recommence de nouvelles.

Le figuier n'est pas sujet à maladies, quand il est dans un terrain sec ; c'est le contraire dans un terrain humide.

Parmi les insectes, l'*urebère* est le seul qui fasse des ravages sérieux ; il est très friand de la jeune figue et l'attaque fréquemment.

DU GROSEILLIER.

173. Cet arbrisseau vient dans tous les terrains, mais il vit peu dans ceux de médiocre qualité. Il se multiplie facilement par marcottes et par boutures, qu'on tient au moins un an en pépinière avant de les planter. On l'élève le plus généralement en vase nain et en buisson : il vient

très bien en espalier et contre-espalier, pourvu qu'ils aient peu de hauteur, et les fruits y acquièrent plus de beauté ; toutes les formes lui conviennent, mais une des meilleures alors est le candélabre ou encore le cordon unilatéral.

Le groseillier à grappes commence à donner ses fruits sur le bois d'un an. La branche à fruits porte plusieurs boutons. Les rameaux, à mesure qu'ils grandissent, donnent naissance à des branches fruitières. La plantation se fait à plat ou en fosse, ce qui permet de rechausser au printemps après avoir déchaussé à l'automne, et contribue à conserver de la vigueur. Les racines s'étendent horizontalement ; on distance les groseilliers de $1^m,50$ environ, soit pour vases, soit pour contre-espaliers.

Quand on veut dresser un groseillier en vase, on prend un pied bien enraciné n'ayant qu'un jet. Il est rabattu sur le troisième œil de la base. Les trois bourgeons restent intacts pendant l'été ; à la taille prochaine on les coupera chacun à $0^m,15$ ou $0^m,16$ de leur insertion sur trois yeux qui formeront les premières branches circulaires. Au fur et à mesure du développement des rameaux, on les taillera chaque année sur des yeux placés de chaque côté, pour former des bifurcations qui constitueront les branches circulaires. Si c'est nécessaire, on les maintiendra par des brides et des arcs-boutants. On aura pincé et ébourgeonné tous les bourgeons inutiles et mal placés, surtout ceux de dessus qui auraient pris leur direction vers l'intérieur, qu'on doit toujours tenir dégarni, afin que l'air et la lumière y circulent librement. On taille tous les rameaux qu'on aura laissés croître à $0^m,01$ ou $0^m,02$ de leur empatement, sur lequel paraîtront de petits groupes de fruits. On conserve les petites brindilles et les petites branches à bouquet; elles donnent une grande quantité de beau fruit.

174. La forme en candélabre, que nous conseillons pour le groseillier en espalier ou contre-espalier, s'obtient facilement. L'année de plantation, on taille sur deux yeux; les bourgeons sont dirigés, l'un à droite, l'autre à gauche, un peu obliquement. L'année suivante, on palisse les deux rameaux presque horizontalement à la place qui sera celle définitive, et on les taille aussi longs que leur force le permet, vers la moitié au moins de leur longueur; les nouveaux bourgeons de prolongement sont attachés suivant la ligne qu'ils doivent suivre. Lorsque la branche est arrivée à sa limite, on la redresse et on lui fait prendre une direction verticale. Alors on commence à établir les branches qui doivent former le candélabre. Elles auront entre elles un intervalle de $0^m,25$, et la longueur de la branche mère ne sera pas au delà de 1 mètre de chaque côté sur la ligne horizontale.

Le groseillier a la faculté de repercer sur le vieux bois; on en profite pour le rajeunir aussi souvent qu'il est nécessaire, lorsque la branche de charpente est épuisée.

La culture du groseillier épineux ne diffère pas sensiblement de celle du groseillier à grappes. Le fruit sur cette espèce, vient sur le bois d'un an; il faut renouveler les branches plus fréquemment : les mêmes formes peuvent également lui convenir. Le groseillier cassis, dont le fruit vient aussi sur le bois d'un an, demande à être taillé plus long pour bien fructifier. On se contente de le dégarnir des branches qui font confusion et d'ébouqueter l'extrémité de celles conservées. On les rajeunit partiellement chaque année, afin d'avoir une production régulière.

DU FRAMBOISIER.

175. La culture de cet arbrisseau est très simple; toutefois, pour donner d'abondants produits, elle exige certains soins, que nous croyons d'autant plus devoir mentionner, qu'ils sont plus généralement négligés.

Le framboisier est vigoureux, mais s'épuise promptement; il se multiplie et se renouvelle par drageons; on le cultive en cépée, en touffe et en ligne. Ordinairement on le plante au nord : cette exposition peut lui convenir, pourvu qu'elle ne soit pas trop ombragée; il est avantageux d'en mettre au midi, pour avoir des fruits de bonne heure. On est souvent dans l'habitude de lui donner la moins bonne place du jardin. C'est à tort, ses produits sont alors faibles. Quand on choisit la plantation en ligne, on ouvre une tranchée large de $0^m,60$, et profonde de $0^m,40$; on y place les drageons bien enracinés parallèlement les uns aux autres, et distancés de $0^m,80$, 1 mètre et $1^m,50$, suivant la fertilité du sol; on les recouvre de $0^m,20$ de terre pour conserver une fosse, l'excédant est mis de chaque côté en ados et sert chaque année à combler la fosse par un rechaussement après un déchaussement d'automne. On rabat les tiges à environ moitié de leur hauteur, et on ne les laisse pas fructifier la première année afin de les fortifier. Les lignes sont espacées entre elles de 1^m,50 environ.

Le fruit naît sur les bourgeons de l'année; la tige qui a produit meurt vers la fin de la saison, elle est remplacée tous les ans par les nouveaux drageons qui partent du pied. Sur le framboisier des quatre saisons, dont les tiges ont donné à l'arrière-saison, celles-ci ne meurent que l'année suivante après la production de printemps.

La taille a lieu lorsque les gelées sont passées, les jeunes bourgeons les redoutent beaucoup. Elle consiste à rabattre les brins que l'on a conservés pour donner du fruit de 0^m,80 à 1 mètre environ de hauteur, suivant leur force; elle concentre la sève sur un moins grand nombre de bourgeons et rend les fruits plus beaux. Il ne faut pas non plus tailler trop bas, les fruits produits par les bourgeons inférieurs, étant trop près de terre, se tacheraient lors des pluies; on provoquerait la sortie d'un trop grand nombre de drageons au détriment de la beauté des fruits, et l'on diminuerait la récolte sans aucune compensation. Les racines émettant beaucoup de drageons et plus qu'il n'est nécessaire, il faut enlever, vers le commencement de juin, ceux qui formeraient confusion, avant qu'ils fatiguent la souche, et n'en réserver que cinq ou six par touffe : ils deviendront plus beaux et fructifieront plus abondamment l'année suivante.

La plantation en cépée ou touffe se fait en plantant deux et quelquefois trois drageons ensemble, après avoir préalablement défoncé le terrain. Elle a lieu, du reste, d'après les mêmes principes que la première, excepté que les cépées se distancent de 1^m,30 à 1^m,50 sur tous les sens. Pour la taille et le renouvellement des tiges, on procède comme nous venons de l'indiquer.

Le framboisier est vorace et épuise promptement le sol où il est planté; alors il pousse très faiblement, et ses produits deviennent presque nuls. Bien qu'on l'entretienne par les fumures données en même temps que l'on rechausse, il faudra, malgré ces soins, renouveler entièrement la plantation tous les cinq ou six ans au plus tard. La variété à préférer est la quatre-saisons; elle donne du fruit aussi abondamment à l'automne qu'au printemps.

DU COGNASSIER.

176. Cet arbre se plaît principalement dans les contrées méridionales, mais peut se cultiver avec succès sous le climat de Paris. Son fruit, employé pour les conserves et les gelées, est d'une consommation restreinte. Néanmoins il mérite une place dans les jardins ou les vergers.

Il se prête à la taille et à diverses formes. Le plus ordinairement on l'élève en buisson, auquel on laisse prendre un grand accroissement. Le fruit vient à l'extrémité de petits bourgeons qui naissent sur des brindilles de l'année précédente. On favorise le développement de ces brindilles par de légères éclaircies dans l'intérieur de l'arbre et par la suppression, de temps à autre, de l'extrémité de quelques rameaux.

Le cognassier se multiplie facilement par marcottes et par boutures; on le cultive surtout pour servir de sujet propre à recevoir la greffe des poiriers. Quand on le plante pour ses fruits, on distance les arbres de 8 à 10 mètres les uns des autres. Il vit longtemps et est d'une grande fertilité. C'est le cognassier de Portugal qui est le plus cultivé sous notre climat.

DU NOISETIER.

177. Le noisetier vient à peu près dans tous les sols, mais il préfère les terrains frais et légers. Il fait partie du jardin fruitier, bien qu'on ne le rencontre le plus fréquemment que dans les jardins d'agrément.

Cependant, en le cultivant d'une manière convenable, on en obtient d'abondants produits. Il supporte la taille, et on le traite comme le cognassier. Cet arbre s'élève en buisson, se multiplie par le moyen des semis, des rejetons, des marcottes, et de la greffe au besoin. Chaque année, en labourant au pied, on enlève les rejetons. Les touffes sont distancées entre elles de 4 à 5 mètres; elles sont susceptibles de prendre beaucoup de développement.

TROISIÈME PARTIE.

DE LA GREFFE.

EXPOSÉ DES PRINCIPES GÉNÉRAUX.

178. On appelle *greffer*, l'opération par laquelle on applique sur un végétal une portion prise sur un autre pour qu'elle s'y unisse et y croisse. On donne le nom de *greffe* ou *greffon* à la portion détachée du végétal qu'on veut multiplier : comme un scion, un écusson.

La greffe par approche fait exception, car l'opération consiste à unir deux parties encore adhérentes aux individus qui les portent.

L'arbre ou la plante qui reçoit la greffe ou le greffon est le *sujet* ou *sauvageon*.

Pour que la reprise soit assurée et durable, il faut qu'il y ait entre les sujets et les greffes une analogie suffisante par leur mode de végétation, par les mouvements ascensionnels et descendants de la sève, par la qualité des sucs propres, et enfin par les caractères qui les constituent en espèces, genres et familles.

La greffe est un moyen de conserver, de multiplier les espèces et variétés rares ou utiles, en plaçant sur des sujets moins précieux celles qui ont été obtenues par des semis : ce dernier mode ne reproduisant que d'une manière très imparfaite, et souvent même complètement différente, les types primitifs. Elle accélère aussi leur fructification de plusieurs années.

179. Les époques qui conviennent généralement le mieux à cette opération sont le printemps et l'été; il y a quelques exceptions que nous indiquerons. Au printemps, on choisit l'époque de l'ascension de la sève; si l'on opère en été, on ne doit pas attendre qu'elle soit arrêtée complètement : c'est à l'intelligence du cultivateur à saisir le moment favorable, qui ne peut être bien précisé, parce qu'il varie selon l'état de la température. Il est essentiel de faire coïncider le mieux possible les parties jeunes de la greffe, telles que le liber et l'aubier, avec celles du sujet : l'adhérence est plus prompte et plus assurée. Il faut encore mettre dans l'exécution de l'opération une grande célérité, pour que le contact de l'air n'ait pas le temps de nuire à la réussite en desséchant les plaies.

Quoique les sujets n'aient pas sur la greffe l'influence que quelques personnes leur attribuent, et ne changent pas le caractère de l'espèce, il y en a cependant qui la bonifient souvent dans la saveur des fruits; qui poussent avec plus ou moins de vigueur, ou dont la durée de l'existence est différente : c'est pourquoi nous allons indiquer ceux qui conviennent le mieux pour les différentes espèces d'arbres fruitiers les plus intéressantes.

ARBRES A FRUITS A PEPINS.

Choix des sujets.

180. *Poirier*. — Les sujets pour recevoir la greffe du poirier sont : le *franc* ou l'*égrain*, le *cognassier* et l'*aubépine* ou l'*épine blanche*. Le franc est le produit d'une graine ou pepin ; on le préfère généralement : il est le meilleur et le plus avantageux, en ce que les arbres poussent plus vigoureusement, et que leur existence est de plus longue durée.

Le *cognassier* donne une fructification plus prompte que celle du franc et des fruits plus savoureux, mais les arbres greffés sur ce sujet vivent moins longtemps. Plusieurs variétés d'ailleurs ne réussissent pas sur lui : tels sont la bergamote d'Angleterre, la bergamote Silvange, le beurré Napoléon, le beurré Dumortier, Ferdinand de Meester, sickle-pear, le beurré gris d'hiver, le doyenné Goubault, etc., etc. Lorsque la nature du terrain exige le cognassier, pour avoir les variétés qui ne peuvent vivre sur lui, on le greffe d'abord avec des espèces vigoureuses, comme les poiriers de curé, d'amanlis, etc., et l'année suivante on met sur ces dernières celles qui ne donnent pas un bon résultat étant greffées directement sur ce sujet ; l'espèce vigoureuse sert d'intermédiaire : c'est ce qui constitue la *greffe sur greffe*.

Sur l'*aubépine* le poirier fructifie très promptement, mais vit peu ; aussi l'emploie-t-on rarement. Les arbres ne prennent pas d'accroissement; il se forme une forte protubérance au point de jonction du sujet et de la greffe.

Le poirier peut se greffer en fente, avec succès, vers la seconde quinzaine de septembre. La greffe se soude avant les froids et pousse vigoureusement au printemps suivant.

Ces sujets conviennent également au néflier.

Pommier. — Les sujets propres à recevoir le pommier sont le *franc* ou l'*égrain*, que l'on emploie pour les arbres à haute tige. Le *doucin*, qui est très avantageux pour les arbres à cultiver en espalier, contre-espalier et en vase, résiste mieux que le paradis dans le mauvais terrain : il tient le milieu entre le paradis et le franc.

Le *paradis*, par son peu de vigueur, convient particulièrement pour les pommiers nains; c'est sur ce dernier sujet qu'on obtient souvent les plus beaux fruits, aussi le préfère-t-on pour les jardins.

Le doucin et le paradis sont des variétés de pommiers sauvageons qui se multiplient facilement par marcottes; cette qualité et le mode différent de végéter les ont fait choisir pour sujets.

Les sauvageons de poirier et de pommier qui croissent spontanément dans les bois sont aussi excellents pour faire des arbres à haute tige, lorsqu'ils résistent bien à leur transplantation au grand air et au plein soleil.

ARBRES A FRUITS A NOYAU.

181. Pêcher. — Il se greffe sur *franc*, sur *amandier* et sur *prunier*. Le noyaux qui donneront le franc doivent être choisis parmi les meilleures pêches. Le franc est peu employé dans les pépinières, à cause de la difficulté de se procurer des noyaux de choix, et de la lenteur de ceux-ci à germer; autrement, c'est un des meilleurs sujets qu'on puisse choisir.

L'amandier qui convient le mieux est celui dont les fruits sont à coque dure et à amande douce; cependant la bourdine, la madeleine rouge, la royale, la pourprée hâtive, et les pêches lisses violettes réussissent bien aussi sur l'amandier à coque dure et à amande amère.

Les sujets provenant d'amandier, dont les racines sont pivotantes, conviennent plus particulièrement dans les terrains profonds, légers et chauds.

Le prunier, dont les racines sont traçantes, est préférable à l'amandier dans les terrains peu profonds, froids et humides. C'est le prunier de *Damas noir* qu'on choisit le plus généralement.

On se sert aussi du prunier *mirobolan* sur lequel les arbres après avoir bien poussé les premières années prennent une teinte rouge annonçant leur prochain dépérissement, et du *ragouminier (Cerasus pumila)*; ce dernier est facile à multiplier par boutures et par marcottes : avec lui on obtient des arbres très nains, mais de courte durée.

Lorsque l'on greffe sur le prunier; l'opération doit avoir lieu en juillet sur les sujets la deuxième année de leur plantation. Pour l'amandier, elle se fait dans la première quinzaine de septembre sur des sujets de l'année.

Abricotier. — Il se greffe sur *franc*, sur *prunier* et sur *amandier*; sur ce dernier, la greffe est sujette à se décoller. Les abricotiers provenant de semis sont d'excellents sujets.

Le prunier de Saint-Julien est un bon sauvageon pour les abricotiers en plein vent; l'arbre prend plus d'accroissement. Le prunier cerisette est aussi très bon pour les abricotiers en espalier.

Les pruniers provenant de semences sont excellents et sont préférables aux rejetons. Les abricotiers qui ne viennent bien que sur les premiers sont : l'albergier de Tours, l'abricotier de portugal et l'angoumois.

Amandier. — L'abricotier et le prunier peuvent lui servir de sujets, mais on le greffe généralement sur lui-même ; les arbres sont plus vigoureux et plus rustiques.

Prunier. — On le greffe sur *prunier de semis* et sur rejetons ou drageons de *Saint-Julien*, de *Damas noir* et sur *Sainte-Catherine*; ceux-ci sont préférables. L'époque la plus favorable pour greffer le prunier en écusson est le mois de juillet, ainsi que pour les abricotiers, car il arrive souvent que les sujets n'ont plus de sève au mois d'août.

Cerisier. — Il a pour sujets : le *Sainte-Lucie* ou *Prunus mahaleb*, et le merisier à fruits rouges, ainsi que celui à fruits noirs; ce dernier est préféré pour les guigniers et bigarreautiers. Le Sainte-Lucie convient surtout pour pyramide et espalier, le merisier pour haute tige. L'opération a lieu en juillet sur ce dernier, et en août sur le Sainte-Lucie. Le franc ou cerisier de semis convient à toutes les espèces. Si l'on greffe en fente, l'opération doit se faire à la fin de l'automne; elle réussit mieux qu'au printemps.

Nota. — Le châtaignier, le mûrier noir, le noyer, le noisetier et le cognassier se greffent sur eux-mêmes; les trois premiers sur des sujets venus de semis, les deux autres sur des sujets provenant de rejetons ou de marcottes.

PRÉPARATION DES GREFFES.

182. On ne doit prendre des greffes que sur du bois d'un an; le bois de deux ans se met plus tôt à fruit, mais l'arbre est moins vigoureux : on ne s'en sert que par nécessité ou à défaut d'autre.

Il est essentiel de bien choisir les greffes sur des arbres sains et fertiles; les rameaux qui auront joui de l'influence de l'air seront toujours préférés comme ayant les yeux mieux constitués; on ne doit pas prendre autant que possible, de dards ni de brindilles pour greffer en fente et en couronne. On coupera les rameaux un mois ou six semaines à l'avance; pendant cet intervalle on les fiche en terre au pied d'un mur, en les enfonçant jusqu'au tiers de leur longueur à l'exposition du nord. L'état de privation qu'ils supportent les affame et donne aux greffes une facilité plus grande pour la reprise. Il ne faut pas les conserver dans l'eau, si ce n'est dans le cas où ils auraient voyagé et où ils arriveraient fatigués et les écorces ridées; alors même il suffira de les y faire tremper pendant un jour ou deux. A leur défaut, on peut cependant se servir de rameaux fraîchement coupés.

Pour greffer en écusson, on peut couper les rameaux pour s'en servir tout de suite.

183. On emploie ordinairement pour greffer un instrument qui a reçu le nom de *greffoir* (fig. 109). C'est une espèce de petit couteau dont la lame bien affilée doit avoir environ $0^m,06$ de longueur, et être d'acier fin; le manche, dont la longueur est de $0^m,09$, se termine par une spatule d'ivoire ou d'os. C'est avec la lame qu'on coupe les greffes, et qu'on pratique sur les sujets les incisions et les entailles; on a soin que toutes les sections soient très nettes. La spatule sert à détacher et à soulever les écorces. Il faut avoir l'attention de tenir la lame du greffoir dans un état de propreté parfaite.

Les autres instruments sont : une scie à main, nommée *égohine*, pour couper la tige ou la tête des gros sujets et les branches fortes; une forte serpette et un petit maillet pour frapper dessus au besoin; quelques coins de bois de dimensions variées pour maintenir la fente ouverte jusqu'à ce qu'on ait placé la greffe, et pour détacher

Fig. 109.

l'écorce du pourtour des sujets dans la greffe en couronne. Quand les sujets sont petits, la serpette suffit pour faire la fente et la maintenir ouverte.

Pour assujettir les greffes, il est nécessaire de faire des ligatures avec de la laine grossièrement filée et peu tordue, ou du coton filé : c'est ordinairement ce que l'on emploie.

Ces deux substances ont l'avantage d'être plus élastiques, la première surtout, et de se prêter mieux que toute autre matière au renflement du sujet ou de la branche. Les lanières d'écorce de tilleul se nouent difficilement. Le chanvre a le défaut d'étrangler la greffe, à cause de sa propriété de se resserrer sous l'influence de l'humidité; cependant on s'en sert ainsi que de la natte. On a soin de visiter de temps en temps les greffes, et l'on desserre on enlève ces ligatures si elles occasionnent des étranglements nuisibles au développement des pousses.

Il importe généralement au succès des greffes de couvrir par un engluement toutes les plaies qui en résultent afin de s'opposer au desséchement que produirait le contact de l'air et d'interdire tout accès à l'humidité.

Les substances employées à cet usage sont :

184. *La cire à greffer.* — On en fait de deux sortes : l'une s'emploie à chaud, l'autre à froid.

Composition à employer à chaud. — On fait fondre dans un vase de terre, sur le feu, 500 grammes de poix blanche de Bourgogne, 120 grammes de poix noire, 120 grammes de résine, 100 grammes de cire jaune,

60 grammes de suif; on mélange le tout pendant la fusion. Chaque fois qu'on veut se servir de cette cire, on pose le vase qui la contient sur un feu doux, puis on l'applique avec une spatule ou un pinceau, lorsqu'elle est suffisamment réchauffée pour devenir liquide, sans être trop chaude, afin de ne pas nuire à la plaie.

Composition à employer à froid. — On fait fondre également sur le feu, et l'on mélange pendant la fusion 500 grammes de cire jaune, 500 grammes de térébenthine grasse, 250 grammes de poix blanche de Bourgogne et 100 de suif. On en fait des bâtons que l'on enveloppe dans un linge ou du papier, et lorsqu'on veut l'employer, on en prend un morceau que l'on pétrit entre les doigts jusqu'à ce qu'elle soit suffisamment molle. Les proportions de ces deux compositions, qui résistent parfaitement aux intempéries des saisons, sont diminuées ou augmentées à volonté.

L'*onguent de Saint-Fiacre* est un composé de deux tiers de terre franche, un peu argileuse, et d'un tiers de bouse de vache, mélangés à l'état de mortier clair. Sa consistance offrant peu de ténacité, il se dessèche par le soleil ou est entraîné par la pluie; c'est pourquoi il est nécessaire de l'envelopper d'un linge pour le maintenir tout le temps nécessaire sur les plaies. On donne à cet appareil le nom de *poupée*.

Cette composition est très employée dans les campagnes pour les greffes en fente et en couronne.

Lorsque l'on veut faire voyager les greffes, on les place dans la mousse légèrement humectée, que renferme une petite boîte ou une toile cirée, ou simplement un gros papier gris. Cette précaution suffit quand le voyage ne doit durer que quinze jours. S'il doit se prolonger deux ou trois mois, on les mettra dans du mastic de vitrier ou du miel, ou même dans l'argile pure. Bien enveloppées dans ces substances on les dépose dans une boîte de fer-blanc hermétiquement fermée; elles se conservent très bien ainsi.

DE DIVERSES GREFFES.

185. Mon intention n'est pas de décrire toutes les espèces de greffes connues; il s'en trouve un très grand nombre qui ne sont pas usitées dans la pratique. Je ne mentionnerai que les plus faciles dans leur exécution, les plus employées dans les cultures.

Nous les rangeons, pour ce qui concerne les arbres fruitiers, en trois sections : 1° *greffes en fente ou par scions;* 2° *greffe par approche;* 3° *greffes en écusson et en flûte.*

SECTION I.

GREFFES EN FENTE OU PAR SCIONS.

186. Cette section renferme les *greffes en fentes* sur tige, sur racines et sur branches de côté, et les *greffes en couronne.*

GREFFES EN FENTE.

Lorsqu'au printemps la sève commence à monter dans le sujet, c'est l'époque qu'il convient de choisir pour les greffes de cette sorte, qui trouvent de nombreuses applications sur les arbres à fruits à pepins et sur quelques-uns de ceux à noyau. Pour ces derniers, comme le pêcher, le prunier, le cerisier, etc., le mois de septembre et l'automne sont préférables; la réussite est plus certaine. La greffe en fente s'applique sur des sujets de diverses hauteurs, depuis le collet de la racine jusqu'à 2 ou 3 mètres. Il faut avoir soin de parer les plaies de la manière la plus nette avec la serpette, et l'on choisira pour greffes des rameaux ayant les yeux bien formés et très apparents.

Greffe en fente à un scion.

187. La figure 110 la représente : *a*, tige dont on a coupé la tête; *b*, fente pratiquée au milieu du diamètre; *c*, rameau taillé sur lequel on a laissé deux yeux. Sur un sujet que l'on désire greffer, on choisit un endroit bien uni à la hauteur voulue, on coupe la tête ou tige horizontalement avec la serpette, lorsqu'elle est faible; si elle est trop forte, on se sert de la scie, et l'on rafraîchit la plaie immédiatement.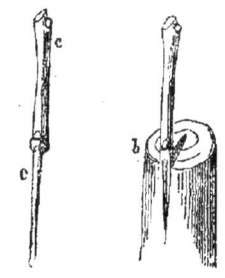

Fig. 110.

Ensuite on pratique au milieu du diamètre une fente perpendiculaire au sujet, bien nette, sans éclats, sans déchirure d'écorces, en épargnant la moelle autant que possible dans les arbres à fruits à noyau. Si la tige ou la branche est forte, la fente est tenue ouverte par un petit coin de bois dur ou la pointe de la serpette, afin de pouvoir y insérer la greffe *c*. Celle-ci est taillée en biseau en forme de lame de couteau, de 20 à 25 millimètres de longueur, suivant la grosseur du scion, et faisant deux petites retraites ou crans au-dessus du biseau, comme on le voit en *e*, pour qu'elle puisse poser facilement sur la coupe du sujet; ensuite on place la greffe en la rentrant un peu, de manière que son écorce, plus mince que celle du sujet, coïncide parfaitement avec cette dernière. Lorsque la greffe est mise, on retire le petit coin, en ayant soin de ne point la déranger. Il n'est pas nécessaire de faire la ligature si la pression est assez forte et serre suffisamment : si, au contraire, elle est faible, il sera nécessaire de la ligaturer, pour assujettir les parties et les maintenir dans leur position jusqu'à ce que la reprise soit assurée. On couvre immédiatement la plaie avec de la cire à greffer ou de l'onguent de Saint-Fiacre.

Greffe en fente avec sujet taillé en biseau (fig. 111).

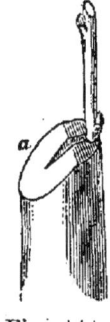

Fig. 111.

188. Elle ne diffère de la précédente que par la coupe du sujet, dont une partie est faite en biseau, *a*. Elle est préférable en ce que l'obliquité favorise l'affluence de la sève vers le scion, et le coude est moins apparent.

Elle a souvent besoin d'être maintenue par une ligature.

Greffe en fente avec des rameaux de l'année.

Cette greffe se pratique de la fin de juin à la fin de juillet; l'opération est absolument la même que pour la greffe en fente ordinaire, excepté que l'on se sert de rameaux de l'année déjà aoûtés vers leur base, et on ligature si le sujet est faible. Il faut toujours enduire les plaies et les scions avec de la cire à greffer sans couvrir les yeux. Je l'ai appliquée à la fin de juin, elle m'a bien réussi, surtout sur les arbres à fruits à pépins. Sur les arbres à fruits à noyau, les résultats ont été moins avantageux. Cette greffe nouvelle est peu usitée.

Greffe en fente à deux scions (fig. 113).

189. Elle ne diffère aussi de la greffe figure 110 que par le nombre de scions placés sur le sujet; son application est absolument semblable, excepté que les deux

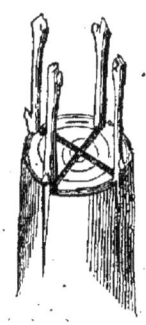

Fig. 112.   Fig. 113.

rameaux sont placés à l'opposite à la circonférence du sujet. Elle est employée ordinairement pour les forts sauvageons et de fortes branches.

La *greffe à quatre scions* (fig. 112) est peu usitée; le sujet, fendu en quatre parties, présente l'inconvénient grave d'une plaie difficile à cicatriser.

La *greffe en fente* sur le rosier, qui se pratique du 20 mars au 20 avril, par les mêmes procédés, peut produire des fleurs en juin, deux mois après l'opération. Le sujet doit avoir deux ans de plantation pour donner de bons résultats.

Greffe en fente sur collet de racines (fig. 114).

190. Il arrive fréquemment qu'un arbre, après plusieurs années de plantation et ayant déjà une certaine grosseur, se trouve rompu par un coup de vent, ou tout autre accident, à une certaine hauteur, et quelquefois

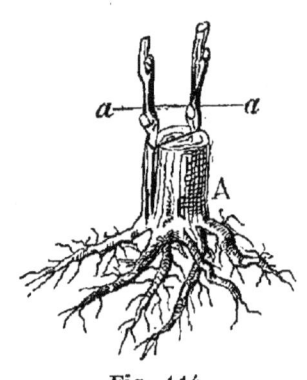

Fig. 114.

même près de terre; au lieu de l'arracher, on le greffe au-dessus du collet des racines, en plaçant deux scions comme je l'ai indiqué figure 114. Dès la première année, il pousse des jets quelquefois de 2 mètres. Par ce procédé, on obtient des résultats très avantageux et un arbre reformé promptement. On supprime un des deux scions la deuxième année, pour faire un arbre à haute tige.

Greffe en fente sur racines (fig. 115).

191. On greffe aussi en fente sur racines les arbres à fruits à pépins et quelques-uns de ceux à fruits à noyau. Dans ce cas, on détache une racine d'un arbre congénère près du collet; on redresse la partie supérieure en lui donnant une position presque verticale, sans déranger les racines secondaires qui se trouvent dans toute sa longueur, et l'on pratique la greffe ordinaire à un scion. L'automne suivant, on enlève cette racine avec

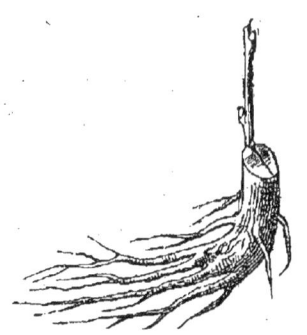

Fig. 115.

le jet que l'on transplante dans des conditions favorables, de manière à former un arbre en peu d'années. Ce procédé est excellent pour celui qui a des espèces précieuses à greffer, et qui n'a pas de sujets pour les recevoir.

Greffe en fente de la vigne sur tige.

192. On la pratique fin de mars ou au commencement d'avril, au moment où la sève commence à entrer en mouvement. On s'est pourvu de rameaux ou sarments au moins un mois ou six semaines d'avance; on coupe la tige horizontalement à la hauteur que l'on veut; on la fend perpendiculairement, et l'on y introduit deux sarments coupés à deux yeux, comme pour la greffe en fente ordinaire. Il faut couvrir ensuite avec de l'onguent de Saint-Fiacre et faire une poupée : l'humidité que la sève apporte sur la coupe ne permettrait pas à la cire à greffer de s'y maintenir. La soudure entièrement opérée, on enlève l'onguent de Saint-Fiacre et l'on y met de la cire. Cette greffe reste inactive plus longtemps que dans les autres arbres; elle donne quelquefois du fruit dans l'année même; mais celui-ci ne mûrit pas à cause de la végétation tardive de la greffe.

Greffe en fente de la vigne sur souche.

193. Elle est la plus usitée de toutes celles qu'on pratique sur la vigne; on l'emploie dans les vignobles pour changer les cépages et renouveler toutes les mauvaises variétés. Elle se fait à la même époque et de la même manière que la précédente; seulement il faut déchausser le cep et le couper horizontalement au-dessous du niveau du sol. On fend également le sujet dans le milieu de son diamètre, et comme les souches sont ordinaire-

ment très noueuses et tortueuses, il n'est pas toujours facile d'y placer convenablement les scions ; il faut cependant les faire coïncider avec les écorces du sujet sur le plus grand nombre possible de points. Ensuite on recouvre la plaie avec de l'onguent de Saint-Fiacre, et l'on comble le trou avec la terre, en ayant soin de laisser l'œil supérieur de chaque scion à l'air libre. Il n'est pas nécessaire de mettre de la cire à greffer lorsque la reprise est assurée, comme je l'ai indiqué pour la greffe précédente. La figure 114 la représente : *aa*, ligne ponctuée qui indique le niveau du terrain ; A, greffe effectuée.

Greffe-bouture sur la vigne (fig. 116).

194. On entaille de chaque côté les sarments à greffer en biseau un peu allongé, de façon qu'il se trouve deux

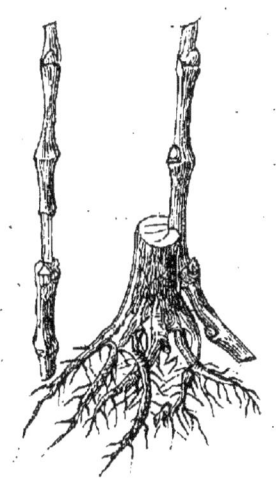

Fig. 116.

yeux en dessus et deux yeux en dessous. On coupe, comme à la figure 116, un cep horizontalement au-dessus du collet de la racine ; on fend et l'on introduit les sarments dans la fente, un de chaque côté, de manière que les deux yeux inférieurs se trouvent au-dessous de la coupe, et les deux supérieurs en dessus. On recouvre toute la plaie avec de l'onguent de Saint-Fiacre, et l'on remplit le trou en couvrant de terre les deux yeux inférieurs et le supérieur le plus rapproché de la coupe. Cette greffe-bouture réussit très bien ; il arrive presque toujours que la partie inférieure de la greffe prend racine. On peut aussi la pratiquer sur une tige, en ayant soin de mettre la partie inférieure du sarment dans une petite bouteille remplie d'eau.

Greffe en fente sur le côté.

195. Elle se pratique en mars et en avril. Le scion à greffer est taillé en biseau long de 2 à 3 centimètres, en forme de lame de couteau, sans cran à la partie supérieure. On entaille la tige du sujet avec le bec de la serpette, en pénétrant dans le bois de manière à y insérer la greffe. La figure 117 la représente.

Fig. 117.

Cette greffe est fort utile pour remplacer des branches latérales qui ont péri, ou pour garnir des parties dénudées. On l'emploie principalement sur les arbres à fruits à pepins et à noyau. Il est nécessaire de faire une ligature et de mettre de la cire à greffer. En plaçant sur une tige de rosier, à 12 ou 15 centimètres les uns des autres, des scions pris sur des rameaux de la même variété, on peut former une charmante colonne de fleurs.

GREFFES EN COURONNE.

196. Elles se nomment ainsi parce que les greffes sont placées sur le sujet en forme de cercle ou couronne ; on les pratique ordinairement sur les fortes tiges et sur les fortes branches. Elles diffèrent des greffes en fente en ce que, au lieu d'être introduits dans la fente, les scions sont insérés entre l'écorce et l'aubier. Elles se font du 20 mars au 20 avril, attendu qu'il est indispensable que le sujet soit en sève pour que l'écorce puisse facilement se détacher de l'aubier. Les rameaux doivent être coupés un mois ou six semaines d'avance comme pour la greffe en fente.

Quand on regreffe de vieux arbres, il convient de laisser une ou deux branches d'appel pour maintenir la sève dans le sujet, la réussite est plus certaine. La suppression de toutes les branches à la fois nuirait à ces arbres. Les branches d'appel sont arrêtées dans leur développement au fur et à mesure que les greffes poussent, puis complètement retranchées, afin de ne pas nuire à ces dernières.

Greffe en couronne ordinaire.

197. — La tige ou la branche est coupée horizontalement avec la scie, et l'on refraîchit immédiatement la plaie avec la serpette. Les scions sont taillés en bec de

plume aminci comme B (fig. 118), en ayant soin de laisser deux yeux sur chacun. A l'aide d'un petit coin de bois dur, on détache, sans la déchirer, l'écorce de l'aubier, et l'on introduit la greffe. On peut, selon la grosseur du sujet, placer un nombre indéterminé de greffes, en les mettant à 2 ou 3 centimètres les unes des autres à la circonférence; l'écorce se déchirerait, que cela ne présenterait aucun inconvénient pour la réussite. Elle s'emploie avec avantage sur les grosses branches qu'on rapproche; on ne ligature point, mais on couvre toute la plaie avec de la cire.

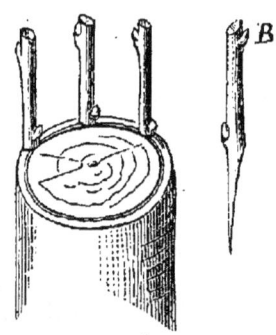

Fig. 118.

Cette greffe a une variété qui n'en diffère qu'en ce que l'on incise perpendiculairement l'écorce à la circonférence du sujet, à l'endroit où l'on pose chaque scion, ce qui permet de les recouvrir avec les bords de l'écorce incisée; il est alors nécessaire de faire une ligature.

Greffe de côté en T.

198. Cette greffe remplit le même objet que la greffe en fente sur le côté, excepté que l'incison du sujet se

pratique en forme de T, comme on voit figure 119, par deux incisions, l'une horizontale et l'autre perpendiculaire, absolument comme pour la greffe en écusson. On enlève au-dessus du T une petite parcelle d'écorce *a*, et l'on insère sous les lèvres du T la greffe taillée en bec de plume aminci vers la base, comme pour la greffe en couronne. Il faut faire une ligature et enduire la plaie avec la composition.

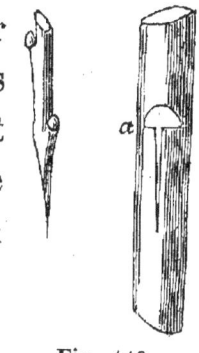

Fig. 119.

Greffe en couronne ou par entaille triangulaire.

199. — Sur l'aire de la coupe du sujet qui a toujours lieu horizontalement (fig. 120, A), on fait une entaille

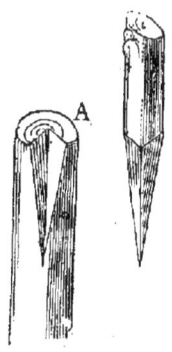

Fig. 120.

triangulaire proportionnée à la grosseur du rameau à insérer. On taille le scion en coin, de manière qu'il remplisse exactement cette entaille, puis on l'y introduit en faisant coïncider les écorces, et assujettissant le tout par une ligature, on recouvre la plaie de cire à greffer.

Par cette méthode, on peut greffer de très gros arbres et mettre plusieurs greffes sur le sujet.

Greffe par enfourchement (fig. 121).

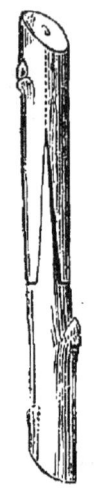

Fig. 121.

200. Le sujet et la greffe doivent être de la même grosseur. On coupe horizontalement la tête du premier, que l'on taille en bec de hautbois avec deux crans. Le rameau à insérer, qui doit avoir deux yeux, est fendu à sa base dans le milieu de son diamètre. On l'introduit jusqu'aux crans, on ligature, et l'on couvre avec la composition. Cette greffe convient parfaitement à de petits arbres fruitiers.

Greffe Ferrari ou génoise.

C'est la précédente en sens inverse, ainsi que l'in-

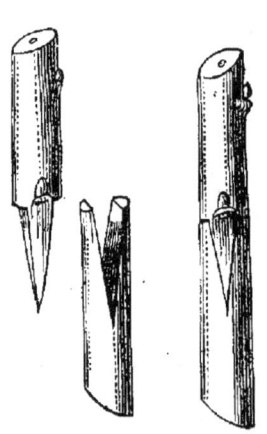

Fig. 122.

dique la fig. 122. Elle est plus employée, particulièrement pour les petits orangers.

Greffe anglaise.

201. Cette greffe est très solide; elle s'emploie pour de petits arbres d'un diamètre égal. Le sujet A (fig. 123) à son sommet, et le rameau B à sa base, sont taillés l'un et l'autre en allongé : on fait sur chaque biseau et au milieu de la plaie, au moyen du greffoir et biseau en sens opposé, une esquille de même dimension, comme l'indique la figure; on fait pénétrer les esquilles l'une dans l'autre en ajustant la greffe et en faisant coïncider les écorces; on ligature et l'on couvre de cire. Cette greffe se pratique au printemps.

Fig. 123.

Greffe en navette (fig. 124).

202. Elle se pratique au printemps sur une tige ou un cordon de vigne. On fend ce dernier dans le milieu de son diamètre, à l'endroit où l'on veut placer un courson; si le cordon est fort, on pratique une entaille ovale de 3 à 4 centimètres de longueur, en pénétrant jusqu'au canal médullaire. La greffe sera taillée en coin allongé de chaque côté, en laissant un œil vers le milieu et en lui donnant la forme d'une navette, de ma-

Fig. 124.

nière à remplir exactement l'entaille faite sur le sujet; ensuite on ligature si c'est nécessaire, et l'on enduit la plaie de cire à greffer.

SECTION II.

GREFFES EN APPROCHE.

203. La nature en a fourni le modèle : elles sont fort simples, et elles se distinguent particulièrement en ce que la greffe et le sujet restent adhérents aux arbres qui les portent jusqu'à ce que la reprise soit assurée et qu'on puisse les en séparer. Il faut que l'arbre qu'on veut greffer soit très voisin de celui qui doit fournir la greffe, afin que l'un et l'autre puissent se joindre facilement. On en connaît un grand nombre, mais quelques-unes seulement sont employées pour les arbres fruitiers; la plupart s'appliquent aux arbres et arbustes d'agrément.

L'époque la plus favorable pour les exécuter est le printemps, surtout au moment de l'ascension de la sève; elles peuvent se faire aussi avec grand succès pendant une partie de l'été, en se servant de bourgeons encore herbacés.

Greffe en approche ordinaire (fig. 125).

204. L'opération consiste à faire sur le sujet et sur la greffe, choisis d'égale grosseur autant que possible,

des plaies ou entailles de dimensions égales, et susceptibles de se recouvrir exactement lorsqu'on les applique l'une contre l'autre. Ces entailles pénètrent jusqu'à l'aubier et jusqu'au bois. Lorsque le rapprochement a lieu, les libers doivent se trouver en contact sur le plus grand nombre possible de points. On maintient la jonction par des liens appropriés à la résistance présumable, et l'on soustrait les plaies à l'influence de l'air et de l'humidité autant qu'il se peut. On surveille pour em-

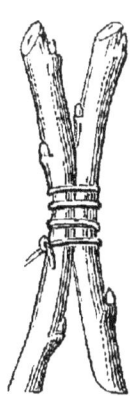

Fig. 125.

pêcher que la ligature ne forme des étranglements, et l'on sèvre lorsque la reprise est assurée. Pour cela on commence par entailler la greffe au-dessous de son point de jonction quinze jours à l'avance; huit jours après, on prolonge l'entaille aux deux tiers de l'épaisseur; enfin on coupe définitivement. Ensuite on retranche la tête du sujet au-dessus de la ligature. On greffe en approche le noyer, le figuier, le mûrier, la vigne, etc.

Greffe en approche avec esquilles.

205. On fait sur la tige du sujet une plaie ainsi que sur la greffe, comme il est indiqué pour la manière précédente; on pratique dans chacune des deux plaies correspondantes une esquille en sens inverse (fig. 126), et

Fig. 126.

l'on rapproche les deux entailles, en faisant pénétrer les esquilles l'une dans l'autre comme une agrafe, puis on ligature. Cette greffe présente plus de solidité que la première.

Greffe en approche sur branches et sur tiges.

206. On fait deux plaies, l'une sur la tige ou la branche dénudée, et l'autre sur la greffe. Sur l'arbre qui les a produits, il arrive souvent que le rameau est

plus petit que la tige; dans ce cas, il suffit de faire coïn-

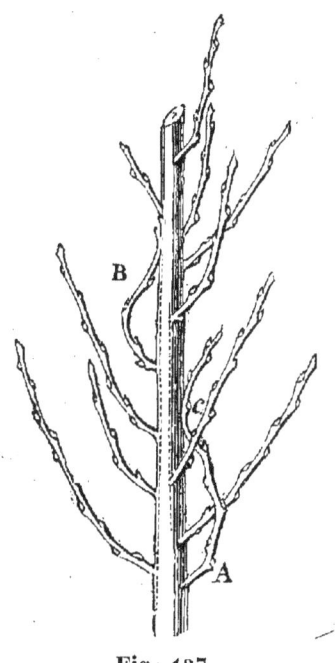

Fig. 127.

cider les écorces d'un seul côté et de faire la ligature (fig. 127, B). Cette greffe se pratique au printemps.

Greffe en approche en vert ou bourgeon herbacé.

207. Cette greffe se pratique en juin, juillet et août, sur presque tous les arbres fruitiers avec le même succès. Elle est une des plus avantageuses pour remplacer des branches sur les pêchers dans les parties dénudées (fig. 128), et garnir l'arbre de branches dans tous les endroits où il n'en est pas venu. On l'emploie aussi très avantageusement sur la vigne pour remplacer

les vides sur les cordons et les coursons mal placés (fig. 129); on obtient ainsi des cordons d'une régularité parfaite. On pratique avec le greffoir une entaille ordinaire d'environ 4 à 6 centimètres de longueur, à l'endroit où l'on désire établir une branche. On prend un bourgeon qui soit voisin et qui ait déjà un peu de

Fig. 128.

consistance; on lui enlève le bois au delà de la moitié de son épaisseur et de la longueur de l'entaille pratiquée, en ayant soin de laisser un œil en dessus et qui se trouvera au milieu de la plaie. On place le bourgeon dans l'entaille, avec l'attention qu'il soit juste de manière que les écorces coïncident. On fait une ligature avec de la laine, de la natte ou du jonc, etc. Trois semaines ou un mois après, cette greffe est parfaitement reprise; s'il se forme des étranglements, il faudra desserrer la ligature et ne pas l'enlever. Il est plus avantageux de se-

Fig. 129.

vrer au printemps suivant, avant l'ascension de la sève, qu'à l'automne de la même année.

Greffe en approche sur la vigne, avec esquilles (fig. 130).

208. Lorsqu'on désire propager une espèce ou une variété de vigne, on prend une marcotte ou un pied enraciné; on fait une plaie au-dessus du collet des racines, et une correspondante sur le sarment que l'on

veut greffer; on pratique une esquille dans le milieu de chaque plaie; on fait pénétrer les deux esquilles l'une dans l'autre, et on ligature. On peut planter immédiatement la marcotte; on laisse un œil d'appel sur le sujet et quatre sur la greffe : deux en dessus et deux en dessous du point de contact.

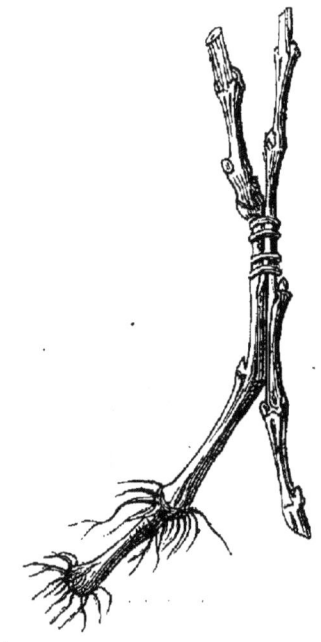

Fig. 130.

Cette greffe s'emploie aussi sur sarment. On rapproche l'un de l'autre deux sarments voisins, on les entaille pareillement sur le côté par lequel ils se regardent, on pratique une esquille, et on ligature.

Greffe en approche pour remplacement de tête.

209. On coupe la tête du sujet horizontalement (fig. 131, A); on forme ensuite sur la tige de la greffe,

à la hauteur nécessaire et au-dessous de la tête, une entaille B également triangulaire, d'une dimension qui corresponde exactement à l'entaille du sujet; les deux parties (fig. 132 c) s'appliquent l'une sur l'autre et se

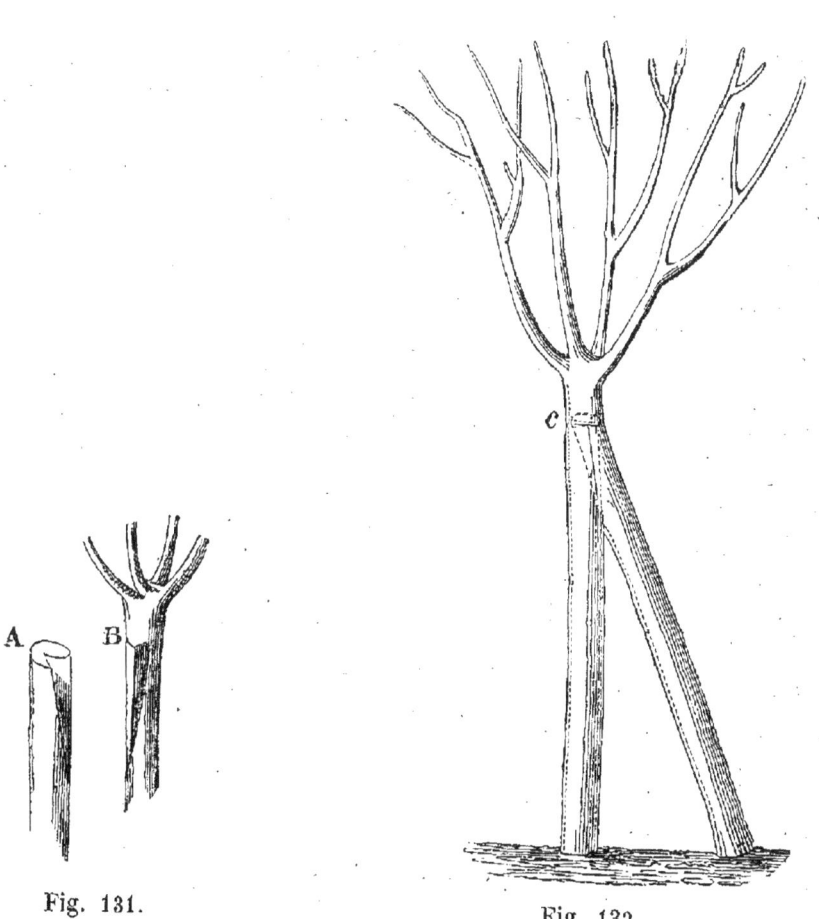

Fig. 131.   Fig. 132.

fixent solidement par le moyen d'une ligature; on met de la cire à greffer sur la plaie. Cette greffe peut être employée pour rétablir la flèche d'une pyramide ou pour prolonger une branche latérale à laquelle un accident serait survenu. On la pratique davantage pour de jeunes sujets en pots, auxquels on coupe la tête, et que l'on met à portée des rameaux de l'arbre qui doit fournir les greffes.

Greffe en approche pour remplacement de branches.

210. Cette greffe se pratique au printemps, avant l'ascension de la sève. Lorsqu'il existe des vides sur des arbres disposés en espalier, contre-espalier ou pyramide, elle fournit le moyen de les remplir, tant sur la tige que sur les branches mères et autres. Pour cela on choisit un rameau de l'année précédente qu'on aura laissé dans ce but et disposé convenablement pour pouvoir être appliqué sur la place que l'on veut regarnir. On fait à cet endroit une légère entaille dans la direction qu'on veut donner à la branche, et l'on coupe d'une manière correspondante le rameau destiné à être greffé; on applique les deux entailles l'une sur l'autre aussi exactement que possible; on ligature solidement. La figure 127 représente cette greffe A, sur une portion d'un arbre planté qui a un vide C, sur lequel on a pratiqué une entaille, et dont le sommet remplacera la branche qui manque. Il faut surveiller la greffe, afin de prévenir les étranglements et nodosités; après la reprise on la sèvre rez la tige, et on la taille comme une autre branche. Quant au rameau qui a fourni la greffe, il arrive quelquefois qu'il pousse un bourgeon sur la courbe, dont on tire parti selon le besoin.

SECTION III.

GREFFES EN ÉCUSSONS.

211. Les greffes en écusson sont très expéditives et très employées dans les pépinières, principalement pour les petits sujets. Elles se pratiquent dans deux saisons : au printemps, à œil poussant, et en juillet et août, à œil dormant. Cette dernière, qui est très usitée, est préférable pour toute espèce d'arbres fruitiers; celle qui se pratique au printemps à œil poussant est peu avantageuse et les résultats sont douteux, excepté pour le mûrier. On greffe aussi des rosiers par cette méthode, mais ils vivent moins longtemps, et les sujets ne sont jamais aussi beaux que par la greffe à œil dormant. Celle-ci se fait avec des écussons levés sur des bourgeons de l'année coupés le matin ou le soir. On a soin de ralentir leur transpiration en supprimant immédiatement les feuilles, tout en conservant les pétioles, qui continueront à protéger les yeux. Ces rameaux seront mis au frais, enveloppés de mousse ou de linge mouillé, jusqu'au moment de s'en servir, à moins qu'on ne les emploie immédiatement.

La greffe à œil poussant se fait avec des yeux pris sur des rameaux de l'année précédente et sur de jeunes bourgeons, lorsqu'on la pratique en mai et juin. Pour lever l'écusson, on fait sur le rameau une incision transversale à 10 ou 15 millimètres au-dessous de l'œil que l'on a choisi; on pose la lame du greffoir à 2 centimètres au-dessus du même œil, et on la glisse obliquement de son talon, aux deux tiers de sa longueur, sous l'écorce, jusqu'à la ligne transversale; on saisit l'écusson de la main gauche, entre le pouce et le médius qui pincent la base du pétiole conservé; on appuie l'index sur la partie supérieure de l'écusson, puis, avec la pointe du greffoir, on détache de haut en bas le bois qui a pu rester adhérent à l'écorce. On répète ensuite la même opération de bas en haut, avec l'attention de glisser la pointe du greffoir entre l'écorce et la petite parcelle de bois, de manière à l'enlever sans détruire le germe de l'œil, ce qui rendrait l'opération moins sûre. Quand il y a beaucoup de sève sur le sujet, il n'y a point d'inconvénient à ce qu'il reste un peu de bois sous l'écorce.

S'il y a lieu à faire sur les sujets quelques élagages, il faut y procéder quelques jours d'avance, parce que la suppression des bourgeons peut ralentir momentanément la sève, ce qui nuirait à la reprise de la greffe.

Greffe en écusson à œil dormant.

212. On greffe les jeunes arbres de 5 à 10 centimètres environ du sol, et les hautes tiges à des hauteurs indéterminées.

On choisit sur la tige un endroit uni; on fait une incision transversale sur le sujet et une perpendiculaire en forme de T, proportionnée à la longueur de l'écusson ; on lève avec la spatule du greffoir les lèvres de l'écorce à droite et à gauche, puis on glisse sous elles de haut en bas l'écusson préparé, dont on retranche la partie qui dépasse l'incision transversale du sujet ; on les rabat sur l'écusson en les appuyant fortement avec les deux pouces, afin qu'il ne reste point de vide entre les parties, et l'on fait une ligature ordinairement avec de la laine grossièrement filée. Il est indifférent de commencer la ligature en dessus ou en dessous de l'œil, mais on aura soin de laisser celui-ci à découvert et de la terminer par un demi-nœud. Il faut serrer un peu plus la ligature au-dessus quand il y a peu de sève que quand il y en a beaucoup, afin que la sève s'y porte en plus grande quantité. Quinze jours ou trois semaines après, on visite pour desserrer la ligature si c'est nécessaire, parce qu'il arrive souvent qu'il se forme des étranglements qui coupent le bourgeon et l'exposent à être cassé par les vents.

S'il pleut aussitôt que la greffe est terminée, l'eau peut pénétrer dans l'incision transversale, se mêler à la sève, et noyer l'œil qui devient noir ; celui-ci peut encore être noyé lorsqu'il est plat, faible ou pris sur des rameaux qui ne sont pas encore aoûtés. Dans le cas où la sève du sujet est trop abondante, on pratique à 1 centimètre au-dessous de la greffe, sur son écorce, une très légère incision qui suffit pour empêcher une trop grande affluence de sève sur l'écusson. La figure 133 représente en A le sujet avec son incision en T, en B l'écusson, en C la greffe achevée. Au printemps suivant, si l'écusson est repris avant l'ascension de la sève, on retranche la partie supérieure du sujet à une petite distance de l'écusson, en conservant au-dessus de lui un ou deux yeux d'appel. Les bourgeons qui résultent de ces yeux sont pincés

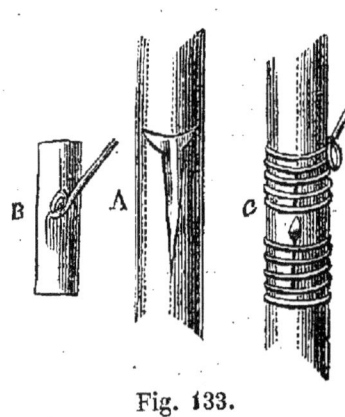

Fig. 133.

lorsqu'ils ont de 12 à 15 centimètres de longueur, afin de favoriser le développement de la greffe. Lorsque celui-ci a acquis une longueur de 0^m,30 à 0^m,40, on les supprime.

Greffe à œil poussant.

213. Elle se fait de la même manière que la précédente ; seulement huit à dix jours après qu'on a greffé et lorsque la greffe est reprise, on supprime la portion du sujet ou le rameau qui excède la greffe, laissant toutefois un œil d'appel au-dessus d'elle. On pince le bourgeon lorsqu'il a 12 à 15 centimètres de longueur, et on

le traite comme nous venons de le dire pour l'œil dormant.

Greffe en écusson en T renversé.

214. L'écusson se lève absolument de la même manière. Le haut est taillé en pointe et introduit de bas en

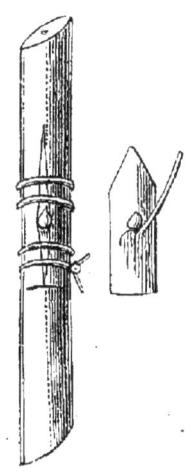

Fig. 134.

haut. On fait d'abord une incision transversale et une perpendiculaire qui vient aboutir dessus, ce qui forme le T renversé (fig. 134).

Cette méthode est excellente par un temps de pluie, et lorsque la sève est trop abondante dans le sujet; cependant elle est peu employée, parce qu'elle prend plus de temps pour l'exécution.

Greffe en écusson carré.

215. Au lieu de lever l'écusson sous la forme précédente, on lève une plaque carrée d'écorce munie d'un

œil au milieu. On trace sur le sujet deux incisions transversales parallèles, distancées convenablement, on incise perpendiculairement de l'une à l'autre de ces lignes et précisément au centre; on détache les deux portions

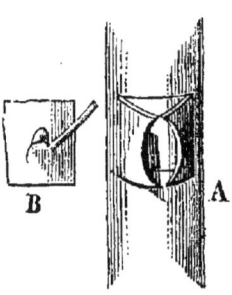

Fig. 135.

d'écorce qu'on ouvre comme deux petits volets, on les échancre à leurs bords pour faire place à l'œil; on ajuste l'écusson, on rabat sur lui deux parties d'écorce et on ligature légèrement. La figure 135 représente cette greffe : A, sujet incisé; B, écusson carré.

Placage.

216. Sur les arbres fruitiers, cette greffe se pratique au printemps, lors de l'ascension de la sève. On enlève une plaque d'écorce munie d'un œil avec un peu de bois, et on l'applique dans une entaille correspondante pratiquée sur le sujet; on fait une ligature si cela est nécessaire, et l'on couvre toute la plaie avec de la composition,

excepté l'œil, qui reste à découvert. La figure 136 la représente : A, le sujet entaillé ; B, la greffe.

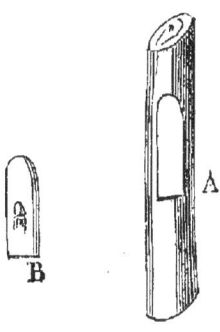

Fig. 136.

Cette greffe est très avantageuse sur des branches et sur les parties dénudées d'un arbre.

Greffe de bouton à fruit ou de lambourde.

217. Cette greffe se pratique depuis la mi-juillet jusque vers le 15 septembre, suivant les terrains et les années, lorsque les boutons sont formés sur les arbres, et avant que la sève soit trop ralentie. On reconnaît facilement les boutons à fruit : ils sont plus gros et plus arrondis que les yeux à bois, et toujours accompagnés d'une rosette de cinq ou six feuilles. On enlève une lambourde, jeune encore, avec son empatement, et même une petite branche ayant plusieurs boutons à fruit, sur un arbre qui en a de trop, et l'on vient la poser sur un autre qui en a peu ou pas, absolument comme un écusson ; après quoi on ligature (fig. 137).

Aussitôt que les boutons sont détachés de l'arbre, il faut supprimer les feuilles qui les entourent, en conservant leurs pétioles.

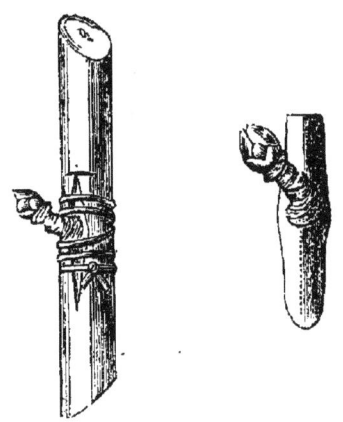

Fig. 137.

On peut enlever également une lambourde sans empatement; alors on entaille et on la place comme la greffe en couronne sur le côté. Lorsqu'on a la possibilité de se procurer des boutons terminaux on les préférera. Ils tiennent à du bois plus jeune que celui des lambourdes et la réussite de leur greffage est plus certaine.

Ces procédés sont très avantageux pour mettre les arbres à fruit et pour garnir les parties dénudées des branches de charpente, et nous recommandons leur emploi toutes les fois que l'on voudra faire rapporter promptement un arbre. Indépendamment des arbres à fruits à pepins, on greffe encore ainsi le cerisier, le prunier et autres arbres à fruits à noyau. En outre de cette mise en rapport plus prompte, ce genre de greffe a aussi pour effet de donner des fruits souvent plus gros que ceux venus sur les boutons qui n'ont pas été greffés.

Enfin on peut cultiver sur un même arbre plusieurs variétés différentes. Toutefois, pour en faire une bonne application, il convient de choisir des arbres vigoureux, des boutons et des lambourdes encore assez jeunes, et de placer ceux-ci préférablement sur du bois d'un ou de deux ans, quoiqu'ils puissent réussir sur du bois plus âgé. Il ne faut pas trop multiplier ces greffes, car elles ont une tendance à s'épuiser facilement, que l'on combattra en modérant la production du fruit.

La greffe de lambourdes se pratique également avec succès en fente. On obtient du bois des sous-yeux et du fruit des boutons; l'automne est pour ce dernier mode l'époque la plus favorable.

GREFFES EN FLUTE, SIFFLET ET ANNEAU.

218. Ces greffes se font toutes par l'application, sur un sujet en pleine sève, d'une portion d'écorce plus ou moins grande, de forme et de longueur différentes, garnie au moins d'un œil ou gemme. Elles s'exécutent depuis le printemps, c'est-à-dire le moment où l'on peut détacher facilement les écorces, jusqu'au mois d'août; à cette dernière époque, c'est la greffe en sifflet à œil dormant.

Greffe en flûte ou en sifflet, avec lanières.

219. On prend les greffes sur du bois d'un à deux ans bien en sève; on coupe le sommet du rameau; on incise

nettement l'écorce par une section horizontale, de manière à enlever plusieurs anneaux munis d'un ou de deux yeux chacun. Une fois l'incision horizontale faite, on imprime à l'anneau, avec les doigts, un léger mouvement de torsion qui le détache de l'aubier et permet de le faire couler facilement. On coupe la tête du sujet, ou le sommet de la branche, si c'est une branche que l'on veut greffer. Par plusieurs incisions pratiquées

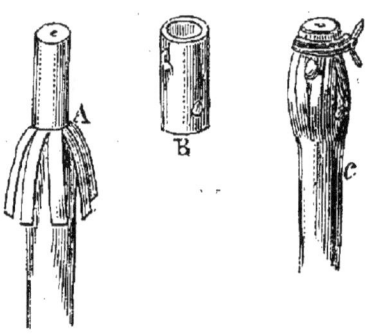

Fig. 138.

perpendiculairement jusqu'à l'aubier, on détache son écorce divisée en lanières longitudinales que l'on rabat à d'égales longueurs (A, fig. 138). On ajuste alors un anneau préparé comme celui B, et du même diamètre que celui du sujet auquel il doit s'adapter exactement. On le descend jusqu'au point où les lanières sont demeurées adhérentes ; on relève celles-ci par dessus en laissant les deux yeux de l'anneau passer entre elles ; puis on ligature avec de la laine ou de la natte, au-dessus de l'anneau, pour l'empêcher de remonter par l'affluence de la sève. La greffe est ainsi terminée comme en C.

Ce procédé, qui n'est praticable qu'à l'époque où les sujets sont bien en sève, s'emploie pour le noyer, le mûrier, le châtaignier, le cerisier et l'olivier, etc. On ne peut pas en faire usage pour les sujets plus gros que le petit doigt.

Greffe en flûte sans lanières.

220. On prépare les anneaux comme dans la précédente. Le sujet est privé à son sommet de son écorce, qu'on lui enlève par le moyen employé pour obtenir les anneaux à greffer. On ajuste l'anneau de la greffe sur le sommet nu, puis on coupe en petites esquilles la portion du sujet qui dépasse, et on les rabat contre l'anneau pour le maintenir.

Greffe en anneau.

221. On prépare, comme je l'ai dit pour la greffe en flûte, un anneau d'écorce muni d'un œil; on incise cet anneau perpendiculairement. On enlève sur le sujet une plaque d'écorce circulaire de la même hauteur que l'on remplace par l'anneau, et on ligature. Si la greffe est moins grosse que le sujet, on conserve sur celui-ci une lanière d'écorce qui remplit la différence; si elle est plus grosse, au contraire, on supprime l'excédant. Cette greffe peut être faite d'avril en août. La figure 139 la représente : A, sujet préparé; B, anneau incisé pour

remplacer la bande circulaire enlevée au sujet. Cette greffe présente beaucoup de solidité.

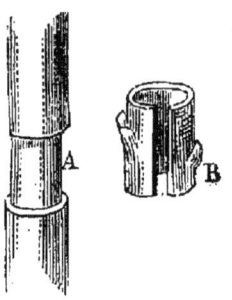

Fig. 139.

Toutes les greffes devront être attachées, au fur et à mesure de leur développement, sur un tuteur, qui sera fixé au sujet par le moyen d'une ligature ou fiché en terre, pour les préserver d'accidents. Elles sont de leur nature très fragiles : si l'on négligeait ce soin, elles éclateraient au moindre coup de vent, comme cela arrive assez fréquemment.

Du marcottage.

222. C'est un moyen de multiplication très usité pour certains arbres. Il consiste dans le couchage en terre de branches ou de rameaux qui tiennent encore à leur *souche* ou *mère*, pour qu'ils s'enracinent et forment de nouveaux individus. On pratique un grand nombre de marcottes; je ne parlerai ici que des plus faciles. Cette opération se fait ordinairement au printemps, avec du

bois d'un ou de deux ans; cependant on peut aussi marcotter à l'automne.

223. *De la marcotte simple.* — Une branche ou rameau attenant à sa souche est couchée dans une petite fossette ouverte à cet effet, ayant de 0^m,20 à 0^m,25 de profondeur : on la remplit de bonne terre, en maintenant, si c'est nécessaire, la marcotte au moyen de crochets enfoncés dans le sol.

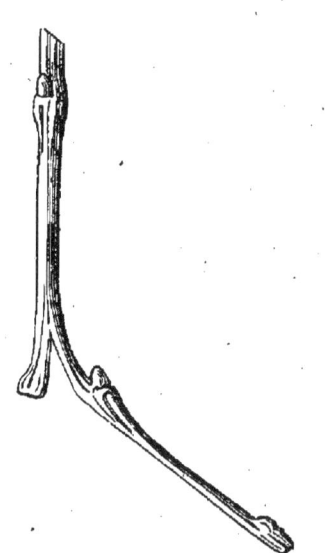

Fig. 140.

On éborgne, comme il est dit page 266, tous les yeux qui se trouvent sur la partie de la branche comprise entre la souche et le point où elle entre en terre. On la laisse ainsi pendant l'été, en ayant soin de donner des arrosements fréquents pour tenir la terre un peu fraîche et faciliter l'émission des racines.

Quelquefois on incise le bois longitudinalement en faisant partir l'incision de la base d'un œil, point auquel se forment et se développent des racines plus promptement que si la marcotte eût été laissée intacte (fig. 140).

Le marcottage, en général, s'applique aux arbres fruitiers suivants : cognassier, vigne, groseillier, mûrier, noisetier et figuier.

224. *De la marcotte par cépée.* — Une souche est élevée en cépée et émet des scions; au fur et à mesure de leur développement, on les butte jusqu'à une hauteur de $0^m,15$ environ avec de la terre : ils s'enracinent. A l'automne suivant, on les sépare en éclatant sur la souche les jeunes jets; mais il vaut mieux les détacher avec un outil tranchant. Le cognassier, le doucin et le paradis se multiplient plus particulièrement par ce procédé. Il est nécessaire de couvrir la butte d'un paillis et de lui donner quelques arrosements pendant la sécheresse.

De la bouture.

225. Un mot seulement sur ce genre de multiplication. C'est le plus simple, mais il ne peut s'appliquer à tous les végétaux. Il consiste à séparer de l'arbre une branche, un rameau ou portion de rameau que l'on fiche en terre après avoir coupé horizontalement ou obliquement, au-dessus d'un œil, l'extrémité de la partie enterrée. Il se forme autour de la plaie un bourrelet qui tend à la recouvrir et sur lequel se développent des racines, ce qui constitue un nouvel individu.

Les boutures se font le plus généralement au printemps, quoiqu'elles puissent avoir lieu toute l'année. On se sert le plus ordinairement, pour bouturer, de bois de l'année.

Toutes les fois qu'on pourra prendre un rameau avec son talon, ce sera plus avantageux; les boutures faites ainsi réussissent mieux et s'enracinent plus promptement. La vigne, le cognassier, le groseillier, se multiplient très facilement par boutures. Nous avons déjà dit que la décortication de la partie enterrée était une opération avantageuse aux boutures et aux marcottes de vigne; mais on peut aussi l'appliquer aux autres végétaux à écorce dure, serrée et peu vivante, ainsi qu'à certaines essences résineuses.

Il est nécessaire de pailler, d'arroser fréquemment pendant la sécheresse.

QUATRIÈME PARTIE.

DE LA RÉCOLTE ET DE LA CONSERVATION DES FRUITS.

226. La récolte des fruits est un travail qui ne peut se faire arbitrairement. Le point capital à observer est de saisir le moment opportun, il n'y a guère que la pratique qui puisse le faire connaître. Cependant nous donnerons à cet égard quelques principes généraux. Ce qui suit est applicable aux fruits qui peuvent se conserver; quant à ceux d'été, il est toujours facile de reconnaître leur maturité, ils se mangent, pour ainsi dire, sur l'arbre.

Le sol, l'exposition et la température de l'année ont une influence remarquable sur l'époque de la maturité; cette vérité est tellement connue de tout le monde, que nous ne croyons pas devoir insister. Enfin, pour les fruits qui ne mûrissent pas sur l'arbre, le fruitier ou fruiterie, son mode de construction, etc., ont une influence manifeste.

Un fruit d'hiver ne se conserve bien et longtemps qu'autant qu'il est resté sur l'arbre huit à dix jours après qu'il a paru cesser de grossir, la maturation ne s'effectuant que lorsqu'il a atteint son développement. Avec un peu d'habitude, on reconnaît ce moment. Cueilli trop tôt, il se fane, se ride et perd une grande partie de ses qualités; trop tard, la fermentation qui caractérise la maturité est commencée, il est difficile de l'arrêter et le fruit se conserve mal.

227. *Des fruits de garde. Cueillette.* — Les poires et les pommes sont les principaux fruits de garde. Les raisins peuvent être prolongés pendant deux ou trois mois, et même plus.

Les poires et les pommes d'été et du commencement de l'automne, pour ne pas perdre de leurs qualités, ont besoin d'être récoltées quelques jours avant leur maturité. Pour les fruits du courant de l'automne, on peut retarder l'époque ordinaire de leur maturité en les récoltant de bonne heure, mais alors ils perdent un peu de leur qualité. C'est ce qu'on appelle *entre-cueillir*.

Quoi qu'on dise, et tout en convenant qu'il vaudrait mieux ne pas employer le tâtement, toujours est-il qu'il est indispensable pour celui qui n'a pas une très grande habitude. Il faut toucher les fruits très légèrement; pour peu que la pression soit forte, la chair est meurtrie, se tache, et la pourriture s'en empare.

Les fruits durs d'hiver, comme les châtaignes, les noix, les amandes et les noisettes, se récoltent dès qu'ils commencent à tomber. Nous avons mentionné au chapitre du Verger les soins qui devaient présider à leur cueillette. Quand ils sont récoltés, on les fait sécher pendant quelques jours, en les étendant en couche peu épaisse, sur des toiles au soleil, et les remuant plusieurs fois par jour. On les rentre chaque soir pour éviter l'humidité de la nuit. La dessiccation achevée, on les met dans des sacs, ou mieux en tas dans une chambre saine, à l'abri des animaux nuisibles.

La récolte des fruits tendres de l'hiver se fait dans la première quinzaine d'octobre. On les rentre par un temps sec, et l'on attend pour les détacher que la rosée ait disparu, vers dix heures jusqu'à trois ou quatre du soir, selon l'état de l'atmosphère. On les détache avec précaution, en les soulevant un peu pour rompre leur point d'adhérence à la branche qui les porte, sans casser la queue; puis on les pose doucement dans les mannettes plates, dont le fond est garni de foin ou de fougère, sans les entasser, en évitant autant que possible les chocs et toute compression. Les fruits ne seront pas immédiatement portés au fruitier dans lequel ils doivent rester l'hiver; on les met d'abord dans une pièce bien aérée, où on les laisse ressuyer pendant quelques jours. On élimine tous ceux qui sont piqués, tachés ou meurtris, lesquels ne sont pas de garde. On ne doit pas mélanger entre elles les espèces, à cause surtout de leur différence de maturation, d'ailleurs la séparation rend la surveillance plus facile.

Si l'on est forcé de récolter par un temps pluvieux, on recueillera les fruits avec les précautions que nous venons d'indiquer, en se donnant bien garde de les essuyer; par le frottement on les dépouille de la fleur qui les recouvre et qui contribue à leur conservation. Le mieux à faire est de les étendre sur de la paille dans une chambre sèche, de les isoler autant que possible les uns des autres et de les laisser se ressuyer.

228. *Du fruitier ou fruiterie.* — Au bout de quatre ou cinq jours on met les fruits au fruitier. Le fruiter sera situé n'importe où, pourvu qu'il soit sain et à l'abri de la chaleur et du froid, et surtout des variations de température : elles contribuent beaucoup à la rapide décomposition des fruits. Une température constante d'environ 5 à 6 degrés centigrades au-dessus de zéro est celle à rechercher; des murs épais, des boiseries contre ces murs si c'est nécessaire, des volets et des abris aux fenêtres, des paillassons ou des couvertures devant les portes, et mieux des doubles croisées et des doubles portes, sont les conditions à observer pour obtenir ce résultat, facile à réaliser économiquement dans un cellier ou une cave bien saine, où une partie de ces précautions ne sont plus utiles à prendre. Il faut éviter de faire du feu dans une fruiterie, à moins qu'on ne veuille avancer la maturité des fruits, et même cela est inutile, car il en est toujours qui vont trop vite. Dans le cas où l'on voudrait les hâter, il serait préférable d'en porter une certaine quantité dans une pièce plus chaude. De toutes les expositions, celle du nord est la meilleure, en ce sens que le soleil n'y exerce en hiver qu'une action à peu près nulle; le froid, pourvu qu'il ne gèle pas, es moins à craindre que la chaleur. L'air du fruitier doit être renouvelé de temps à autre par un jour sec et doux.

Si c'est possible, on le fera arriver d'une pièce voisine, afin qu'il ne frappe pas directement les fruits, rien n'étant plus défavorable à leur conservation qu'une brusque transition de température. La lumière doit pouvoir y pénétrer aussi, mais faiblement; trop vive elle serait nuisible.

Les tablettes destinées à recevoir les fruits seront de chêne, à moins qu'on n'ait à sa disposition de l'acacia : plus le bois est dur, moins il prend d'humidité. A leur défaut, on se servira de sapin blanc. Elles seront distancées entre elles de $0^m,30$ au plus, et légèrement inclinées vers le bord extérieur, de manière à laisser voir tous les fruits d'un coup d'œil. Leur largeur sera de $0^m,50$ à $0^m,60$ pour permettre d'atteindre les plus éloignés sans toucher les premiers rangs; une petite tringle de bois maintiendra chaque rangée pour que les fruits puissent rester debout, position dans laquelle on les voit mieux sans les manier. Il est inutile de les envelopper de quelque matière que ce soit : le seul soin à prendre est d'éviter qu'ils ne se touchent, car un fruit gâté communique promptement sa maladie à ses voisins. Les caves, les celliers, les glacières, sont d'excellents conservatoires, s'ils rentrent dans les conditions prescrites; il ne faut pas tolérer dans leur voisinage des dépôts de matières qui puissent entrer en fermentation et vicier l'air.

Les fruitiers devront toujours être tenus dans un état de propreté extrême, tant pour les tablettes que pour les murs et le parquet. Une surveillance très active s'exercera sur les fruits : ceux qui se décomposeraient seront emportés au dehors; mais la poussière dont ils viendront à se couvrir ne sera enlevée que lorsqu'on les sortira : elle ne saurait nuire, tandis que le frottement d'un plumeau, quelque léger qu'il soit, ne peut être que dangereux.

229. Les poires et les pommes ne sont pas les seuls fruits que l'on conserve. Les pêches, les cerises, les groseilles, le raisin, peuvent aussi être protégés contre une décomposition trop rapide. Les moyens de conservation pour les cerises et les groseilles consistent à les laisser sur l'arbre, et à les couvrir, au moment où elles mûrissent, de paillassons ou de grosses toiles qui les abritent du soleil; protégées, elles se maintiennent plusieurs mois sans s'altérer.

Les pêches se gardent moins bien. On est dans l'habitude, avant de les livrer à la consommation, de les frotter avec une brosse douce pour enlever le duvet qui les recouvre; on rend ainsi leurs couleurs plus vives et le fruit plus agréable à l'œil, mais au détriment de sa durée. Aussi toutes les fois qu'on voudra les garder pendant quelque temps, on aura soin de les cueillir deux ou trois jours avant la maturité; on se dispensera de les brosser, et on les mettra dans un endroit frais.

Le raisin peut se conserver de deux manières : sur la treille et dans le fruitier. Sur la treille, quand il est bien mûr, on finit d'effeuiller. On place des auvents de planches, formant une saillie de $0^m,30$ à $0^m,40$ au haut du mur, et l'on protège les grappes contre les gelées par de fortes toiles. On passe fréquemment le long de l'espalier pour enlever avec des ciseaux les grains qui pourrissent. Le raisin n'a pas besoin d'être défendu contre la chaleur, mais bien contre le froid, et surtout l'humidité; si l'on avait à sa disposition des châssis, leur emploi serait plus avantageux que celui des toiles, qui n'abritent que des gelées blanches et laissent pénétrer les brouillards. Les châssis sont alors recouverts de paillassons pour empêcher le raisin, une fois mûr, de se rider sous les rayons du soleil.

Dans le fruitier on le tient de plusieurs manières. Avant tout, comme pour les autres fruits, il faut un endroit sain, mais les soins varient. On le place sur des tablettes, ou on le suspend à des cadres construits exprès. Si l'on adopte les tablettes, on les garnira de fougère très sèche, chargée d'absorber l'humidité de la grappe et des grains qui se gâtent. On met un seul lit de raisins. Au lieu de tablettes fixes on peut avoir des boîtes plates portatives qui rendent la surveillance et les soins plus commodes. Si l'on emploie les cadres, on les munira de fils de fer transversaux sur lesquels on suspend les grappes, après les avoir épluchées, à l'aide d'un fil de fer en S; on enlève également les grains qui pourrissent. Ces deux procédés se valent. Que l'on choisisse l'un ou l'autre, il importe de maintenir dans la fruiterie une température uniforme, qui, dans tous les cas, ne doit jamais descendre plus bas que 5 dégrés au-dessus de zéro. La lumière doit être rare, l'air peu renouvelé; une température trop basse, une lumière trop vive, un air trop fréquent, font rider les grappes et leur retirent de leur valeur. Avec ces soins on peut avoir du raisin parfaitement sain, deux et trois mois après la récolte. Un troisième procédé consiste à couper des sarments encore garnis de grappes, et à les plonger par leur extrémité inférieure dans des flacons remplis aux trois quarts d'eau, et dans lesquels on met un peu de charbon pulvérisé pour empêcher la corruption de l'eau. Les flacons doivent être bouchés. L'extrémité supérieure des sarments reçoit sur sa coupe de la cire à cacheter. Par ce moyen la rafle de la grappe reste verte, ne se dessèche pas ou peu, et le raisin a un meilleur aspect de fraîcheur. Des armoires saines, hermétiquement fermées et consacrées spécialement à cet usage, conviennent fort bien aussi; les grappes sont mises sur du papier, de la mousse ou de la fougère très sèche.

On choisira de préférence les grappes venues sur de vieux ceps, soit en contre-espalier, soit en espalier; sur ce dernier, on prendra les raisins des parties où des cordons supérieurs. Ils reçoivent moins d'humidité provenant de l'évaporation du sol; frappés par un air plus vif et plus rapide, ils se conservent mieux. La vigne ne sera pas trop chargée de fruit; une grappe par coursonne suffira. Les treilles seront protégées, à l'aide d'auvents placés au haut des murs, contre les pluies et les rosées un mois environ avant la récolte, le raisin ne devant pas être exposé à l'humidité. Enfin on effeuillera légèrement, comme nous l'avons déjà dit, en prenant la précaution, autant que possible, d'empêcher le soleil de frapper directement sur les grappes, à moins d'une année très tardive.

Il peut se faire que l'on n'ait point toujours à sa disposition un local qui puisse être consacré spécialement à la conservation des fruits ou qui soit propre à cet usage. Nous conseillons alors d'employer le moyen suivant, indiqué par Mathieu de Dombasle, et dont nous donnons la description entière :

FRUITIER PORTATIF DE MATHIEU DE DOMBASLE.

« On fait construire en planches de sapin ou de peu-
» plier, de $0^m,02$ d'épaisseur, des caisses de $0^m,10$ seule-
» ment de hauteur, et de $0^m,65$ de longueur sur $0^m,40$
» de largeur, le tout pris en dedans : toutes ces caisses
» doivent être de dimensions bien égales, de manière à
» s'ajuster exactement les unes sur les autres; elles
» n'ont pas de couvercles, et le fond est formé de plan-
» ches de $0^m,01$ à $0^m,02$ d'épaisseur, solidement fixées
» par des pointes sur le bord inférieur des planches qui
» forment les parois des caisses. Au milieu de chacun
» des quatre côtés de la caisse, on fixe par des clous,
» près des bords supérieurs, des morceaux de bois ou
» tasseaux de $0^m,08$ ou $0^m,10$ de longueur sur $0^m,05$ de
» largeur et $0^m,02$ d'épaisseur. Ces morceaux sont
» appliqués, par une de leurs faces larges, sur les faces
» extérieures de la caisse, et en sorte qu'un de leurs
» bords, sur toute la longueur du tasseau, dépasse en
» hauteur de $0^m,01$ le bord supérieur de la caisse. Ces

» tasseaux ont deux destinations : d'abord ils aident
» au maniement des caisses, en servant de poignées par
» lesquelles on saisit facilement des deux mains les
» petits côtés d'une caisse; ensuite ils servent d'arrêt
» pour tenir exactement les caisses dans leur position,
» lorsqu'on les empile les unes sur les autres : à cet
» effet, ces tasseaux doivent être un peu délardés ou
» amincis en dedans, dans la partie qui dépasse la
» hauteur de la caisse, de manière que la caisse supé-
» rieure puisse recouvrir bien exactement celle qui
» est au-dessous, sans être serrée par le bord des tas-
» seaux.

« On conçoit facilement, d'après cette description,
» que, chaque caisse étant remplie d'un lit de poires,
» de pommes, de raisins, etc., elles s'empilent les unes
» sur les autres, chacune servant de couvercle à la
» précédente, et la caisse supérieure est seule fermée,
» soit par une caisse vide, soit par une plate-forme
» mobile en planches, de mêmes dimensions que les
» caisses. On peut empiler ainsi quinze caisses ou même
» davantage, et chaque pile présente l'apparence d'un
» coffre entièrement inaccessible aux animaux ron-
» geurs, et que l'on peut loger dans un local destiné à
» tout autre usage, dans lequel il n'occupe presque pas
» d'espace.

« J'ai indiqué la hauteur de $0^m,10$ pour les caisses,
» parce que c'est celle qui convient pour des poires ou
» des pommes d'un gros volume; mais pour des fruits
» plus petits, on peut faire des caisses de $0^m,06$ de pro-

» fondeur, et l'on peut placer dans la même pile des
» caisses de profondeur différente, pourvu qu'elles aient
» toutes les mêmes dimensions en longueur et en lar-
» geur. On pourrait aussi donner à toutes les caisses
» plus de longueur ou plus de largeur que je ne l'ai
» indiqué; mais je pense que l'on trouvera toujours
» plus commode de ne pas dépasser les proportions
» dans lesquelles chaque caisse peut être maniée sans
» effort par une seule personne. Dans les dimensions
» que j'ai proposées, chaque caisse peut contenir cent
» poires de beurré ou de bon-chrétien d'une belle
» grosseur, ou plus du double des petites espèces; en
» sorte qu'une pile de quinze caisses, qui n'occupe
» qu'une hauteur de $1^m,50$ au plus, contiendra un
» approvisionnement de 2000 à 2500 poires ou pommes
» d'espèces diverses.

« Les fruits se conservent parfaitement dans ces
» caisses, et cette bonne conservation est vraisembla-
» blement due à la stagnation complète de l'air dans
» cet appareil. On s'efforce d'obtenir autant qu'on le
» peut cette condition dans les fruitiers ordinaires
» parce qu'on a reconnu que c'est elle qui contribue le
» plus à la conservation des fruits; mais, quelque soin
» que l'on prenne, il est impossible de l'atteindre dans
» le local le mieux clos avec la perfection qu'on l'ob-
» tient sans aucun soin dans les caisses. On sent toute-
» fois qu'il est encore plus indispensable ici que dans
» toute autre disposition, de ne serrer les fruits dans les
» caisses que lorsqu'ils sont entièrement exempts d'hu-

» midité, puisqu'il ne peut plus s'y opérer d'évaporation.

« Les principaux avantages que l'on trouvera dans
» l'emploi du fruitier portatif consistent non seulement
» dans la possibilité de loger une grande quantité de
» fruits dans un très petit espace, et de les tenir parfai-
» tement à l'abri des animaux malfaisants, mais aussi
» dans la facilité avec laquelle se fait le service, pour
» soigner et trier les fruits en enlevant ceux qui vien-
» draient à se gâter, ou dont on a besoin pour la con-
» sommation journalière : en effet, la caisse supérieure
» de la pile étant découverte, on examine tous les
» fruits avec bien plus de facilité qu'on ne peut le faire
» entre les tablettes d'un fruitier ordinaire. On enlève
» ensuite cette caisse, et on la pose à terre à côté de la
» pile, afin de procéder à la même opération dans la
» seconde caisse qui se trouve découverte; et toutes les
» caisses viennent successivement se placer ainsi l'une
» sur l'autre, en formant une nouvelle pile dans un
» ordre inverse de celui de la première. Si l'on place
» plusieurs piles les unes à côté des autres, une seule
» place vide suffit pour permettre d'opérer le remanie-
» ment de toutes, parce que le déplacement de la
» première laisse un nouveau vide où vient se placer la
» seconde, et ainsi de suite.

« Les fruits renfermés dans ces piles sont beaucoup
» mieux garantis de la gelée que lorsqu'ils sont à
» découvert sur des tablettes; et, à moins que le local
» où on les conserve ne soit exposé à de très fortes
» gelées, il sera facile d'en préserver les fruits, en

» revêtant les piles de plusieurs doubles de couvertures,
» de vieux matelas, ou de tout ce qui serait propre à
» cet usage; mais, si la gelée devenait trop intense, on
» pourrait facilement transporter toute la provision de
» fruits dans un autre local, sans les endommager et
» sans embarras, puisqu'il ne s'agirait que de former
» ailleurs une pile avec les caisses dont le transport
» peut s'opérer en très peu de temps sans déranger
» les fruits. »

Nous recommandons spécialement ce genre de fruitier portatif; il réunit tous les avantages désirables. Il peut varier de forme; mais nous considérons, avec Mathieu de Dombasle, celle qu'il indique comme la plus commode, la plus facile et la moins coûteuse à établir.

230. *Emballage des fruits.* — Si l'on a besoin de faire voyager les fruits, les moyens sont simples et efficaces. S'agit-il de fruits durs comme les poires et les pommes, on garnit une manne avec du foin de regain en prenant le plus fin, ou des rognures de papier; on les met les uns à côté des autres en les enfonçant un peu pour que chacun se loge dans une petite cavité : ils ne doivent pas se toucher. On remplit les interstices, et l'on couvre tout le rang d'un bon lit de foin ou de papier. On met par-dessus un nouveau lit de fruits, et ainsi de suite. L'ouverture de la manne se ferme par une forte couche de paille que l'on bague solidement, et mieux par un couvercle d'osier.

Si ce sont des fruits tendres, pêches, abricots, raisins, etc., on enveloppe d'un papier de soie ceux dont la conformation ne s'y oppose pas; on les met dans de petites mannes, ou mieux dans de petites caisses en nombre et en poids assez restreints, en ne formant qu'un lit. Les intervalles sont remplis avec des rognures de papier que l'on presse bien. Les boîtes doivent être bien pleines et bien fermées. Le point important est que les fruits ne puissent être ballottés ni meurtris pendant le trajet. On évitera d'expédier dans le même panier ou la même boîte des fruits de nature et de consistance différentes. Si l'on y était obligé, il va sans dire que les plus résistants se mettraient au fond, et les plus tendres par-dessus. En général, il y a avantage à ne pas se servir de trop grands paniers ou de trop grandes caisses pour faire voyager les fruits.

CINQUIÈME PARTIE.

MALADIES DES ARBRES FRUITIERS.

Les arbres fruitiers sont sujets à des maladies qu'il nous importe de connaître, sinon d'une manière approfondie, au moins dans leurs effets, pour apporter les remèdes propres à les combattre.

LA GOMME.

231. C'est une maladie spéciale aux arbres à fruits à noyau. Elle consiste en une extravasion de sève ou plutôt des sucs propres qui se fait à l'extérieur : l'écorce se fend et donne passage à la gomme. Cette affection, dont les causes sont attribuées au terrain, aux circonstances météorologiques, à des meurtrissures, aux écorces endurcies qui entravent la circulation de la sève, et à des intermittences dans le cours régulier de ce liquide, lorsqu'au printemps, à un temps chaud, succède brusquement un temps froid, a pour effet de

détruire les branches ou portions de branches sur lesquelles elle se manifeste. Le seul remède efficace à employer est de racler les dépôts qu'elle forme avec une serpette bien tranchante, en allant jusqu'au vif, aussitôt qu'elle paraît. On nettoie bien les plaies avec de l'eau, et l'on met dessus de la cire à greffer ou un emplâtre d'onguent de Saint-Fiacre. Il se reforme du jeune bois et une nouvelle écorce qui les cicatrisent. Lorsque l'arbre est pris tout entier et qu'en coupant une branche on aperçoit des traces jusque dans l'intérieur, il n'y a pas de remède possible. Quelquefois cependant, au début, on peut pratiquer au côté opposé des incisions longitudinales sur l'écorce, pour faciliter l'épanchement des sucs propres ; cette opération réussit ordinairement assez bien. La maladie n'est guérissable que lorsqu'elle est accidentelle ; si elle provient d'un vice inhérent à l'arbre elle ne peut disparaître. On peut prévenir la gomme sur les bourgeons de prolongement en les incisant à leur base et en conduisant l'incision jusque sur le bois de l'année précédente.

Les amandiers, les cerisiers, les pruniers, les abricotiers et les pêchers sont sujets à la gomme ; sur les deux derniers elle est principalement préjudiciable.

LA CLOQUE.

232. Cette affection est particulière au pêcher. Elle se montre sur les feuilles et est due à un champignon le *Tiphrina deformans*. Au printemps les brusques tran-

sitions de température, les coups de soleil lorsqu'ils viennent immédiatement après une pluie, favorisent la production de ce cryptogame qui fait boursoufler les feuilles, puis les crispe ; elles se roulent sur elles-mêmes et ne remplissent plus qu'imparfaitement leurs fonctions, le bourgeon languit, l'arbre tend à dépérir. Les yeux de l'aisselle des feuilles, mal constitués, donne l'année suivante des branches dans de mauvaises conditions pour fructifier. Cette maladie vient tout d'un coup ou lentement, suivant les années. Le seul remède consiste à enlever toutes les feuilles cloquées, en laissant le pétiole ; les faux bourgeons se développent et raniment un peu la végétation. Mais on peut très bien prévenir la maladie par l'emploi des auvents, qui, s'opposant aux fâcheux effets des caprices de la saison, assurent la santé des arbres qu'ils protègent.

Les fourmis, que l'on voit sur les feuilles malades, n'y sont pour rien ; elles viennent, attirées par les exsudations que la cloque produit sur les feuilles.

DU BLANC ET DE LA MALADIE DE LA VIGNE.

233. Cette maladie est commune à beaucoup de végétaux ; nous ne nous occuperons d'elle qu'en ce qui concerne le pêcher et la vigne.

Elle se présente sous forme de poussière ou de réseau blanchâtre, attaquant les feuilles, les bourgeons et les fruits ; elle est due à la présence de champignons de détruire les branches ou portions de branches sur lesquelles elle se manifeste. Le seul remède efficace à employer est de racler les dépôts qu'elle forme avec une serpette bien tranchante, en allant jusqu'au vif, aussitôt qu'elle paraît. On nettoie bien les plaies avec de l'eau, et l'on met dessus de la cire à greffer ou un emplâtre d'onguent de Saint-Fiacre. Il se reforme du jeune bois et une nouvelle écorce qui les cicatrisent. Lorsque l'arbre est pris tout entier et qu'en coupant une branche on aperçoit des traces jusque dans l'intérieur, il n'y a pas de remède possible. Quelquefois cependant, au début, on peut pratiquer au côté opposé des incisions longitudinales sur l'écorce, pour faciliter l'épanchement des sucs propres; cette opération réussit ordinairement assez bien. La maladie n'est guérissable que lorsqu'elle est accidentelle; si elle provient d'un vice inhérent à l'arbre elle ne peut disparaître. On peut prévenir la gomme sur les bourgeons de prolongement en les incisant à leur base et en conduisant l'incision jusque sur le bois de l'année précédente.

Les amandiers, les cerisiers, les pruniers, les abricotiers et les pêchers sont sujets à la gomme; sur les deux derniers elle est principalement préjudiciable.

LA CLOQUE.

232. Cette affection est particulière au pêcher. Elle se montre sur les feuilles et est due à un champignon le *Tiphrina deformans*. Au printemps les brusques tran-

sitions de température, les coups de soleil lorsqu'ils viennent immédiatement après une pluie, favorisent la production de ce cryptogame qui fait boursoufler les feuilles, puis les crispe ; elles se roulent sur elles-mêmes et ne remplissent plus qu'imparfaitement leurs fonctions, le bourgeon languit, l'arbre tend à dépérir. Les yeux de l'aisselle des feuilles, mal constitués, donne l'année suivante des branches dans de mauvaises conditions pour fructifier. Cette maladie vient tout d'un coup ou lentement, suivant les années. Le seul remède consiste à enlever toutes les feuilles cloquées, en laissant le pétiole ; les faux bourgeons se développent et raniment un peu la végétation. Mais on peut très bien prévenir la maladie par l'emploi des auvents, qui, s'opposant aux fâcheux effets des caprices de la saison, assurent la santé des arbres qu'ils protègent.

Les fourmis, que l'on voit sur les feuilles malades, n'y sont pour rien ; elles viennent, attirées par les exsudations que la cloque produit sur les feuilles.

DU BLANC ET DE LA MALADIE DE LA VIGNE.

233. Cette maladie est commune à beaucoup de végétaux ; nous ne nous occuperons d'elle qu'en ce qui concerne le pêcher et la vigne.

Elle se présente sous forme de poussière ou de réseau blanchâtre, attaquant les feuilles, les bourgeons et les fruits ; elle est due à la présence de champignons de divers genres, entre autres, *Oïdium*, *Monilia*, etc.; du moins, le champignon en est l'effet apparent.

Sur le pêcher, le blanc est fréquent et très anciennement connu; il arrête complètement la végétation, fait tomber les fruits, ou les empêche de grossir et de prendre de la qualité. Un moyen efficace d'en débarrasser l'arbre est de le combattre à son début en saupoudrant avec de la fleur de soufre les parties atteintes, que l'on aura préalablement mouillées à l'aide d'une seringue à l'usage des serres ou d'une pompe à main, et même à sec. Les sulfures de chaux, de potasse et le sulfate de fer réussissent aussi mais moins bien.

Quant au blanc qui se manifeste sur la vigne (*Oïdium Tuckeri*), la manière dont il se comporte est différente. L'oïdium qui le caractérise est beaucoup plus difficile à combattre : il attaque les feuilles, les tiges et les grappes; la vigne continue de croître, mais les grains durcissent, se crèvent et pourrissent. Aussi les remèdes employés jusqu'à présent sont-ils, suivant la gravité du mal, efficaces ou non à le guérir entièrement.

Si la maladie est faible et prise à son début, la fleur de soufre et ses composés réussissent à faire disparaître le champignon, et mieux la fleur du soufre seule : deux ou trois applications de ces substances suffisent dans l'année. Si la maladie est forte, prise ou non à son début, le champignon reparaît constamment; il faut alors soufrer un grand nombre de fois. On parvient à sauver ses récoltes, mais elles ont perdu en quantité et en qualité. Toutefois la fleur de soufre est le moyen le plus efficace de tous ceux connus jusqu'à ce jour. Elle donne des résultats réellement satisfaisants dans la grande majorité des circonstances; aussi recommandons-nous son emploi, sans attendre que l'oïdium ait pris le dessus et même qu'il ait paru : c'est une bonne précaution que de soufrer avant son apparition : pour être utile, on doit l'appliquer à temps.

Lorsqu'on emploiera la fleur de soufre, on la choisira aussi sèche que possible et sans grumeaux, son application est plus facile; puis on la projettera sur les treilles ou les ceps à l'aide de soufflets construits pour cet usage ou de la boîte à houppe, mais plus particulièrement du soufflet de Lavergne. Celui-ci est plus commode et économise davantage la matière, en ne le remplissant qu'à moitié. Il est inutile de mouiller préalablement la vigne, surtout si l'on opère le matin à la rosée, ou un jour couvert et calme; le soufre s'attache assez de lui-même aux grappes et aux feuilles pour que son efficacité se fasse sentir. Si l'on n'est pas retenu par la question d'économie, on peut soufrer les vignes pendant que le soleil les frappe, il convient seulement de répandre le soufre en plus grande quantité, parce qu'il s'attache alors moins facilement aux feuilles, mais il agit par contre avec plus de promptitude. Un temps sec et chaud favorise son action et la rend plus énergique. Toutes les parties de la vigne devront recevoir de la fleur de soufre pour être bien protégées. Nous conseillons de ne pas attendre que la maladie paraisse pour la combattre. Le remède étant facile et peu coûteux, il importe de l'employer comme préservatif, ce qui se fait lorsque les bourgeons ont acquis de 0^m,12 à 0^m,15 de longueur, en mai ordinairement, que la vigne soit en fleur ou non : le soufre ne nuit point à la floraison. Si, malgré cette première opération, le champignon paraissait, comme c'est fréquent, on opérerait une seconde et même une troisième fois. Généralement cela suffit. Mais pour les raisins de table, il vaut mieux soufrer souvent et moins à la fois, surtout lorsqu'il devient nécessaire de le faire aux approches de la maturité, afin qu'à cette époque le soufre ne se voie pas, soit en très minime quantité sur les grappes et ne retire pas de leur valeur. On évite en même temps ainsi, au moment des fortes chaleurs, les effets de l'action trop intense du soleil sur le soufre, qui favorise le dégagement de gaz sulfureux nuisible à la végétation, et par lequel souvent les feuilles sont comme brûlées.

On se sert encore, dans un but d'économie, d'un mélange de moitié fleur de soufre et moitié plâtre en poudre. Les résultats sont bons. Nous conseillerons toujours d'ajouter un peu de plâtre au soufre; il communique à ce dernier la propriété d'adhérer davantage aux surfaces sur lesquelles il est projeté.

LA ROUILLE.

234. On nomme ainsi un champignon du genre *Uredo*, qui se rencontre sur beaucoup de végétaux. Il forme de petites taches rousses sous les feuilles et sur les bourgeons. On ne connaît ni les causes qui le font naître, ni

les moyens de l'empêcher. Ses effets, du reste, ne sont pas très pernicieux ; il fatigue l'arbre en faisant tomber les feuilles et développer des bourgeons à contre-saison, mais il n'en compromet pas l'existence.

CHANCRES.

235. Ils se reconnaissent à des parties d'écorce fendue qui laissent suinter une sorte de viscosité, ou qui, d'autres fois, sont attaquées de pourriture sèche. Tous les arbres, et principalement le poirier et le pommier, y sont sujets ; leur présence annonce une mauvaise santé ou l'épuisement. Quelquefois cependant ils proviennent d'accidents, comme coups, meurtrissures, etc.; dans ce cas il est facile de les guérir. On racle les plaies jusqu'au vif avec un instrument tranchant, et on les recouvre de cire à greffer ou d'onguent. On doit opérer dès qu'on les aperçoit. Quand c'est au défaut de vigueur qu'ils sont dus, on enlève toutes les vieilles écorces, on gratte à vif, et, si cela est nécessaire, on ravale pour obtenir de nouvelles pousses. Les chancres sont fréquents dans les terrains très secs et brûlants, aussi bien que dans ceux qui sont très humides et froids.

JAUNISSE OU CHLOROSE.

236. Cette affection atteint tous les arbres, mais le poirier est celui sur lequel elle est plus fréquente. Les feuilles jaunissent, les bourgeons cessent de croître, sont

languissants, et souvent se dessèchent à l'extrémité. Elle indique l'épuisement ou le manque de profondeur du sol lorsqu'elle dure pendant toute la végétation. Si elle est due à certaines influences atmosphériques contraires, telles qu'une grande sécheresse ou une humidité trop prolongée, qui ont pour résultat de rendre l'arbre languissant, elle ne présente pas de danger sérieux, et pour l'ordinaire on la verra cesser avec les causes qui l'ont produite. Lorsqu'elle persiste, il faut chercher à ranimer la végétation par des engrais ; si ceux-ci sont inefficaces, on doit recourir à la déplantation de l'arbre, moyen qui réussit presque toujours. On enlève toute la terre épuisée, on en rapporte de la neuve dans le trou, et l'on replante : à moins qu'il ne soit trop vieux, l'arbre reprend une nouvelle vigueur qui prolonge sa vie pendant encore plusieurs années. On conçoit que cette opération exige pour sa réussite d'être faite avec les plus grands soins. Le sulfate de fer employé par immersion ou aspersion à la dose de 1 ou 2 grammes par litre d'eau produit d'assez bons effets.

MOUSSES ET PLANTES PARASITES.

237. Les arbres fruitiers, quel que soit leur âge, sont presque toujours envahis par des mousses, lichens, champignons, etc., qui entravent leurs fonctions et leur nuisent. On s'en débarrasse en les faisant tomber à l'aide d'émoussoirs par un temps humide. Les émoussoirs les plus commodes sont en forme de petits balais de bouleau

d'un diamètre de 3 centimètres environ. Les brins sont fortement serrés par des liens de fil de fer. Il est facile de les faire soi-même. Si le temps était trop sec, on mouillerait préalablement l'arbre avec une seringue ou une pompe à main. Le chaulage est surtout un excellent moyen. Enfin un simple lavage à l'eau suffit, quand on ne les laisse pas s'amasser en couches épaisses : c'est ainsi, par exemple, qu'il suffit pour la fumagine du pêcher, plante parasite semblable à de la suie, qui s'attache aux feuilles et aux branches de cet arbre, ainsi qu'à celles de l'abricotier, à une exposition humide.

Des animaux nuisibles aux arbres fruitiers.

DES OISEAUX.

238. Le nombre des oiseaux qui attaquent le fruit est si grand, que je crois inutile de faire leur nomenclature. L'importance des dégâts qu'ils commettent n'est malheureusement que trop connue. Les tenir à distance n'est pas chose facile. On a employé toutes sortes d'épouvantails auxquels ils s'accoutument bien vite. Les coups de fusils, les filets, les toiles, sont bons, mais ont l'inconvénient, les uns de coûter cher, de prendre beaucoup de temps, les autres d'empêcher ou de retarder la maturité des fruits. Les guirlandes de papier blanc avec des chiffons noirs de distance en distance réussissent assez bien; mais durent peu. D'ailleurs ces moyens ne sont vraiment praticables que pour les espaliers ; les hautes tiges ne peuvent être préservées qu'imparfaitement.

Un autre procédé qui réussit assez bien, c'est l'emploi de petits miroirs à deux faces que l'on place au-dessus ou en avant des arbres que l'on veut préserver. On les attache par une ficelle longue, de manière qu'ils flottent au moindre vent. La ficelle est liée à une petite baguette flexible que l'on fixe par son extrémité opposée, soit aux branches des plein-vent, soit au treillage des espaliers. Il faut avoir soin que ces miroirs restent suspendus à $0^m,30$ ou à $0^m,40$ au-dessus et en avant des feuilles, pour que la lumière frappe sur eux vivement et le plus longtemps possible. Les reflets de la lumière toujours vacillante et brusque effrayent les oiseaux et les détournent sinon complètement, du moins pendant un certain temps, et les rendent dans tous les cas plus craintifs, et servent à diminuer ainsi les dégâts qu'ils occasionneraient.

DES LOIRS, RATS, MULOTS, ETC.

239. Les animaux de cette catégorie causent de grands ravages dans les jardins, surtout les loirs, ou plutôt les lérots, qui en sont une espèce ; ils attaquent les semis, les fruits, etc. Nous n'indiquerons pas les divers pièges usités pour les détruire, on les trouve partout ; mais nous conseillerons les assommoirs et les appâts empoisonnés, comme plus certains et plus expéditifs. La noix vomique, l'arsenic, sont des substances qu'il est difficile de se procurer et d'un emploi dangereux ; la chaux ou le plâtre mêlés à de la farine réussissent bien ; mais on peut se servir de préférence de la pâte phosphorée, qui produit

le même effet. On l'étend sur du pain que l'on coupe en petits morceaux, en ayant la précaution de ne pas les prendre à la main : on a remarqué que lorsque la main y a touché, ces animaux les laissent de côté.

DES TAUPES.

240. Les taupes, en creusant leurs galeries souterraines, coupent les racines des jeunes arbres, et font dans les pépinières des ravages assez considérables. Une des meilleures manières de les prendre est de se servir d'un piège spécial, dit *piège à taupes*. On en pose deux au même endroit, mais dirigés en sens inverse. On doit les visiter tous les jours et les replacer tant qu'on s'aperçoit de la présence des animaux, afin d'éviter leur propagation.

DES CHENILLES.

241. Les espèces qui vivent sur les arbres fruitiers ne sont pas très nombreuses; les principales sont la commune ou la chrysorrhée et la livrée. Elles dévorent les feuilles des arbres, qu'elles dépouillent souvent complètement, et nuisent ainsi à leurs produits. Tant qu'elles sont jeunes, elles vivent en société et se transportent d'un endroit à un autre; parvenues aux trois quarts de leur grosseur, elles se dispersent : c'est donc avant leur séparation qu'on peut espérer les détruire le plus facilement. On les enlève à l'échenilloir : on coupe, à l'aide de cet instrument, les nids qui sont toujours placés à l'extré-

mité des branches, et on les brûle. A mesure que les chenilles éclosent, elles se réunissent par groupes qu'on écrase le matin; une aspersion d'eau de savon, et principalement de savon vert, les tue immédiatement. L'huile, et surtout l'huile de noix, donne le même résultat. Leurs œufs forment souvent autour des branches des bagues qu'on a soin d'enlever l'hiver avant l'éclosion.

LES PERCE-OREILLES OU FORFICULES.

242. On les rencontre dans les lieux frais principalement, où ils se réunissent pendant le jour sous les pierres, les écorces d'arbres, etc.; ils font grand tort aux fruits, qu'ils entament avec avidité. On leur donne la chasse sous leurs abris, ou, ce qui est mieux, on leur offre des abris préparés : tels que des feuilles d'arbres, de petits coussins ou bandes de laine mis autour de l'arbre, des liens de paille, etc., où l'on peut alors les détruire en masse.

GUÉPES.

243. Elles attaquent le fruit à mesure qu'il mûrit et choisissent le meilleur; elles sont surtout très friandes de raisin. Il est bon de laisser sur l'arbre les fruits qu'elles ont attaqués, afin qu'elles les achèvent; on gagne ainsi que pendant ce temps elles respectent les autres. On détruit les guêpiers en y versant de l'eau bouillante, ou en y introduisant un linge soufré auquel on met le feu :

les vapeurs de soufre étouffent tout l'essaim; on n'opère que la nuit, lorsqu'elles sont rentrées. Les bouteilles d'eau miellée, à laquelle on peut ajouter, sans que cela soit indispensable, de l'arsenic gris, et qu'on ne remplit qu'aux deux tiers, font périr un grand nombre de guêpes.

PUCERONS.

244. Ces petits insectes, trop connus, causent des dommages notables par leur effrayante multiplicité; ils attaquent l'extrémité des bourgeons et les feuilles au point de suspendre ou d'entraver fortement la végétation des parties qu'ils recouvrent. Ce qui réussit le mieux contre eux, et l'on peut dire infailliblement, ce sont les fumigations de tabac ou des aspersions faites avec des décoctions de cette plante; après les fumigations il est nécessaire de seringuer les feuilles avec une pompe, afin d'en détacher ceux qui ne seraient pas complètement asphyxiés mais seulement engourdis; une fois par terre, ils périssent. L'eau de tabac sera préparée à l'avance et épaisse, afin d'avoir plus de force. On fait tremper à froid, pendant vingt-quatre heures, 2 kilogrammes de déchets de fabrication de tabac dans 100 litres d'eau. Ce sont les proportions les plus ordinaires. On peut encore se procurer des jus tout préparés dans les manufactures de l'État. On les étend d'eau et on essaye leur force avant de les employer en grand; si l'on n'a qu'un petit nombre de branches à débarrasser, on les immerge dans un

vase rempli de cette eau. L'eau de savon vert, dans les proportions de 75 à 100 grammes pour 10 litres d'eau, donne aussi un moyen de destruction efficace.

Le *puceron lanigère* est particulier au pommier, qu'il fait périr promptement. Il cause des exostoses sur lesquelles il vit, il s'introduit sous l'écorce, et quelquefois, dans les hivers rigoureux, une partie se cache en terre autour du collet de la racine. Quand on veut le combattre, il faut déchausser l'arbre pour l'atteindre partout où il se trouve, car il remonte au printemps. Il est recouvert d'un duvet laineux qui le fait facilement reconnaître. Parmi les nombreux moyens proposés pour détruire le puceron lanigère, aucun ne nous a procuré de bons résultats. Nous en employons un dont nous avons toujours eu lieu d'être satisfait : il s'agit simplement de l'eau chaude. On place dans le jardin, sur un trépied, une chaudière de fonte pleine d'eau. On allume du feu dessous; dès que l'eau commence à frémir, avant par conséquent qu'elle soit entièrement bouillante, on en imbibe l'arbre à l'aide d'une petite éponge fixée à un petit bâton. On presse l'éponge sur l'arbre en donnant de légers coups, de manière à bien faire pénétrer l'eau dans toutes les fissures et les parties d'exostoses occasionnées par les pucerons. Une simple aspersion ne suffirait pas, car le duvet qui couvre l'insecte le protège contre l'action de l'eau. Quelques-uns échappent à la première opération et multiplient rapidement la race. Il faut la répéter deux ou trois fois pour se délivrer du fléau, et le faire disparaître pour plusieurs années. On pratique cette sorte d'échaudage sans inconvénients pour les pommiers à toutes les époques de l'année, excepté au moment de la floraison; il est cependant préférable de ne pas attendre la sortie des bourgeons; l'opération n'en est que plus facile et plus complète. L'essence de térébenthine, l'huile de lin, l'acide sulfurique, 50 grammes pour un litre d'eau, etc., réussissent moins bien; on lave les branches avec une brosse ou un pinceau. L'eau ordinaire à laquelle on ajoute un dixième d'alcool produit de bons effets et est d'un usage moins dangereux que les substances dont nous venons de parler. Enfin le pétrole est aussi employé avec succès.

KERMÈS.

245. C'est un insecte qui s'attache aux branches en couches tellement continues, que les fonctions de l'arbre sont gênées et qu'il devient languissant. On le fait tomber en frottant les branches avec une brosse rude ou un instrument à tranchant émoussé. On les lave ensuite avec une décoction de tabac ou une solution de savon noir, et on les chaule.

TIGRE.

246. Il se rencontre principalement sur le poirier, dont il attaque les feuilles, ce qui nuit aux fruits et à la santé de l'arbre. L'eau vinaigrée et les fumigations de tabac réussissent bien contre lui. Quand on veut enfumer un arbre en plein air, s'il n'est pas trop élevé ou s'il est en

espalier, on le couvre d'une toile préalablement mouillée, et l'on produit de la fumée de tabac dessous en très grande abondance, par le moyen d'un réchaud; on maintient la toile pendant un quart d'heure environ : l'étouffement doit alors être complet. On donne un fort bassinage à l'eau fraîche, il rafraîchit les feuilles et fait tomber à terre les insectes qui ne seraient qu'engourdis. Il vaut mieux se servir d'eau de tabac, dont l'emploi est plus prompt, plus économique, plus commode et tout aussi efficace. Voici comment on prépare cette eau : On met infuser à froid pendant quarante-huit heures environ dans 100 litres d'eau 2 kilogrammes de nervures de tabac, provenant des déchets de fabrication de tabac à fumer. Au bout du temps indiqué, l'eau est bonne à être employée. On la lance sur les poiriers à l'aide d'une seringue à l'usage des serres, en prenant la précaution essentielle de jeter l'eau en faisant un mouvement de bas en haut, de manière à mouiller la face inférieure des feuilles où se tient le tigre, sans cela la face supérieure seule des feuilles serait mouillée et les insectes ne seraient pas tués. On recommence l'opération à quatre ou cinq jours d'intervalle, pour atteindre ceux qui auraient échappé à une première aspersion, et les arbres en sont débarrassés pour un temps assez long. On peut également préparer cette eau avec le tabac à fumer ordinaire ou se servir des jus des manufactures de l'État.

FOURMIS.

247. Elles causent du tort aux arbres en attaquant les

bourgeons et les fruits ; mais leurs dégâts sont peu considérables. On connaît peu de moyens de les détruire : l'eau miellée, dans de petites bouteilles que l'on attache à l'arbre ou au treillage, est le plus employé ; l'huile de poisson les éloigne, mais ne les détruit point. Quand on rencontre une fourmilière, on la flambe ou on l'échaude à l'eau bouillante, ou l'on y verse de l'huile de colza battue avec un peu d'eau, ou mieux on jette dessus une poignée de bon guano. Cet engrais paraît bien détruire non seulement les fourmis, mais encore leurs œufs.

LIMACES ET LIMAÇONS.

248. Ces insectes attaquent les jeunes pousses et les fruits un peu avant leur maturité. Comme ils ne voyagent que la nuit ou par un temps humide, on leur donne la chasse le matin et le soir ; la chaux vive en poudre, la cendre, la sciure de bois et le sel répandus sur leur route les arrêtent, et s'attachant à leur corps, les font périr. On renouvellera ces substances assez souvent et indispensablement après la pluie.

HANNETONS.

Ils nuisent aux arbres en mangeant leurs feuilles ; on les cherche pour les détruire, mais c'est surtout la larve qui est à redouter.

VER BLANC OU MAN.

249. C'est la larve du hanneton. Elle produit de grands

ravages sur les jeunes plants, dans les pépinières et sur tous les arbres même âgés, en mangeant leurs racines tout autour du collet : l'arbre périt. On ne s'aperçoit de leur présence que lorsque le mal est fait. Il n'y a pas de moyens efficaces pour détruire le ver blanc; il faut diminuer autant que possible les hannetons avant la ponte, creuser au pied des arbres quand on y soupçonne des larves, et les détruire. On plante aussi des salades et des fraisiers, dont ils préfèrent les racines; alors on les trouve autour de ces plantes. La taupe est un de leurs grands ennemis. Les cendres de houille et de tourbe paraissent avoir contre eux une certaine efficacité.

LISETTE OU COUPE-BOURGEONS.

250. C'est une sorte de charançon qui coupe le bourgeon lorsqu'il n'a encore que quelques centimètres de long, ou qui mange les yeux des greffes au moment où ils vont se développer. La lisette fait des ravages très considérables dans les pépinières et nuit aux jeunes arbres. Pour en préserver les greffes, on les enveloppe d'un sac de papier assez grand, que l'on enlève lorsque les bourgeons sont suffisamment poussés : ils sont alors moins attaquables. Les lotions d'eau de tabac paraissent éloigner ces insectes.

LA GRISE.

251. La grise est un petit insecte du genre *Acarus*, qui se met fréquemment sur les feuilles du pêcher, et

en telle quantité, qu'elles prennent une teinte grisâtre ; il nuit à l'arbre en empêchant les feuilles de remplir leurs fonctions. On peut le détruire par des bassinages répétés, l'humidité lui étant contraire ; les fumigations de tabac le font également périr, mais les bassinages à l'eau simple suffisent.

Des engrais, du chaulage et des arrosements.

252. L'utilité de fournir aux arbres fruitiers des engrais qui entretiennent leur vigueur ne fait plus de doute aujourd'hui ; il importe toutefois d'en faire une application judicieuse.

Tous les engrais sont bons, pourvu qu'ils soient bien décomposés ; la nature du sol détermine ceux que l'on doit enfouir de préférence. Dans les sols légers et brûlants, ce serait une faute de mettre des fumiers actifs, qui, surexcitant momentanément la végétation, n'auraient pour résultat que de la ralentir plus tard. Pour de tels terrains, on emploie des fumiers d'une décomposition lente, comme celui de vache, qui fournissent peu à peu aux arbres les principes nutritifs qui les composent. Pour les sols froids et humides, au contraire, les engrais doivent être absorbés facilement par les racines et activer la végétation ; ce sont donc ceux d'une décomposition rapide, tels que ceux de cheval, de mouton, etc., que l'on préférera.

Un des bons engrais pour les arbres fruitiers, ce sont les gazons consommés mis à la place des terres usées que l'on enlève; mais comme il n'est pas toujours possible de s'en procurer, on applique le plus communément le fumier de ferme. Il doit être fait et enfoui avant l'hiver. S'il était nouveau, il faudrait le laisser fermenter pendant quelque temps avant de l'employer, dans la crainte qu'il n'échauffât le jeune chevelu des racines. Il ne se met pas directement au pied de l'arbre, mais bien à la distance où les racines sont présumées s'étendre. On enlève une petite couche de terre, sans découvrir les racines et en les ménageant; on place le fumier et l'on remet la terre. Il vaut mieux donner une légère fumure, que l'on renouvellera chaque fois qu'il en sera besoin, que de fumer trop abondamment d'une seule fois; l'arbre profite mieux de la nourriture qu'on lui procure sans s'emporter en végétation; les fruits n'en ont que plus de qualité, et la marche de la sève est plus régulière. Les engrais liquides et la gadoue bien consommée seront aussi très utilement employés.

Les labours à la bêche seront faits très prudemment au pied des arbres, si même on doit en faire. Je préfère me servir, pour ces façons, d'une houe à crochet ou d'une fourche à dents plates et fortes, qui, ne pénétrant pas profondément, n'attaquent pas les racines, et remuent la terre assez pour permettre à l'air de pénétrer. Les binages seront donnés chaque fois que la terre battue le nécessitera. Enfin un bon paillis, l'été, protègera les arbres contre la sècheresse, surtout pour les nouvelles plantations.

Le *chaulage* se fait avec un lait de chaux un peu épais

et fraîchement préparé. Il est utile à tous les arbres, lorsqu'ils sont envahis par les insectes qui s'attachent à l'écorce et par la mousse, qu'il détruit parfaitement. On l'applique au printemps, par un temps sec, à l'aide d'un gros pinceau que l'on secoue vivement par saccades autour et près des branches et du tronc des arbres, avant que la végétation commence, pour ne pas endommager les boutons et les yeux, et éviter d'atteindre les jeunes bourgeons. C'est une excellente pratique qu'on ne saurait trop recommander pour les cas que nous venons de citer. Lorsque des arbres trop fortement exposés au midi paraissent languissants, il suffit souvent d'un chaulage pour leur rendre de la vigueur, la couleur blanche qui recouvre la tige diminuant l'action des rayons solaires. Si l'on a beaucoup d'arbres ou de murs à chauler, le mieux et le plus expéditif est d'employer une seringue à trous assez larges. Le lait de chaux doit être passé au tamis de crin après l'avoir laissé reposer quelques minutes. Il en est de même lorsqu'on l'emploie, il doit être reposé.

253. Les arrosements appliqués aux arbres fruitiers sont avantageux la première année de plantation, si l'été est sec, pour les jeunes sujets comme pour ceux plus âgés. Les espaliers pendant la végétation aiment à recevoir de temps en temps un peu d'eau. A défaut de pluie, on leur en donnera avec une pompe à main ou une seringue à l'usage des serres. L'eau est répandue sur les feuilles et les fruits en quantité suffisante pour leur procurer une certaine fraîcheur. Ces arrosements

ont lieu lorsque le soleil commence à quitter le mur, les parties herbacées et foliacées en profitent mieux, et ont le temps de se sècher avant la nuit. Les arbres sont ainsi tenus propres et les insectes éloignés. Les espaliers regardant le levant sont rarement battus par les pluies; en été on les arrosera plus souvent.

Les vignes, dans les terrains secs et brûlants, demandent aussi à être mouillées tant sur les feuilles qu'au pied des ceps : le raisin acquiert plus de grosseur.

On conçoit qu'on ne peut faire abus des arrosements; la nature du sol et la sécheresse plus ou moins persistante de l'année sont des guides qu'on doit toujours consulter à cet égard.

NOMENCLATURE

DES

Principales variétés de Fruits à cultiver dans un jardin.

---

254. Je donne ici la nomenclature des meilleurs fruits qui peuvent entrer dans la plantation d'un jardin, en indiquant les noms sous lesquels ils sont le plus généralement connus. Toutefois il en est quelques-uns de deuxième qualité, que je n'ai admis qu'à cause de leur beauté ou de leur longue garde. Peut-être la trouvera-t-on nombreuse; cependant, si l'on réfléchit à la quantité considérable de bons fruits que nous possédons et que multiplient les pépiniéristes, on s'apercevra qu'il en manque encore beaucoup qui pourraient figurer dans une collection. Aussi renverrai-je pour cette partie le lecteur aux catalogues publiés chaque année par les horticulteurs commerçants qui le tiendront au courant des nouveautés.

L'époque de la maturité des fruits est soumise à l'influence des années, des terrains et même des expositions; aussi ne devra-t-on pas considérer comme invariable celle que nous indiquons.

Quoique beaucoup de fruits d'automne soient supérieurs en qualité aux fruits d'hiver, nous conseillons cependant, dans toute plantation, de multiplier beaucoup ces derniers. Les variétés pouvant entrer dans la composition d'un verger sont marquées par haute tige ou plein vent.

Nous terminons cette nomenclature par une *liste restreinte* de variétés de chacune des principales espèces fruitières afin d'aider dans son choix l'amateur qui n'aurait qu'un petit nombre d'arbres à planter.

NOMENCLATURE DES ARBRES FRUITIERS.

NOMS DES ESPÈCES ET VARIÉTÉS.	VOLUME des fruits.	ÉPOQUE de maturité.	EXPOSITION.	OBSERVATIONS.
ABRICOTIERS.				
Abricotier commun............	gros.	fin juillet.....	L. M.	Toutes formes; bon pour conserves; plein vent verger.
— pêche.....................	gros.	août..........	L. M.	Espalier pour l'avoir beau.
— précoce...................	moyen.	juillet.		
— de Portugal................	petit.	....	....	Productif; plein vent.
— royal	gros.	juillet........	L. M. C.	Id., plus hâtif que l'abricot-pêche; plein vent verger.
Albergier de Tours............	gros.	....	L. M. C.	Très fertile.
AMANDIERS.				
Commun à coque dure........	moyen.	sept. et oct...	L. M.	Productif; plein vent verger.
— à coque tendre............	gros.	sept. et oct...	L. M.	Très prod.; plein vent verger.
— à la princesse	moyen.	sept. et oct...	L. M.	Coque très tendre, fertile; plein vent.
— à très gros fruit plat.......	tr. gr.	sept. et oct...	L. M.	Bonne variété; plein vent.
CHATAIGNIERS.				
Commun.....................	moyen.	octobre	....	Plein vent.
Marron de Lyon ou du Luc...	gros.	....	....	Très beau, bonne qualité; plein vent.
Marron franc du Limousin...	moyen.	....	....	Productif, bonne qualité; se reproduit de semence; plein vent.
CERISIERS.				
Belle de Sceaux.............. ou *Belle magnifique*.	gros.	août..........	L. M. C.	Espalier au nord; se conserve jusqu'en sept.; beau fruit, mais sujet à se tacher.
Bigarreau à gros fruits blancs.	gros.	juin..........	....	Plein vent.
— Napoléon..................	....	juillet	....	Un des plus gros.
— du Metzel.................	gros.	juillet........	....	Plein vent.
Cerise de Montmorency à courte queue................	moyen.	c^t juillet......	....	Très fertile.
Cerise de Bourgueil..........	gros.	juillet........	....	Fertile, bon fruit.
— de Hollande...............	gros.	c^t juillet.		

NOTE EXPLICATIVE DES SIGNES D'ABRÉVIATIONS.

tr. gr. signifie très gros.   M. signifie midi.
as. gr.   —   assez gros.   C.   —   couchant.
L.   —   levant.   N.   —   nord

NOMS DES ESPÈCES ET VARIÉTÉS.	VOLUME des fruits.	ÉPOQUE de maturité.	EXPOSITION.	OBSERVATIONS.
CERISIERS (SUITE).				
Cerise belle de Choisy........	gros.	fin juin.......	....	Bon fruit, peu productif.
— anglaise hâtive............	moyen.	fin mai.......	....	Au midi en espalier; estimée; peut se mettre en plein vent.
— anglaise tardive...........	gros.	juillet........	....	Peut se mettre en plein vent.
— de Spa....................	gros.	juillet........	....	Id.
— reine Hortense............ ou *Lemercier*.	gros.	fin juillet.....	....	Fruit de toute beauté, mais peu fertile.
— dona Maria...............	gros.	juillet.		
— royale tardive............ ou *Cherry-duck*.	gros.	juillet........	....	Fertile, bon fruit.
— royale d'Angleterre........	gros.	juillet........	....	Bon fruit.
Guigne blanche à très gros fruits.....................	....	juin...........	....	Très douce.
— de fer	gros.	c^t juillet.....	....	Noire, chair ferme.
— de Russie.................	gros.	juin...........	....	Beau fruit; hâtive.
— de Tarascon...............	gros.	juin...........	....	Hâtive; très bonne, plein vent.
Griotte de Portugal..........	moyen.	juillet........	....	Chair rouge.
— de chaux.................. ou *d'Allemagne*.	gros.	fin juillet.....	....	Id., bon fruit, plein vent.
— du Nord.................. ou *cerise du Nord*.	moyen.	fin juillet.....	....	Pour confire.
— Morello...................	gros.	juillet et août.	L. M. C. N.	Vient très bien au nord en espalier; fruit à confire.
COGNASSIERS.				
Commun d'Angers............	gros.	septembre....	L. M.	Très fertile; bonne qualité.
— de Portugal...............	gros.	octobre.......	L. M.	Productif; bonne qualité.
FIGUIERS.				
Blanche d'Argenteuil, ou blanquette	moyen.	août..........	M. L.	Pour le climat de Paris.
Violette ronde ou dauphine..	gros.	....	M. L.	Id.
FRAMBOISIERS.				
Belle de Fontenay............	gros.	....	....	Remontante à l'arrière-saison.
Blanche de quatre saisons ...	moyen.	....	....	Très productive.
Commun à fruits rouges.....	moyen.	....	L. M. C. N.	
— à fruits blancs............	moyen.			
Rouge des quatre saisons	moyen.	....	....	Excel. variété tr. remontante.
Gambon.....................	gros.	....	....	Très fertile, belle.
Hornet......................	tr. gr.	....	....	Vigoureuse, productive.

NOMS DES ESPÈCES ET VARIÉTÉS.	VOLUME des fruits.	ÉPOQUE de maturité.	EXPOSITION.	OBSERVATIONS.
EILLIERS A GRAPPES.				
...un à fruits blancs......	moyen.	juin et sept.	M. L. C. N.	Le fruit est moins acide que les suivants; parfois peu productif.
ruits rouges.				
ruits roses.				
....	gros.			
Victoria...............	gros.	....	....	Belles grappes.
illaise à fruits rouges ..	tr. gr.	....	....	Beau fruit.
ruits blancs............	tr. gr.	....	....	Id.
à fruits noirs.				
SEILLIERS ÉPINEUX.				
ille blanche transpar...	moyen.	....	L. M. C. N.	
ambrée...............	gros.			
hérissée longue.......	gros.			
ronde	gros.			
sée grosse jaune.......	gros.			
te ronde...............	moyen.			
claire	gros.			
sée rose et verte.......	gros.			
MURIERS.				
ts noirs	gros.	....	L. M. C.	Employés pour la confection des sirops.
NÉFLIERS.				
s fruits...............	gros.	hiver.........	....	Le fruit n'est mangeable qu'après être devenu blet.
gros fruits............	tr. gr.	....	....	Id.
NOISETIERS.				
ppes...............	petit.	septembre....	....	Très productif.
e blanche ronde.......	gros.	septembre....	....	Très estimé, fertile dans le Midi, moins dans le Nord.
te rouge longue........	moyen.	septembre.		
che à fruits blancs......	moyen.	septembre....	....	Bonne espèce, fertile.
e longue d'Espagne	tr. gr.	septembre.		

NOMS DES ESPÈCES ET VARIÉTÉS.	VOLUME des fruits.	ÉPOQUE de maturité.	EXPOSITION.	OBSERVATIONS.
NOYERS.				
Commun ou ordinaire à coque dure............	moyen.	octobre.......	....	Plein vent, fertile.
A coque tendre............ ou *Mésange*.	moyen.	octobre.		
A très gros fruits, ou de jauge.	tr. gr.	octobre.......	....	Peu fertile.
Fertile, ou *præparturiens*....	moyen.	octobre.......	....	L'arbre prend peu de développement et rapporte dès la troisième année de semis.
Tardif, ou de la Saint-Jean...	petit.	octobre.......	....	L'arbre fleurit tard, fin juin, est peu exposé aux gelées.
PÊCHERS.				
Admirable jaune............	gros.	fin septembre.	M.	Beau fruit; il lui faut une bonne exposition sous notre climat.
Belle Bausse	gros.	c^t septembre.	L. M. C.	Une des meilleures.
Belle impériale............	tr. gr.	c^t octobre....	L. M.	Très beau fruit.
Belle de Vitry.............	gros.	c^t septembre.	L. M. C.	
Bourdine ou royale.........	tr. gr.	octobre.......	M.	Productif, vigoureux.
Chancelière	tr. gr.	fin septembre.	M. L.	Peu productif, vigoureux.
Chevreuse hâtive...........	gros.	fin août......	L. M. C.	
Chevreuse Bonouvrier.......	gros.	fin septembre.	L. M. C.	Peu vigoureux; tr. productif.
Comtesse de Montijo........	tr. gr.	fin septembre.	L. M.	Bon fruit.
Early Beatrice.............	moyen.	c^t juillet......	M.	Très hâtif, bon.
Early Victoria.............	moyen.	fin juillet.....	M.	Hâtif.
Early Rivers..............	as. gr.	mi-juillet.....	M.	Très hâtif, assez bon.
Galande...................	gros.	fin août......	L. M. C.	Fertile.
Grosse violette lisse.........	gros.	c^t septembre..	M. L.	
Late admirable.............	tr. gr.	octobre.......	L. M.	Tardif, bonne qualité.
Malte.....................	gros.	septembre....	....	Fertile.
Madeleine de Courson.......	gros.	fin août	....	Très fertile.
Mignonne grosse ordinaire...	gros.	fin août......	L. M. C.	Très productif.
Mignonne grosse hâtive......	gros.	mi-août......	L. M. C.	Productif; bonne espèce à forcer.
Mignonne grosse tardive de Hollande...............	gros.	c^t septembre.	L. M. C.	Très productif, beau fruit.
Reine des vergers...........	gros.	fin août......	L. M. C.	Très fertile.
Teton de Vénus............	gros.	f. sept. et oct.	M.	Mûrit quelquefois difficilement.
Willermoz.................	tr. gr.	septembre....	L.	Fruit jaune.
Brugnon de Féligny.........	gros.	septembre....	L. M. C.	Beau fruit.
Brugnon Galopin...........	tr. gr.	septembre....	L. M. C.	Un des meilleurs.
Brugnon Pitmaston orange...	moyen.	août septemb.	L. M. C.	A fruit jaune.
Brugnon Victoria...........	gros.	septembre....	L. M. C.	Beau fruit.

NOMENCLATURE DES ARBRES FRUITIERS. 415

NOMS DES ESPÈCES ET VARIÉTÉS.	VOLUME des fruits.	ÉPOQUE de maturité.	EXPOSITION.	OBSERVATIONS.
POIRIERS.				
§ I. **Fruits d'été.**				
ré d'Amanlis............	as. gr.	c̀ septembre..	....	Arbre vigoureux, à bois divergent; plein vent.
Wilhelmine.				
Angleterre............	moyen.	septembre.....	....	Sur franc très fertile; forme de belles pyramides; plein vent verger.
ubault...............	moyen.	c̀ septembre..	....	Sur franc.
ffart...............	....	c̀ août.		
ntais................	as. gr.	septembre.		
chrétien d'été..........	gros.	septembre.....	....	Fruit cassant, mais de bonne qualité; pour haute tige.
e d'Ezée..............	as. gr.	c̀ septembre..	....	Sur franc de préférence; très fertile; plein vent.
nné Boussoch..........	gros.	fin septembre.	....	Deuxième qualité.
gne..................	moyen.	c̀ août......	....	Une des plus précoces; haute tige et espalier.
eau présent ou *Cueil-* *tte.*				
sie de Fontenay-Vendée.	moyen.	septembre.		
sclet de Reims........	petit.	fin août......	....	Musqué; haute tige.
ams.	tr. gr.	c̀ septembre..	....	Musqué; très productif; plein vent.
e pear.	petit.	fin septembre.	....	Sur franc; musqué.
Assomption...........	gros.	août.........	....	Fertile, de préférence sur franc.
allard................	as. gr.	août.........	....	Très fertile, plein vent.
me Treyve	gros.	c̀ septembre..	....	Beau fruit.
I. **Fruits d'automne.**				
e courbé	as. gr.	octobre.......	....	Sur franc pour espalier et haute tige.
ré magnifique..........	tr. gr.	nov. et déc. ..	....	Bois divergent; plein vent.
el ou *incomparable.*				
is...................	as. gr.	c̀ octobre.....	....	Pour espalier seulement.
perfin...............	moyen.	c̀ octobre.....	....	Très bon.
s Charneuses	gros.	octobre.......	....	De préférence sur franc; plein vent.
irore................	moyen.	fin octobre....	....	Très fertile sur franc; plein vent.
Capiaumont.				
mont................	as. gr.	novembre.		
rdy.................	as. gr.	octobre.......	....	Vigoureux, belles pyramides.
x...................	as. gr.	oct. et nov....	....	Beau fruit.

NOMS DES ESPÈCES ET VARIÉTÉS.	VOLUME des fruits.	ÉPOQUE de maturité.	EXPOSITION.	OBSERVATIONS.
POIRIERS (SUITE).				
Beurré Sterkmans........ ou *Belle alliance*.	as. gr.	décembre....	....	Forme de belles pyramides.
— Bosc...............	gros.	novembre.		
— Clairgeau...........	gros.	novembre.		
— Napoléon...........	as. gr.	fin octobre...	....	Sur franc, peu vigoureux.
— d'Arenberg.......... ou *d'Hardenpont*.	gros.	décembre....	....	Très fertile, espalier; plein vent.
Bachelier.............	gros.	novembre....	....	Toutes formes.
Baronne de Mello.......	moyen.	fin octobre....	....	Très fertile; plein vent.
Belle lucrative.......... ou *Bergamote Fiévée*.	moyen.	c^t octobre....	....	Id.
Bonne Louise d'Avranches....	as. gr.	c^t octobre....	....	Plein vent.
Conseiller de la cour.......	gros.	novembre....	....	Bon fruit.
Colmar d'Arenberg........	tr. gr.	fin octobre...	....	Deuxième qualité; sur franc.
Crassane...............	moyen.	nov. et déc...	....	Mettre seulement en espalier.
Délices d'Hardenpont......	moyen.	fin octobre...	....	Fertile, très belles pyramides.
Doyenné blanc........... ou *Saint-Michel*.	as. gr.	c^t octobre....	....	Passe promptement.
— gris................	moyen.	octobre.......	....	Sur franc de préférence.
— crotté..............	moyen.	octobre.......	....	Sur franc.
— du comice...........	gros.	novembre....	....	Plein vent.
Doyen-Dillen...........	tr. gr.	nov. et déc.		
Duchesse d'Angoulême.....	gros.	f. nov. et déc.	....	De bonne qualité dans les terrains secs; forme de belles pyramides.
Fondante de Noël.........	moyen.	décembre.		
— de Malines..........	moyen.	novembre....	....	Forme de belles pyramides; plein vent.
— des bois............ ou *Beurré Spence*.	as. gr.	fin octobre...	....	Sur franc, peu fertile dans sa jeunesse.
— du comice..........	moyen.	octobre.......	....	Plein vent.
Marie Louise d'Elcourt.....	as. gr.	fin octobre...	....	Bois divergent; plein vent.
Messire-Jean...........	moyen.	novembre....	....	Fruit cassant; pour espalier et hautes tiges.
Nec plus meuris.......... ou *Beurré d'Anjou*.	gros.	novembre.		
Nouveau Poiteau........	as. gr.	oct. et nov....	....	Forme de belles pyramides.
Nouvelle Fulvie.........	as. gr.	oct. et nov.		
Orpheline d'Enghien......	moyen.	novembre....	....	En espalier surtout.
Saint-Michel archange.....	moyen.	octobre.......	....	Sur franc.
Seigneur Espéren........	moyen.	octobre.......		
Soldat laboureur.........	moyen.	oct. et nov....	....	Vigoureux, fertile, bon fruit.
Sorlus.................	tr. gr.	nov. et déc...	....	Première qualité.

NOMENCLATURE DES ARBRES FRUITIERS.

NOMS DES ESPÈCES ET VARIÉTÉS.	VOLUME des fruits.	ÉPOQUE de maturité.	EXPOSITION.	OBSERVATIONS.
POIRIERS (SUITE).				
...omphe de Jodoigne......	tr. gr.	nov. et déc...	....	Très vigoureux et fertiles; plein vent.
...baniste............... ou *Picquery*.	moyen.	octobre......	....	Belles pyramides.
...n Mons...............	tr. gr.	fin octobre....	....	Beau fruit, arbre peu vigour.
...Tongre...............	as. gr.	octobre......	....	Assez fertile.
...gue d'Alençon...........	as. gr.	novembre.....	....	Haute tige, fertile.
§ III. Fruits d'hiver.				
...urré gris d'hiver......... ou *Beurré de Luçon*.	gros.	déc. et févr...	....	Sur franc, peu vigoureux; très fertile.
...de Rance............... ou *Bon-chrétien de Rans*.	as. gr.	hiver.........	....	Sur franc, bois divergent, très productif.
...rgamote Espéren.........	moyen.	fin d'hiver....	....	Belle pyramides; plein vent; excellent fruit.
...fortunée...............	moyen.	printemps....	....	Deuxième qualité, quelquefois de première; espalier et haute tige.
...zy Chaumontel............	gros.	hiver.........	....	Plein vent.
...nne de Malines........... ou *Beurré de Malines*.	petit.	déc. et janv...	....	Très fertile; plein vent.
...n-chrétien d'hiver........	gros.	fin d'hiver....	....	Deuxième qualité, plutôt à cuire; pour espalier et à exposition chaude.
...oom-park................	moyen.	janv., février.	....	Plein vent.
...lmar...................	moyen.	hiver.........	....	Pour espalier.
...yenné d'hiver............. ou *Bergamote de la Pentecôte*.	gros.	déc. en mai..	....	Très fertile, excellent fruit; espalier.
...nouveau ou d'Alençon....	moyen.	hiver.........	....	Sur franc préférablement, très fertile; plein vent.
...de Goubault............	as. gr.	hiver.........	....	Sur franc, peu vigoureux.
...chesse d'hiver...........	gros.	janv. en mars.	....	Vigoureux, fertile.
...séphine de Malines........	moyen.	hiver.	....	
...vier de Serres...........	petit.	mars........	....	Excellent.
...sse-Colmar	moyen.	déc. et janv...	....	Très productif, pyramides remarquables; plein vent.
...sse-crassane.............	as. gr.	février.......	....	Assez fertile.
...sse-tardive..............	gros.	hiver.		
...yale Vendée.............	moyen.	janv., février.	....	Très bon fruit d'hiver.
...nt-Germain.............	as. gr.	déc. en mars.	....	Préf. pour espalier, très fert.
...zette de Bavay..........	petit.	hiver.........	....	Forme de belles pyramides.

NOMS DES ESPÈCES ET VARIÉTÉS.	VOLUME des fruits.	ÉPOQUE de maturité.	EXPOSITION.	OBSERVATIONS.
POIRIERS (SUITE).				
§ IV. Fruits à compotes.				
Belle angevine.............	tr. gr.			Atteint quelquefois le poids d'un kilo et davantage.
Bergamote de Parthenay.....	as. gr.			
Catillac..................	tr. gr.			Fruit bien coloré.
Franc-real...............	as. gr.			
Gendron.................	as. gr.			Fertile; grande conservation.
Léon Leclerc.............	gros.			
Martin-sec...............	petit.			Excellent pour compotes.
Râteau gris..............	tr. gr.			
Tarquin..................	gros.			
Serteau..................	moyen.			Sur franc.
POMMIERS.				
§ I. Fruits d'été.				
Mûrissant d'août à fin sept.				
Borowistski..............	as. gr.			Beau fruit.
Fornariska...............	moyen.			
Passe-pomme rouge........	gros.			
Pomme Madeleine........	moyen.			Plein vent.
Rambour d'été...........	gros.			Plein vent.
Reinette d'été...........	moyen.			
Yellow harvest...........	moyen.			Très précoce.
§ II. Fruits d'automne.				
Mûrissant d'oct. à la mi-déc.				
Alexandre................	tr. gr.			Excellente.
Gravenstein..............	moyen.			Beau fruit, très fertile.
Reinette de Bollwiller.......	gros.			Plein vent.
— dorée................	moyen.			Plein vent.
§ III. Fruits d'hiver.				
Mûrissant pendant l'hiver.				
Api roe..................	petit.			Joli de coloris.
Beldfordshire foundling.....	as. gr.			
Calville blanc.............	gros.			Fruit de très bonne qualité, un des plus estimés à juste titre.

NOMENCLATURE DES ARBRES FRUITIERS.

NOMS DES ESPÈCES ET VARIÉTÉS.	VOLUME des fruits.	ÉPOQUE de maturité.	EXPOSITION.	OBSERVATIONS.
POMMIERS (SUITE).				
...lville rouge............	gros.			
Saint-Sauveur...........	gros.	....	....	Très bon fruit.
...âtaignier................	gros.			Plein vent.
...urt-pendu..............	moyen.	....	....	Bon fruit; plein vent.
...ux d'argent ou ostogate...	moyen.			
...nouillet gris............	petit.	....	....	Plein vent.
...neous pippin...........	gros.			Bon fruit.
...gconnet................	petit.	....	....	Fruit estimé; plein vent.
...stophe d'hiver..........	moyen.			
...inette franche..........	moyen.	....	....	Se conserve longtemps, très estimée; plein vent.
blanche.................	moyen.			
de Champagne...........	moyen.	....	....	Plein vent.
de Hongrie..............	moyen.			
dorée...................	as. gr.	....	....	Excellent fruit.
du Canada...............	tr. gr.	....	....	Une des plus grosses pommes et très bonne qualité; plein vent.
grise du Canada..........	gros.	....	....	Bon fruit, variété de la précédente; plein vent.
grise ordinaire...........	moyen.	....	....	Se conserve bien, excellente.
d'Angleterre.............	gros.	....	....	Très estimée.
de Caux.................	gros.	....	....	Plein vent.
Granville................	moyen.			
de Bretagne.............	moyen.	....	....	Plein vent.
de Hollande.............	gros.			
de Doué................	gros.			
de Cantorbéry...........	gros.			
du Vigan...............	moyen.	....	....	Très bonne.
de Cussy................	moyen.			
...inette très tardive........	as. gr.	....	....	Bon.
...ine des reinettes.........	moyen.	....	....	Très estimée; plein vent.
...yale d'Angleterre........	gros.	....	....	Beau fruit.
...ston pippin.............	gros.	....	....	Haute tige.
PRUNIERS.				
...ue de Belgique..........	gros.	août........	....	Deuxième qualité.
...s Golden-drop, goutte-d'or.	gros.	fin septembre.	....	Très belle variété et bonne.
...caisne.................	gros.	août, sept.		
...p d'or.................	moyen.	septembre...	....	Plein vent.
ou *grosse Mirabelle.*				
...ive de Rivers...........	moyen.	c^t août.		

NOMS DES ESPÈCES ET VARIÉTÉS.	VOLUME des fruits.	ÉPOQUE de maturité.	EXPOSITION.	OBSERVATIONS.
PRUNIERS (SUITE).				
Impératrice de Milan violette.	moyen.	septembre...	....	Très bonne; plein vent.
Impératrice violette.........	moyen.	août........	....	Bonne pour pruneaux; plein vent.
Jefferson.................	moyen.	fin août.....	....	Une des meilleures.
Jérusalem (violette).........	gros.	fin août.....	....	Deuxième qualité.
Kirke....................	gros.	fin août.....	....	Très estimée; plein vent.
Lawrance's...............	gros.	fin août.....	....	Bon fruit.
Mirabelle jaune............	petit.	août.		
Prune d'Agen rouge.........	moyen.	fin août.....	....	Pour pruneaux; plein vent.
— de Montfort violette......	gros.	c^t août.....	....	Très estimée.
— de Monsieur violette.....	gros.	c^t août.....	....	Deuxième qualité; plein vent.
Ponds seedling rouge........	tr. gr.	fin août.....	....	Très beau fruit, de deuxième qual., bon pour pruneaux.
Questche d'Allemag. violette.	moyen.	septembre....	....	Bonne pour pruneaux; plein vent.
Reine-Claude ordinaire bl....	gros.	août........	....	La meilleure des prunes; plein vent.
— violette.................	gros.	septembre....	....	Très estimée; plein vent.
— de Bavay bl.............	tr. gr.	septembre.		
— diaphane bl.............	gros.	fin août.....	....	Id.
Reine-Victoria.............	gros.	août........	....	Deuxième qualité.
Royale de Tours, damas de Tours...................	gros.	août........	....	Bon pour pruneaux; pl. vent.
Sainte-Catherine bl.........	gros.	septembre....	....	Id.
Virginale.................	moyen.	septembre....	....	Deuxième qualité.
ou *Dauphine blanche.*				
Washington blanche.........	tr. gr.	fin août.....	....	Très beau fruit.

NOMENCLATURE DES ARBRES FRUITIERS.

NOMS DES ESPÈCES ET VARIÉTÉS.	COULEUR des fruits.	DÉPARTEMENTS et pays où elles sont cultivées.	EXPOSITION.	OBSERVATIONS.
VIGNES (1).				
antino..................	noir...	Florence.....	M.	Ne mûrit bien qu'à bonne exposition.
atico...................	noir...	Corse et Ital..	M.	Musqué, cépage très estimé; bon pour treille.
adon...................	blanc..	Char.-Infér...		Très bon à manger.
mont...................	noir...	Gard, Hér....	M.	Très fertile, bon pour treille.
irant noir..............	noir...	Hérault.......	M.	Id.
ou *Riverenc* (Aude).				
ator de Tokaï..........	noir...	Hongrie......		Musqué, hâtif; très bonne variété de muscat.
nc de Pagès...........	blanc..	Corse.........	M.	Très belles grappes; bon pour treille.
dalès ou œillade	noir...	H.-Pyrénées...	M.	Très fertile.
rret....................	blanc..	Drôme........		Beau raisin, mûrit bien.
rguignon..............	blanc..	H.-Marne.....		Hâtif, très bon.
ou *Mourlon*.				
tinoux.................	blanc..	Drôme........		Très productif, même goût que le Sauvignon; c'est une variété de ce dernier.
delais.................	noir...	Mayenne......		Bon à manger et pour faire du vin.
gar de Tokaï..........	blanc..	Hongrie......	M.	Bon pour treille et pour cep.
tiano..................	rose...	Corse.........	M.	Bonne exposition pour mûrir.
ernet..................	noir...	Gironde.......		Hâtif.
bre....................	blanc..	Meurthe......	M.	Superbe raisin.
aris....................	noir...	H.-Garonne...		Très bon.
awba..................	rose...	Amérique.....		Goût se rapprochant de celui du cassis; peu fertile.
sselas de Fontainebleau..	blanc..			Un des meilleurs.
rose royal, Tokaï des jardins.................				Id.
violet..................				Moins bon que le précédent.
nusqué ou musc. orange.				C'est le meilleur des raisins muscats.
Ciotat, à feuill. laciniées..				Chasselas de médiocre qualité curieux par son feuillage.
sselard	blanc..	Rhône........		Très hâtif et bon.

(1) Toutes ces variétés de vignes mûrissent bien sous le climat de Paris, excepté quelques-unes, qui ont besoin de l'exposition du midi pour obtenir une maturité complète; es donnent toutes de très bons raisins de table. Plusieurs aussi sont très bonnes pour in.

NOMS DES ESPÈCES ET VARIÉTÉS.	COULEUR des fruits.	DÉPARTEMENTS et pays où elles sont cultivées.	EXPOSITION.	OBSERVATIONS.
VIGNES (SUITE).				
Chauché............	noir...	Charente.....	....	Grain croquant.
Claretto.............	blanc..	Lot-et-Garon.	M.	Forme du chasselas, en diffère pour le goût.
Cornichon blanc...........		....	M.	Bonne exposition pour mûrir.
— violet............		....	M.	Très gros.
Corinthe blanc...........		Zante........	....	Grains très petits sans pepins.
— violet............		Zante........	....	Id.
Damas rouge........... ou *Gromier* grec rouge...		Cantal.......	M.	Très beau, bon pour treille.
Damas blanc........... ou *gros Coulard*, froc la Boulaye.			....	Hâtif très bon, peu poductif; sujet à couler.
Doucet...........	blanc..	Lot-et-Garon.	....	Très doux hâtif.
Facun rose........... ou *Burger rose*.		Bas-Rhin.....	....	Croquant.
Fendant...........	rose...	Genève.......	....	Se rapproche du chasselas rose, mais en diffère.
Flouron........... ou *Rouvellac*.	noir...	Drôme........	....	Très bon raisin.
Frankenthal, Black Hambourg.	noir...	États du Rhin.	....	Gros, excellent.
Fromenté...........	gris ...	Yonne........	....	Petit raisin fort bon.
Fromentin, variété de Gamay.	noir...	Loir-et-Cher ..	....	Cépage fertile, hâtif.
Gersette de Tokay...........	noir...	Hongrie......	....	Bon pour table et à faire du vin.
Gros gamay noir de Gy...	noir...	Haute-Saône..	....	Très fertile, mûrit bien.
Gros pogay...........		Drôme........	....	Un peu moins gros que le Frankenthal.
Gros Guillaume...........	noir...	H.-Pyrénées ..	M.	Très gros, longues grappes en treille, à bonne exposition.
Gros Meslier, St-François.....	blanc..	Loiret........	....	Très bon et productif.
Grosse perle............. ou *Raisin des dames*, chasselas Napoléon.	blanc..	Gard.........	M.	Très gros, ambré; est sujet à couler, veut la treille.
Grosse Sirrah...........	noir...	Drôme........	....	Cépage fort., bon pour le vin.
Gulard...........	blanc..	H.-Garonne...	....	Très bon.
Guilandoux...........	noir...	H.-Garonne...	....	Excellent raisin, légèrement musqué.
Isabelle...........	noir...	Amérique.....	....	Goût de cassis, qualité inférieure; vigoureux, et ayant de très belles feuilles. Ce cépage convient pour les tonnelles.
Joannen, variété de Madeleine blanche...........	blanc..	Vaucluse.....	....	Très hâtif, peu fertile.

NOMENCLATURE DES ARBRES FRUITIERS.

NOMS DES ESPÈCES ET VARIÉTÉS.	COULEUR des fruits.	DÉPARTEMENTS et pays où elles sont cultivées.	EXPOSITION.	OBSERVATIONS.
VIGNES (SUITE).				
Loli blanc..................	....	Charente.		
Kisch-Misch...............	blanc..	Smyrne.......	....	Sans pepins.
Lairen.....................	blanc..	Espagne......	M.	Gros, doit être en treille.
Madeleine blanche.......... ou *précoce blanche*.	....	....	....	Très hâtive.
Madeleine noire............ ou *précoce noire*.	....	....	....	Id.
Malvoisie rose..............	....	Tarn.......	....	Excellent raisin.
– blanc...................	....	Pyrénées....	....	Bon cépage productif.
– blanc...................	....	Drôme.......	M.	Très bonne variété.
– rouge...................	....	Italie.......	....	Un des meilleurs raisins.
– blanc d'Asti............	....	Piémont.....	....	Mûrissant bien.
Margilien...................	noir...	Doubs.......	....	Très fertile.
Mauzac.....................	blanc..	Tarn.......	M.	Bon cépage très productif.
Monosquen.................	noir...	B.-du-Rhône..	M.	Fertile, raisin croquant.
Morterille, variété d'œillade plus grosse	noir...	H.-Garonne...	M.	Gros, productif, mûrit bien en treille.
Moscato blanco............. ou *Primavis muscat*.	....	Gênes.......	Tous les muscats ont besoin d'une bonne exposition pour mûrir.	Excellent muscat.
Muscat noir................	....	Jura........	....	Hâtif, un des meilleurs.
– noir....................	....	Meurthe.....	....	Très bon.
– noir....................	....	Chypre......	....	Gros, moins bon que précéd.
– violet..................	....	Corse.......	....	Très bon, hâtif et productif.
– violet..................	....	Hautes-Alpes.	....	Diffère un peu du précédent; aussi bon.
– rouge ou rose...........	....	Hérault.....	....	Mûrit bien sous le climat de Paris.
– blanc de Malte..........	....	Drôme.......	....	Plus gros que le muscat blanc ordinaire.
– d'Alexandrie blanc......	....	Hérault.....	M.	Très gros, bon pour raisins secs et pour mettre confire à l'eau-de-vie.
– gris....................	....	Isère.......	....	Très bon.
Noir de Pressac............ ou *Pied-de-perdrix côt*. Cépage très répandu dans les vignobles de France, mais peu cultivé en grand, excepté dans la Gironde et la Touraine.	....	Gironde, Indre-et-Loire.	....	Excellent pour la table et pour la cuve.
Olivette	noir...	Drôme.......	M.	Beau raisin pour treille.

NOMS DES ESPÈCES ET VARIÉTÉS.	COULEUR des fruits.	DÉPARTEMENTS et pays où elles sont cultivées.	EXPOSITION.	OBSERVATIONS.
VIGNES (SUITE).				
Œillade blanche............	....	Drôme........	M.	Beau raisin pour treille.
Ondent....................	blanc..	Tarn-et-Gar..	....	Bon cépage productif.
Paquant...................	....	Meurthe......	....	Très fertile.
Picardan..................	....	Vaucluse.....	M.	Fertile, bon pour treille; beau raisin.
Pineau noir...............	....	Côte-d'Or.....	....	Hâtif, peu productif; fait d'excellent vin.
— blanc................	....	Côte-d'Or.....	....	Hâtif, cépage fertile; fait d'excellent vin.
Pœrina....................	blanc..	Piémont......	....	Hâtif, très bon.
Précoce de Zienzheiner; c'est le Kilian du Piémont..,....	blanc..	Allemagne....	....	Hâtif.
Précoce de Saumur........	blanc..	....	....	Musq., semis de M. Courtiller.
Pulsard ou Poulsard.......	noir...	Jura.........	....	Bon pour la table, assez hâtif; également bon pour le vin.
Raisin précoce............	blanc..	....	....	Semis de M. Malingre.
— perlé................	blanc..	Jura.........	....	Hâtif.
— de caisse.............	blanc..	Meurthe......	M.	Très fertile.
Rauschling................	blanc..	Rhin.........	....	Excellent raisin.
Ribier....................	noir...	Drôme........	....	Très gros, sujet à couler; exposition du midi.
ou *gros Maroc*.				
Sauvignon.................	blanc..	Charente.....	....	Bon à manger et à faire du vin; cette variété a le goût de figue.
Tokaï.....................	noir...	Hongrie......	....	Fertile, mûrit bien.
Teneron, olivette de Cadenet.	blanc..	Basses-Alpes.	M.	Très gros, bon pour treille.
Tripier...................	noir...	Nice.........	M.	Gros, fortes grappes.
Valencin..................	blanc..	Espagne......	M.	Bon. exp. pour mûrir, couleur ambrée, fortes grap., tr. gr.
Vert hâtif, ou sucré vert.	blanc..	Madère......		

Choix restreint des principales variétés de fruits à cultiver dans un jardin de peu d'étendue.

ABRICOTIERS.

Royal; fin juillet, courant août.
Pêche; en août.

CERISIERS.

Anglaise hâtive; mi-juin.
Royale; mi-juillet.

COGNASSIER.

De Portugal; fin septembre-octobre.

FIGUIERS.

Blanche d'Argenteuil; mi-juillet.
Dauphine; fin juillet-août.

FRAMBOISIERS.

Belle de Fontenay; à partir de juin.
Rouge des quatre saisons; à partir de juin.
Gambon; à partir de juin.

GROSEILLIERS A GRAPPES.

Commun à fruits rouges; à partir de juin.
Commun à fruits blancs; à partir de juin.

GROSEILLIERS A GRAPPES (suite).

Versaillaise à fruits rouges; à partir de juin.
Versaillaise à fruits blancs; à partir de juin.

PÊCHERS.

Early Béatrice; première quinzaine de juillet.
Grosse mignonne hâtive; première quinzaine d'août.
Madeleine rouge de Courson; fin août.
Belle Bausse; première quinzaine de septembre.
Reine des vergers; mi-septembre.
Bonouvrier; fin septembre, courant octobre.
Belle impériale; fin septembre, et d'octobre.
Brugnon Galopin; mi-septembre.

POIRIERS.

Epargne; juillet-août.
De l'Assomption; août.
Williams; août-septembre.
Beurré superfin; septembre.
Louise bonne d'Avranches; septembre-octobre.

PRINCIPALES VARIÉTÉS DES FRUITS A CULTIVER.

POIRIERS (suite).

Beurré Hardy; septembre-octobre.
Beurré Bosc; octobre-novembre.
Doyenné du comice; octobre-novembre.
Nec plus meuris; novembre.
Duchesse d'Angoulême; octobre-décembre.
Beurré Diel; octobre-décembre.
Bonne de Malines; décembre-janvier.
Beurré d'Hardenpont (ex-d'Arenberg); décembre-janvier.
Passe-Calmar; décembre-février.
Orpheline d'Enghien; décemb-janv.
Royale Vendée; janvier-février.
Olivier de Serres; février-mars.
Doyenné d'Alençon; janvier-mars.
Passe-Crassane; février-mars.
Doyenné d'hiver; décembre-avril.
Bergamote Espéren; février-mai.

Poires à cuire :
Martin sec; janvier.
Catillac; jusqu'en avril.
Bon chrétien d'hiver; jusqu'en mai.

POMMIERS.

Alexandre; septembre-octobre.

POMMIERS (suite).

Reinette du Canada, blanche, automne et c^t de l'hiver, jusqu'au printemps.
Reinette du Canada grise; id.
— dorée; id.
— franche; id.
— grise; id.
Reine des Reinettes; id.
Royale d'Angleterre; id.
Calville blanc; id.
Api rose; id.

PRUNIERS.

De Montfort; mi-août.
Reine-Claude dorée; août.
— diaphane; fin août.
Kirke — fin août; c^t septemb.
Reine-Claude de Bavay; mi-septemb.
Coe's Golden drop; fin septembre.
Prune à compote :
Petite mirabelle; août-septembre.

RAISINS.

Chasselas doré; septembre-octobre.
— rose; —
— musqué; —
Frankenthal; —

TABLE DES MATIÈRES.

PREMIÈRE PARTIE.

Introduction à la taille des arbres fruitiers.

	Pages.
CHAPITRE Ier. — Notions sur le développement des arbres.	1
Formation d'un arbre	ib.
Graine	ib.
Germination	2
Racine	ib.
Direction des racines	3
Proportion entre la tige et les racines	4
Racines adventives	ib.
Excrétions des racines	ib.
Tige	5
Feuilles et bourgeons	6
Fleur	7
Fruit	9
Mode de nutrition. Sève	ib.
CHAPITRE II. — De la plantation	13
Déplantation ou arrachage	ib.
Choix du terrain et défoncement	14
Drainage	18
Époque de plantation et habillage	21
Choix des arbres	23
Plantation, distance entre les bras	ib.

	Pages.
Des murs.	31
Des treillages.	33
Des abris, chaperons, auvents.	34

DEUXIÈME PARTIE.

De la taille des arbres fruitiers.

CHAPITRE Ier. — Notions préliminaires	40
§ Ier. — *De l'opération de la taille.*	*ib.*
But de la taille	*ib.*
Son utilité	41
Époque de la taille	42
Instruments.	43
§ II. — *De la forme à donner aux arbres.*	44
Des formes usitées	45
De la pyramide ou cône.	*ib.*
Du plein vent ou haute tige	47
Du vase.	*ib.*
Du buisson ou cépée	48
De l'espalier ou contre-espalier.	*ib.*
De la treille	*ib.*
§ III. — *Examen d'un arbre soumis à la forme en pyramide ou cône.*	46
Production du bois	*ib.*
Tige.	*ib.*
Branches latérales.	*ib.*
Rameaux et faux rameaux, ou rameaux anticipés	50
Œil et sous-œil (œil de taille)	*ib.*
Yeux latents	51
Yeux adventifs	*ib.*
Du gourmand.	52
De la brindille.	*ib.*
Du dard	53

TABLE DES MATIÈRES.

	Pages.
Production du fruit	54
Bouton	ib.
Lambourde	ib.
Bourse	55
Branche à fruits	ib.
Rameaux à fruits	57
CHAPITRE II. — Des opérations complémentaires de la taille	58
Opérations d'hiver	ib.
Coupe	ib.
Rapprochement	59
Ravalement	60
Recepage	ib.
Entailles	61
Incisions : transversale	62
— longitudinale	ib.
— annulaire	63
Éborgnage	66
Arcure	64
Du palissage en sec ou dressage	65
Du palissage en vert	68
De l'ébourgeonnement	70
Du pincement	72
Taille en vert	78
Taille d'août	ib.
Taille sur rides	80
Cassement	ib.
De l'effeuillage	82
Éclaircie et cisèlement des fruits	ib.
CHAPITRE III. — De la taille en pyramide ou en cône	84
§ Ier. — *Du poirier*	ib.
Taille de la 1re année	ib.
— de la 2e id.	92
— de la 3e id. 1er exemple	98
— de la 3e id. 2e exemple	102
— de la 4e id.	106

TABLE DES MATIÈRES.

	Pages.
Taille de la 5ᵉ année	108
— de la 6ᵉ id.	113
Restauration des vieux poiriers.	117
Pyramides à ailes.	119
Traitement de la branche à fruits du poirier et du pommier, par M. J. Courtois.	121
§ II. — *De quelques autres arbres en pyramide*	139
Du pommier	ib.
Du cerisier.	140
De l'abricotier	141
Du prunier.	142
§ III. — *Du pommier paradis ou nain*	ib.
Taille en vase nain	143
Du grand vase	147
CHAPITRE IV. — DE LA TAILLE DES ARBRES EN ESPALIER.	148
§ Iᵉʳ. — *Du poirier.*	ib.
Formes adoptées pour espalier et contre-espalier, palmette simple.	150
Taille de la 1ʳᵉ année	ib.
— de la 2ᵉ id. et suivantes.	151
Palmettes à deux tiges.	154
Taille de la 1ʳᵉ année.	ib.
— de la 2ᵉ id. et suivantes.	ib.
Palmettes formées, taille de la branche à fruits.	156
Palmette simple à branches verticales.	158
Palmette en U à branches verticales	162
§ II. — *Du pommier en cordons.*	164
§ III. — *Du pêcher en espalier*	168
Son mode d'établissement.	ib.
Branches de charpente	170
— de bifurcation.	172
Petites branches	174
Du rameau à bois.	175
Du gourmand.	ib.
De la branche coursonne	177

TABLE DES MATIÈRES. 431

	Pages.
De la branche chiffonne.	178
Du bouton	ib.
Branche à bouquet	ib.
Branches à fruit ordinaire.	179
Taille des petites branches	ib.
Époque de la taille du pêcher	ib.
Remplacement.	181
Taille du rameau à bois	ib.
— du gourmand.	182
— de la branche coursonne.	184
— de la branche chiffonne	ib.
— de la branche à bouquet.	185
— de la branche à fruits ordinaire.	ib.
— ordinaire.	190
— en crochet	ib.
— en toute perte.	191
Traitement des bourgeons ordinaires et anticipés.	192
Traitement de la branche à fruits par le *pincement répété*.	196
Taille de la 1re année	200
— de la 2e id.	201
Pincement mixte	204
Des formes du pêcher en espalier.	206
Description de la forme carrée.	ib.
Taille de la 1re année	206
— de la 2e id.	211
— de la 3e id.	217
— de la 4e id.	222
— des années suivantes	227
Nouvelle méthode du pêcher carré	229
Taille de la 1re année	230
— de la 2e id.	231
— de la 3e id.	232
— des années suivantes.	234
Forme en palmette simple à branches horizontales.	ib.
Taille de la 1re année	239
— des années suivantes	241
Forme en U, ou palmette à deux tiges	242

TABLE DES MATIÈRES.

	Pages.
Taille de la 1re année	242
— des années suivantes	245
Formes en palmette à branches verticales	246
Du pêcher oblique	251
Restauration du pêcher	256
§ IV. — *De l'abricotier en espalier*	260
Ses formes et ses difficultés sous notre climat	ib.
§ V. — *Cerisier en espalier*	262
§ VI. — *Prunier en espalier*	ib.
CHAPITRE V. — CULTURE DE LA VIGNE DANS LES JARDINS	264
Son terrain et sa multiplication	ib.
Mode de multiplication : bouture	265
— marcotte	266
— greffe	269
— semis	ib.
Plantation	270
Mode de végétation	273
Époque de la taille	275
Branche de charpente, sa conduite	ib.
Branche à fruits	276
Éclaircie ou cisèlement de la grappe	279
Effeuillage de la vigne	280
Du cep	282
De la palmette simple	285
Palmette à ceps alternés	288
Treille à la Thomery	290
Restauration des vignes	296
CHAPITRE VI. — DU VERGER. — CULTURE DES ARBRES A HAUTE TIGE.	300
Formation des vergers	ib.
Plantation	301
Choix des arbres	302
Manière de les protéger	303
Soins à leur donner	ib.
Poirier, pommier	304
Prunier, abricoter, cerisier et amandier	ib.

TABLE DES MATIÈRES.

Pages.

Noyer, néflier, mûrier, châtaignier. 305
Restauration des vieux arbres. 306
Cultures intercalaires. 307
Demi-tiges .... ib.

CHAPITRE VII. — Taille en buisson ou cépée. — Culture du figuier. 308
   De la taille en buisson ou cépée. .... ib.
   Son terrain, son climat. .... ib.
   Sa multiplication .... ib.
   Plantation 309
   Soins à donner pendant l'hiver. 310
   Taille et ébourgeonnement. 312
   Toucher ou apprêter les figues. 315
   Regain 316
   Taille après la gelée en mai .... ib.

Groseillier. 317
   Terrain et multiplication, vase. .... ib.
   Candélabre. 319

Framboisier. 320
   Plantation et culture. 321

Cognassier. 322
   Plantation et culture .... ib

Noisetier. 323
   Plantation et culture .... ib.

TROISIÈME PARTIE.

De la greffe.

Exposé des principes généraux. 324
Définition de la greffe. .... ib.
Époque de la greffe. 325
Choix des sujets : arbres à fruits à pepins. 326
     —   arbres à fruits à noyau. 328
Préparation des greffes 330
Des instruments. 331

Pages.
Des moyens de protection, cire à greffer. 322
Des diverses greffes 334
Section Ire. — Greffes en fente, par scion et en couronne . . . . ib.
Greffe à un scion 335
Greffe en fente avec sujet taillé en biseau. 336
— avec rameaux de l'année. 337
— à deux scions et à quatre scions . . . . ib.
— sur collet de racines 338
— sur racines. 339
— de la vigne sur tige 340
— de la vigne sur souche . . . . ib.
Greffe-bouture sur vigne. 341
Greffe en fente sur le côté. 342
Greffes en couronne. 343
Greffe en couronne ordinaire. . . . . ib.
Greffe de côté en T. 344
Greffe en couronne par entaille triangulaire. 345
Greffe par enfourchement. 347
Greffe Ferrari ou génoise . . . . ib.
Greffe anglaise. 347
Greffe en navette . . . . ib.
Section II. — Greffes en approche 348
Greffe en approche ordinaire . . . . ib.
— avec esquilles 350
— sur branches et sur tiges. . . . . ib.
— en vert de bourgeon herbacé 351
— sur vigne avec esquilles 353
— pour remplacement de tête. 354
— pour remplacement de branches. 356
Section III. — Greffe en écusson. 357
Préparation de cette greffe. . . . . ib.
Greffe en écusson à œil dormant 358
— à œil poussant 360
— à T renversé. 361
— carré . . . . ib.
Greffe en placage. 362

	Pages
Greffe de bouton à fruit ou de lambourde............	363
Greffe en flûte, en sifflet et en anneau	365
— avec lanières d'écorce...............	ib.
— sans lanières................	367
Greffe en anneau.......................	ib.
Du marcottage.......................	368
Marcottage simple....................	369
— par cépée	370
De la bouture........................	ib.
Bouture simple.....................	ib.

QUATRIÈME PARTIE.

De la récolte et de la conservation des fruits.

Influences qui y président et principes généraux.........	372
Des fruits de garde; cueillette.................	373
Du fruitier ou fruiterie....................	375
Des divers fruits......................	377
Du fruitier portatif de M. de Dombasle.............	380
Emballage des fruits.....................	384

CINQUIÈME PARTIE.

Maladies des arbres fruitiers, et animaux nuisibles.

La gomme........................	386
La cloque........................	387
Du blanc et de la maladie de la vigne	388
De la rouille.......................	391
Chancres.........................	392
Jaunisse ou chlorose...................	ib.
Mousses et plantes parasites	393
Animaux nuisibles.....................	394
Des oiseaux.......................	ib.

	Pages.
Des loirs, rats, mulots, etc	395
Des taupes	396
Des chenilles	ib.
Perce-oreilles ou forficules	397
Guêpes	ib.
Pucerons. Puceron lanigère	398
Kermès	400
Tigre	ib.
Fourmis	401
Limaces et limaçons	402
Hannetons et ver blanc	ib.
Lisette ou coupe-bourgeons	403
Grise	ib.

Des engrais, des labours, du chaulage et des arrosements . . . 404
    Mode de les appliquer. 406
NOMENCLATURE DES PRINCIPALES VARIÉTÉS DE FRUITS. 409
    Choix restreint des principales variétés de fruits à cultiver dans un jardin de peu d'étendue. 425

FIN DE LA TABLE DES MATIÈRES.

EXTRAIT DU CATALOGUE

DE LA LIBRAIRIE AGRICOLE DE LA MAISON RUSTIQUE

Journal d'Agriculture pratique. Rédacteur en chef, M. Ed. LECOUTEUX. — Une livraison de 48 pages in-8, paraissant tous les jeudis, avec de nombreuses gravures. — Un an (France et Union postale) .... 20 fr.

Revue horticole. Rédacteurs en chefs, MM. E.-A. CARRIÈRE et ED. ANDRÉ. — Un numéro de 32 pages in-8, avec gravures coloriées et gravures noires, paraissant les 1er et 16 de chaque mois. — Un an .... 20 fr.

Maison rustique du XIXe siècle, par BAILLY, BIXIO et MALPEIRE, 5 vol. grand in-8°, de plus de 3,000 pages et de 2,500 gravures .... 39 fr. 50

Le Bon Jardinier. Almanach horticole par MM. POITEAU, VILMORIN, BAILLY, NAUDIN, NEUMANN, PEPIN-CARRIÈRE. 1 vol. in-12 de 1,610 pages .... 7 fr.

Gravures de l'almanach du bon jardinier, 23e édition. 1 vol. in-12 de 600 pages, avec 680 gravures et planches .... 7 fr.

Les Fleurs de pleine terre, par VILMORIN-ANDRIEUX. 3e édition. 1 fort vol. in-8° de 1,564 pages, 1,300 gravures et planches .... 12 fr.

Les Plantes potagères, par VILMORIN-ANDRIEUX. 1 fort vol. in-8° de 600 pages et 625 gravures .... 12 fr.

Flore élémentaire des jardins et des champs, par E. LE MAOUT et J. DECAISNE. 1 fort volume de 940 pages .... 9 fr.

Le Jardin potager, par P. JOIGNEAUX, ouvrage illustré de 95 dessins en couleur, intercalés dans le texte. 1 beau vol. in-18 de 482 pages .... 6 fr.

Manuel général des Plantes, Arbres et Arbustes. Description et culture de 25,000 plantes indigènes d'Europe ou cultivées dans les serres par MM. HÉRINCQ et JACQUES, ex-jardinier en chef du domaine royal de Neuilly pour les trois premiers volumes et DUCHARTRE pour le quatrième volume. 4 vol. in-18 à 2 colonnes reliés à l'anglaise .... 36 fr.

BIBLIOTHÈQUE DU JARDINIER

18 VOLUMES IN-18 A 1 fr. 25 LE VOLUME

Arbres fruitiers. Taille et mise à fruit, par PUVIS. 167 pages.

Arbres d'ornement de pleine terre, par DUPUIS. 162 pages et 40 gravures.

Arbrisseaux et Arbustes d'ornement de pleine terre, par DUPUIS. 122 pages et 25 gravures.

Asperge. Culture, par LOISEL. 108 pages et 8 gravures.

Cactées, par CH. LEMAIRE. 140 pages et 11 gravures.

Champignon de couche (Le), par J. LACHAUME. 108 pages et 7 gravures.

Conférences sur le jardinage et la culture des arbres fruitiers, par JOIGNEAUX, 144 pages.

Conifères de pleine terre, par DUPUIS. 156 pages et 47 gravures.

Maraîcher bourgeois, par P. VIALON, 128 pages.

Melon. Nouvelle méthode de le cultiver, par LOISEL. 108 pages et 7 gravures.

Orchidées (Les), par DELCHEVALERIE. 134 pages et 32 gravures.

Pépinières (Les), par CARRIÈRE. 134 pages et 20 gravures.

Plantes bulbeuses, espèces, races et variétés, par BOSSIN, 2 vol. ensemble de 324 pages.

Plantes grasses autres que Cactées, par CH. LEMAIRE, 136 pages et 13 gravures.

Plantes de serre chaude et tempérée, par DELCHEVALERIE. 156 pages et 9 gravures.

Potager (Le), jardin du cultivateur, par NAUDIN, 180 pages et 34 gravures.

Rosier (Le), par Hardy, J.-A.

www.ingramcontent.com/pod-product-compliance
Lightning Source LLC
Chambersburg PA
CBHW051827230426
43671CB00008B/868